LE SALUT DE L'ÉGLISE EST DANS SA PROPRE CONVERSION

Mgr Joseph Doré

Le salut de l'Église est dans sa propre conversion

SALVATOR

Les citations bibliques sont tirées de la Bible de Jérusalem
(© Éditions du Cerf, Paris, 1998).

Yves Briend Éditeur
103, rue Notre-Dame-des-Champs F-75006 Paris
contact@editions-salvator.com
www.editions-salvator.com

Maquette intérieure : Atlant'Communication
Couverture : Isabelle de Senilhes

ISBN : 978-2-7067-2170-0

Sommaire

Pour entrer en matière

J'ÉCRIS ce livre avant tout pour tenir une promesse, dans l'évolution d'une situation. Du fait d'impérieuses raisons de santé, j'ai dû en 2007 quitter prématurément la responsabilité d'archevêque de Strasbourg qui m'avait été confiée quelque dix ans plus tôt. Grâce à Dieu et à la médecine, j'ai pu surmonter le cancer qui avait alors bien failli m'emporter. Je me suis ainsi retrouvé, à 70 ans tout juste passés, dans la situation d'évêque « émérite », totalement incertain sur ce que j'allais bien pouvoir faire et devenir.

Allais-je, comme nombre de retraités de toutes professions, considérer que « ça suffirait comme ça », que j'avais en somme « assez donné », et que donc le temps était venu de me reposer et de me tenir coi dans mon coin ? Déciderais-je au contraire, comme d'autres m'y invitaient avec insistance, de profiter de ma liberté « retrouvée » pour régler plus commodément « quelques comptes » ? Ce qui a finalement tranché a été le sentiment de responsabilité qui a alors continué d'être le mien. J'ai en effet estimé que, passé à un nouveau statut mais n'en restant pas moins évêque, il m'incombait toujours de trouver les moyens d'honorer (à nouveaux frais pour une part sans doute) mon appartenance toujours effective à l'Église catholique et donc à sa mission au sein du monde d'aujourd'hui. Moins chargé de tâches et disposant de plus de loisirs qu'au temps de mon épiscopat diocésain, j'eus le sentiment que mon passage à la retraite ne m'avait pas davantage exonéré de toute responsabilité proprement épiscopale, que mon acceptation et mon exercice de la charge diocésaine ne m'avaient privé de ma liberté[1].

Petit à petit, conférences et colloques d'un côté, célébrations liturgiques et prédication de retraites spirituelles de l'autre, rédaction d'articles et d'ouvrages (et même direction de collections par ailleurs

1. Je m'explique sur tout cela dans la première partie, plus biographique, de l'ouvrage *Évêques émérites*, publié en 2017 aux Éditions de La Nuée bleue, avec Bernard Xibaut, dont j'avais grandement apprécié la collaboration comme chancelier du diocèse de Strasbourg.

encore), commençaient à meubler mon temps de manière qu'il n'importe pas de détailler ici. Il suffira de souligner qu'en tout cas j'aurais sans doute pu en toute bonne conscience m'en tenir aux sujets théologiques, pastoraux ou spirituels – somme toute à la fois assez familiers et toujours mobilisateurs – auxquels tout cela me permettait de fait de continuer de me consacrer, fût-ce à quelques changements près...

La prise de parole d'un évêque émérite

Mais voilà qu'autour de 2010, divers événements concernant l'Église m'amenèrent bel et bien à intervenir dans une perspective nouvelle. Qu'on se rappelle... Il y eut d'abord le début du procès (peu à peu étendu depuis à quasiment toute l'Église) consécutif à la découverte de graves comportements pédophiliques chez des prêtres et des religieux d'un certain nombre de pays du monde; j'aurai bien sûr à y revenir. Éclata ensuite, sur la fin du pontificat de Jean-Paul II, l'incompréhensible et insupportable « affaire Maciel[1] ». Puis l'archevêque de Recife ne trouva rien de mieux à faire que de prononcer l'excommunication contre la mère et l'équipe médicale qui avaient décidé de faire avorter une fillette de 9 ans, violée depuis des années par son propre beau-père. Et, comme si cela ne suffisait pas, on vit encore un très haut dignitaire de la Curie romaine se porter avec hâte au secours du prélat brésilien... ce qui déchaîna une indignation quasi-planétaire durable.

Des mesures de clarification et d'assainissement furent assurément prises – honneur soit ici rendu au pape Benoît XVI ! Mais par la suite encore, en particulier à l'occasion et autour du travail entrepris par le « G9 » mis en place par le pape François peu après son élection, on apprit que, plus nombreuses encore qu'on ne l'avait jusque-là entendu dire, des dérives financières et des rivalités de personnes s'étaient produites en divers points et à divers niveaux de l'administration pontificale elle-même. Dans les milieux de la Curie romaine et ailleurs se déclarèrent aussi de fortes résistances à nombre d'interventions et d'ouvertures du nouveau pontife. Inutile d'insister; quelque temps après, l'ouvrage intitulé *Sodoma* devait encore venir noircir fortement le tableau...

J'ai déjà eu l'occasion de l'écrire : des révélations de ce genre – parfois amplifiées comme à plaisir, il faut bien le dire – soulevèrent à travers le

1. Le fondateur des Légionnaires du Christ.

monde une vague à la fois de déceptions profondes et de dénonciations vigoureuses. Pour ma part en tout cas, je peux assurer que, bien que déjà alors retraité, jamais je n'ai reçu de courrier de protestation et de demande d'intervention aussi important et aussi pressant : « Que se passe-t-il maintenant dans l'Église ? Qu'est-ce qui leur arrive ? Comment réagissez-vous vous-même à tout ce qui est publié dans les médias en ce moment ? Vous avez été notre formateur au séminaire, notre professeur en faculté, notre pasteur en Alsace ; quelle est aujourd'hui votre réaction, votre position *à vous* ? Où en êtes-vous *vous-même*, en particulier par rapport à l'espérance suscitée par le concile Vatican II, pour lequel vous vous êtes si souvent engagé et, plus largement, par rapport à votre confiance dans l'Église ? Comment voyez-vous l'avenir ? Parlez ; intervenez. Nous comptons sur vous ! »

La décision d'entreprendre plusieurs ouvrages « de circonstance »

Quand bien même j'en aurais eu l'idée ou l'envie, voire je l'aurais décidé lors de mon passage à la retraite, il m'a semblé ne pas pouvoir, face à tout cela, rester silencieux, et « garé des voitures », sur mon Aventin. Indépendamment de mes autres publications moins liées au brûlant de l'actualité, j'ai donc alors résolu de prendre la parole précisément en réponse à ces sollicitations. J'ai ainsi d'abord fait paraître deux petits livres pour tenter de prendre en compte le questionnement que je viens d'évoquer.

– En un premier temps j'ai écrit, et publié en 2012 aux Éditions Bayard, un *Peut-on vraiment rester catholique ? Un évêque théologien prend la parole*. En cent petites pages, j'allais là au plus pressé. Au plus fondamental aussi : dans la nouvelle étape de ma vie où je venais d'entrer, et face aux interrogations croissantes chez beaucoup autour de moi à l'égard de l'Église, je m'expliquais quelque peu sur ce à quoi je tenais vraiment, pourquoi, comment et jusqu'où[1].

J'insistais sur l'incontournabilité, dans l'existence humaine, de la question du « faire-confiance » ; et je précisais pourquoi je m'estimais, quant à moi, toujours fondé à y trouver réponse du côté de

1. Dans l'esprit qui m'avait conduit à publier juste auparavant *À cause de Jésus. Pourquoi je suis demeuré chrétien et reste catholique*, aux Éditions Plon, Paris, 2011.

Jésus-Christ, à l'exemple de saint Paul déclarant dans ses propres épreuves personnelles et apostoliques: «Je sais en qui j'ai mis ma foi» (2 Tm 1, 12). Je m'interrogeais à partir de là sur les hypothèses envisageables – précisément avec quelque *confiance* – pour l'avenir d'une Église catholique faisant vraiment le choix de se recentrer tout entière sur une telle attitude. Je terminais sur une brève «proposition de pensée et d'action».

– En 2014, deux ans plus tard donc, et toujours chez Bayard, je poursuivais sur la lancée, passant d'un «*rester* catholique» sur lequel l'urgence m'avait en un premier temps imposé de concentrer ma réflexion, à la question de l'«*être* catholique» comme tel: le titre du nouvel ouvrage, également de quelque cent petites pages, était en effet *Être catholique aujourd'hui. Dans l'Église du pape François*. À une première étape où *l'expérience et le témoignage personnels* avaient de fait permis de faire état de la possibilité toujours effective de **rester** catholique, en succédait ainsi une autre où s'affirmait *une réflexion plus élaborée* portant, elle, sur ce que *c'est* que d'**être** catholique, et je proposais une réponse de foi quelque peu argumentée.

Cela me permettait de faire apparaître que, si les catholiques n'ont pas l'exclusivité du «faire-confiance» et de la foi, et s'ils ne sont pas non plus les seuls à être chrétiens, ils n'en ont pas moins une manière spécifique de se réclamer du Christ. J'argumentais quelque peu tout cela théologiquement. Je terminais en soulignant que, aujourd'hui encore, et avec les traits qui la caractérisent, cette manière précise donne la clé des attraits fondamentaux, toujours réels, du catholicisme.

– Encore fallait-il cependant accomplir une troisième étape! Car on doit bien le reconnaître: à propos de l'Église catholique, la question n'est pas seulement de savoir si l'on peut en *rester* membre (et la réponse ne peut pas être seulement de l'ordre du *témoignage*, si important que soit ce dernier). Elle n'est pas non plus seulement d'être en mesure de préciser davantage ce que c'est que d'*être* catholique (et la réponse ne peut pas relever seulement d'une *réflexion*, si méthodiquement conduite qu'elle puisse être).

Il faut encore y voir plus clair – et, pour cela, s'expliquer expressément et de manière pratique, concrète, «opératoire» comme disait Georges Kowalski, mon estimé ancien collègue de l'Institut catholique de Paris – sur ce qu'il convient, alors, de **faire**. Plus précisément, il faut bien en venir à prendre position sur la manière dont il est possible de s'impliquer et de s'organiser autant que possible, pour **faire exister** et rendre vraiment vivante une Église chrétienne et catholique qui puisse donner à la foi dont elle prétend vivre non seulement vitalité et visibilité, mais aussi signifiance et crédibilité dans le monde où elle doit vivre, et qui ne cesse d'évoluer, que cela plaise ou non aux catholiques… ou à d'autres…

C'est évidemment de là qu'est venue l'idée de publier sur la lancée et sans attendre un *troisième livre* présentant les mêmes caractéristiques que les deux précédents mais les prolongeant dans ce domaine qu'ils n'avaient encore fait qu'évoquer. La dernière page du deuxième ouvrage publié soulignait du reste que le dernier mot n'était pas dit avec lui, et annonçait donc « des propositions plus pratiques, tant sur le plan institutionnel que sur le plan comportemental […], *pour que vive et/ou revive pleinement* l'Église de Jésus, le Christ de Dieu ».

Le moment est maintenant venu de tenir parole sur ce point aussi… mais en prenant en compte le fait qu'entre-temps la « donne » a assez considérablement changé !

Le troisième et dernier titre d'une « série »

Les deux premiers ouvrages ayant été publiés respectivement en 2012 et 2014, j'avais d'abord pensé que le troisième et dernier pourrait paraître en 2016. Je tenais néanmoins à préciser (toujours à la dernière page du deuxième) qu'on attendrait « un peu […], que soient données des indications et prises des décisions » par *François*, le nouveau pontife qui venait d'entrer en fonction à Rome, et sur l'évocation duquel se terminait cet ouvrage.

S'il m'a en réalité paru préférable d'attendre un peu plus encore que prévu, c'est pour qu'aient eu le temps de se préciser suffisamment : 1) la nature exacte et les effets concrets des interventions de *l'actuel pontife* lui-même ; 2) le style et les résultats du premier *synode des évêques* tenu à Rome à son initiative ; et 3) le type de retentissement obtenu par l'Année de la miséricorde, décidée par lui et vécue dans *l'ensemble de l'Église catholique*. Bref : d'abord le pape François lui-même, ensuite les représentants de tous les épiscopats catholiques, enfin *le peuple chrétien* de toute la planète : on aurait ainsi des moyens différenciés et complémentaires, à la fois pour évaluer plus précisément encore la situation dans son évolution globale, et pour élaborer des propositions concrètes susceptibles de permettre d'y mieux faire face. Rien n'urgeait du reste à vrai dire, et un temps de maturation – observation et réflexion à la fois – me paraissait avoir toutes les chances de s'avérer bénéfique… ce qui se vérifia amplement par la suite[1].

Le moment m'a semblé maintenant venu de passer à la *troisième* étape estimée nécessaire : publier sans plus attendre le dernier ouvrage, plus **institutionnel** et plus **pratique** donc, de la série dès le départ envisagée. J'annonce ici au moins les grandes lignes de la réflexion à laquelle cette publication terminale voudrait inviter. On comprendra vite pourquoi elle prendra une tout autre ampleur que celle des deux brefs ouvrages antécédemment parus. Elle se formulera autour de huit consignes ou orientations programmatiques précises. Chacune fera l'objet d'un chapitre dont le titre annoncera clairement à chaque fois le contenu et la visée :

1. Commencer par enregistrer avec netteté comment s'est trouvée soulevée, pour tant d'entre nous, **la question** de l'Église – de l'existence même de l'Église.

2. Examiner dans quelle **situation**, au terme d'une évolution accélérée, cette question paraît devoir être désormais affrontée, alors que s'ouvre la troisième décennie du XXIe siècle.

3. Faire apparaître que et pourquoi il y a là une **interpellation** des plus nette, parce que venue de bien plus loin, de bien plus profond et de bien plus large que d'aucuns ne paraissent le percevoir.

4. Dûment « réaliser » que l'Église tout entière se retrouve dès lors appelée à une véritable **conversion.**

5. et 6. Tout recentrer, à partir de là, sur le double aspect de la **mission** propre de l'Église[2] : 1) l'annonce mieux « ajustée » de *la foi*, et 2) la pratique plus résolue de *la charité*.

7. Reconnaître que la **condition** de « réceptibilité » de toute intervention de l'Église dans cette perspective précise ne peut passer que

1. Il n'est sans doute pas tout à fait anodin d'indiquer qu'entre-temps je n'ai pas quitté le navire ! Ayant accepté de diriger, cette fois chez Albin Michel, l'ouvrage *Jésus. L'Encyclopédie*, c'est en effet un fait que la réflexion « jésu-christologique » néotestamentaire ainsi conduite a tout à la fois relancé et réajusté celle que je me proposais toujours de consacrer, le moment venu, à l'Église. J'avais d'ailleurs profité du répit pour publier dès 2015, mais cette fois aux Éditions du Seuil, auxquelles je l'avais promis de longue date, un petit *Jésus expliqué à tous* de 155 pages qui s'efforçaient de tenir au mieux pour un large public les promesses de son titre.

2. Une « transition » intercalée entre les chapitres 4 et 5 explicitera que et pourquoi c'est bel et bien, en effet, à la *mission* que l'Église est appelée à se *convertir* !

par le « respect têtu » (André Dumas) de l'ensemble des *partenaires* qu'elle a de fait en face d'elle.

8. S'interroger alors sans détour sur les réaménagements devenus (suivant les cas) nécessaires, utiles ou envisageables, de **l'institution** ecclésiale elle-même en son organisation effective et en ses fonctionnements concrets.

Tel sera le parcours accompli par ce troisième et dernier ouvrage de la série projetée pour les raisons dites (et dans les circonstances précisées) en cette introduction. À travers ce parcours, je m'efforcerai de tenir la promesse faite dans les temps où nous fut donné le pape François, d'affronter réellement l'interrogation aujourd'hui soulevée concernant non seulement un « rester chrétien » et un « être catholique », mais aussi cet « **être d'Église** », et même ce « **faire Église** » auxquels sont bel et bien toujours appelés, et dont *doivent* donc se montrer capables, les chrétiens-catholiques d'aujourd'hui.

Chapitre 1

La radicalité de la question

La première étape de l'itinéraire de réflexion sur l'Église que voudrait proposer cet ouvrage aura pour objectif de placer mon lecteur d'emblée – et, si j'ose dire, sans trop de précautions – face à la grave *question* qui est aujourd'hui posée à l'Église : celle de son avenir voire, à terme du moins, celle de son existence même. Pour poser cette question, et le faire de cette manière, je ne proposerai ni une théorie savante et critique ni une enquête statistique systématique. Je me contenterai de rapporter ce que j'ai vu et vécu moi-même, et d'épingler les questions – *la* question plutôt – que mon expérience personnelle m'a conduit à me poser concernant, justement, l'Église (I). En une seconde étape, nécessairement succincte, j'examinerai que et pourquoi, faites au cours des derniers temps, plusieurs propositions d'analyse ou d'amélioration de cet état de choses ecclésiales peuvent à bon droit paraître insuffisantes (II). Cela ne pourra qu'engager à réexaminer la donne à nouveaux frais – tâche qui s'imposera du reste d'autant plus que la situation générale n'aura fait, entre-temps, que gravement s'alourdir.

I. À travers la seconde moitié du XXe siècle et le début du XXIe, un devenir global qu'il faut bien reconnaître inquiétant

1. Une question qui ne me quitte plus face à l'évolution présente de la situation

Il m'a été donné de franchir la barre des 80 ans. Je ne vois pas pourquoi je m'en cacherais *ad extra* quand, pour mon propre compte, je ne puis que m'en féliciter et, plus encore, qu'en rendre grâces. Deux fois, et à cinquante ans d'intervalle, j'ai vu ma mort en face : d'abord à un peu plus de 20 ans dans le djebel algérien, puis à 70 ans dans une clinique strasbourgeoise – et voici que, néanmoins, je suis toujours vivant et encore quelque peu actif… Si les difficultés ne m'ont pas été épargnées à moi non plus au cours de mon existence, je dois bien reconnaître que jusqu'à ce jour, les gratifications continuent de l'emporter de beaucoup. Et, en particulier, de mon épiscopat à Strasbourg, « tous mes souvenirs sont des actions de grâce », comme disait saint Augustin. *Deo gratias*, donc !

Mais, je tiens beaucoup à le préciser d'entrée de jeu : j'ai bien conscience que ce n'est pas par hasard que vient ici sous ma plume le nom de *Dieu* ! C'est en effet un fait que, en mon âme et conscience, j'ai toujours estimé que c'est fondamentalement à Lui, tel du moins que Jésus me l'a révélé, que je dois tout ce qu'il m'a été donné de pouvoir positivement vivre, faire et être.

Or, aujourd'hui plus que jamais et précisément face aux évolutions présentes, il me saute aux yeux que cela n'allait et ne va toujours pas de soi. La simple honnêteté m'oblige en effet à reconnaître ici simultanément deux choses : 1) il n'en est allé ainsi pour moi que grâce au christianisme et, plus précisément encore, qu'au sein de l'Église catholique ; mais 2) j'ai suffisamment vécu maintenant pour avoir vu la situation du premier et le rayonnement puis la crédibilité de la seconde *changer* à un point tel que je ne puis cacher qu'à mes yeux (comme à ceux de beaucoup sans doute) en est venue à se poser *la question même de leur avenir* à tous les deux. Et c'est un fait que cette question ne me quitte plus.

2. D'une société « de chrétienté » à un christianisme en grand péril

Je suis né trois ans avant que soit déclarée la Seconde Guerre mondiale, en « Basse-Bretagne », et plus précisément au Pays nantais. Si « luttes ouvrières » (Saint-Nazaire) et « courants laïcards » (Châteaubriant), comme il se disait alors, ne nous étaient pas totalement inconnus, c'est un fait que le christianisme – ou plutôt, en l'occurrence, le catholicisme – donnait le ton et finalement imprégnait plus ou moins tant l'ensemble de la vie sociale et relationnelle que chacune des existences personnelles. Il n'en va plus de même, à bien loin près, aujourd'hui ! Inutile d'entreprendre une démonstration en règle à propos de données qui relèvent ici de l'évidence : une évocation juste un peu concrète suffira.

Évocation d'une paroisse française parmi des milliers d'autres au milieu du xxe siècle

Au temps de mon enfance et de ma première jeunesse, le diocèse de Nantes auquel j'appartenais alors comportait quasiment mille prêtres et son Grand séminaire n'accueillait pas moins d'une centaine de candidats se préparant à l'ordination.

La belle petite paroisse rurale dont j'étais membre avait à son service à la fois un curé et un vicaire (qui fut même un temps « instituteur » à l'« école libre » des garçons) pour ses quelque mille habitants, « pratiquants réguliers » dans une forte proportion. Et encore deux religieuses apportaient-elles leur précieux concours, l'une pour l'école (primaire) « des filles », l'autre comme infirmière, ou plutôt « garde-malades » comme on disait.

La messe y était « dite » chaque jour pour les défunts de familles qui l'avaient « demandée ». Chaque dimanche, une « messe basse » était célébrée tôt le matin pour ceux dont la journée serait chargée (y compris du reste éventuellement par « la chasse », la saison venue). À 10 heures avait lieu la « grand'messe », « chantée », à laquelle on ne communiait du reste pas, de manière habituelle en tout cas. Fait particulièrement notable : le dimanche après-midi, « les vêpres », présidées par le curé, étaient psalmodiées avec leurs cinq psaumes en latin par un groupe d'une vingtaine de « chanteuses » entourées d'une assemblée clairsemée qui s'animait un peu plus au moment du *Tantum ergo* et de la « bénédiction du Saint-Sacrement », sur laquelle tout le monde était renvoyé dans ses foyers. (Il me revient du reste tout à coup en mémoire qu'étant venu me rendre visite sur place un beau dimanche après-midi d'août 1953, un de mes compagnons du collège Saint-Joseph d'Ancenis – plutôt doué en latin : « Nous sommes quand même en classe de rhétorique » s'était-il exclamé tout au long de l'année scolaire qui venait de s'achever ! – avait durablement choqué ma grand-mère en lui déclarant tout à trac : « Les vêpres, je pense moi aussi que c'est très bien, ma bonne dame... surtout à cause du latin. Mais ça ne durera sans doute plus très longtemps maintenant, vous savez ! »)

Si tels étaient les dimanches, c'est, bien plus largement, chaque journée, l'année entière, et finalement toute l'existence de tous et chacun des « paroissiens », qui étaient radicalement marquées par « la religion » ! L'angélus sonnait au clocher de l'église trois fois chaque jour. L'Avent et le temps de Noël, le Carême et le temps pascal étaient marqués non seulement par des célébrations spécialement festives et

« carillonnées » (à quatre cloches s'il vous plaît le cas échéant), mais aussi par toutes sortes de dévotions et de processions, de coutumes domestiques et d'usages alimentaires. On marquait aussi le mois de Marie (mai) et celui du Rosaire (octobre).

Pour les jeunes, il y avait, après le temps du « catéchisme » (assuré par le curé), celui du « patronage » conviant à diverses activités, sportives (« gymnastique » et, déjà, football), musicales (il y avait une « clique ») ou théâtrales, voire à des « cercles d'étude » (qui étaient plutôt l'affaire du vicaire tant qu'il y en eut un). Les jeunes filles et les femmes des différents âges se voyaient proposer des groupes « de prière » (récitation du chapelet voire du rosaire par exemple) ou « de spiritualité » (les « Enfants de Marie », simple exemple de nouveau), et divers services caritatifs. Avec les hommes, c'était évidemment plus difficile mais, plus ou moins à tour de rôle, un certain nombre au moins d'entre eux étaient invités à apporter leur concours à plusieurs activités concernant la vie économique et matérielle de la paroisse : conseil de fabrique (à vrai dire assez rarement consulté par le curé !), groupe des « marguilliers », comité organisateur d'une « kermesse paroissiale » annuelle, etc. ; il y eut même pendant quelque temps un groupe de « chefs de famille catholiques ». Quant aux différents âges de la vie, on peut dire qu'avec les sept sacrements, du baptême à « l'extrême onction », en passant par la confirmation et le mariage d'une part et jusqu'à un certain point par « la confession » de l'autre, c'est bien toute l'existence de chacun qui pouvait se trouver jalonnée par des rendez-vous significatifs avec « la religion ».

Pour faire bonne mesure, on peut passer de l'évocation du temps à celle de l'espace. Une grande église de style gothisant avait remplacé au cours du XIXe siècle un édifice plus modeste du XVIe. Elle rassemblait autour d'elle toutes les maisons, petites et grandes, « telle une poule abritant ses poussins à l'ombre de ses ailes », selon l'expression biblique. La haute et élégante flèche de son clocher était visible des kilomètres à la ronde, quelle que soit la direction d'où l'on venait. Le jour de la Fête-Dieu, toutes les rues principales du « bourg » étaient pavoisées de fleurs, de branchages et de décorations diverses ; et la procession du Saint-Sacrement passait de l'un à l'autre des trois imposants « reposoirs » dressés à des extrémités de la « localité » choisies de sorte qu'aucun quartier ne puisse s'estimer laissé de côté. Quant à « la campagne », qui se répartissait tout autour du bourg entre des fermes solitaires et des « villages » dont plusieurs montaient à huit ou dix « feux », elle était jalonnée dans toutes les directions par des croix, des calvaires plus ou moins importants, et même par quelques chapelles. On ne manquait pas de fleurir et d'entretenir ces dernières, où l'on pouvait même se rendre en pèlerinage lors de la fête du saint ou de la sainte qu'elles honoraient, ou bien encore à l'occasion des « rogations », ces allègres processions à travers champs où, à l'orée du printemps, on implorait les bénédictions de Dieu sur les récoltes à venir...

Aujourd'hui, le même diocèse de Nantes peine à ordonner, en moyenne, un prêtre chaque année. Le séminaire de Nantes n'est plus que « inter-diocésain », et les effectifs que rassemblent désormais les trois séminaires de toute la province ecclésiastique de Bretagne n'ont rien de comparable à ceux que réunissait « de mon temps » le seul séminaire diocésain de Nantes pour la seule Église de Nantes. Dans mon église paroissiale d'origine, la messe n'est plus célébrée qu'à peine une fois par mois (et très rarement un dimanche). Enfin, fondée dès le temps de saint Bernard il y a huit cents ans, la grande et belle abbaye de Melleraie, qui était pour moi et pour tout l'environnement une référence fondatrice, a vu le nombre de ses moines se réduire au point qu'ils ont dû se résoudre il y a moins d'une décennie à passer le relais à ce qu'on a pris l'habitude d'appeler une « communauté nouvelle » (d'ailleurs localement reconnue porteuse de vraies promesses).

Quelques flashes sur tout un contexte d'Église à travers plus de cinq décennies

Il ne m'a pas semblé nécessaire de prolonger cette évocation de l'Église que j'ai encore connue dans mon enfance. Ce que j'ai pu en dire ici m'a en effet paru suffire à donner une idée assez correcte de l'*écart* aujourd'hui flagrant entre la situation du milieu du siècle dernier et celle qu'on peut constater aujourd'hui. Évidemment bien conscient des limites d'un tel choix, j'ai prévenu que je ne proposerais pas en ces pages une étude scientifique et statistique, mais plutôt un témoignage largement biographique. On n'en pourra pas moins m'accorder sans trop de peine je pense que, dans notre pays, l'état de choses ici décrit s'est effectivement vérifié *aussi* non seulement en des milliers de paroisses (plus ou moins) « rurales », mais encore – quoique *mutatis mutandis* bien entendu – en nombre de paroisses urbaines ou en voie d'urbanisation.

Il se trouve cependant que je n'ai pas passé toute ma vie dans le cadre qui a été celui de ma première enfance, et que cela m'a valu d'être amené à vivre mon catholicisme en différents autres lieux et milieux.

Or, *mutatis mutandis* encore, j'ai bien dû constater là une évolution et même une transformation du même ordre que celle que j'ai pu enregistrer pour le temps et le lieu de mon enfance. Toujours sur le mode du témoignage et excluant là encore toute prétention (d'ailleurs toujours illusoire) à l'exhaustivité, il ne me paraît pas possible de taire que, pour moi comme pour beaucoup d'autres, cela est venu donner plus de poids encore à ce que j'appelle dans ce chapitre « la question » de l'Église. Délibérément, car je pense que cela suffira à illustrer mon présent propos, je me contenterai de quelques « flashes », jalonnant pas moins de cinq décennies.

Durant tout le temps de ma formation secondaire et académique puis de mon engagement progressif dans la tâche universitaire et le service pastoral, j'ai pu apprécier la vitalité de nombre de congrégations d'hommes (jésuites, dominicains, bénédictins) et de femmes (plus florissantes encore). Il m'a été donné d'être éclairé et souvent enthousiasmé dans ma foi par de grands écrivains catholiques abondamment fréquentés (de Péguy à Claudel, en passant par Bernanos et Mauriac), de grands « penseurs chrétiens » : philosophes d'un côté (Maritain, Gilson, Guitton, Blondel, Mounier, Ricœur, etc.), et théologiens de l'autre (Chenu et Congar, de Lubac et Fessard, Rahner et Balthasar – et tant d'autres, aux facultés de théologie de Paris et de Rome, de Münster/Westphalie et de Munich, de Louvain et de la Catholic University of Washington...). Je me suis par ailleurs à la fois délecté et instruit à la fréquentation des écrits des Jean Lacroix, Henri-Irénée Marrou, Pierre-Henri Simon, Jacques Madaule, Étienne Borne, René Rémond, etc. – tous éminents représentants parmi bien d'autres encore de ceux qu'on pouvait appeler les « intellectuels catholiques ».

J'ai aussi été à la fois questionné et soutenu, et donc porté plus loin et en-avant, par de grands courants spirituels (« charismatiques » ou non) et apostoliques (les mouvements d'Action catholique par milieux sociaux et/ou professionnels), etc. Or, s'il serait certes inexact et très injuste – j'aurai à y revenir – de donner à entendre que tout cela s'est effacé aujourd'hui, comment nier pourtant, en tous ces domaines et en d'autres, un fléchissement et même un recul très alarmants ? Bien plus près de nous et pour m'en tenir à une très brève évocation, mais fort significative pour moi en tout cas, je peux ajouter, par exemple, que tout le temps où j'ai eu la responsabilité du diocèse d'Alsace (1997-2007), le séminaire *diocésain* de Strasbourg s'est maintenu autour de quarante séminaristes ; or, en 2017-2018, un seul prêtre a été ordonné pour toute l'Église d'entre Vosges et Rhin (qui reste pourtant par ailleurs globalement bien mieux lotie que beaucoup d'autres diocèses, et même si existent à l'évidence de vraies chances de relance, y compris au séminaire). Je peux en plus faire remarquer que dans la seule année 2019 ont été fermés les séminaires régionaux domiciliés en deux grands diocèses comme Lille et Bordeaux.

Autre flash bien révélateur et qui porte cette fois sur un espace chronologique et géographique encore plus large… mais qui me donne beaucoup à penser sur la gravité de la situation et la relative lenteur des prises de conscience à son sujet : tout le reste étant dit, je dois bien reconnaître que, durant les quelque quarante-cinq années de ma pleine activité d'enseignement théologique puis de responsabilité épiscopale, j'avais spontanément tendance (comme la plus grande part de mon entourage d'alors, me semble-t-il), à réagir avec quelque humeur chaque fois que l'on évoquait autour de moi une condition *minoritaire* du catholicisme, au sein des évolutions en cours dans notre société… Et cela, quand bien même nous étions, de longue date, conscients de ce qu'on appelait alors le phénomène de la « déchristianisation » (nous avions lu dès notre temps de séminaire *France, pays de mission ?*), et suffisamment frappés par les différents signes de la fameuse « sécularisation » de notre société, puis de la croissante « exculturation » du christianisme par rapport à elle (nous avions été instruits en ces domaines par, entre autres, Marcel Gauchet et Danièle Hervieu-Léger). Au fond, avouons-le, l'idée était là que la France était « quand même » un pays « chrétien » ; et même que les Français étaient « quand même » catholiques… sauf, bien entendu, ceux qui ne l'étaient pas !

Une question plus radicale que jamais, mais posée par Jésus lui-même

Dernière indication que je retiens : même au regard de la situation d'il y a à peine une décennie réévoquée dans l'introduction de cet ouvrage, et malgré la grande espérance ouverte par le pape François, à laquelle je n'ai pas manqué de faire déjà écho et sur laquelle évidemment je reviendrai, le constat qu'on peut faire aujourd'hui, au début de la troisième décennie du XXIe siècle, s'est encore aggravé. Les craintes qui ne pouvaient qu'en résulter pour l'avenir n'ont donc fait que s'accroître. Et c'est fou comme on a désormais l'impression que « ça va très vite », et même que cela s'accélère de plus en plus.

Il serait, j'estime, superflu de chercher à en dire plus sur l'« état de l'Union ». On pourrait certes développer bien davantage ; d'autres l'ont fait, le font et le feront encore... Mais je ne convaincrais pas ceux que l'évidence ne parvient pas même à alerter. Et tous les autres, ou bien sont déjà d'accord, ou bien sont passés à autre chose et ne se posent même plus la question. Autant donc ne pas faire comme si on pouvait se le cacher : non seulement il paraît assez clair que le catholicisme et, plus largement, le christianisme connaissent une évolution de plus en plus problématique, mais tout porte à penser qu'à vues humaines en tout cas, le « rétrécissement » global qu'ils connaissent désormais est appelé à se poursuivre d'une manière qu'on a de fortes raisons de craindre assez inéluctable. La première chose à faire n'est-elle pas alors, en tout cas, de s'en rendre compte ?

Je suppose qu'on me croira sur parole si je déclare que ce n'est ni sans tristesse ni sans regrets que, aux temps de ce qu'il me faut bien appeler les années de ma vieillesse, j'en suis arrivé à pareille conclusion concernant des réalités et une institution – l'Église – qui ont nourri les enthousiasmes de ma jeunesse et porté, jusqu'à ce jour compris, les engagements toujours en cours de mon âge mûr. Cela précisé, je prie que l'on veuille bien considérer que je ne force pas la note si je confesse ici que c'est en toute vérité que j'en suis venu à me demander s'il ne faut pas bel et bien prendre très au sérieux la question une fois posée, nous dit-on, par le Jésus des Évangiles : « Le Fils de l'homme, quand il reviendra, trouvera-t-il la foi sur la terre ? »

3. Maintenant, une façon de m'interroger instruite par l'expérience et la réflexion

Certes, il ne manque ni de « lectures » de la situation ni de propositions (plus ou moins élaborées) de parade ou de relance. Là encore cependant, la part déjà écoulée de mon existence m'a à la fois alerté et instruit. En réalité, je ne suis en effet pas passé directement de la situation ecclésiale globalement forte et assurée du temps de ma jeunesse aux grandes interrogations et remises en cause qui déferlent désormais. Quitte à schématiser, je peux signaler encore au moins deux étapes intermédiaires.

En un premier temps, j'ai vraiment « joué le jeu » de l'Église assez « florissante » de ma jeunesse. Je peux même me dire que, comme beaucoup, je l'ai aimée et servie de mon mieux. J'ai fréquenté régulièrement, et non sans joie, les liturgies en latin de l'époque ; j'ai chanté et beaucoup apprécié le grégorien (j'en connais bien encore une centaine de pièces par cœur) ; j'ai porté la soutane pendant plusieurs années tout comme j'ai été tonsuré et ordonné sous-diacre ; j'ai célébré régulièrement la messe selon le rite de saint Pie V, dos au peuple évidemment ; j'ai étudié Thomas d'Aquin et Duns Scot ; j'ai suivi des cours et présenté ma thèse en latin à Rome même – et que sais-je encore ?... *Mais* c'est un fait que plus je suis allé, et plus, avec tant d'autres confrères et collègues, j'ai mesuré l'écart qui s'était de fait établi et ne cessait de s'élargir avec « le monde de ce temps » (comme disait Vatican II) dans lequel, nous aussi, nous évoluions. Ah, le « terrible et vilain fossé » de Lessing !

Aussi bien est-ce avec un grand espoir et avec un bonheur croissant que, en un second temps, j'ai vu s'enclencher et se répandre de vrais renouveaux en liturgie, en catéchèse, en théologie – puis, bientôt, se préparer, se tenir et rayonner le grand événement ecclésial qu'a été le concile œcuménique Vatican II... Là aussi pourtant, il y a eu un « *mais* » : il a bien fallu, par la suite, déchanter quelque peu puisque, autour de moi et de nous, les uns n'ont pas adhéré au projet de renouveau conciliaire, tandis que d'autres s'en sont autorisés pour (presque) tout remettre en cause, ou pour prendre tout bonnement leurs distances, voire carrément s'en aller.

On pourra le comprendre : c'est en venant de ce parcours personnel-là que je me suis peu à peu interrogé, et m'interroge toujours maintenant, sur la situation présente en même temps que sur l'avenir qu'elle prépare et qui déjà se profile. Je ne prétendrai à aucune infaillibilité ni dans l'analyse ni dans la proposition. Je m'appuierai d'abord sur ma propre expérience de croyant, puis de pasteur et, à partir de là, sur ma réflexion personnelle de théologien. Je me référerai en même temps aux nombreux échanges et débats menés à travers une bonne soixantaine d'années – je ne laisse pas d'être étonné de ce chiffre ! – que j'ai pu avoir, à ce triple plan, avec des proches et des moins proches ; avec des confrères et des collègues, chrétiens, incroyants ou mal-croyants, universitaires ou non ; dans le cadre de groupes plus ou moins informels et d'institutions officielles d'obédiences diverses, etc. Pour autant, je ne prétendrai engager là nul autre que moi-même, et c'est consciemment à mes seuls risques et périls que je prendrai position lorsque je serai amené à le faire.

II. Plusieurs manières de manquer la question pourtant radicalement soulevée

Mon objectif est clairement d'aboutir à définir, en fonction de tout cela et autant que possible, une attitude ecclésiale responsable dans les évolutions présentes et face à elles. Mais pour le faire correctement, il me semble d'abord nécessaire de repérer et d'évaluer la grande diversité des attitudes et comportements effectivement adoptés face à la crise qui se développe depuis maintenant plusieurs décennies. Avec l'état d'esprit qu'ils traduisent et les effets qu'ils entraînent, ils contribuent en effet eux aussi à soulever et même à rendre incontournable la question par rapport à laquelle il s'agit ici de se responsabiliser.

1. La recherche de coupables dans l'Église elle-même

Une première manière consiste à consacrer l'essentiel de son énergie à faire la chasse systématique aux coupables (et plus ou moins responsables) de la dégradation, après l'avoir complaisamment soulignée d'entrée de jeu. Et de dénoncer les « curés de gauche », les « théologiens contestataires », les « militants laïcs », les « partisans du dialogue tous azimuts », et que sais-je encore… Étant entendu, bien sûr, que le grand coupable serait de toute manière ici le concile Vatican II, avec ce qui l'a préparé et ce qu'il a déclenché. Et quitte à en profiter pour égratigner, sur la lancée, les « ouvertures », estimées si regrettables par d'aucuns, aujourd'hui prônées par le pape François.

Ici, il faut être clair : dans la mesure où elle tend à s'absolutiser elle-même, une telle prise de position manque au moins deux fois de pertinence. D'une part, elle tend toujours à faire comme si les chrétiens, catholiques surtout, ne pouvaient se concevoir eux-mêmes que sous le signe d'un étroit conservatisme. Où a-t-on pris ça ? Est-ce que, tout au contraire et selon l'Évangile lui-même – on ne manquera pas d'y revenir –, la vraie richesse de *la Tradition* ne tient pas à la capacité effective de ceux auxquels sa transmission est confiée, de tirer du trésor reçu, tel le père de famille à l'intention des siens, à la fois « des choses anciennes et des choses nouvelles », les secondes découlant *incessamment* des premières ? D'autre part, concernant plus spécifiquement Vatican II, on sait bien qu'il n'est pas rare qu'on lui impute aujourd'hui une grande part, sinon la totalité, des déficits et dérives qui lui ont de fait été postérieurs (ou même, quelquefois, antérieurs !). Mais enfin, s'il est déjà loin d'être évident que la dégradation ecclésiale déplorée ne serait due qu'à *l'adhésion* effective dont ces grandes assises de l'Église contemporaine ont (plus ou moins) bénéficié, il est en tout cas totalement exclu de prétendre trouver chez Jean-Paul II et Benoît XVI (comme on voit pourtant certains le prétendre) la caution d'une telle interprétation. Les prises de position de ces deux pontifes n'ont jamais manqué de souligner ceci : on n'a pas su comme il le fallait percevoir l'intention, accueillir l'enseignement, et finalement s'ouvrir à la grâce, de ce « grand don de Dieu à son Église » (Jean-Paul II) qu'a de fait été le dernier concile. Si faute il y a, autrement dit, elle n'est pas à imputer au concile mais à ceux qui l'ont « manqué ».

Limiter l'interrogation concernant l'évolution de l'Église à la recherche des causes de la crise dans laquelle elle est manifestement entrée n'est cependant pas, comme on pourrait le penser, le seul fait de ceux des croyants qu'on épingle comme « traditionalistes ». Ils ne manquent pas, en effet, les analystes plus ou moins « séculiers » et y compris parmi les incroyants qui, au nom de leurs propres (réelles) compétences sociologiques et/ou historiques, viennent savamment expliquer aux croyants et aux autres que et comment l'avènement de la raison critique, les progrès de l'esprit scientifique et leur généralisation ainsi que, pour finir, l'émancipation politico-sociale croissante des individus, ont peu à peu mais définitivement condamné toute perspective proprement religieuse… Quitte à préciser que c'est l'Église elle-même qui, fût-ce sans s'en rendre bien compte, a joué le jeu de ses détracteurs en déclenchant, précisément avec Vatican II, ce grand *mouvement* d'« ouverture au monde », d'attention aux « signes des temps » et, pour tout dire, d'« *aggiornamento* » qui allait finir par tout compromettre pour elle…

Il faudra bien entendu, là encore, revenir sur une telle vue des choses. On peut néanmoins faire d'ores et déjà remarquer qu'ici aussi, l'explication est trop courte, dans la mesure où, analysant les croyances (et les adhésions par lesquelles elles se traduisent), elle tend à ne porter attention qu'aux comportements *visibles* et à leurs effets *extérieurement* exprimés ou décelables. Elle risque du même coup de manquer tout ce qui pourrait être de l'ordre : 1) de *ce qui se présente toujours de fait* à croire, à savoir l'« **objet** » propre de la foi et son mode spécifique de « proposition », qui peut avoir gardé quelque crédibilité ; et 2) de *ce qui peut toujours de fait porter* à croire (chez le potentiel « **sujet** » croyant), compte tenu des désirs qui peuvent pourtant ne pas cesser de l'habiter par-delà tous les soupçons et verdicts que l'on voudra. Autrement dit : le dernier mot n'aura sans doute pas encore été prononcé avec les pourtant si diverses et parfois si péremptoires « recherches de culpabilité ».

2. Le recours à de prétendues alternatives

Multiforme, un deuxième type d'attitude mérite d'être repéré et examiné de près. Il s'agit de la propension répandue à se réfugier dans les fausses assurances que représenteraient de prétendues alternatives, parfois tenues pour rien de moins que providentielles. Je les désigne chacune par une préposition, un adverbe et/ou une expression qui peuvent suffire à les caractériser.

Avant, et même depuis toujours

On mise ici tout sur le retour à ce qui, estime-t-on, se serait « toujours » *dit* en matière d'orthodoxie doctrinale et *fait* dans le domaine de la pratique, liturgique avant tout.

En réalité, la preuve est aujourd'hui faite, d'une part, que pareille attitude ne fait toujours que sacraliser un état relativement *récent* de ce qu'on prétend être purement et simplement « *la* Tradition » ; et, d'autre part, que l'on ne parvient ici le plus souvent à intéresser qu'un public à la fois toujours-déjà convaincu, et de fait de plus en plus réduit en nombre et de plus en plus circonscrit en audience. On n'a certes pas tort de s'en préoccuper aussi, mais que fait-on alors des autres – de tous les autres ? L'occasion nous sera évidemment donnée d'en reparler.

Ailleurs et d'ailleurs

On voit cette fois le salut dans le développement de « nouvelles Églises » ailleurs dans le monde, et principalement dans des pays lointains d'Afrique, d'Amérique ou même d'Asie. Florissantes même parfois parce que non contaminées, elles, par les démons intellectuels et autres qui ont désormais proliféré dans notre Occident (européen), ces Églises « nouvelles » ne seraient pas seulement susceptibles de relancer sous d'autres cieux, et efficacement, un christianisme ailleurs en perte de vitesse ; elles seraient aussi en mesure de venir jusqu'en nos contrées assurer la relève de nos forces déclinantes.

Mais comment ne pas, un jour ou l'autre, en venir à se dire que ce qui se vérifie aujourd'hui chez nous pourrait bien, après tout, être appelé à valoir aussi là-bas... en tout cas si l'on tient compte du fait que la communication est désormais quasiment universelle et la mondialisation accélérée.

En nous-mêmes ?

Ici, on valorise les dimensions émotionnelles voire effervescentes de la démarche religieuse. On cultive l'exaltation enthousiaste et la ferveur communicative, prétendant (non sans raison) que nombre de contemporains en ont assez du dessèchement radical et du désenchantement général entraînés par l'utilitarisme et la superficialité qui, aujourd'hui, recouvrent tout, y compris dans nombre de groupes ecclésiaux. La justification d'une telle attitude de repli sur soi, on prétend la trouver par-dessus tout dans un recours estimé quasiment suffisant à *la lettre* de l'Écriture. Recours dégagé de toute préoccupation critique, c'est-à-dire immédiat, spontané, sans recul, et – pour tout dire – *fondamentaliste*. Ainsi voit-on en certains lieux ou milieux se développer des courants dits « évangéliques » florissants, dont les adeptes ne doutent pas qu'ils sont désormais en passe d'offrir au christianisme les seules véritables chances qui lui resteraient.

Il n'est pas question de nier le caractère décisif, pour la foi chrétienne, du recours à la Parole de Dieu... mais il s'agit en l'occurrence de tout autre chose – on en reparlera aussi. Il n'est pas question non plus de nier que se traduisent de cette manière quelque peu « primaire » des besoins et des attentes que l'évolution de notre monde présent s'avère de plus en plus incapable d'honorer, alors qu'ils sont manifestement vitaux pour nombre de nos contemporains... Mais comment faire longtemps comme si l'on pouvait ignorer ou négliger les si manifestes acquis de la science et les si appréciables apports de la technique, avec du même coup leurs conséquences pour toutes les formes de croyances, voire de foi ? Comment prétendre indéfiniment soustraire à toute forme de critique, et à toute évaluation, ce qui risque toujours de ne s'alimenter qu'à de plus ou moins respectables traditions, de bons sentiments et de généreuses intentions ? Comment refuser de voir que, si précieuses voire gratifiantes qu'elles puissent apparaître à l'occasion, la ferveur et l'exaltation ne suffiront jamais à rendre les croyants conscients et capables de leurs responsabilités imprescriptibles *en ce monde* ? Et comment oublier que la première tâche sera toujours, pour eux aussi, de s'efforcer à une clarté et une fiabilité de la communication qui ne peuvent aller sans le travail de la compréhension mutuelle, du débat qui peut seul la rendre possible, et de la réflexion partagée qui en est l'instrument obligé ?

Demain, plus tard, après…

Sans nécessairement qu'elle se donne la tâche de se soutenir et de s'argumenter en bonne et due forme (parce que, en somme, elle irait *de soi* pour qui se prétend croyant), une autre attitude encore est parfois adoptée devant la crise actuelle. C'est un fait, remarque-t-on ici, que le christianisme a traversé vingt siècles, et que rien d'autre ne paraît pouvoir prétendre crédiblement l'avoir remplacé, là du moins où il a pris naissance et à partir d'où il s'est déployé. Continuons donc à lui faire confiance. Sans arrogance ni forfanterie certes, mais sans accablement ni démission non plus. Tant d'idéologies, et si prétentieuses, ont fait long feu, et tant de régimes iconoclastes ont sombré autour de lui et jusqu'à nous, qu'à vrai dire aucune modalité ou hypothèse de « remplacement » ne peut désormais avoir de vraie crédibilité aux yeux des vrais croyants… et de bien d'autres. Le Dieu dont un Nietzsche trop facilement cru déclarait la disparition a peut-être conservé assez de vie pour, en tout cas, constater la mort – elle, à l'évidence avérée – de son si péremptoire négateur, me faisait remarquer avec un petit regard taquin un séminariste d'un peu plus de 20 ans, au retour des dernières JMJ…

Des renaissances ou des résurgences de comportements religieux ne s'observent-elles d'ailleurs pas là même où l'on ne les attendait plus guère ? Des religions ou des spiritualités venues d'ailleurs ne suscitent-elles pas autour de nous voire parmi nous un étonnant intérêt, voire de vraies conversions ? Pourquoi, alors, accueillir chez nous ou aller chercher ailleurs ce que, et en mieux bien entendu, nous connaissons et vivons ici depuis si longtemps ? Osons puiser dans ce que nous avons reçu d'hier ce qui pourra seul nous assurer, à nous tels que nous sommes aujourd'hui, nos meilleures ressources pour demain… après que sera passée la « mauvaise passe » où nous ne sommes que temporairement coincés.

D'en haut !

Plutôt que de prendre tout de suite position par rapport à l'attitude qui vient d'être évoquée, mieux vaut passer sans attendre à une autre, qui sera du reste la dernière ici retenue au titre de ce que j'ai appelé de prétendues alternatives. Toutes les deux relèvent en effet du même esprit, à ceci près que la seconde va plus loin, ou plutôt remonte plus haut. Cette fois, on s'en rapporte carrément à *Dieu* lui-même, là où auparavant on se contentait d'en appeler au futur et à l'avenir, sans à vrai dire les remettre tout entiers, comme c'est ici le cas, entre les mains du Dieu-Providence, dans une foi et une espérance déclarées.

Il faut considérer, estime-t-on maintenant, que la seule véritable issue est de se confier directement au Seigneur et Maître des temps et de l'histoire. De s'abandonner, sans plus, à sa toute-bienveillante et toute-puissante volonté, si longue et si éprouvante que puisse s'avérer pour nous l'attente de l'exaucement. Telle ou telle parole évangélique pourraient à l'occasion servir de caution : que pourraient contre nous « les portes mêmes de l'Enfer ? » (cf. Mt 16, 18).

Une seule remarque, elle-même faite en référence au Nouveau Testament, pourra suffire à disqualifier pareille attitude, sous les deux formes que nous lui avons reconnues : où a-t-on vu que Jésus aurait promis à ses disciples, à commencer par les Apôtres qu'il s'était choisis, de les décharger un jour ou l'autre de l'exercice effectif de la mission qu'au nom du Père il leur a bel et bien confiée avant de disparaître lui-même ? Jésus n'a-t-il pas, au contraire, *tout fait* – il faudra bien l'entendre – pour rendre les siens conscients de la *responsabilité* inventive que cette mission impliquerait pour eux dans la suite des temps à venir ? Henri de Lavalette, autre estimé ancien collègue de l'Institut catholique de Paris, m'avait puissamment impressionné le jour où il m'avait confié que, parmi les étonnements qu'avait suscités chez lui Jésus, il n'y avait pas seulement le fait que, au moment de sa mort, il s'était totalement remis dans la foi aux mains *de son Père* pour l'avenir de sa propre existence d'homme alors qu'elle allait sombrer. Celui qui allait mourir en croix avait bien perçu aussi qu'il n'y avait pour lui d'autre solution que de s'en remettre également aux mains *de ses disciples* pour la suite de sa propre mission en ce monde : il les quittait sans avoir aucunement commencé à l'exercer lui-même en dehors des étroites limites de l'Israël de son époque !

3. Le chantage à la (post-)modernité

Sauf la variante séculière de la recherche des responsables ou coupables, les divers types de prises de position et de comportements que nous venons de relever jusqu'à présent face à la grave question qui nous tient maintenant, peuvent en somme, selon une terminologie largement reçue, être caractérisés comme « conservateurs ». Également vérifié dans notre situation, un autre genre de pseudo-solution apparaît au contraire pouvoir être tenu pour « progressiste », tout en pouvant se vérifier aussi, sous diverses formes d'ailleurs, chez des croyants entendant bien toujours se réclamer pourtant du christianisme et même œuvrer à leur manière en sa faveur pour les temps qui viennent...

Elle consiste à considérer que la seule hypothèse sérieuse serait désormais de consentir à faire résolument dans le christianisme la part du feu. Les mentalités courantes et l'opinion commune résistent-elles à tel ou tel aspect de la doctrine ou de l'éthique chrétiennes ? – Eh bien, qu'à cela ne tienne : excluons de notre propos et de notre comportement ce qui, dans le monde et la culture d'aujourd'hui, déclencherait le refus, voire simplement rencontrerait l'inattention ou l'indifférence... et le tour sera joué ! On pourra alors se voir admis, crédible, reconnu ! Que n'entend-on pas et ne lit-on pas à cet égard sur le slogan, toujours ressassé, du « ce qu'il n'est plus possible de croire aujourd'hui », plus ou moins pertinemment tressé d'ailleurs avec le thème de l'analyse scientifique et critique qui « suffit à expliquer » qu'on ait pu le croire autrefois, et même jusqu'à hier. Modernité et plus encore post-modernité obligeraient, n'est-ce pas ? Qu'on se le dise : il est fini le temps heureux des sereines « accordailles »... Même s'il faudra bien convenir, quand même, que le fait de le reconnaître nous laissera toujours « au cœur une plaie ouverte ».

Mais comment ne pas voir que, à l'évidence, des tentatives et des pratiques d'« adaptation » à notre présent moderne et post-moderne *pareillement comprises* conduisent nécessairement d'elles-mêmes à brader un jour ou l'autre tout ce qu'il y a de plus spécifique, et donc de potentiellement plus mobilisateur, dans le message chrétien ? Définir ou réajuster ce message en fonction seulement de ce qui, selon l'opinion la plus commune, pourrait en paraître recevable dans le moment présent, ne serait-ce pas se condamner à ne plus *rien* avoir à proposer à nos interlocuteurs d'aujourd'hui que – sans nous avoir attendus – ils ne sachent, ne veuillent et ne puissent *déjà* ? Pourquoi, alors, s'intéresseraient-ils à nous, et prêteraient-ils la moindre attention à ce que – mais quoi exactement alors ? – nous prétendrions avoir encore à leur annoncer, voire à leur apporter ?

Chapitre 2

La gravité de la situation

MON intention n'est pas, maintenant, de chercher tout de suite comment il est déjà possible – ou bien à quelles conditions il pourrait à plus ou moins court terme devenir envisageable – de faire face à ce que j'ai appelé dans mon premier chapitre « la question » posée à l'Église, concernant son propre avenir, par l'évolution générale de la société dans laquelle elle est de fait impliquée.

À l'évidence, cette question est et reste très loin d'être réellement prise en compte et affrontée chez les chrétiens, dans leurs institutions, et par leurs responsables. Il est pourtant patent qu'elle n'a fait, et ne fait toujours, que progresser en incontournabilité au fur et à mesure que les années passent... Mais avant de s'en occuper davantage, il s'impose d'enregistrer qu'elle s'est lourdement aggravée du fait de l'apparition inattendue d'une série d'événements qu'il est totalement exclu de négliger. Ces derniers résultent d'un certain nombre de facteurs jusque-là ou bien inexistants, ou bien non perçus dans leur gravité réelle, ou bien encore intentionnellement masqués pour diverses raisons. Or leur prise en compte s'impose à l'évidence.

Il s'agit cette fois d'événements qui ont progressivement révélé des tendances « lourdes », caractéristiques de ce que le titre de ce deuxième chapitre dénomme « la **situation** » concrète de l'Église aujourd'hui, alors que s'ouvre la troisième décennie du XXIe siècle. Précisons : il s'agit d'événements à cause desquels « la question » qui reste toujours et plus que jamais posée à l'Église ne l'est plus seulement par des facteurs et des processus d'abord extérieurs à elle et déjà évoqués – comme le sont la sécularisation croissante de la société, l'émancipation galopante des individus et tout le tralala de la (post-)modernité, avec l'exculturation de plus en plus manifeste qui en résulte pour la foi chrétienne. Nous sommes désormais en face d'éléments négatifs qui sont bel et bien *internes* au milieu chrétien, dont ils ne font dès lors qu'aggraver encore la vulnérabilité et la précarité. C'est au point que certains – et le pape Ratzinger le premier – en sont venus à se demander si les plus redoutables des « ennemis » de l'Église ne seraient pas désormais à reconnaître parmi ses membres eux-mêmes, voire parmi certains de ses responsables…

Arrivé à ce stade de ma réflexion, il faut bien que je m'explique quelque peu sur ce qui m'a conduit, avec tant d'autres, à interroger maintenant de la sorte. Ce fut de fait un assez long chemin. Quitte à ne procéder une nouvelle fois que par survol, je dois ici reprendre le fil de mon évocation biographique là où je l'ai laissé au chapitre précédent. Cela me fait « repartir » de Jean-Paul II.

I. Les années Jean-Paul II (1978-2005)

1. Un pontificat très marquant

C'est avec enthousiasme que, en 1978, j'ai moi aussi appris l'élection comme pape du cardinal Karol Wojtyla, alors archevêque de Cracovie. Ce si bien nommé « athlète de Dieu » venait non plus des lignées de prélats le plus souvent italiens auxquels nous nous étions (plus ou moins) habitués, mais d'un pays de l'Est. Et même du sinistre « glacis soviétique », que ce nouveau venu allait si étonnamment contribuer à ébranler, offrant du même coup au christianisme et à la foi catholique des chances de relance restées jusque-là bien improbables.

Trois brefs rappels suffiront pour commencer. D'abord, ces déplacements multipliés (plus d'une centaine de voyages internationaux !) et ces accueils si souvent enthousiastes qu'il connut à travers la planète tout entière, y compris chez nous en France – malgré pourtant certaines protestations ou réticences avant sa venue à Reims ! Ensuite, l'immense succès que furent les fameuses Journées mondiales de la jeunesse, avec mention spéciale pour celles qui se tinrent à Paris en juillet 1997 (quelle ne fut pas alors notre fierté !). Enfin, l'extraordinaire Rencontre d'Assise, voulue et réalisée en 1986 par son instigateur romain comme à la fois un témoignage de la vitalité des religions dans notre monde devenu pourtant si oublieux de toute transcendance, et comme un appel à leur rencontre et à leur dialogue pour l'espérance de l'ensemble de l'humanité. Souvenons-nous : il y eut vraiment là de belles années, tout ensemble fécondes pour le présent de l'Église et prometteuses pour son avenir. C'était au point que l'on pouvait croire en passe de se manifester – fût-ce aussi, certes, par des chemins que nous n'attendions pas nécessairement – ce nouveau « printemps de l'Église » que Vatican II avait paru pouvoir laisser espérer.

Dès la fin de mes études, à l'automne 1965, j'avais été envoyé enseigner la théologie dogmatique au Grand séminaire de Nantes ; en 1971, j'avais rejoint l'Institut catholique de Paris, où je devais être successivement professeur puis doyen (1988-1994) de théologie, et enfin directeur de la Recherche inter-facultés (jusqu'en 1997, date de mon envoi à Strasbourg). En ces deux lieux, et je ne fais que m'en féliciter, j'eus les meilleurs moyens d'apprécier les enseignements du pape Wojtyla. D'abord en ses trois encycliques « trinitaires » portant respectivement sur le Christ, « rédempteur de l'homme » (*Redemptor hominis*, 1979) ; Dieu le Père, « riche en miséricorde » (*Dives in misericodia*, 1980) ; et l'Esprit Saint, « qui est Seigneur et qui donne la vie » (*Dominum et vivificantem*, 1986). Mais je ne saurais oublier *Fides et ratio* de 1998, où celui qui avait été vingt-cinq ans professeur à l'Université catholique de Lublin rappelait avec force que, loin d'être ennemie de la raison et de l'intelligence, la foi chrétienne les suppose et les honore, les estime et les promeut.

Quant à *l'Église* elle-même, la célébration du Grand Jubilé de l'an 2000 fut pour le pape polonais l'occasion de publier sur elle quelques documents importants où, qu'on les ait à l'époque « manqués » ou qu'on les ait oubliés depuis, on pourrait s'étonner de découvrir de vrais accents aujourd'hui désignables comme « bergogliens » – ce qui, je m'empresse de le souligner, ne fait à mes yeux en tout cas qu'en souligner l'intérêt ! En 1990 déjà, l'encyclique *Redemptoris missio* exposait que, pourquoi et comment, l'Église n'a d'autre sens que de continuer d'assurer la *mission* d'annonce de salut et de libération qui était celle de son Seigneur ; et le n° 12 exposait avec clarté, et motivait avec force, « la valeur permanente du commandement missionnaire ». Par la suite, la substantielle lettre apostolique de clôture du Jubilé donnait à l'Église tout entière entrant dans le nouveau millénaire la consigne « *Duc in altum* » (Lc 5, 4), qui veut dire aussi bien « Avance au large » que « Avance en eau profonde ». Mais cette belle insistance sur la mission *ad extra* n'en motivait que davantage Jean-Paul II à mettre en valeur la caractéristique de l'Église *en son propre mystère* : elle est une « réalité » et doit vivre une « spiritualité »... « *de communion* ». Quant à la lettre apostolique de clôture du Jubilé *Novo millenio adveniente* (NMA, 2000), lettre « magistrale » puisqu'elle voulait somme toute tracer le programme de l'avenir, on peut rappeler un des traits par lesquels elle annonçait des positions similaires chez ses successeurs.

Celui qui devait célébrer pas moins d'une quinzaine de synodes épiscopaux et convoquer jusqu'à six assemblées plénières du Collège des cardinaux montrait par là même toute l'importance qu'au plan *institutionnel* il entendait bien accorder, malgré tout ce qu'on a pu dire, à la consultation et à la co-responsabilité dans l'Église. Mais il ne manquait pour autant pas d'interpeller les comportements *individuels* de chacun des membres et responsables de l'Église en des termes que son sub-successeur argentin n'aurait pas désavoués : il s'impose, disait le pape Wojtyla au nº 19 de NMA, de surmonter « les tentations égoïstes qui continuellement nous assaillent et entraînent : compétition, carriérisme, méfiance, jalousie ». Franchement, ne croirait-on pas avoir là un « pré-écho » d'un certain message de vœux du pape Bergoglio sur lesdites « maladies » de la Curie ?

Tout ce qui précède étant rappelé, il me paraît indiqué d'ajouter un dernier point, qui fera de nouveau « signe » vers François. On l'a sans doute oublié, mais il est un sujet sur lequel on a multiplié les reproches à Jean-Paul II (plus encore que sur son étonnant appel à l'ouverture à l'égard des autres religions) : son invitation insistante à la « repentance » de l'Église. Voici ce que j'estimais avoir à en dire déjà dans l'homélie que je donnais en la cathédrale de Strasbourg le 22 octobre 2003, jour même du vingt-cinquième anniversaire de l'intronisation du pape polonais :

> Comment pourrait-on [...] non seulement être crédible dans le témoignage vis-à-vis des autres, mais être soi-même dans la vérité devant Dieu, si l'on ne se responsabilisait pas par rapport à tout ce qui, dans nos vies et dans notre histoire, a été détournement de la foi, contre-témoignage par rapport à l'Évangile ?

Il a été relevé que Jean-Paul II a employé plus de trente fois l'expression « Au nom de l'Église, je vous demande pardon ». Et dans un message aux cardinaux de 1993 préparant à la rédaction définitive de *Tertio millennio adveniente*, il écrivait :

> Alors que le second millénaire du christianisme arrive à son terme, l'Église doit prendre conscience, avec une lucidité ravivée, qu'au long de l'histoire il est arrivé à ses fidèles de se montrer infidèles en péchant contre le Christ et son Évangile.

Dira-t-on que Jean-Paul II, car c'est bien de lui qu'il s'agit, a eu tort d'inviter *ainsi* l'Église au repentir ? Et si on ne le dit pas, pourquoi le dirait-on lorsqu'on entendra par la suite le pape François appeler, lui, à l'examen de conscience et à la repentance – autrement dit : à la conversion ? Nous aurons bientôt l'occasion d'en reparler.

2. Quelques brèves impressions personnelles

Sans vouloir m'éterniser, mais compte tenu du tour qu'est en train de prendre cet ouvrage, je ne puis guère éviter de faire part ici de quelques impressions personnelles. Elles voudraient simplement évoquer que et pourquoi j'ai vécu avec une particulière intensité ces « années Jean-Paul II » auxquelles je suis présentement en train de faire écho, et l'interrogation sur laquelle elles m'ont finalement laissé.

Jean-Paul II m'a nommé à la romaine Commission théologique internationale (que présidait le cardinal Ratzinger) et où j'ai accompli un mandat complet de cinq ans qui s'achevait en 1997, date à laquelle le même Jean-Paul II m'a désigné comme archevêque de Strasbourg. J'ai été, à partir de là, membre du Conseil pontifical de la culture (où le cardinal Poupard m'avait auparavant appelé comme consulteur), puis du Conseil de préparation du Grand Jubilé 2000 (que conduisait le cardinal Etchegaray)… et enfin non seulement membre du Synode des évêques sur l'Europe (par désignation de la Conférence épiscopale française) mais, de nouveau par nomination pontificale, membre de la Commission chargée (autour du cardinal Tettamanzi) de préparer pour le pape le « message » dudit synode. Et cette dernière tâche m'a valu, en même temps que d'être ensuite nommé membre du « Conseil permanent du synode », d'être personnellement reçu à la table du Saint-Père avec plusieurs confrères de cette Commission sur l'Europe… et même d'avoir avec lui un bref moment d'échange qui ne pouvait que me marquer définitivement. Alors que, au moment où il m'avait reçu en compagnie de Mgr Kratz en visite *ad limina* en février 2004, il était si fatigué qu'il ne put guère nous manifester son attention et son affection que par une brève accolade, dans le cadre précis que j'évoque présentement, il fit au contraire bien davantage. Comme cela arriva à Mgr Jordan qui rapporte un épisode comparable dans sa préface à l'ouvrage sur Reims que nous avons publié dans « La grâce d'une cathédrale », le Saint-Père me déclara à moi aussi : « Strasbourg, belle cathédrale ! » Et, avec un regard qui est définitivement resté gravé en moi, il avait ajouté : « Et… sainte Odile, priez pour nous ! »

J'ai eu par ailleurs l'occasion d'exprimer ma reconnaissance et ma vénération pour celui qui a quitté sa charge après l'avoir exercée pendant plus de vingt-cinq années[1]. Comme d'autres, je ne puis cependant taire que les derniers temps du vieux pontife n'ont pas été, pour moi comme pour tant d'autres, sans laisser filtrer, déjà, quelques interrogations sur certaines « ombres » qui ne pouvaient de toute manière pas être négligées.

Il faut bien le reconnaître en effet, au fur et à mesure que le pontificat du pape Wojtyla se déroula, des insatisfactions se déclarèrent, des blocages se produisirent, des résistances se manifestèrent, tant au plan doctrinal que dans l'appareil institutionnel. Tout cela engendra lassitude et réactions, résistances et protestations, mais réveilla et amplifia aussi certaines craintes ou interrogations antérieurement apparues.

On peut en tout cas et au moins reconnaître que deux tendances inquiétantes pour l'Église et son devenir se déclarèrent puis s'accentuèrent vers la fin de ce longtemps si flambant pontificat. D'une part, très investi au plan international et mondial, le pape polonais apparaissait s'être moins directement préoccupé des affaires internes de l'Église, et il en résulta, entre autres, une sorte de retour en force de divers ténors et/ou organismes de la Curie, dans un esprit qui n'était plus nécessairement toujours en phase avec les orientations et les espérances conciliaires – c'est le moins qu'on puisse dire... D'autre part et plus encore sans doute, c'est aussi un fait que commencèrent à se répandre avec de plus en plus d'insistance des rumeurs concernant de très graves voire très scandaleux comportements de la part de personnalités ecclésiastiques de rayonnement parfois international, la plus notable de toutes étant, bien entendu, l'affreux Maciel... Mais cela nous fait passer à un tout autre registre !

3. L'étonnante méditation d'un certain vendredi saint

C'est dans le contexte très précis que je viens d'évoquer que, à l'initiative du plus proche et plus estimé collaborateur de Jean-Paul II, à savoir le cardinal Joseph Ratzinger, se produisit un événement nettement « lanceur d'alerte » sur ce qu'était alors en train de devenir ce que le titre du présent chapitre appelle « la situation » de l'Église.

Une semaine avant la mort de Jean-Paul II, soit le vendredi saint 2005, il revint à celui qui était à l'époque le préfet de la Congrégation

1. Je peux ici renvoyer aux homélies que j'ai données dans la cathédrale de Strasbourg pour le vingt-cinquième anniversaire de son pontificat (*L'Église en Alsace*, déc. 2003, p. 3-10), puis à l'occasion de son décès (*ibid.*, mai 2005, p. 3-10).

pour la doctrine de la foi, de présider au Colisée le Chemin de la croix devenu traditionnel en ce lieu ce jour-là. Or voici quelle fut la méditation qu'il proposa pour la station « Jésus tombe pour la deuxième fois » :

> Ne devons-nous pas penser également à ce que le Christ doit souffrir dans *son Église* elle-même ? [...] Que de souillures dans *l'Église*, et particulièrement parmi ceux qui, dans le sacerdoce, devraient lui appartenir totalement ! Combien d'orgueil et d'autosuffisance ! [...] Souvent, Seigneur, *ton Église* nous semble une barque prête à couler, une barque qui prend l'eau de toutes parts [...]. Les vêtements et le visage si sales de *ton Église* nous effraient. Mais c'est nous-mêmes qui les salissons ! C'est nous-mêmes qui te trahissons chaque fois, après toutes nos belles paroles et nos beaux gestes.

L'Église, son Église, ton Église : ce fut la stupéfaction chez tous les participants. À commencer par les membres alors présents de la Curie elle-même... et – je dois bien le reconnaître – à suivre par moi-même, à ma propre place de tout récent archevêque de Strasbourg mais aussi, tout simplement, comme membre parmi tant d'autres de l'Église du Christ qui furent eux-mêmes grandement déconcertés par l'événement, dans la mesure où ils en eurent connaissance à ce moment-là.

À vrai dire, il ne s'est alors pas agi pour moi de l'absolue « révélation » d'une réalité que j'aurais jusque-là totalement ignorée. Je l'ai encore rappelé à l'instant, j'avais par exemple ouï parler moi aussi de la fameuse « affaire Maciel ». Et par ailleurs, je ne puis pas nier que certains des contacts que j'avais pu avoir, soit comme doyen de la faculté de théologie de l'Institut catholique de Paris, soit comme archevêque du diocèse d'Alsace, m'avaient déjà quelque peu interrogé sur la manière dont tel ou tel responsable ou représentant de telle ou telle instance romaine concevait et accomplissait son service... et, comme pour couronner le tout, j'avais moi aussi eu écho de certaines « irrégularités » financières (j'y reviendrai à l'occasion). Il ne m'en fallut pas moins un peu de temps pour « réaliser » à quelle situation nous en étions désormais arrivés.

Commençons par rappeler le contexte. Qu'ils soient chrétiens et catholiques ou non, ceux qui en venaient à s'interroger à propos de graves dérives et délits ecclésiaux dont on commençait à faire état dans l'opinion publique, se répartissaient déjà grosso modo en deux « camps ». Les uns estimaient que certains au moins des responsables ecclésiaux qui étaient en fait bel et bien au courant de la situation, soit l'avaient intentionnellement camouflée, soit l'avaient carrément niée. Les autres étaient d'avis que la seule attitude correcte était, de toute façon, de tout faire pour « sauver la face » de l'Église, et donc que toute manière de faire seulement l'hypothèse de comportements gravement déviants chez l'un ou l'autre de ses représentants officiels, ne pouvait relever que d'une sorte de trahison.

Que, dans ce contexte précis, le cardinal Ratzinger, très loin de masquer ou de chercher à minimiser l'existence de graves turpitudes dans l'Église, ait au contraire choisi d'en faire état pour les dénoncer avec rigueur et détermination, est hautement significatif. D'autant plus significatif même, que cette dénonciation intervenait dans le cadre d'une *prière*, d'une prière solennelle présidée au nom du *pape* lui-même, en plein cœur d'un rassemblement ecclésial qui se tenait au centre de la chrétienté, *à Rome* même, au Colisée et sous le signe de *la Croix* – du Chemin de croix – de Jésus, le Christ de Dieu selon la foi des chrétiens ! À l'évidence, il y avait là une prise de position réfléchie et raisonnée, résolue et sans appel.

Que telle soit bien la juste manière de comprendre cette si surprenante intervention de celui qui, sans qu'il le sache alors, allait très peu de temps après devenir à son tour pape, on peut en trouver la preuve dans le parcours jusque-là accompli par Joseph Ratzinger. Déjà, nul ne peut lui faire procès d'avoir, en la circonstance, été trompé par une insuffisante information, par un discernement erroné, ou – pire – par une quelconque intention de nuire à l'Église. Après avoir été un théologien reconnu et grandement estimé successivement à Bonn, à Münster, à Tübingen et à Regensburg , il en était à sa vingt-troisième année à la tête de la Congrégation pour la doctrine de la foi. S'il avait certes évolué par rapport à ce temps du Concile où il avait été le théologien du (plutôt « aggiornamentiste ») cardinal Frings de Cologne, ce n'avait pas été pour se laisser entraîner dans un sens hostile à l'Église, à sa doctrine et à ses institutions ! Et si l'on avait ici encore besoin d'une caution, on la trouverait sans peine chez Jean-Paul II lui-même qui, loin de jamais se démarquer par rapport à celui qu'il avait appelé en 1981 de Munich (où Paul VI l'avait en 1977 nommé archevêque), pour en faire le responsable de la Doctrine de la foi, a bel et bien obtenu de lui qu'il reste presque un quart de siècle à ce poste, malgré le désir quatre fois exprimé par son titulaire d'en être déchargé.

II. Deux grandes décisions de Joseph Ratzinger, successeur de Jean-Paul II (2005-2013)

L'histoire, cependant, ne s'arrête pas là, si j'ose dire ! Il se trouve en effet que quelques semaines seulement après son « coup d'éclat » du Colisée, Joseph Ratzinger fut élu pape. Il n'est évidemment pas davantage question pour moi d'évoquer l'ensemble de son pontificat que je ne l'ai fait pour son prédécesseur, même si l'objet de ma réflexion m'impose de m'y arrêter davantage. Au point où j'en suis arrivé, je crois cependant en toute hypothèse indiqué d'évoquer deux épisodes marquants des années Benoît XVI. Cela, précisément pour la raison qu'à leur manière ils confirment nettement la conscience aiguë qu'avait le successeur de Jean-Paul II, de l'état de dégradation alarmant qui caractérisait cette « situation » de l'Église sur laquelle il m'a paru nécessaire d'attirer l'attention en ce deuxième chapitre. Ces deux épisodes ne sont autres que son acceptation d'entrer dans la charge pontificale et, relativement peu après, sa décision de la quitter.

1. L'acceptation non évidente du souverain pontificat

Commençons par le commencement : l'acceptation de la charge de souverain pontife. Je connais Joseph Ratzinger depuis 1963 (faites le compte : cela fait, et je m'en étonne le tout premier, presque soixante ans !), date à laquelle je suivis le mémorable cours d'ecclésiologie qu'il professait alors à Münster, et dont je conserve toujours le polycopié. Depuis lors, j'ai lu quasiment tout ce qu'a publié mon ex-professeur allemand. J'étais présent à son ordination épiscopale à Munich après son passage à la faculté de théologie de Regensburg. Par la suite, je l'ai rencontré plusieurs fois à la présidence de la Doctrine de la foi : d'abord alors que j'étais moi-même professeur puis doyen de la faculté de théologie de l'Institut catholique de Paris, ensuite comme membre pendant cinq ans de la Commission théologique internationale dont il présidait régulièrement toutes les séances annuelles, pendant la pleine semaine que durait chaque session. Et, pour finir, à plusieurs reprises encore après que je fus devenu archevêque de Strasbourg – principalement, alors, à la faveur de la visite *ad limina* des évêques de l'Est de la France (dont je faisais évidemment partie) que j'ai déjà eu l'occasion de mentionner.

Tant et si bien que, sans avoir reçu de lui aucune confidence personnelle (et l'on se doute bien que s'il m'en avait fait, je n'en ferais pas état!), j'estime avoir assez « fréquenté » Joseph Ratzinger pour pouvoir dire qu'il était totalement sincère et crédible lorsqu'il déclara, au conclave qui devait pourtant l'élire, qu'il n'avait eu ni l'intention ni même seulement l'idée de succéder à Jean-Paul II... et qu'il en fut de même lorsqu'il avoua un peu plus tard avoir instamment « demandé au Seigneur de [lui] épargner cette lourde charge à laquelle [il résistait] de toutes [ses] forces ». J'en déduisis qu'il n'avait fini par l'accepter que parce que, au jugement de ses confrères du conclave assistés de l'Esprit Saint (et finalement, bien sûr, à son propre jugement), il y allait purement et simplement du bien de l'Église, en son état d'alors.

Cela étant – à mes seuls risques et périls encore une fois – je crois pouvoir ajouter pour ma part ceci : Joseph Ratzinger n'a accepté son élection que parce qu'il estimait que l'état de l'Église qui était en train d'apparaître, réclamait un pontife suprême qui soit à la fois :

1) *au courant* des très graves dérives et dégradations ecclésiales en cours en divers domaines, et *déterminé à les dénoncer* sans ambiguïté (or il venait de donner la preuve qu'il était l'un et l'autre) ;

2) conscient du fait que, s'il aboutissait, le choix d'un pontife d'un tel profil risquait, malgré tout, de porter atteinte dans l'opinion générale à la « vénérée mémoire » du pontife durant les dernières années duquel la détérioration en cause avait commencé à scandaliser l'opinion (or il avait été à n'en pas douter très pénible à Joseph Ratzinger de constater, entre autres, les gravissimes dissimulations de Maciel à l'égard d'un Jean-Paul II tellement diminué) et...

3) absolument non suspectable pour autant de malveillance ou d'hostilité à l'égard de son prédécesseur (or tout le monde connaissait la qualité et même la transparence de ses liens avec le pape polonais).

Cela étant, et le vote du conclave ayant été ce que l'on sait maintenant, comment aurait-il pu ne pas s'appliquer alors à lui-même la parole dite un jour – dans un tout autre contexte bien entendu – à David par le prophète Nathan : « *Tu es ille vir* », « Tu es, toi, cet homme-là [qui doit maintenant accepter la charge de pape !] » ?

2. La surprenante décision d'un retrait

Cette lecture des faits me paraît personnellement d'autant plus fondée qu'elle trouve un appui dans un autre comportement, peut-être plus étonnant encore, du même Joseph Ratzinger : après son acceptation de la charge, la décision de la *quitter*. Ici encore, ce fut la stupéfaction. Depuis des siècles, la tradition était que, une fois élue par le conclave sous l'impulsion de l'Esprit Saint, la personne du pape acquérait une telle dignité qu'aucune initiative d'ordre humain (et donc que la mort seule) pouvait mettre un terme à sa charge. Mais voilà précisément que le pape Ratzinger annonça soudain qu'il avait résolu de déposer la sienne! À mes risques et périls une nouvelle fois, j'ose dire que, parmi les raisons qui ont ici conduit Benoît XVI, deux éléments paraissent avoir joué un rôle déterminant.

D'abord, a dû intervenir chez lui la conviction ferme que, dans les temps présents en tout cas, l'exercice effectif de la charge pontificale suprême exige, entre autres mais avant tout, une double capacité: celle, d'une part, de pouvoir assurer *le gouvernement central* de l'Église et donc de pouvoir répondre suffisamment des services de *la Curie* elle-même en ses fonctionnements internes; et celle, d'autre part, de juguler les graves dérives ecclésiales désormais avérées *en différents lieux du monde* (or Benoît XVI estimait – ou plutôt en était venu à estimer –, il l'a clairement dit, que son âge et sa santé ne lui permettraient véritablement plus ni l'une ni l'autre chose).

Ensuite, joua une seconde fois chez le pape Ratzinger l'évidence qu'il fallait absolument éviter de paraître porter atteinte à la grande mémoire de Jean-Paul II qui, lui, avait précisément fait le choix de « ne pas descendre de la Croix » ainsi que ce fut déclaré à l'époque (or tout le monde saurait bien que si le pape maintenant en charge en venait à prendre, lui, une décision contraire, ce ne pouvait pas être par manque d'estime, et même de vénération, pour son prédécesseur).

J'ai bien conscience que ne parler ici, à propos de Benoît XVI, que de son entrée en fonction puis de sa sortie de charge, serait grandement lacunaire si je me proposais une chronique de son pontificat. Mais tel n'est justement pas mon propos. Mon objectif étant, dans ce livre, de m'interroger sur l'avenir désormais envisageable pour l'Église, j'ai fait choix d'examiner *ici* ce qui est susceptible d'y faire obstacle ou de le compromettre. Dans la perspective ainsi adoptée, la simple honnêteté m'a porté à relever d'abord – à la suite du pape Ratzinger du reste – qu'étaient impérativement à prendre en considération *aussi* des facteurs *négatifs internes* à l'Église. Ce que j'ai pu déjà enregistrer jusqu'à maintenant à ce titre durant le pontificat de Benoît XVI n'a cependant fait que *commencer* à instruire cet aspect du dossier. Le moment est venu d'étoffer ce résultat en examinant maintenant la manière dont a concrètement évolué la **situation** de l'Église à travers l'ensemble du pontificat du pape bavarois, soit de 2005 à 2013, date à laquelle on viendra à se poser la délicate et urgente question d'un successeur.

III. Un pontificat qui fit clairement apparaître la nécessité d'un « changement » dans l'Église

On peut dire que c'est à trois niveaux que les quelque huit années de pontificat de Benoît XVI firent progressivement apparaître *nécessaire* une transformation *dans* – pour ne pas encore dire une réforme *de* – l'Église catholique.

1. Une vague d'« abus sexuels » de la part de membres du clergé

Sur la lancée de plusieurs éléments évoqués au point précédent, on peut retenir un *premier domaine* où un changement assez radical parut de plus en plus s'imposer : celui que, d'un terme approximatif, on a désigné comme la « vague » des « *abus* » (sexuels et autres) commis par des membres du clergé.

Dès le mois de mai 2006, Maciel est condamné à mener « une vie réservée à la prière et à la pénitence », et tout ministère public lui est interdit. En avril 2008, au cours d'un voyage aux États-Unis, à quatre reprises et en divers lieux, Benoît XVI exprime sa « honte », et sa détermination de lutter contre un phénomène qui aurait, à l'époque, concerné dans l'ensemble du pays plus de 2 000 prêtres et environ 15 000 enfants ! *Mutatis mutandis*, même attitude du pape Ratzinger aux JMJ de Sidney en juillet de la même année. Apparaîtront ensuite, après l'Irlande, avoir été gravement concernés l'Allemagne, la Belgique, les Pays-Bas, l'Australie – et, bien entendu, la France n'aura pas été épargnée, elle non plus.

Bien qu'elle ne comportât pas que des problèmes liés à la question des abus sexuels, l'année 2009 fut pour le pontificat de Benoît XVI particulièrement « *horribilis* », comme il arriva à la reine Elizabeth de le dire un jour, parlant de sa propre situation... Il suffira d'évoquer et de mettre en parallèle les deux événements fort significativement contradictoires que furent, d'un côté, la *levée* par Rome de l'excommunication des quatre évêques lefebvristes (dont l'un devait très peu de temps après être dénoncé comme négateur de la Shoah)... et, de l'autre, la *portée* par l'évêque de Recife d'une excommunication formelle (qui, médias aidant, indigna la planète entière) contre la mère et le médecin d'une fillette de 9 ans qu'ils avaient tous deux aidée à avorter après qu'elle eut été violée à plusieurs reprises par son beau-père – je ne m'excuse pas d'évoquer à nouveau ces insupportables affaires !

Nouveau constat de graves abus, qualifié par le pape de « terrifiant », à l'occasion d'un pèlerinage effectué à Fatima en 2010. Accablé, le pontife déclara alors que « la plus grande persécution contre l'Église » ne vient pas aujourd'hui « de ses ennemis de l'extérieur, mais bien de ceux de l'intérieur ». Dans son ouvrage-interview *Lumière du monde*, le même Benoît XVI devait déclarer en 2011 que la découverte progressive d'une déferlante aussi ravageuse a représenté pour lui « un choc inouï ».

2. *De graves dysfonctionnements dans l'appareil ecclésial lui-même*

Un deuxième domaine qui fut source de préoccupation pour le pape Ratzinger doit être indiqué : celui du fonctionnement des *instances de gouvernement ecclésial*, principalement mais non exclusivement, du côté de la Curie. Il est assez clair que Benoît XVI ne fut pas davantage que son prédécesseur spontanément porté à se préoccuper beaucoup de ce qu'on appelle « l'administration » (à l'exception de certaines nominations qui lui paraissaient sans doute mériter plus particulièrement son attention). Pour le reste, il semble avoir été enclin à laisser opérer les responsables des divers dicastères (où le nombre des prélats italiens eut tendance à remonter), à commencer par son nouveau secrétaire d'État, Tarcisio Bertone (qui devait faire parler de lui lorsqu'à sa retraite il décida de s'installer dans un somptueux appartement de 600 m^2 coûteusement restauré pour l'accueillir). Cela ne fut sans doute pas étranger, d'abord, au fait qu'avec le temps s'additionnèrent rappels à l'ordre et sanctions, en particulier à l'égard de plusieurs théologiens et, ensuite, au fait que certaines nominations épiscopales entraînèrent de sérieuses résistances et protestations en différents pays, y compris de la part d'évêques plus directement au fait de la donne locale.

Cela conduisit par exemple quelqu'un d'à la fois aussi éclairé et aussi peu contestataire que le cardinal Schönborn, archevêque de Vienne (qui avait d'ailleurs eu entre autres à gérer les suites de la triste « affaire Groer »), à reconnaître le besoin, dans l'Église en général, de cultiver davantage la concertation, et donc à déclarer la nécessité de la rendre possible en s'en donnant les moyens institutionnels adaptés.

À Rome même se produisirent des fuites de documents confidentiels dues à ce personnage fonctionnellement aussi proche du pape que son propre majordome, Paolo Gabriele. Sans doute victime de pressions de la part de son entourage, ce dernier photocopia et transmit (à qui exactement ?) un bon millier de pages de documents confidentiels. La chose prit suffisamment d'importance pour qu'on puisse faire état d'un véritable « Vatileaks ». Parallèlement, Ettore Todi, le président de l'Institut pour les œuvres de religion, qui avait pour mission d'instaurer la transparence dans le complexe appareillage financier du Saint-Siège, fut limogé et, apparemment du moins, sans même l'aval du pape.

Bref, rivalités entre personnes et institutions, fuites, négligences et concussion dans la gestion de dossiers financiers ou autres, et surtout, surtout, sentiment d'un décalage important et croissant entre questions du « terrain » pastoral et positionnement global de l'administration « centrale » : on eut là aussi, il faut bien le dire, l'impression d'une réelle dégradation de la situation.

Il ne m'intéresse pas de poursuivre une telle « enquête ». Je conclurai sans plus attendre en faisant seulement écho à l'avis sur la question d'un acteur et témoin en général aussi informé, avisé et mesuré que le cardinal Ravasi, président du Conseil pontifical de la culture dont je suis resté membre jusqu'à ma nomination à Strasbourg en 1997 : il y eut de fait, à l'époque, de vraiment préoccupants « dysfonctionnements » au sein de la Curie !

3. Un insistant souci de l'orthodoxie doctrinale

Un troisième domaine retint cependant encore, et tout particulièrement, l'attention du théologien devenu et resté vingt-trois ans – avant de devenir pape – préfet de la Congrégation pour la doctrine de la foi : le champ de l'*orthodoxie doctrinale.* Et c'était, après tout, dans sa fonction, comment le nier ?

Faut-il le préciser, je ne fus à vrai dire aucunement surpris que dès son élection comme pape, Benoît XVI donnât un tour à la fois nettement « méditatif » et « magistériel » à ses interventions publiques, dans la mesure où elles se voulurent toujours soucieuses de présenter expressément *la foi*, et donc de se présenter elles-mêmes comme de vraies *catéchèses.* Cela se vérifiera ensuite tout au long de son pontificat, aussi bien lors de ses audiences régulières au Vatican qu'à l'occasion de ses voyages à l'étranger. Y compris d'ailleurs dans le cadre des JMJ elles-mêmes, ainsi que j'ai pu m'en rendre compte en direct pour celles de Cologne en 2004 où, avec mon auxiliaire Mgr Kratz, j'accompagnais comme évêque diocésain les nombreux jeunes venus de l'Alsace toute proche.

Comment l'attention ainsi soigneusement portée à la « doctrine de la foi » ne m'aurait-elle pas paru cohérente avec ce que j'avais tant apprécié chez celui dont la thèse avait porté sur le thème *Peuple et maison de Dieu chez saint Augustin* et qui, une fois devenu pape et évoquant alors de manière transparente son propre itinéraire, avait déclaré au sujet de l'éminent Père de l'Église des IVe-Ve siècles : « Il ne se sentait pas appelé à la vie pastorale, mais il comprit ensuite que l'appel de Dieu était pour lui d'être un pasteur parmi les autres, offrant ainsi aux autres le don de la vérité » ?

Donum veritatis, Le don de la vérité : la formule dit bien ce qui fut en fait la préoccupation majeure de ce pape-là. Il suffira d'en relever les principaux signes. Sur la durée de son pontificat, Benoît XVI publia trois très substantielles encycliques : dès le 25 décembre 2005 parut *Deus caritas est, Dieu est amour*. Suivirent, le 30 novembre 2007, *Spe salvi, Sauvés par l'espérance* et venant couronner le tout, le 7 juillet 2009, *Caritas in veritate, L'amour dans la vérité*. Une magistrale trilogie, il faut le dire ! L'ensemble est centré sur le mystère du Dieu Sauveur révélé en Jésus-Christ, que sont appelées à accueillir une foi, une espérance et une charité vécues en toutes leurs dimensions. Telle était d'ailleurs la déclaration on ne peut plus claire du n° 12 de *Deus caritas est* :

> La véritable nouveauté du Nouveau Testament ne consiste pas en des idées nouvelles, mais dans *la figure même du Christ*, qui donne chair et sang au concept – un réalisme inouï.

Deux grandes initiatives manifesteront du reste bien par la suite que l'intention fondamentale de Benoît XVI n'a en effet pas été autre que de (re)mettre Jésus le Christ au centre de la foi et de la vie des chrétiens. D'abord, la publication du grand ouvrage *Jésus de Nazareth* (2007, 2011, 2012) que le pontife tint à signer à la fois de son nom de famille (c'est-à-dire comme théologien) et de son nom de pape. Ensuite, le lancement d'une *Année de la foi* destinée à s'ouvrir quelques jours après le début du synode significativement consacré à « la Nouvelle évangélisation » ; prévu pour se tenir du 7 au 28 octobre 2012, il s'ouvrit de fait le 11 octobre, exact anniversaire de Vatican II cinquante ans plus tôt. Je rappelle qu'on a pu présenter ce synode comme rien de moins que « l'apogée du projet pontifical ».

Encore faut-il ne pas oublier qu'en tout cela, le pape Ratzinger avait bien la conscience et le vouloir d'intervenir *aussi* (peut-être faut-il même dire : d'abord !) comme *théologien*. Un théologien ayant ses propres positions personnelles en matière: 1) de recours à *l'exégèse scientifique* (voir *Jésus de Nazareth*), 2) de primauté à accorder à *la raison* en matière de débats religieux (voir son « adresse au monde universitaire » à Regensburg et, d'ailleurs, la tension qui s'ensuivit avec le monde islamique), 3) de rapport à *la culture* en général (voir sa brillante conférence aux Bernardins de Paris en 2008 où, bien entendu, je n'ai pas manqué de venir l'écouter).

4. Brève rétrospective à la veille d'un nouveau pontificat

Il importait de rappeler ici combien l'activité du pape Ratzinger a été ecclésialement et théologiquement à la fois riche et diversifiée. Il convient maintenant de nous demander comment, dans les trois domaines selon lesquels cette activité nous a paru se déployer, se présentait la situation globale de l'Église au moment où en est venue à se poser la question de la succession du pontife allemand.

Abus

Commençons par les affaires d'abus, en particulier sexuels. On peut sans doute dire que si entre 2005 et 2013 on a vu croître le nombre des cas recensés, et si leur dénonciation a été claire de la part du pape en fonction, l'ampleur réelle du phénomène était néanmoins encore loin d'avoir été révélée. Et donc que la définition et la mise en œuvre des mesures de dénonciation et de régulation, à l'évidence nécessaires, restaient bien insuffisantes.

Il y avait par conséquent là un chantier qui allait encore largement incomber au successeur, dès qu'il serait choisi. Reste que deux décisions très importantes, et inédites avant lui, sont à inscrire ici au bilan de Benoît XVI : celle de la « tolérance zéro », et celle de la collaboration nécessaire avec la justice civile. Grâces lui soient donc dûment rendues en ce premier domaine.

Dysfonctionnements

Concernant les « dysfonctionnements internes », spécialement du côté de la Curie, tout paraît s'être passé comme si l'ancien préfet de la Congrégation pour la doctrine de la foi avait en somme de plus en plus renoncé à s'y atteler d'arrache-pied, comme il semble bien maintenant qu'il eût pourtant fallu le faire sans trop attendre.

Il estima sans doute que ce chantier excédait les forces qui lui restaient. On peut présumer que cela ne le porta que davantage à prendre, le moment venu, les moyens de faire savoir au futur conclave que, parmi les critères à retenir pour le choix d'un nouveau pape, devrait nécessairement figurer une aptitude effective à remettre résolument sur le chantier la question générale du gouvernement de l'Église, du « fonctionnement » de ses organismes centraux, et finalement même de l'institutionnalité ecclésiale comme telle. On sait en tout cas que, si le rapport qui fut demandé aux quatre cardinaux chargés d'enquêter sur le « Vatileaks » ne fut jamais rendu public, il fut effectivement remis au nouvel élu, et qu'il fit l'objet d'un échange direct entre Benoît XVI lui-même et son successeur.

La doctrine

Faisons le point ! Il est au bout du compte d'abord assez clair que l'on doit créditer Benoît XVI d'avoir eu le souci d'affronter, pour la part qui lui en incombait, la grave crise ecclésiale liée aux abus sexuels. On peut d'autre part comprendre que, devenu pape à 78 ans et s'estimant très tôt surchargé, il ne fit pas le choix de s'investir autant que sur le point précédent face aux divers problèmes posés dans le domaine de l'administration ecclésiale. Tablant sur sa longue appartenance antérieure à la Curie, il « joua » sans doute plutôt les personnes que les structures, et cela pourrait, entre autres, expliquer la remontée du nombre des Italiens et des « Romains » dans les dicastères et leurs services, ainsi que dans le Sacré-Collège lui-même à l'époque. Et l'on peut tout à fait considérer que, étant donné le contexte, une telle attitude pouvait « se défendre », comme on dit... Mais qu'en est-il, alors, du troisième domaine – la « vigilance » doctrinale – dont on a assez dit que le pape Ratzinger s'y est tout spécialement investi ?

Certes, Joseph Ratzinger s'était fait reconnaître de longue date comme un éminent théologien et, que ce soit bien clair, si la question s'en posait, je serais parmi les tout derniers à contester cette évidence. C'est même stricte honnêteté de ma part de déclarer que, aujourd'hui encore, je suis dans l'incapacité de mesurer ma dette personnelle à son égard sur le plan théologique. Je dois cependant bien reconnaître *aussi* que je n'ai pas été en tous points convaincu par plusieurs des prises de position, en paroles et en actes, de mon ancien maître, aux stades successifs de sa responsabilité ecclésiale.

Tout d'abord, j'ai quelque peu résisté à la manière dont, à propos de Vatican II, il a proposé de faire jouer une opposition tranchée entre une « herméneutique de la rupture » et une « herméneutique de la continuité ». Je reconnais aussi avoir été plus tard surpris par la sorte de « bras de fer » (même si ce dernier est toujours resté « courtois ») qu'il a engagé avec plusieurs de ses ex-collègues et confrères allemands, en particulier les cardinaux Karl Lehmann et Walter Kasper, que j'ai fréquentés d'assez près pour estimer pouvoir les tenir eux aussi, à côté de Joseph Ratzinger justement, pour d'éminents théologiens (d'ailleurs estimés comme tels par leur ancien collègue !)[1]. Le litige concerna tout particulièrement, une fois, la conduite à tenir envers les divorcés et divorcés-remariés et, une autre fois, le maintien dans l'Église catholique d'Allemagne de centres d'accueil, d'accompagnement et de conseil pour personnes s'interrogeant sur l'éventualité d'une interruption volontaire de grossesse.

Par ailleurs – affaire de « génération » et/ou d'« environnement ecclésial » différents ? –, je dois avouer que, comme d'autres, je n'ai quant à moi jamais cru possible le « ralliement » des lefebvristes confirmés... (même si je pouvais comprendre qu'on s'efforçât d'aller le plus loin possible pour le leur favoriser – ce que je me suis moi-même efforcé de faire pour ma part comme évêque de Strasbourg). Dans le même sens mais plus largement encore, je n'ai jamais vu ce qui avait rendu souhaitable – à la manière en tout cas dont il s'est de fait accompli – le retour à des formes liturgiques d'un autre âge (même si je tiens à dire qu'elles ont conservé à mes yeux une bonne partie de leur « charme » – ce qui, par exemple, me conduit de temps en temps à solliciter l'accueil de telle ou telle abbaye restée largement fidèle au grégorien).

D'une manière plus précise m'a aussi frappé la dénonciation si souvent réitérée par le pape Ratzinger d'un *relativisme* toujours vu comme la caractéristique première voire essentielle de notre époque, et qui compromettrait désormais gravement toute prise au sérieux non seulement des « vérités de la foi » mais – sur le plan éthique cette fois – de toute « valeur de vie » digne de ce nom.

Enfin je n'ai pu m'empêcher d'être surpris du nombre d'interventions officielles – et portant sur des points théologiquement et pastoralement importants – qui, une fois publiées, ont dû faire l'objet de mises au point ou de compléments jugés après coup nécessaires. On

1. Nous aurons l'occasion de revenir sur tout cela dans le dernier chapitre de ce livre.

le vérifia déjà à propos de la « théologie de la libération » : à la demande semble-t-il de Jean-Paul II, une seconde instruction fut rapidement publiée à des fins de clarifications devenues souhaitables, Joseph Ratzinger étant alors à la Doctrine de la foi. On le vérifia ensuite quand parut *Dominus Jesus*, concernant ce que ce document ratzingerien déclarait au sujet des « autres Églises chrétiennes » : alors chargé du dicastère de l'œcuménisme, le cardinal Kasper estima indiqué d'en présenter une exégèse explicative[1]. Mais on vit la même tactique de ré-intervention rectificative se reproduire concernant des propos tenus à l'égard soit de l'Islam, soit du « Peuple de l'Ancienne Alliance », soit encore concernant l'explication donnée, dans un avion qui ramenait le pontife d'un voyage pastoral en Afrique, à propos de la position prise sur le préservatif et la contraception par Paul VI dans *Humanae vitae*.

5. *Instante maintenant, la question de l'avenir*

Pour la suite de nos réflexions, il m'apparaît important d'ajouter encore un point concernant l'attitude de Benoît XVI en matière, cette fois, *d'avenir de la foi chrétienne*. Aussi étonnant que cela puisse paraître, il est arrivé à celui que je tiens – j'ai dit pourquoi – pour un éminent maître en théologie, de s'interroger assez radicalement lui-même à ce sujet (et je peux d'autant moins l'oublier que ce fut l'année même de ma nomination comme archevêque de Strasbourg, soit en 1997, alors que Joseph Ratzinger était toujours préfet de la Congrégation pour la doctrine de la foi) :

> Il n'est pas exclu, disait-il alors dans *Le sel de la terre*, que nous soyons au seuil d'une nouvelle ère, constituée tout autrement, de l'histoire de l'Église, où le christianisme existera plutôt sous le signe du grain de sénevé, en petits groupes, apparemment sans importance, mais qui vivent intensément pour lutter contre le mal et implantent le bien dans le monde : qui ouvrent la porte à Dieu[2].

Soit ! Mais si l'on fait réellement l'hypothèse qu'il puisse en effet en aller ainsi, comment, et tout particulièrement quand on est soi-même pasteur, éviter de se demander, alors, quelles conclusions pratiques et concrètes il convient exactement de tirer de là ? Pourra-t-on, sans plus,

1. « À propos de *Dominus Jesus* », *SNOP* (Lettre d'information de la Conférence des évêques de France), n° 1085, 29 décembre 2000, p. 14-16.
2. *Le sel de la terre*, Flammarion/Cerf, Paris, 1997, p. 16.

continuer comme on a toujours fait, fût-ce en argumentant quelque peu autrement ? Suffira-t-il, d'un côté, d'affirmer, de déclarer, d'enseigner, et de l'autre de mettre en garde, de dénoncer, voire de condamner ? Un certain nombre de responsables de l'Église pourront-ils indéfiniment refuser de s'interroger sérieusement sur ce que l'attitude de réticence ou de résistance adoptée au sein même de l'Église par un nombre croissant de ses membres pourrait les inviter à reconsidérer dans leur manière non seulement de présenter à d'autres « les choses de la foi », mais de les comprendre pour eux-mêmes ?

Soyons clairs. Pour nous en tenir en un premier temps à l'intérieur de l'Église : peut-on vraiment tenir pour pratiquement négligeables les perplexités et les réticences, les réactions et les résistances, les désenchantements et les désengagements, les attentes, les vœux et les propositions – qui finissent tout de même par devenir nombreux et insistants à travers le monde ! – de tant de fidèles chrétiens, de laïcs engagés dans la vie des paroisses, mouvements et communautés, de tant de synodes diocésains ou régionaux, de tant de théologiens individuels ou regroupés à divers titres, de tant d'évêques et d'épiscopats nationaux ou régionaux ?... Et cela, sur tant de questions qui leur tiennent respectivement d'autant plus à cœur qu'ils y sont directement et fréquemment affrontés, et qu'ils ne manquent tout de même pas de compétence pour en traiter... là précisément où elles sont en jeu, c'est-à-dire « sur le terrain » comme on dit si bien ! D'autant qu'il s'agit, ajoutons-le, de questions aussi diverses, importantes et décisives, que celles-ci et quelques autres encore : la pastorale sacramentelle, la vie conjugale et la pratique sexuelle, la question des ministères ecclésiaux, la place des femmes dans la société et dans l'Église, l'ecclésialité des autres confessions chrétiennes, la « valeur » des autres religions, etc.

Encore n'y a-t-il pas à se préoccuper de la réception de la foi seulement par les membres de l'Église. Bien plus largement il faut aussi « porter le souci » de la communication avec « le monde de ce temps », comme disaient les Pères de Vatican II, pour qui c'était devenu, on le sait bien, une préoccupation majeure. Ouvrant ce concile, Jean XXIII n'avait-il pas invité à distinguer la foi à laquelle il s'agit certes de rester fidèle, et les expressions qu'elle peut être amenée à se donner à travers les temps, dans les évolutions du monde, des cultures et des sociétés ? On peut du reste rappeler ici que, comme nous l'avons noté, il est tout de même arrivé plusieurs fois à Benoît XVI lui-même de corriger ou compléter certaines de ses propres interventions. Il a même à l'occasion reconnu que l'on ne peut nier « quelque forme de discontinuité » dans l'Église, concernant certaines décisions historiques.

Cela ne porte-t-il pas alors à relativiser quelque peu par exemple l'opposition mise à propos de Vatican II entre une herméneutique de la continuité et une herméneutique de la rupture ? On peut du reste trouver une telle problématique d'autant plus discutable qu'elle a pu conduire à opposer un « esprit » qui serait « risque » et peut-être déjà « signe » de déviance, et une « lettre » qui suffirait à garantir la fidélité ? Comment articuler alors une telle vue des choses avec tel passage du Nouveau Testament où l'on voit Jésus se prononcer, justement, en faveur de « l'esprit » des Écritures ? Et s'il faut quand même plaider en faveur de la lettre, on est fondé à faire remarquer que le n° 6 de *Redintegratio veritatis* fait précisément partie de la « lettre » du Concile :

> L'Église, au cours de son pèlerinage, est appelée par le Christ à cette réforme permanente dont elle a perpétuellement besoin en tant qu'institution humaine et terrestre.

On peut aussi se rappeler l'explication donnée par Benoît XVI lui-même concernant la « Nouvelle évangélisation » à laquelle il avait décidé de consacrer le grand synode européen sur lequel devait se clore son pontificat (mais dont la mise en œuvre incomberait de fait à son successeur). Il devait s'agir selon lui d'une « nouvelle qualité d'évangélisation, où l'on sache reformuler pour l'homme contemporain, d'une manière convaincante, le message impérissable du salut ». Mgr Rino Fisichella, d'abord enseignant renommé à la faculté de théologie de la Grégorienne où j'ai eu l'occasion de l'apprécier à la faveur de plusieurs collaborations, puis recteur de l'université romaine du Latran et placé par le pape Ratzinger à la tête précisément du nouveau dicastère pour la « Nouvelle évangélisation », n'a pas manqué de rappeler cette obligation, avec à la fois compétence et pertinence, à plusieurs reprises, durant les dernières années.

*

On l'aura bien compris je pense : ayant pris le relais de Jean-Paul II après ses vingt-sept ans de pontificat, le théologien et pape Ratzinger a été et reste pour moi une référence majeure, après avoir été sans doute le plus marquant de tous mes enseignants. Mais ce n'est pas lui faire injustice que de reconnaître maintenant ce qu'il a lui-même admis, et qui l'a finalement conduit à démissionner : non seulement les graves scandales moraux intervenus au sein du clergé en nombre de pays du monde mais aussi les importants dysfonctionnements institutionnels repérés dans la Curie romaine elle-même et ailleurs, ont mis l'Église catholique dans une situation qui aggrave encore les interrogations sur l'avenir qui sont de toute manière celles du christianisme (et de « la religion » en général), dans le monde sécularisé qui est désormais le nôtre.

Cela suffisait déjà à inviter l'Église catholique à reconnaître la nécessité d'envisager résolument – peu importe, à ce stade en tout cas, la désignation adoptée – un changement, une transformation, une conversion, une réforme… On n'était pour autant pas encore en mesure de définir l'ampleur, les conditions et les modalités de la chose ! Assurément, certaines allégations, assez surprenantes malgré tout mais que nous avons dûment relevées, du pontife qui allait bientôt quitter sa charge, avaient nettement fait état d'interrogations importantes, *aussi* des points de vue à la fois *pastoral*, *doctrinal* et *spirituel*… et pas seulement d'ordre réglementaire ou disciplinaire. Le nécessaire travail de discernement systématique à effectuer, puis des choix concrets à décider, restait cependant toujours largement à entreprendre… Et, si l'on en venait de fait un jour à l'envisager, il faudrait bien s'en donner les moyens !

C'est à un conclave qui dut être réuni bien plus tôt que tout le monde ne l'attendait, qu'il revint de s'affronter au problème. Avec l'objectif de désigner – après tous les débats, réflexions et prières nécessaires – un nouveau titulaire du siège de Pierre, l'apôtre que Jésus avait désigné pour être le premier des Douze, et pour être à ce titre le « confirmateur de ses frères » (Lc 22, 32).

Chapitre 3

La netteté de l'interpellation

Nous avons commencé par enregistrer la *question* aujourd'hui posée à l'Église : rien de moins que celle de son avenir – voire, osons le dire, celle de sa survie, de la poursuite de son existence au cours des temps qui viennent. Nous avons ensuite précisé que et comment, déjà soulevée par une modernité dont les propres développements ont encore aggravé l'impact, cette question a été rendue plus insistante et plus incontournable encore à travers surtout les deux dernières décennies : effet inéluctable de la dégradation d'une *situation* caractérisée par plusieurs grands problèmes apparus (ou, en tout cas, devenus plus manifestes) *à l'intérieur* de l'Église elle-même.

Le moment est maintenant venu de reconnaître ce qu'il résulte de là pour l'ensemble de l'Église, et en premier lieu pour ses principaux responsables – à savoir : ni plus ni moins que la nécessité d'une véritable et profonde *conversion.* Qu'il en aille bien ainsi, le signe clair en a été donné, en paroles et en actes, par le pape François lui-même dès son entrée en charge et, depuis lors, ce signe a toujours été maintenu par lui. Mais il est essentiel d'être au clair sur la manière dont le nouveau pape en est venu à faire retentir dans toute l'Église, comme il le fait, cet appel à la conversion. Pour cela, il suffit de commencer par faire remarquer qu'il n'a ni inventé ni fantasmé les problèmes auxquels depuis son élection il invite à faire face, et pour le traitement desquels il a même été expressément élu ! Il serait plus juste de dire que son originalité a été d'en entreprendre la dénonciation en quelque sorte *systématique*... car il n'a en réalité pas été le premier à lutter contre eux et leurs diverses conséquences.

Ici, on peut déjà en tout cas rappeler l'engagement résolu, dont nous n'avons pas manqué de faire état, de l'immédiat prédécesseur de François, Benoît XVI. Mais on pourrait remonter bien plus haut encore dans le temps, et faire valoir que la validité de l'axiome « *Ecclesia semper reformanda* », « L'Église est toujours à réformer » peut somme toute se vérifier à travers les quasiment vingt siècles d'existence du christianisme. Pour le montrer, on pourrait renvoyer aux véhémentes exhortations adressées déjà par saint Paul aux toutes premières communautés chrétiennes qu'il venait de fonder, et faire ensuite défiler les siècles jusqu'au point en quelque sorte culminant représenté par le vaste « mouvement » (un mouvement lui-même « institué » avec le temps) qui s'est appelé et s'appelle toujours « la Réforme », quitte à faire état aussi, corrélativement, d'une « Réforme [et pas seulement d'une Contre-Réforme !] catholique ». Et l'on pourrait encore, entre-temps, pointer et les fréquents appels au *ressourcement* évangélique lancés par de grandes figures prophétiques (contentons-nous de nommer François d'Assise et Catherine de Sienne) et, au plan institutionnel, les si nombreuses et si diverses fondations d'ordres monastiques et/ou religieux, toutes inspirées par le souci d'appeler au *réveil* évangélique. Tout cela fonderait l'opinion selon laquelle, pour reprendre une expression favorite du dominicain Pierre-André Liégé – qui joua un grand rôle au cours des années 1960-1970 dans ce qu'on appelle d'une part le « mouvement catéchétique » et d'autre part la « théologie pastorale (et/ou pratique) » : « La conversion est à considérer comme une "catégorie *permanente* de l'existence [et de l'histoire] chrétienne[s][1]". »

On pourrait, oui, développer tout cela, et Yves-Marie Congar, un autre grand dominicain, spécialiste d'ecclésiologie et d'œcuménisme et que j'ai fréquenté de près lui aussi, également à l'Institut catholique de Paris où il a enseigné comme Liégé, pourrait nous aider à tirer de là des leçons précieuses, à l'aide en particulier de son maître-livre qui eut tant d'écho et auquel je tiens à faire ici référence : *Vraie et fausse réforme dans l'Église*[2]. Mais je dois une nouvelle fois veiller à ne pas m'embarquer dans des développements disproportionnés ! J'ai fait dans ce livre le choix de ne me laisser aller – sauf nécessité – ni dans le sens de l'érudition historique ni dans celui de la spécialisation théologique, afin de loger toute la réflexion, assurément nécessaire, à l'aune de mon *expérience personnelle* de croyant, de théologien et de pasteur. Je m'en tiendrai donc ici, de nouveau, à la présentation de quelques étapes *effectivement vécues*

1. Voir Gérard Raynal, *Pierre-André Liégé. Un itinéraire théologique au milieu du XXe siècle*, Cerf, Paris, 492 p.
2. Yves Congar, *Vraie et fausse réforme dans l'Église*, Cerf, coll. « Unam sanctam », Paris, 1950 (première édition).

par moi et qui, dans l'Église contemporaine, m'apparaissent comme autant de relais de ce que le titre de ce chapitre désigne comme « l'interpellation ». Interpellation à la conversion, faut-il le répéter ? Il y aura en fait quatre étapes :

– au temps de ma propre formation théologique puis de mon engagement progressif dans le travail théologique, l'événement et les enseignements de *Vatican II* (1962-1965) ;

– à l'époque de l'exercice de ma mission ecclésiale de théologien professionnel à l'Institut catholique de Paris, la participation à la rédaction et à la diffusion de la *Lettre [des évêques] aux catholiques de France*, communément désignée comme le « *Rapport Dagens* » (1996) ;

– dans le cadre de mon épiscopat, la fréquentation de la haute figure de l'Église que fut le cardinal *Carlo Maria Martini* (mort en 2008)... et de quelques autres évêques auxquels je dois personnellement beaucoup ;

– depuis 2013, l'impulsion et le combat du *pape François*.

Un concile œcuménique ; un message adressé officiellement par la Conférence des évêques de France à tous les catholiques de notre pays ; une figure éminente et reconnue comme telle de l'Église catholique mais aussi, autour d'elle, un certain nombre de grands responsables de l'Église à Rome et bien ailleurs dans le monde ; et, pour couronner le tout, le pape actuellement en charge : franchement, pourrait-on souhaiter instances plus qualifiées, dans leur complémentarité, en matière d'Église catholique ? Et comment pourrions-nous ne pas être non seulement alertés mais instruits par la netteté et la persistance de leur *interpellation* à travers les décennies ?

Il ne sera certes pas question ici de présenter dans le détail et pour elle-même chacune de ces grandes références et les étapes significatives qu'elles ont marquées dans la vie de l'Église contemporaine. En cohérence avec le propos qui est le mien dans cet ouvrage, mon objectif sera, à chaque fois, de faire apparaître : 1) que, pourquoi et comment, l'Église s'est de fait reconnue **interpellée** (d'où le titre de ce chapitre) à de vrais changements et même à une évolution assez importante ; 2) à quels moyens elle a fait choix de recourir pour rendre un changement possible dans la fidélité à sa mission, et quels effets ont pu en résulter pour elle en ce sens ; 3) ce qu'il pourrait y avoir là d'éclairant pour nous permettre à nous-mêmes, aujourd'hui et demain, de poursuivre à la fois l'inspiration, l'élan et la fécondité de l'*interpellation* qui, de son propre sein, n'a donc pas cessé de lui être adressée.

I. Un concile œcuménique pour des temps nouveaux

Il faut tout de même bien le réaliser, le concile Vatican II fut un immense événement. Je rappelle : tous les évêques catholiques, à savoir plus de 2 500 à l'époque, et venus du monde entier, se réunissant à Rome au total pendant plusieurs mois sur quatre années, pour délibérer au sujet de l'institution mondialement répandue à laquelle ils reconnaissent appartenir : où a-t-on vu l'équivalent de cela ? Or comment nier qu'il fut, pour l'Église, une grande interpellation ?

1. Un événement visant un aggiornamento

Rappel nécessaire d'entrée de jeu : un tel événement n'allait aucunement de soi à l'époque dans l'Église catholique ! Nous avions été tellement perplexes devant le hiératique et si lointain « souverain pontife » qu'était effectivement pour nous Pie XII, que ce que nous croyions savoir de celui qui fut appelé à lui succéder ne fit que relancer nos déceptions, nos impatiences, et même nos tentations de découragement. Je m'en souviens comme si c'était hier. Nous avions été membres de la JEC (Jeunesse étudiante chrétienne), ce mouvement apostolique d'Action catholique dont l'« hymne » nous faisait chanter que « l'Évangile n'est pas un parchemin », puis nous avions fait l'hypothèse de devenir prêtres et nous étions entrés au Grand séminaire. Nous avions été marqués par les initiatives apostoliques (Mission de France et prêtres-ouvriers) et par les ouvertures théologiques des Chenu, Congar, Daniélou, de Lubac et autres… Quelle tête nous avons faite lorsque nous avons appris qu'avait été élu pape, prenant le nom de Jean XXIII, le si peu médiatique et bien vieillissant personnage qui, devenu depuis patriarche de Venise, avait été nonce à Paris, qui – disons-le – ne nous avait alors guère enthousiasmés, et qui s'appelait Angelo Giuseppe Roncalli !

Or voilà que dès son entrée en charge, ce nouveau venu *a priori* si décevant pour nous annonça sans ambages trois décisions totalement inattendues : la célébration d'un synode du diocèse de Rome, la rédaction d'un nouveau Code de droit canonique (la « règle fondamentale » de l'Église universelle)… et rien de moins que la convocation d'un concile œcuménique ! Je me crois autorisé à tirer de là une première leçon, qui pourrait d'ailleurs être le « degré zéro » (ou, mettons, le « niveau 1 ») de mon témoignage concernant Vatican II à l'adresse de mes frères et sœurs catholiques aujourd'hui plus ou moins interrogatifs quant à la possibilité de réelles évolutions dans notre Église : pourquoi ce qui a été possible il y a quelques décennies dans les circonstances *a priori* si peu favorables que je viens d'évoquer, ne le serait-il définitivement plus aujourd'hui… fût-ce bien sûr tout autrement ? Je ne sache pas que l'Esprit Saint ait changé soit de programme soit de moyens ; je le crois toujours à l'œuvre dans l'Église car il m'a été donné de percevoir plusieurs signes de son action, ainsi que je ne me ferai évidemment pas faute de le relever dans les pages qui vont suivre. Disons simplement qu'en ce qui me concerne, je m'efforce dès lors de considérer ceci : ce que, à mon grand étonnement et avec tant d'autres, j'ai une fois découvert *possible* dans un passé récent pourrait peut-être, après tout, l'être resté…

C'est en tout cas un fait que le bien vieux et *a priori* fort peu enthousiasmant nouveau pontife *appela bel et bien à un aggiornamento* – le terme fit florès –, convaincu qu'il était lui-même que des changements importants devaient être envisagés. Et qu'ils pouvaient l'être sans qu'ils supposent ou entraînent nécessairement infidélité ou dérives par rapport au précieux héritage de la grande Tradition chrétienne… contrairement à ce que prétendait une grande partie de son entourage immédiat. Et c'est bien ce qui se produisit en fait sous le brillant successeur du vieux pontife Jean XXIII qui eut à conduire le vaisseau du Concile à son port : Paul VI.

2. Des enseignements marqués par une volonté d'ouverture

Je ferai ici avant tout référence aux quatre plus importants textes (appelés en conséquence « constitutions ») votés par Vatican II et promulgués par Paul VI. J'énumère. D'abord, la constitution consacrée à la liturgie de l'Église, *Sacrosanctum concilium*, qui invitait à *la participation active* de tous les fidèles aux sacrements, avant tout bien entendu l'Eucharistie, et qui demandait de tout recentrer, dans la prière et le culte chrétiens, sur le mystère pascal du Christ. Puis *Lumen gentium,* qui appelait à la mise en place *d'une véritable collégialité* (entre évêques et avec Rome), à la mise en œuvre d'une ministérialité correctement identifiée, et à la mise en avant de l'« ecclésialité » de tous et chacun des baptisés. Ces deux grands textes concernant l'Église *ad intra*, les deux autres constitutions traitèrent plutôt de ses relations *ad extra*, pour reprendre une distinction opportunément suggérée au début de la deuxième session du Concile par le cardinal Suenens, primat de Belgique[1], lorsqu'il s'était agi de définir le programme d'ensemble de la grande assemblée. De ce second point de vue, il y eut d'abord *Dei Verbum*, qui renvoyait à la Parole de Dieu comme à l'instance à la fois fontale et normative de toute la foi chrétienne mais précisait que, si celle-ci doit certes honorer l'héritage de l'authentique Tradition ecclésiale, elle doit aussi se préoccuper de sa *réception* (donc de sa réceptibilité !) par nos contemporains. Enfin s'ajouta *Gaudium et spes*, qui invitait à considérer que « *l'homme est la route de l'Évangile* », et donc que nous ne pouvons rendre valablement témoignage au second sans nous efforcer de servir effectivement le premier. Telles étaient du reste les premières lignes de ce document conciliaire majeur :

> Les joies et les espoirs, les tristesses et les angoisses des hommes de ce temps, des pauvres surtout et de tous ceux qui souffrent, sont aussi les joies et les espoirs, les tristesses et les angoisses des disciples du Christ, et il n'est rien de vraiment humain qui ne trouve écho dans leur cœur [...]. La communauté des chrétiens se reconnaît donc réellement et intimement solidaire du genre humain et de son histoire.

Et quand, à ces quatre documents déjà considérables, on ne manque pas d'adjoindre les deux « déclarations » *Dignitatis humanae* sur la liberté religieuse et *Nostra aetate* sur les autres religions, il apparaît clair que Vatican II s'est bel et bien voulu un appel explicite, motivé et résolu, à l'ouverture, à la « mise à jour », au changement pour la fidélité, et par conséquent à une vraie forme de conversion. Il n'est sans doute aujourd'hui pas devenu superflu de le rappeler, et donc d'inviter à relire à l'occasion ces textes si regrettablement méconnus... ou oubliés.

3. Des conditions favorables, mais qu'il avait fallu se donner !

Tirer bénéfice de Vatican II pour le présent et l'avenir de l'Église ne sera cependant possible que si l'on est bien conscient des conditions et des moyens qui ont rendu possible l'ouverture vers l'avenir qu'il a voulu représenter.

En premier lieu, il y a eu la volonté des deux *papes* successivement en charge durant le déroulement de ce concile, Jean XXIII puis

1. Avec l'appui immédiat du cardinal Frings de Cologne, dont J. Ratzinger était l'expert, et avec l'aval de Paul VI.

Paul VI. Tous les deux ont nettement voulu et soutenu la prise de parole effective des évêques (quand bien même on ne peut oublier qu'il est arrivé au second de retirer de l'ordre du jour l'une ou l'autre question estimée par lui insuffisamment mûre et possiblement trop « clivante » – ce qui se vérifia, en tout cas, pour le célibat sacerdotal). Il y a déjà là une leçon à enregistrer : il est douteux que quoi que ce soit puisse changer réellement aujourd'hui dans l'Église sans la forte impulsion et l'implication de son « Chef suprême ».

Mais a été déterminante aussi la volonté d'un certain nombre de « ténors » parmi *les évêques* rassemblés, avant tout les quatre « modérateurs » (extérieurs à la Curie sauf un), auxquels il revint de conduire le déroulement de toute l'opération conciliaire. Je retiendrai surtout ici le cardinal Achille Liénart. Évêque de Lille et modérateur du Concile, ce dernier avait bien enregistré que, quoi qu'il en fût des résultats remontés des consultations auparavant effectuées (à travers toute la chrétienté, dans les diocèses, les ordres religieux et les facultés de théologie), les différents dicastères de la Curie avaient en fait préparé eux-mêmes des textes qu'ils entendaient bien devoir être ceux qui seraient présentés et débattus dans l'aula conciliaire. Il demanda dès lors d'entrée de jeu la parole. Ce fut pour proposer qu'on puisse *d'abord* prendre le temps de faire quelque peu connaissance… afin de pouvoir, *ensuite* seulement, s'accorder sur le programme qui pourrait effectivement être celui du Concile ! Il m'importe de souligner qu'il fut immédiatement soutenu par le cardinal Frings, archevêque de Cologne, « modérateur » du Concile comme lui, déjà mentionné et dont l'expert n'était autre que le théologien Joseph Ratzinger, je l'ai déjà dit. Il se signifiait ainsi d'emblée à Vatican II que la responsabilité suprême dans l'Église ne se limite pas au « souverain pontife » (et à son staff romain de collaborateurs).

On peut cependant encore faire état d'au moins trois autres facteurs dont le jeu fut décisif tant pour le déroulement que pour les résultats de Vatican II. Je les mentionne d'autant plus volontiers que je leur ai été sensibilisé « en direct », si je puis dire, par le fait qu'il m'a été donné de vivre à Rome (pour raison de thèse) durant tout le temps de la deuxième session du Concile et au-delà. À La Procure Saint-Sulpice qui nous accueillait, résidaient aussi plusieurs évêques – eux, pour cause de Concile ! Les étudiants que nous étions en profitaient bien entendu pour tenter de glaner près d'eux quelques informations de première main, et plus encore pour essayer de s'imprégner de l'atmosphère et de l'esprit conciliaires. Cela nous permit de mieux identifier les facteurs effectivement à l'œuvre en son sein[1].

Premier facteur à relever : *la priorité de la Parole de Dieu*. Quelle ne fut pas notre émotion lorsque, invités à assister (sur un strapontin bien sûr), dans la grande aula qu'était la basilique Saint-Pierre, à une « matinée conciliaire », les quelques étudiants que nous étions découvrirent que, comme toutes les autres, la séance à laquelle ils avaient été admis s'ouvrait non seulement par l'Eucharistie (nous le savions certes déjà !) mais, préalablement, par l'intronisation solennelle du Livre des Écritures. Et cela, à la faveur d'une impressionnante procession remontant toute l'allée centrale (de chaque côté de laquelle s'étageaient les gradins occupés par les évêques), et aboutissant à la déposition du précieux Livre à la place d'honneur, tout à côté de la Table eucharistique. Qui n'aurait pas compris alors que, en ce lieu aussi, la seule Autorité suprême ne pouvait être que la souveraine Parole vivante de Dieu, écrite et proclamée, incarnée en Jésus et partagée en Église ?

Le deuxième facteur d'importance décisive fut le recours régulier du Concile à l'éclairage de *la théologie*, chaque « père conciliaire » ayant du reste pratiquement son « expert » (je viens de rappeler à deux reprises le nom de l'un, et non le moindre, d'entre eux !). Il nous fut donné de toucher du doigt l'importance de cet autre élément dans la mesure où, répondant à notre invitation, plusieurs grands experts acceptèrent de venir nous entretenir en notre lieu même de résidence : Yves-Marie Congar nous parla de l'importance pour la foi chrétienne de « la Tradition vivante » ; Henri de Lubac, de « l'amour pour l'Église » ; Karl Rahner (en latin, s'il vous plaît) de « l'appel universel à la sainteté » dans l'Église (et, pour couronner le tout, l'Africain Mgr Zoa, archevêque de Yaoundé, de l'ouverture aux autres religions et cultures). Pour notre compte en tout cas, nous avons été définitivement sensibilisés à l'importance dans l'Église de ce qui peut être tenu pour une « expertise théologique » digne de ce nom.

Troisièmement : l'invitation et l'accueil d'« *observateurs extérieurs* » *dans l'aula même*, tout en haut de la nef de Saint-Pierre, à droite (pour nous) de la table de présidence des quatre modérateurs. Quel signe parlant représentait cette présence de *l'altérité* au sein même de

1. Voir, dans la collection dirigée par Évelyne Maurice aux Éditions Saint-Paul, et intitulée « L'héritage du Concile », ma contribution « J'ai vu le Concile prendre corps » à l'ouvrage collectif dirigé par Chantal Reynier, *Quand le Concile prend corps*, Médiaspaul, Paris, 2013, p. 73-104.

l'événement catholique par excellence qu'est, dans l'Église, le Concile œcuménique !

La vive Parole de Dieu, la réflexion proprement théologique, l'ouverture effective aux « autres » : la suite montrera qu'il y avait bien là, oui, ce que j'ai appelé des « facteurs majeurs » de l'événement conciliaire et de l'*aggiornamento* que, toutes choses bien considérées, le Concile est finalement parvenu à proposer à l'ensemble de l'Église. On a vite vérifié par la suite que c'est de leur maintien ou non qu'allait dépendre l'avenir effectif de Vatican II... et, très largement, de l'Église dont il n'avait voulu que servir la vie et le renouvellement.

4. Un avenir problématique ?

Mon propos n'est pas de présenter maintenant une « défense et illustration » de ce grand concile qui a tellement inspiré, accompagné et porté mes divers ministères et ma vie même, et pour lequel – avouons-le – j'ai si souvent « roulé ». Je voudrais juste jeter un coup d'œil sur la manière dont les choses ont évolué autour de moi et en moi dans les temps qui ont suivi sa tenue dans les années 1962-1965.

On peut se demander d'abord ce qu'il en a été du facteur, disons, « *pontifical* ». C'est un fait que Paul VI a clairement soutenu le processus conciliaire et en a vraiment joué le jeu. Mais outre que, je l'ai rappelé, il a estimé devoir lui soustraire telle question évoquée à l'instant, il lui est bel et bien arrivé aussi de trancher seul, après le Concile cette fois (c'était avec *Humanae vitae* et à propos de la contraception) autrement que ne l'avait suggéré l'instance théologique qu'il avait pourtant lui-même instituée pour en débattre... Et cela a quand même suscité, comment le nier, outre un vrai étonnement bien au-delà des cercles théologiques, d'assez nombreux « décrochages » dans l'ensemble du monde catholique ! Cela dit, il n'est sans doute pas nécessaire de revenir sur ce que j'ai dit plus haut en matière de « pontificalité » à propos de ses successeurs que furent Jean-Paul II et Benoît XVI. Mais je saisis l'occasion pour attirer l'attention sur ce que j'aurai bientôt à relever concernant la manière dont le « pontife actuellement régnant », François, conçoit et exerce quant à lui la « pontificalité » dont il s'est trouvé à son tour investi. Le moins qu'on puisse dire est que, s'il se confirmera alors qu'il est douteux que – comme je l'ai déjà dûment enregistré – quoi que ce soit puisse réellement changer dans l'Église sans la forte implication du pontife suprême, cette dernière ne suffira pour autant pas toujours à trancher les débats en cours.

En deuxième lieu, concernant l'exercice de leur part propre et spécifique de la responsabilité ecclésiale qui incombe aux *évêques* aussi bien individuellement que collégialement, je peux déjà annoncer que la suite de mon propos dans ce chapitre nous apportera plusieurs précisions qui seront autant de leçons pour la suite de notre réflexion.

Quant à la troisième référence fondatrice, et appelée à trancher de tout, que représente *la Parole de Dieu*, il est clair qu'il y a quand même pas mal à déplorer de ce côté dans ce qu'on a appelé « l'après-Concile ». Pasteurs et chrétiens en général se sont retrouvés assez largement tiraillés entre deux types d'attitudes. Soit ils ne se sont guère préoccupés de s'en rapporter eux-mêmes (et de renvoyer les autres) *précisément à la Parole de Dieu*. Soit ils ne l'ont très souvent fait qu'en lui substituant en réalité leur propre opinion, déjà bien arrêtée, à son sujet, sans réellement saisir l'occasion des ré-interrogations qui pouvaient surgir pour approfondir la compréhension qu'ils en avaient... Le fait est en tout cas que l'opinion ecclésiale post-conciliaire a eu tendance à se répartir selon deux orientations : l'une, sécularistе, contestataire, gauchiste ; l'autre, passéiste, conservatrice, intégriste. Dans les deux cas, plus on est allé et plus il est apparu clair que, trop souvent, la préoccupation n'était pas tant la mission de l'Église au service du message évangélique, que la promotion d'orientations idéologiques ou le maintien de fonctionnements institutionnels, voire de rapports sociaux, assez largement définis indépendamment de la foi chrétienne. Disons déjà que la grande leçon à tirer de là ne peut être que celle de revenir à la foi elle-même, et donc à *la Parole de Dieu* et à ce qui peut la rendre parlante parce que vraiment audible, aujourd'hui.

À côté cependant des instances pontificale et épiscopale et de celle, souveraine, de la Parole de Dieu, nous en avons évoqué deux autres. D'abord, l'expertise et l'approfondissement réflexif relevant spécifiquement de ce qu'on appelle *la théologie* ; ensuite, la dimension de *l'altérité*. Je peux déjà annoncer que nos prochains chapitres auront nécessairement à y revenir[1]. Mais il sera pour nous éclairant de recueillir auparavant sans plus attendre la riche leçon de l'étape importante qu'a marquée, pour l'Église de France en tout cas, la publication à la fin de la dernière décennie du siècle dernier, du document épiscopal d'esprit tout à fait conciliaire, qui devait être désigné comme le « Rapport Dagens ».

1. À savoir les chapitres 5 et 6 qui porteront sur la mission de l'Église, et le chapitre 7 qui traitera de la **condition** expresse de sa crédibilité.

II. Un « rapport » épiscopal marquant pour l'Église de France

Si je m'arrête quelque peu à considérer la bonne trentaine d'années de ma vie qui ont suivi Vatican II et qui furent toutes, et de plus en plus, consacrées à la théologie, je ne peux qu'être frappé par la place qu'y a de fait tenue le grand événement ecclésial que je viens d'évoquer. C'est au point que, ecclésialement parlant en tout cas, je ne puis que reconnaître que j'appartiens vraiment à ce qu'on a pu appeler « la génération du Concile ». Mais que m'ont appris toutes ces années, concernant le fruit de l'interpellation dont était porteur le Concile ? Quel fruit de conversion a produit son esprit d'*aggiornamento* ?

1. Échos de la génération Vatican II

Lorsque, à Noël 1961, Jean XXIII convoqua officiellement le concile qu'il avait annoncé le 25 janvier 1959, je venais tout juste d'être ordonné prêtre du diocèse de Nantes quelques jours auparavant. Comment, initié dans ces conditions, tout mon ministère ecclésial n'en aurait-il pas été fondamentalement et définitivement marqué ? J'ai déjà eu l'occasion de signaler que je résidais à Rome lors de la deuxième session du Concile à l'automne 1963, et de souligner à quel point j'en avais été impressionné. Mais je dois relever aussi que, si j'étais à Paris l'année précédente – celle de la première session conciliaire –, notre professeur de théologie dogmatique à l'Institut catholique de Paris, le père Paul Henry, sj, avait alors tenu à nous informer des propositions et des vœux (les fameux *vota*) que le Conseil facultaire avait adressés à Rome avant l'ouverture du Concile ; et je peux ajouter que le cardinal Jean Daniélou (qui avait dû interrompre quelques semaines l'étincelant cours qu'il nous faisait alors sur Origène pour aller tenir à Rome son rôle d'expert officiel du Concile qui s'ouvrait) ne manqua pas, lui, de nous faire dès son retour un compte rendu détaillé et passionnant de ce qu'il venait de vivre… Quant à l'année où se tint la troisième session et que je passai, elle, à Münster/Westfalen, c'est nul autre que le professeur Joseph Ratzinger qui nous fit en cours son propre récit à son retour de Rome – en attendant que, toute l'aventure une fois terminée sur une quatrième session l'année d'après, l'ex-expert du cardinal de Cologne qu'il avait été donne, sur l'ensemble du Concile alors, une série de leçons dont je pus bien sûr me procurer le polycopié, que j'ai toujours précieusement conservé.

Pendant toute la durée de Vatican II, j'avais attentivement suivi plusieurs « Journaux » tenus quasiment au jour le jour par le père A. Wenger dans *La Croix*, Henri Fesquet dans *Le Monde* et le père R. Rouquette (mensuellement, lui) dans *Études* ; puis, quand ils parurent en librairie, ceux du père Y.-M. Congar et de l'abbé R. Laurentin. Je fis personnellement tout de suite l'acquisition des seize fascicules (constitutions, décrets et déclarations) de l'« édition typique » latine officielle publiée par les Presses vaticanes, puis des deux forts volumes de présentation et de commentaires consacrés au Concile par le *Lexikon für Theologie und Kirche* paru chez Herder sous la direction de Karl Rahner. Je suivis aussi certes avec attention les travaux et publications de l'Istituto per le scienze religiose de Bologne, dirigé par G. Alberigo puis A. Melloni… en attendant la relance des études et réflexions que devait occasionner la célébration du cinquantième anniversaire du vingt et unième concile œcuménique qui, entre 1962 et 1965, avait réuni à Rome les évêques catholiques du monde entier. Bref, comme nombre de mes confrères et collègues de l'époque, je pris un maximum de moyens pour assimiler les enseignements du Concile et, autant que possible, m'imprégner de son esprit.

Mon rapport au Concile ne fut cependant pas seulement d'écoute et de lecture, d'étude et d'approfondissement réflexif. Pendant plus de trente ans, il inspira profondément mon enseignement théologique dans les séminaires et en faculté (avant de modeler durant quasiment dix ans tout mon ministère épiscopal). Une belle preuve de ce que j'appelle volontiers mon imprégnation conciliaire m'est fournie à moi-même par le fait qu'à force de lire et de méditer les textes de Vatican II, je finis par en savoir (et pouvoir en citer) « par cœur » un certain nombre de passages entiers. Sur la lancée, reprenant de nombreuses conférences, sessions et interventions proprement théologiques, pastorales ou spirituelles, je publiai articles de revue et participations à plusieurs ouvrages collectifs portant sur quasiment tous les enseignements du Concile. Dans le même esprit et sur le même sujet, je finis même par co-diriger chez Desclée-Mame, avec Mgr Gérard Defois alors secrétaire général de la Conférence des évêques de France, une collection de dix ouvrages intitulées « L'héritage du concile[1] ».

C'est sans doute tout cela à la fois qui me valut, de la part de la même Conférence et de celui de ses membres qu'elle avait désigné

1. J'ai déjà mentionné la (postérieure) collection dirigée par Évelyne Maurice, et à laquelle j'ai aussi apporté mon concours.

comme responsable de tout un chantier de réflexion théologique et pastorale, à savoir Mgr Claude Dagens, évêque d'Angoulême, d'être agrégé à un groupe de travail qui devait aboutir à la publication de l'importante *Lettre [des évêques] aux catholiques de France* intitulée *Proposer la foi dans la société actuelle*[1]. Édité et diffusé au début de 1997 – l'année même de ma nomination comme évêque –, ce document officiel allait marquer pour l'Église de notre pays une étape importante dans l'ensemble du processus ecclésial post-conciliaire, étape que le titre du présent chapitre de ce livre invite à considérer elle aussi précisément comme une *interpellation.*

2. La Lettre [des évêques] aux catholiques de France

Adressée donc « aux catholiques de France », cette lettre se présenta en effet bel et bien elle aussi comme une *interpellation* – dans une inspiration pleinement conciliaire d'ailleurs, redisons-le. Cela se vérifie de plusieurs manières... dont il me paraît important de prendre ici bonne note, car elles pourront toutes nous éclairer lorsque sera venu le moment de nous expliquer, quelque vingt-cinq ans plus tard, sur ce que nous avons appelé ici même la « conversion à la mission ».

Le mode d'élaboration et de communication

On peut dire que le premier intérêt pour nous de ce document est son mode d'élaboration, qui a du reste logiquement commandé son mode de communication. Cette *Lettre* est certes l'aboutissement d'une réflexion lancée à l'initiative de la Conférence des évêques de notre pays. Elle est cependant bien loin de n'avoir été le fruit que d'une délibération qu'ils se seraient réservée, et qui n'aurait conduit qu'à un « programme », à des consignes (ou même seulement à des « orientations ») qu'ils n'auraient adressés au « peuple chrétien » que pour pure et simple exécution.

Tout est parti d'un dossier ouvert à l'Assemblée plénière des évêques de France de novembre 1994, avec la présentation d'un rapport déjà consacré à « la proposition de la foi dans la société actuelle », rédigé et présenté par Mgr Claude Dagens sur la base d'un travail de réflexion collectif (qui allait de fait se poursuivre sur quasiment trois ans). Étant constitué de théologiens venant de plusieurs des facultés de

1. *Proposer la foi dans la société actuelle*, Cerf, Paris, 1996.

théologie françaises et se réunissant régulièrement, ce staff qu'on a vite appelé « groupe Dagens » produisit d'abord deux « rapports d'étape » qui furent présentés respectivement aux assemblées plénières de 1994 et 1995. Ces derniers étaient certes le fruit de la réflexion des experts théologiens[1] travaillant donc autour de l'évêque désigné par ses pairs (lui aussi d'ailleurs ancien doyen d'une faculté de théologie – celle de Toulouse) ; mais leurs débats s'étaient très largement nourris des réponses remontées de multiples groupes ayant été suscités à travers tout notre pays « dans la plupart de nos diocèses, de nos services et de nos mouvements, parfois de façon très contrastée, parfois avec beaucoup d'improvisation et d'imprévus[2] » – au total, environ 4 000 pages de courrier, qui furent soigneusement dépouillées.

Ainsi le document final a-t-il résulté de tout un concours d'instances intervenant chacune à son titre propre : les évêques de France certes et même leur assemblée plénière ; mais aussi un grand nombre de groupes chrétiens très divers, où étaient bien entendu impliqués ministres ordonnés, religieux et religieuses, chrétiennes et chrétiens dans toute leur diversité – et, à son titre propre, l'instance *théologique*. Encore faut-il ajouter que, très intentionnellement conçu et désigné comme une « lettre » et non pas seulement comme un « rapport » ou une « charte » (Mgr Dagens), le document final traduisait bien le « souhait que ces pages soient reçues et lues par le plus grand nombre possible de catholiques, qu'elles fassent l'objet de leur réflexion et de leurs échanges » (Mgr L.-M. Billé, président de la Conférence), ce que confirmait entre autres le fait qu'« à chacune des étapes de la réflexion [à laquelle la *Lettre* invitait], un questionnaire [était] proposé pour permettre un échange en groupe » (Mgr B. Lagoutte, secrétaire général de la Conférence)… et déjà le fait qu'un certain nombre des principaux titres étaient formulés avec un verbe à l'infinitif présent actif (affronter, vivre et agir, etc.).

On a envie d'y insister : la première leçon de ce texte, qui fit étape dans la vie de notre Église, est méthodologique : c'est *ecclésialement* qu'il convient de réfléchir et d'organiser « *les choses de l'Église* » ! Et il m'importe de préciser que je me suis par la suite toujours efforcé

1. Il y avait Mgr Claude Cesbron alors recteur de l'Université catholique d'Angers, le père Maldamé de l'Institut catholique de Toulouse, Hippolyte Simon bientôt évêque de Clermont-Ferrand, et aussi sœur Geneviève Médevielle, Henri-Jérôme Gagey et moi – tous les trois de l'Institut catholique de Paris.
2. Voir *op. cit.*, p. 109-110.

d'en tenir soigneusement compte pour ma part. Ayant été nommé à Strasbourg dans l'année qui suivait la publication de la *Lettre*, j'eus à effectuer sans retard une première visite de l'ensemble des secteurs pastoraux du diocèse, avec à chaque fois une rencontre des prêtres, diacres et « animateurs pastoraux ». Je ne manquai pas, alors, de faire systématiquement référence et renvoi à cette précieuse lettre à la préparation de laquelle j'avais eu la joie et l'honneur d'être associé, comme théologien, si peu de temps auparavant.

Une invitation au réajustement de l'Église sur sa mission

Au-delà de son mode de production et de communication, et de l'esprit que celui-ci traduisait, notre *Lettre aux catholiques de France* présentait aussi quant à son contenu – autrement dit quant à l'« *interpellation* » qu'elle voulait elle-même adresser – un intérêt qui, lui aussi, demeure largement me semble-t-il. Pour en faire état, je m'inspirerai directement de ce que j'avais été amené à dire aux évêques avant leur débat général et leur vote définitif en leur assemblée plénière de novembre 1995[1]. J'en résumerai l'essentiel en disant que ce document officiel, cette « lettre », invite ses destinataires – donc tous les catholiques de France – à participer à un réajustement de toute leur Église sur la *mission* qui est la sienne. Un réajustement qu'on peut énoncer en deux phrases, et dont la troisième et dernière partie de la *Lettre* précise à la fois l'orientation générale et les modalités précises :

– L'Église est *envoyée* pour témoigner d'une foi qui est *pour la vie du monde* ;

– il en *résulte* pour elle la nécessité de « *former une Église* qui propose la foi » (titre précisément retenu pour la dernière partie du document).

Autrement dit, si l'Église d'aujourd'hui est à l'évidence amenée à s'interroger sur les conditions de son avenir, elle doit considérer qu'il ne s'agit pas pour elle seulement de conserver et de transmettre un héritage dans le souci dominant, sinon exclusif, de s'en tenir à ce qu'elle sait, est et fait toujours-déjà, pour ne viser en réalité que quelques réaménagements de surface ! Elle doit comprendre qu'elle n'existe que *pour* le monde qu'elle habite, *pour* les hommes et femmes auxquels elle est envoyée sans en exclure *a priori* aucun, *pour* la société

1. Cette intervention a été reproduite comme un « Guide de lecture » à la fin de l'ouvrage publié en 1996 (p. 120-127).

actuelle dans laquelle elle est de fait appelée à vivre non pas en se refermant sur elle-même mais en allant vers ce qui n'est pas elle et sans quoi elle ne serait pas. Et en réalisant bien que ce n'est pas là pour elle seulement une donnée circonstancielle finalement assez superficielle, mais bel et bien condition d'existence, et donc nécessairement source de réinterrogation et de transformation.

Il nous faut considérer que nous n'avons pas d'autre possibilité d'être que d'être-*en-ce-monde*. La seule question que nous avons dès lors à nous poser est la suivante : compte tenu de ce que nous sommes et avons à être, et qui nous spécifie par rapport au monde et en lui… que pouvons-nous sinon d'emblée lui apporter, du moins lui offrir – disons : lui *proposer* ? Et voilà lâché le mot décisif ! En ce monde, en cette société actuelle hors desquels *nous ne sommes pas*, que pouvons-nous, non pas d'abord dénoncer de ce qu'ils sont pour mieux tenter de leur *imposer* d'une manière ou de l'autre ce que nous sommes. Mais : que pouvons-nous *proposer* de ce que nous nous efforçons d'être nous-mêmes, pour qu'ils *puissent* eux aussi y participer, et donc par après le partager avec le plus grand nombre possible ? **Proposer**, oui – c'est-à-dire : « poser *devant* eux » (premier sens du préfixe « pro ») *pour* eux (second sens du même préfixe) !

Ainsi l'Église était-elle invitée à se considérer elle-même comme étant par essence tout entière tournée vers ce qu'elle n'est pas mais en quoi elle existe, vers ce qui est différent d'elle mais à quoi elle est envoyée. Ainsi se voyait-elle donc appelée à s'ajuster et se réajuster toujours sur ce qui est sa raison d'être, sa *mission*. De là découlait pour elle cet impératif incontournable : *se concevoir* comme Église, *former* une Église, *faire* Église… mais précisément dans ce but : proposer *ad extra* ce qui est censé la constituer elle-même *ad intra*, à savoir la foi, et la vie que la foi appelle. D'où aussi la consigne globale qui fournit son dernier titre à notre lettre : « Former une Église qui propose la foi ».

Et le développement de détailler les « lignes d'action » suivantes, conformément aux trois les modalités traditionnellement reconnues du « faire Église » :

– célébrer le salut (la *leitourgia*), **mais** en une pastorale sacramentelle qui serait davantage de *proposition* (et pas seulement d'accueil) ;

– servir la vie des hommes (la *diaconia*), **mais** en privilégiant mieux *les prioritaires selon l'Évangile* (et en n'en restant donc pas à un propos général de témoignage) ;

– annoncer le salut (la *marturia*), **mais** avec la préoccupation d'une vraie *formation* des destinataires du message (et non pas seulement de l'entretien ou de la simple mise à jour de « connaissances » tenues pour plus ou moins déjà acquises avant ou ailleurs).

L'appel au respect de plusieurs conditions fondamentales

« Proposer la foi dans la société actuelle » ? La lettre qui porte ce nom n'omet pas d'attirer avec insistance l'attention de ses destinataires sur le fait qu'un tel programme exige impérativement le respect d'au moins trois conditions, les deux premières faisant l'objet de ses deux premières parties, la troisième correspondant à une visée qui sous-tend tout son développement.

Première condition, qu'énonce le titre de la première partie : « Comprendre notre situation de catholiques dans la société actuelle ». La prise en compte effective de ce qui a disparu ou a évolué mais aussi de ce qui a déjà surgi ou s'annonce, s'impose si l'on veut avoir, à terme, encore quelques chances d'échapper à la constante déploration voire à la totale désolation. Il faut par-dessus tout comprendre ceci : *ce qu'il suffisait naguère encore et le plus souvent d'encourager et d'entretenir, doit être aujourd'hui* proposé, *plus ou moins à nouveaux frais, comme l'objet d'un choix.*

Mais une deuxième condition s'impose alors également, pour tenter autant que possible de maintenir ouvert l'avenir de l'Église : « Aller au cœur du mystère de la foi » selon le titre donné à la deuxième partie de la lettre. Ici, la question est d'abord : dans la situation de crise où nous sommes, *à quoi tenons-nous vraiment* comme chrétiens catholiques, et pourquoi ? Question qui devient vite la suivante : corrélativement, qu'avons-nous d'essentiel à proposer, et au nom de quoi ? La réponse est alors formulée par la lettre en trois temps : 1) nous fier au Dieu de Jésus-Christ ; 2) affronter l'épreuve du mal ; 3) vivre et agir selon l'Esprit.

Reste une troisième condition : *y aller*, nous mettre au travail. Mais y aller *tous*, tant que nous sommes ; et cela, à *deux* plans. Il s'agira d'abord de tirer la conclusion, chacun *pour sa vie personnelle*, de ce retour au cœur de la foi dont le temps présent fait tellement apparaître l'urgence. Et ensuite, il s'agira de prendre sa part de la *mission de toute l'Église*, que le retour ou l'accès à une foi plus consciente de sa richesse ne peut que motiver davantage pour la proposer. Devenir croyant et « pratiquant » de la foi ne peut finalement aller sans qu'on se découvre par là même appelé à devenir chacun à sa place et à sa manière, « proposant » de la foi.

J'ai entendu cette deuxième étape de notre troisième chapitre comme une présentation de la *Lettre aux catholiques de France*, elle-même entendue comme une interpellation. Je ne saurais mieux conclure autrement qu'en citant cet extrait d'une *Réponse à la Lettre des évêques aux catholiques de France* que nous envoya dès 1998 un groupe de travail d'une vingtaine de chrétiens qui en avait – sur une semaine entière, s'il vous plaît, nous était-il précisé – fait l'objet de sa réflexion :

> La lecture de votre *Lettre* nous a profondément réjouis. Aussi bien par son mode d'élaboration que par la problématique choisie et le ton adopté. Elle nous donne du courage pour vivre en chrétiens. La méthode d'élaboration fondée sur l'échange, et sur le refus d'une parole surplombante et définitive, expliquent ce ton chaleureux et libérateur. Nous avons été sensibles à votre volonté d'inviter le plus grand nombre à proposer la foi, par des moyens à inventer, en communauté, sous l'action de l'Esprit. Si le nouveau mode de communication entre les chrétiens de France inauguré avec cette lettre devenait habituel voire régulier, nous pourrions espérer que bon nombre de malentendus seraient levés. On aurait pu craindre que les responsables religieux brossent un tableau sombre de la société contemporaine, accumulent les mises en garde, diabolisent le monde. Au lieu de cela, vous nous rappelez la logique de l'Incarnation, qui invite l'Église à se reconnaître solidaire de ce monde et à l'aimer dans sa réalité d'aujourd'hui.

On s'en doute, je ne peux qu'être heureux de faire ici écho à ce bel accusé de réception. La raison principale est qu'à vingt-cinq ans de distance (*mutatis mutandis* bien entendu) on peut, me semble-t-il, y trouver des éléments tout à fait susceptibles de représenter une *interpellation* des plus pertinente pour la poursuite de cette conversion à laquelle, comme nous continuerons de le vérifier, l'Église est toujours en situation de devoir se reconnaître interpellée.

III. Un grand évêque à Milan

Je viens de dire comment, successivement au temps de ma formation théologique et plus encore durant les plus de trente années que j'ai totalement consacrées à la tâche théologique « professionnelle », j'ai perçu et vécu pour ma part l'interpellation de fait adressée à l'Église en notre temps. Dans les deux cas, on l'a bien noté, ce fut selon l'inspiration et sous l'impulsion de Vatican II ; et l'on a bien perçu que ma collaboration personnelle au chantier de la *Lettre aux catholiques de France* a marqué pour moi en ce sens un engagement majeur. Mais voilà que l'année qui suivit la publication de ce document, je fus moi-même appelé à l'épiscopat et envoyé à Strasbourg. Or – et je ne peux que le reconnaître là encore –, d'une autre manière et à un autre titre, l'occasion me fut amplement donnée de vérifier par la suite que la portée de cette *interpellation* adressée à l'Église ne faisait que croître. À la différence non négligeable près toutefois que, afin d'y contribuer pour ma part, je n'étais plus désormais sollicité comme théologien professionnel mais dans le cadre tout nouveau pour moi de la responsabilité épiscopale qui m'était échue et que j'avais acceptée entre-temps. C'est un fait que, à ce nouveau titre précisément, une rencontre (avec d'autres qu'elle entraîna) fut pour moi de très grande importance.

Si j'ai pu dire que Joseph Ratzinger a été, en ce qui me concerne, décisif en matière de théologie et d'Église, je ne peux pas oublier non plus qu'une autre très grande figure ecclésiale m'a également beaucoup apporté en la matière, à savoir le cardinal Carlo Maria Martini. Je dois d'autant plus en faire état que, toujours d'ailleurs dans l'esprit de Vatican II, il m'a de fait éclairé sur le point majeur auquel j'aboutissais avec le pape venu d'Allemagne : ce n'est pas seulement au plan des abus et crimes sexuels, ni seulement dans le domaine du fonctionnement des appareils ecclésiastiques qu'il convient d'envisager du changement *dans* l'Église. Il apparaît désormais nécessaire de se préoccuper aussi d'un changement *de* l'Église elle-même, et d'envisager un changement tel qu'il requiert de sa part une véritable *conversion*. C'est un fait que l'archevêque de Milan m'a permis ici une prise de conscience plus vive et plus affinée encore.

1. Carlo Maria Martini

Le cardinal Martini, je l'ai connu lui aussi « dès ma jeunesse » – ma jeunesse théologique du moins. C'était à Rome, durant l'année universitaire 1963-1964 (où allait se tenir la deuxième session du concile Vatican II), et juste avant le temps où, cette fois à Münster/Westfalen, j'allais poursuivre mes études successivement avec Joseph Ratzinger (semestre d'hiver 1964-1965), puis Walter Kasper (semestre d'été 1965), et avec Jean-Baptiste Metz puis Karl Rahner. Martini professait alors à l'Institut biblique pontifical, dont je m'honore d'être « élève titulaire » (j'en conserve précieusement la carte !), et que je fréquentais alors dans le cadre de mon travail de recherche sur l'épître aux Hébreux. Sur place, son aura était déjà très grande, même si ce n'était alors, si j'ose dire, que celle d'un grand universitaire, érudit en sciences bibliques.

C'est cependant seulement quand il fut nommé archevêque de Milan, « le plus grand diocèse catholique du monde » disait-on couramment alors, que j'eus l'occasion de le revoir ; mais ce fut cette fois à un tout autre titre... J'étais devenu entre-temps professeur de théologie dogmatique à l'Institut catholique de Paris et nous étions allés, un de mes collègues parisiens et moi-même, le consulter chez lui sur quelques points d'ecclésiologie qui nous préoccupaient plus particulièrement alors[1]. Autant le dire tout de suite : bien au-delà du motif particulier de notre venue chez lui, je fus quasiment tout autant ébloui par ses connaissances, son information, son savoir, et la sereine sagesse avec laquelle il faisait valoir tout cela, que par la délicatesse et la fraternité de son accueil – en attendant de l'être bientôt bien davantage encore par le fruit que je devais récolter de cette première vraie rencontre.

Par la suite, je ne pus bien sûr répondre que positivement à la demande de l'un de ses proches collaborateurs m'invitant à venir apporter mon concours à une session organisée par lui pour les prêtres du diocèse milanais sur la question des rapports entre pastorale et théologie. Ce fut du reste pour moi l'occasion de percevoir quelque chose de l'étonnant rayonnement pastoral de l'archevêque de Milan. J'en donnerai juste une brève illustration. Entraîné par l'un des participants à la session, j'étais allé « marcher en ville » pour profiter un peu de la belle soirée de mai qui nous était donnée... J'eus tout à coup la grande surprise de voir en très peu de temps l'immense parvis de la cathédrale envahi par une foule de jeunes sortant du merveilleux édifice qui formait notre horizon sur l'autre bord de la grande place que nous avions devant nous. Ces jeunes se répandirent bientôt, allègres et chantants, par toutes les rues adjacentes. Manifestement, ils venaient de vivre et de partager quelque chose d'important, qui continuait de les unir jusque dans leur dispersion même. Mon compagnon m'expliqua qu'ils sortaient de l'une de ces fameuses « catéchèses pour les jeunes » que l'archevêque avait instituées, et qu'il donnait à intervalles réguliers, et avec grand succès, dans le prestigieux *duomo* de saint Charles Borromée.

1. C'était le père Hervé Legrand, op – auquel le cardinal Martini devait rendre hommage dans le volume de « Mélanges » qui lui fut offert en 2006, sous le titre *Nouveaux apprentissages pour l'Église*, Cerf, Paris, 2006.

J'ose dire qu'après ces premiers contacts, et comme beaucoup de catholiques sans doute, je ne fus pas vraiment étonné lorsque, quelques années plus tard, la rumeur compta Martini au nombre des *papabili* susceptibles de prendre le relais de Jean-Paul II. Si la terrible maladie de Parkinson qui l'atteignit par la suite le rendit indisponible lorsque la question d'un nouveau pape en vint effectivement à se poser, je ne doute pas un seul instant que lorsqu'il salua généreusement Joseph Ratzinger après son élection, il n'y eut pas là de sa part simple fair-play, mais vraie déclaration de confiance et d'espérance. Devenu moi-même entre-temps archevêque de Strasbourg, j'avais appris à mieux connaître encore celui qui s'exprimait alors… même si j'étais encore loin d'avoir perçu la richesse, et même toute la « classe », de sa haute personnalité.

Or, comme membre – élu par mes confrères évêques français – du synode sur l'Europe qui s'est tenu à Rome en octobre 1999 et que j'ai déjà évoqué, j'ai dans ce cadre entendu Martini émettre, lors de l'une de nos assemblées générales, son célèbre souhait qu'on veuille bien désormais s'appliquer autant que possible, dans l'Église, à « dénouer certains nœuds » qui, telle la question des divorcés et celle des ministères, devraient pouvoir être désormais soumis à profonde réflexion.

Quelque temps après, je l'ai reçu à Strasbourg à deux reprises. Une première fois pour une « grande conférence » qu'il avait bien voulu accepter de donner en notre cathédrale : portant précisément sur le présent et l'avenir de l'Église, ce fut une belle prestation, écoutée avec une grande attention par une belle assemblée. Et, une seconde fois, à sa demande alors, à l'occasion d'une « visite d'Église à Église » pour laquelle l'accompagnaient chez nous – Mont Sainte-Odile compris – une bonne centaine de prêtres de l'archidiocèse de Milan.

Mais ce n'est pas tout, car je crois indiqué d'évoquer ici un point qui fut encore plus important pour moi. Je n'en ai jamais fait état jusqu'à ce jour, mais je ne vois pas pourquoi je le cacherais aujourd'hui. Quelque temps après ma nomination à Strasbourg en 1997, Mgr Vilnet, alors évêque de Lille (c'est un peu plus tard que le grand diocèse du nord de la France devint archevêché) et ancien président de la Conférence des évêques de France, me proposa de prendre son relais au sein d'un discret groupe informel auquel il avait, comme seul Français, jusque-là participé. Ce groupe se réunissait chaque année sur trois jours, précisément autour du cardinal Martini, chez Yvo Fürer, évêque de Saint-Gall en Suisse, qui avait été plusieurs années le proche collaborateur de l'archevêque de Milan à la Conférence des évêques d'Europe.

La généreuse hospitalité de l'évêque suisse réunissait une petite dizaine d'évêques européens : outre Martini lui-même, Gottfried Danneels, cardinal-archevêque de Malines-Bruxelles ; le cardinal Silvestrini, de la Curie ; Karl Lehmann, évêque de Mayence et président de la Conférence des évêques d'Allemagne ; Walter Kasper, évêque de Stuttgart-Rottenburg puis responsable à Rome du dicastère chargé de l'œcuménisme ; Cormac Murphy-O'Connor, archevêque de Westminster ; José da Cruz Policarpo, archevêque de Lisbonne ; Adrian van Luyn, évêque de Rotterdam ; et Yvo Fürer évidemment. Mon accord donné et le moment venu, on m'accueillit dans le groupe sans autre forme de procès, tout naturellement, comme un frère. Cela ne dura pour moi que quelques années (jusqu'en 2006) puisque, comme je l'ai déjà dit, je devais entrer prématurément en éméritat dès 2007 pour graves raisons de santé… Ce furent de belles et riches rencontres, où la parole était libre et la confiance totale, autour d'un Martini à la fois inspirant et discret. Notre seule préoccupation était l'Église, et son avenir, toujours évoqué à partir de la situation concrète qui était – et était en train de devenir davantage – la sienne, dans nos diocèses respectifs, dans nos différents pays – et dans le vaste monde[1].

2. Pour une sérieuse auto-interrogation de l'Église

Je n'ai pas à en dire plus ici sur mes relations avec le cardinal-archevêque de Milan, sauf à souligner ce qui peut déjà être clair pour mon lecteur, à savoir qu'à travers tout cela il m'a été donné de le bien connaître, de l'apprécier, de l'estimer, de l'admirer même. Cela étant, on ne s'étonnera pas que, comme bien d'autres mais plus que certains sans doute, j'aie été très particulièrement frappé par sa toute dernière prise de position. Elle eut lieu dans le cadre d'une interview qui devait être publiée par *Il Corriere della Sera*, et qui fut vite traduite en nombre de langues, dès le surlendemain de la disparition de son auteur à 85 ans, le 31 août 2012. Là aussi, la surprise fut grande,

---

1. On me permettra de rappeler ici que, le 23 mai de la même année 2007, à la demande de la Conférence des évêques de France, il me revint, avec le cardinal Martini précisément, de présenter lors d'une grande rencontre à l'UNESCO, le tome I (Flammarion, Paris, 2007) de la christologie de Joseph Ratzinger-Benoît XVI (j'avais profité des loisirs forcés que mon état de santé m'avait valus durant mes dernières semaines en Alsace pour préparer soigneusement ma conférence). Ce fut ma dernière rencontre avec le cardinal Martini. Ai-je besoin de préciser qu'elle fut pour moi hautement, et doublement, significative ?

et l'écho fut considérable… malgré certains silences, plus ou moins délibérément cultivés semble-t-il, dans les milieux ecclésiastiques.

Le grand témoin qui s'exprimait ainsi reprenait et prolongeait en fait plusieurs de ses interventions antérieures. J'ai déjà rappelé celle qu'il avait faite en 1999 au synode sur l'Europe, auquel je participais. Mais il y avait eu aussi d'autres prises de position dans le même sens : sur les divorcés-remariés, sur la réception de *Humanae vitae* et sur ce qu'il appelait « certaines zones grises » de la morale, sur la place à faire aux femmes dans l'Église et dans la société, sur les ministères ordonnés, sur la fonction pétrinienne, sur la prise en compte par les pasteurs de l'avis (et de la vie) des chrétiennes et des chrétiens, etc. Donc, on le voit bien, non pas seulement sur les déviances, sexuelles ou pas, et sur les structures – romaines et autres –, mais bel et bien aussi sur la manière de comprendre et de présenter *la doctrine* elle-même, et tant dans le domaine moral que dans celui de la dogmatique, donc tant au plan de la vie que dans le domaine de la foi. On pourra se reporter à ce sujet, par exemple, au livre *Le rêve de Jérusalem*[1] – Jérusalem où l'ancien professeur de l'Institut biblique pontifical de Rome s'était retiré près du tombeau du Christ lorsque son âge et sa santé l'eurent amené à quitter sa charge à Milan.

Bien au-delà de Jérusalem, de Rome et de l'Italie, son ultime entretien finit par avoir plus de retentissement encore que toutes ses autres interventions, sur lesquelles il venait en quelque sorte mettre le sceau, avec en plus une note tragique intentionnellement accentuée et qui ne put pas ne pas prendre, pour beaucoup d'entre nous en tout cas, l'allure d'une sorte de « testament » spirituel et pastoral. Rappelons-en quelques éléments essentiels.

> L'Église est fatiguée. Notre culture a vieilli, nos églises sont vastes, nos maisons religieuses sont vides […], et l'appareil administratif de l'Église se développe. Nos rites et nos habits sont pompeux […]. Dans l'Église aujourd'hui, je vois tant de cendres qui cachent les braises, que je me sens souvent pris d'un sentiment d'impuissance […]. L'Église est en retard de deux cents ans. Aurions-nous peur ?

Je dois avouer que de tels propos, et spécialement la toute dernière phrase que je viens d'en citer et qui faisait à sa manière écho au fameux « N'ayez pas peur ! » de Jean-Paul II partout répercuté, me secouèrent jusque dans ma retraite en région parisienne. Et si je dois

1. Ouvrage publié en traduction française chez Desclée de Brouwer en 2009.

bien reconnaître que je ne suis pas tout à fait sûr d'avoir bien saisi ce que visait exactement la formule faisant état d'un « retard de deux cents ans », c'est un fait que je fus en tout cas radicalement conforté dans l'idée suivante : il n'y a plus, et dans toute l'Église, qu'à s'atteler à une conversion véritable, radicale même, et comprise comme devant ne laisser *rien* de côté *a priori*. Or – Providence, Providence ! – n'est-ce pas vers cela précisément qu'allait nous tourner non pas encore un nouveau pape, mais un conclave qui ne tarderait pas à comprendre qu'il fallait bien, en effet, ouvrir un grand chantier de ce genre ? Et qui allait rapidement nous donner, avec Jorge Bergoglio, jésuite comme Martini, un envoyé de Dieu bien résolu – la suite l'a vite montré – à entreprendre pareille besogne.

IV. Une nouvelle donne ecclésiale et les débuts d'un nouveau pontificat

1. Un changement largement souhaité, une élection rapidement acquise

Plusieurs éléments frappent d'emblée quand on s'arrête à considérer les temps qui ont précédé l'entrée en charge du successeur de Benoît XVI. Déjà, l'opinion générale était alors, dans l'Église elle-même, que les choses ne pourraient désormais plus se prolonger purement et simplement en l'état. À la fois parce qu'il devait impérativement être mis fin à certaines fortes scléroses et graves dérives, et parce que le besoin était maintenant urgemment ressenti d'un nouveau souffle, donc d'un nouvel « esprit ». Le bref examen que nous avons fait ici des dernières « années Ratzinger » nous a déjà alertés à ce sujet, mais bien d'autres données pourraient être enregistrées dans le même sens. Je me contenterai d'évoquer, au-delà de Carlo Maria Martini, quelques autres grandes figures ecclésiales, d'ailleurs personnellement rencontrées à plusieurs reprises : non seulement les cardinaux Karl Lehmann et Walter Kasper, mais aussi, par exemple encore, l'archevêque de Vienne Christoph Schönborn et le président du Conseil pontifical de la culture Gianfranco Ravasi – tous les quatre déjà mentionnés. N'est-il pas fort significatif qu'il leur soit arrivé à tous, comme à d'autres encore, de clairement faire savoir qu'à leur avis, à Rome et bien ailleurs dans l'Église, certains fonctionnements devraient être revus et certains comportements devraient changer ?

Une nouvelle fois, je ne crois pas nécessaire d'en rajouter. La liste des hauts responsables d'Église mentionnés à l'instant et qui sont intervenus année après année dans le même sens, n'est-elle pas déjà suffisamment significative? En revanche, je veux ajouter que, un peu plus anciennement, j'avais été très frappé par des propos très fermes du même ordre tenus par Mgr John Quinn, qui avait été président de la Conférence épiscopale des États-Unis au temps des grandes déclarations qu'elle avait publiées, entre autres, sur le nécessaire contrôle de l'armement nucléaire dans le monde et sur l'urgente régulation des processus économiques dans les sociétés modernes[1]. Lui rendant visite à son initiative il y aura bientôt vingt ans en sa résidence de retraite de Menlo Park en Californie, j'avais été très surpris, et je le reste toujours, par la vigueur avec laquelle il avait déclaré voir en certains « membres d'organismes de la Curie vaticane » la « principale résistance » (*sic*) à la mise en œuvre et à la diffusion dans l'Église tout entière de ce qu'il appelait « le véritable esprit du Concile ».

Je le mesure mieux maintenant: l'analyse du grand évêque américain était en somme que, si le concile Vatican II avait bien été selon Jean-Paul II un « grand don fait à l'Église » et s'il n'avait cependant pas réussi à lui permettre de réaliser l'*aggiornamento* qu'il tenait pour nécessaire, les résistances et scléroses repérables dans l'appareil curial-romain y avaient une très grande part de responsabilité... Comment une telle analyse, dont la vigueur ne cesse toujours pas de m'étonner, ne me serait-elle pas revenue en vive mémoire au moment où j'en suis venu à m'interroger, avec tant d'autres, et par le chemin que j'ai décrit, sur la question posée par la situation de l'Église – et sur la conversion à laquelle celle-ci est par là appelée?

Concernant toujours, mais d'un tout autre point de vue, l'attente d'importants changements ecclésiaux, on peut aussi, avec Isabelle de Gaulmyn alors envoyée permanente de *La Croix* à Rome, relever que, s'ils étaient 3 500 journalistes du monde entier présents sur place lors de l'élection de Benoît XVI en 2005, leur nombre dépassait les 5 600 pour celle de François en 2013!

Enfin et surtout, qu'il faille envisager de profondes transformations ecclésiales, cela semble bien avoir été la conviction dominante chez

1. Voir par exemple « Déclarations épiscopales et débat public: l'exemple de la lettre des évêques américains *Justice économique pour tous* », de novembre 1986, Geneviève Médevielle et Joseph Doré, *Revue de l'Institut catholique de Paris,* n° 34, avr.-juin 1990, p. 149-161.

les membres du conclave de 2013. On peut même sans doute estimer que la rapidité avec laquelle fut décidée l'élection du nouveau pape en apporte à son titre propre la preuve claire.

Il s'impose par ailleurs bel et bien, avant d'aller plus loin, d'enregistrer un autre élément. Si pour sa part, en paroles et en actes, le pape Bergoglio a rapidement appelé à un certain nombre de *changements* plus ou moins importants et n'a pas tardé à en introduire lui-même, ce n'est pas, à bien loin près, en fonction de données *personnelles*… qui suffiraient d'elles-mêmes à les faire apparaître suspects. On ne peut en effet voir en lui ni un spirituel idéaliste plus ou moins conscient de l'importance des réalités d'ordre institutionnel et donc prêt à les brader d'une manière ou de l'autre, ni un arriviste désireux d'imprimer sa marque, de se faire un nom et de faire triompher un clan, ni un théologien en chambre et contestataire, acquis aux thèses de la nécessaire remise en cause des autorités et de l'urgente libération d'un peuple catholique opprimé…

Résumons la situation : aussi bien le climat général vérifié depuis un certain temps dans l'Église et hors d'elle que ce qui a pu filtrer de l'état d'esprit des cardinaux électeurs, et même ce qu'on peut présumer des propres dispositions du principal intéressé, toutes ces données factuelles portent très clairement à estimer que le cardinal Jorge Bergoglio a été élu avec la mission précise de prendre les moyens d'entreprendre *des changements et un renouvellement* désormais estimés par beaucoup nécessaires voire urgents.

2. Les premiers gestes

Comment s'étonner, alors, que le nouveau pontife ait aussitôt après son élection accumulé les comportements nettement en décalage par rapport à tant de ceux qui étaient habituels chez ses prédécesseurs ? (Il est vrai qu'ayant déjà réuni sur son nom un certain nombre de voix au précédent conclave, il avait quand même, sans doute, pu se faire à lui-même quelques réflexions sur ce qu'il pourrait avoir à faire dès qu'il serait élu… s'il l'était un jour !)

Souvenons-nous. Lors de son apparition à la loggia juste après son élection il a tenu, d'abord, à être accompagné de son vicaire général pour la Ville de Rome et, ensuite, à se présenter d'emblée lui-même comme « l'évêque de Rome ». C'était clairement déclarer qu'il voulait se situer *dans* le collège épiscopal : comme le premier de tous les évêques assurément, mais pas en dehors d'eux. Il a ensuite demandé à la grande foule rassemblée place Saint-Pierre devant lui, de prier pour lui, pour un exercice fécond de sa mission spécifique. Il s'en rapportait ainsi expressément au Peuple de Dieu lui-même ; il donnait en effet à comprendre que si le pape a certes à intercéder, à sa place unique, pour tous ceux qui lui ont été confiés et qu'il lui revient de conduire, il importe aussi que ceux-ci prient à leur tour pour leur tout premier pasteur. Enfin, révélateur entre tous fut le choix de son nom de pape : *François*. Ce nom était à lui seul un message. Le choisir, c'était, en même temps que déclarer l'intention de porter une attention spéciale à tous les «*poverelli*» de notre humanité, manifester clairement la volonté de faire référence à ce rêve de San Damiano où le saint d'Assise se vit appelé par Dieu à « rebâtir l'Église ».

Le nouveau pontife prit du reste les moyens de signifier qu'il n'y avait pas, là, seulement la mise en scène d'un beau premier soir (par rapport auquel les lendemains devraient bien entendu être de toute manière amenés à déchanter). Le choix de porter toujours, hors des célébrations, la simple soutane blanche avec de tout braves souliers noirs, comme celui d'arborer une croix pectorale en métal non précieux, et celui d'avoir toujours avec lui dans ses déplacements une banale sacoche de cuir noir (avec, a-t-il dit un jour, « un rasoir », un bréviaire, et un livre en cours de lecture) qu'il tient le plus souvent à porter lui-même – tous ces gestes du quotidien traduisaient à l'évidence la volonté résolue chez le nouveau pontife de renoncer durablement à tout un apparat estimé par lui superflu.

Couronnant en somme le tout, sa grande décision inattendue de ne plus résider dans les historiques et somptueux appartements pontificaux du Vatican, mais en la toute voisine Maison Sainte-Marthe, traduisait la volonté de partager au quotidien les conditions générales de vie des autres hôtes du Vatican, qu'ils y viennent ou le fréquentent de manière habituelle, ou bien qu'ils y soient seulement accueillis de passage. Et l'on peut encore relever dans le même esprit que, lorsqu'il quitterait son lieu de résidence pour quelque visite particulière ou quelque manifestation publique dans Rome même ou ailleurs, ce ne serait plus dans une rutilante limousine d'exception.

La suite ne devait pas manquer de faire apparaître qu'en tous ces premiers comportements, si inhabituels qu'ils pouvaient sembler *et être* chez un pape, il n'y avait pour autant aucune volonté de se distinguer et de se mettre « à part » ou « en avant ». Tout au contraire, justement ! Ils traduisaient la claire volonté de renoncer à tout un décorum prétendument lié à une responsabilité certes unique, mais qui n'exigeait en réalité ni tant de faste ni tant d'apparat que, semble-t-il, on l'avait jusque-là plus ou moins estimé.

3. Peu à peu, toute l'Église interpellée

Mais le trait le plus caractéristique du changement introduit par l'entrée en scène à la fois si inhabituelle et si intentionnellement choisie de François, a été dès le départ et s'est affirmé tout au long par la suite le suivant : c'est de fait *toute l'Église* qui a été et reste concernée par ce qui lui est personnellement arrivé à lui-même. Concernée parce qu'interpellée (cf. le titre de ce chapitre), sollicitée, mise en demeure même – et finalement parce que, lâchons le mot, **appelée** *effectivement tout entière* à une véritable et profonde *conversion.*

La fonction pontificale comme telle

C'est l'évidence mais il faut d'entrée de jeu le souligner tant c'est neuf : la première instance à être concernée par de tels comportements, par la volonté qu'ils traduisaient et les changements qu'ils apportaient déjà, fut la fonction papale elle-même.

Il y a certes belle lurette que la place proportionnelle de Rome (et de toute l'Europe) dans l'Église catholique universelle a commencé de beaucoup régresser. C'est dans les Amériques et en Afrique que réside désormais la part principale du 1,2 milliard de catholiques (les chrétiens étant, eux, environ 2 milliards). Or, par rapport à Rome, les distances ne sont pas seulement kilométriques, mais historiques, culturelles, civilisationnelles même. Et si, en Asie, les catholiques représentent seulement à peu près 2 % de la population, cela ne peut que fournir à l'Église une raison supplémentaire de chercher à progresser dans cette région du monde en laquelle on s'accorde généralement à reconnaître un continent appelé à jouer au plan mondial un rôle croissant. Que les électeurs de 2013 aient choisi non plus un Romain ou un Italien et pas même un Européen, mais précisément un Sud-Américain, donc un pasteur venu d'une histoire et d'une culture autres (partiellement du moins) en est la preuve claire. N'aurait-elle pas dû porter tout le monde, par la suite, à ne pas tellement s'étonner que le nouvel élu ne cesse pas d'inviter à ne jamais perdre de vue ce qu'il appellera significativement « les périphéries » (de tous ordres d'ailleurs) ? Parmi bien d'autres, François donnera deux signes forts de la prégnance chez lui de ce genre de préoccupation : au début de son pontificat, le fait qu'il se soit rendu à Lampedusa pour donner un signe de proximité aux nombreux migrants qui transitent par cette petite île du sud de la Méditerranée ; et, cinq ans après son entrée en charge, le fait qu'il ait voulu consacrer tout un synode à l'Amazonie.

Bien entendu, le pape n'est pas seul à Rome, et les nombreux dicastères et autres instances qui autour de lui constituent la Curie, sont justement là pour l'assister dans une fonction de gouvernement central qui, depuis le Moyen Âge et spécialement depuis les dispositions prises par Sixte Quint au XVIe siècle, n'a jamais pu être assurée par un monarque qui serait resté solitaire… Mais pour le plus grand nombre des chrétiens, ces nombreux collaborateurs du pape sont eux-mêmes « loin » et « ailleurs », et en tout cas ils ne peuvent se prévaloir, eux, de prérogatives proprement papales !

C'est bien parce qu'il avait conscience de ce problème et de l'importance qu'il avait prise, que l'une des toutes premières décisions institutionnelles majeures de François fut de se donner un *Conseil* tout à fait *sui generis* puisque constitué non pas de membres en place à la Curie, mais d'évêques : 1) en charge actuelle d'un diocèse dans l'une ou l'autre partie du monde ; 2) appréciés pour leur conception et leur exercice de *la pastorale* dans l'Église ; et 3) destinés à réfléchir globalement sur l'organisation et le fonctionnement de l'institution ecclésiale, y compris en ses organes centraux c'est-à-dire romains. Ce fut le fameux « G8 », devenu bientôt le « G9 » par l'adjonction du nouveau secrétaire d'État Parolin (que le nouveau pape avait d'ailleurs soigneusement choisi et très rapidement nommé à cet essentiel poste de confiance)… puis devenu encore le « G6 » avec le retrait et du cardinal Monsengwo de Kinshasa bientôt atteint par la limite d'âge, et celui du cardinal australien Pell obligé de retourner dans son pays pour cause de procès. Certes, les préconisations attendues de cette instance par définition extraordinaire et temporaire avaient vocation à porter – principalement sans doute – sur le gouvernement central de l'Église catholique et donc sur l'organisation et le fonctionnement de la Curie comme telle, mais il est et a toujours été patent qu'elles étaient destinées à avoir nécessairement une incidence sur *la fonction papale elle-même*, du moins en son exercice pratique.

La responsabilité épiscopale

Ce serait cependant se tromper lourdement d'estimer que le nécessaire réajustement de l'exercice de la fonction pastorale était appelé à n'entraîner de conséquences que pour une reformulation des tâches précises des différentes instances qui, autour et au service du pape, constituent la Curie. Les réduire ou les réajuster ne suffirait en effet pas à permettre au pape, même *mieux* aidé par ses collaborateurs curiaux, de répondre aux difficultés résultant de la nouvelle répartition des catholiques à travers le monde, compte tenu aussi et surtout de leur grande diversité, d'ailleurs toujours en croissance.

Sa propre expérience d'évêque diocésain puis d'archevêque de Buenos Aires et les responsabilités exercées par lui dans le cadre de la Conférence épiscopale d'Argentine puis au sein de l'épiscopat de toute l'Amérique latine, avaient convaincu Jorge Bergoglio au moins sur deux points. D'une part, la nécessité, la possibilité et la fécondité, pour les Églises locales et leurs pasteurs, de disposer d'une marge de manœuvre suffisante ; et d'autre part, leur aptitude effective à gérer des situations relevant bel et bien de leur responsabilité propre. Aussi bien verra-t-on rapidement le pape François, par exemple, faire savoir que les commentaires de l'épiscopat argentin sur les orientations ecclésiales liées au synode sur la famille ou concernant la pastorale des personnes divorcées étaient une – sinon *la* – bonne manière de les recevoir et de les mettre en œuvre. On le verra aussi, et par exemple encore, inviter l'épiscopat allemand et d'autres épiscopats « nationaux » à « prendre leurs responsabilités » en la même matière et en plusieurs autres.

Last but not least, il y aura chez le pape Bergoglio le constant souci de valoriser, tout au long de ses convocations successives, le *synode des évêques*. Ce point a tant d'importance que, le moment venu, nous ne manquerons pas de lui porter toute l'attention qu'il mérite.

Pour des ministres, animateurs de pastorale et chargés de mission non cléricaux

Dès son entrée en charge, le nouveau pontife suprême ne songeait cependant pas seulement à sa propre mission et à celles des évêques et des épiscopats nationaux ou régionaux. En prenant distance par rapport à un mode de gouvernement de l'Église trop centralisé, et dès lors nécessairement trop marqué par des perspectives de « pouvoir », il réinterrogeait du même coup toutes les formes d'exercice de responsabilité dans l'Église, donc tous les ministères.

Surtout sans doute au début de son pontificat, on a pu avoir une fois ou l'autre l'impression qu'il y allait, disons, un peu fort. Je ne songe pas seulement à telle cérémonie des vœux de début d'année à la Curie, où par exemple furent vertement dénoncées les fameuses « quinze maladies » dont elle serait affectée. Je pense aussi à certaines manières de fustiger les évêques dits « d'aéroport », ou bien à l'invitation, une fois ou l'autre adressée aux prêtres, de moins se préoccuper de leurs aises, prérogatives et préséances, voire de leur promotion… afin de s'activer plutôt à panser les plaies de leurs brebis, quitte à finir par être comme imprégnés de « l'odeur de leur troupeau ». Je sais bien qu'il arrive à tel ou tel de ces derniers de disproportionner parfois leur « importance » pour et dans l'Église et de ne pas honorer suffisamment leur charge. Je sais bien surtout les méfaits du cléricalisme et nous aurons à y revenir. Mais on peut penser que l'interpellation papale aurait eu de meilleures chances encore d'être reçue si – alors en tout cas – elle n'avait pas donné l'impression de ne pas mettre suffisamment en valeur, par ailleurs, tant de disponibilités manifestées et de générosités pratiquées par tant de bons et loyaux serviteurs…

Quoi qu'il en soit de l'ajustement plus ou moins réussi des propos concernant les divers ministères et services ecclésiaux, c'est jusqu'à l'échelle la plus locale – la paroisse, la communauté ou le groupe – que, selon François, les « animateurs » et responsables ecclésiaux de tous ordres sont appelés à mesurer combien est fondé le propos d'un homme politique français (dont la préoccupation n'était certainement pas spécialement les chances d'avenir de l'Église !) : « Le cléricalisme, voilà l'ennemi ! »… Mais le sujet a pris par la suite trop d'importance pour qu'on n'ait pas à en traiter expressément bientôt.

L'ensemble des baptisés

De même que, en se présentant dès sa première apparition à la loggia de Saint-Pierre comme « l'évêque de Rome » il avait d'emblée situé la fonction papale, qu'il venait d'accepter, par rapport à l'« ordre épiscopal » tout entier ; *de même*, lorsqu'aussitôt après il avait demandé à la foule des chrétiens rassemblés devant lui sur l'esplanade de prier pour lui, le pape Bergoglio avait clairement donné à entendre qu'il ne concevait pas sa mission indépendamment d'une implication réelle – et du concours effectif – de *l'ensemble* du Peuple de Dieu. Il y aura bien sûr aussi à y revenir amplement, tant la chose est d'importance. Il suffira pour l'instant de mentionner ici la lettre adressée par François aux catholiques du Chili et, plus significativement encore bien entendu, celle destinée à l'ensemble du Peuple de Dieu répandu par toute la terre à l'occasion des trop fameux « abus ». Nous ne manquerons pas, là encore, d'y revenir. L'Église est – à des titres divers mais tous importants – l'affaire de *tous et chacun* de ses membres. Pour sa part, le pape François n'a jamais cessé de le redire.

Les théologiens aussi

C'est donc dès les premiers moments du nouveau pontificat que l'importance de la participation de tous les baptisés à la vie de *leur* Église a été évoquée. C'est en revanche bien plus tard, à ma connaissance du moins, que mention expresse a été faite par François de l'importance sinon de l'indispensabilité des théologiens. Certes, et en bonne théologie, on doit dire qu'ils font comme tels partie du Peuple de Dieu et non pas de sa « hiérarchie ». Ils sont donc concernés par ce qui a été évoqué au point précédent. Il n'en reste pas moins que, dans l'ensemble de ce Peuple, il leur revient d'être impliqués et de s'engager au titre de leur *compétence* propre, et corrélativement il revient donc aux responsables hiérarchiques de leur faire place, et de savoir les consulter à ce titre spécifique (voir Vatican II et ses « experts »). Pour plusieurs raisons d'ailleurs, ce point à mes yeux capital nous retiendra expressément un peu plus tard. Je me contenterai pour l'instant de signaler déjà que, à l'été 2019 au moins, le pape François a tenu à l'évoquer avec insistance lors de la visite qu'il faisait à Naples à la faculté de théologie de l'Italie méridionale. Il l'a fait en ces termes, qu'on dira volontiers fort « parlants » :

> Les théologiens ont pour tâche de toujours encourager la rencontre des cultures avec les données de la Révélation et de la Tradition [...]. Nous avons besoin de théologiens – hommes et femmes, prêtres, laïcs et religieux – qui, dans un enracinement historique et ecclésial profond et en même temps ouverts aux innovations inépuisables de l'Esprit, sachent échapper aux logiques autoréférentielles, compétitives, et de fait aveuglantes[1].

1. Précisant qu'elle avait duré « près de quarante-cinq minutes », le compte rendu de *La Croix* du 24 juin 2019 estimait « que [cette] longue intervention du pape François [fera] sans nul doute date pour les théologiens du monde entier ».

Chapitre 4

La nécessité d'une conversion

Nous venons, à la fin du chapitre précédent, de prendre successivement en compte l'élection rapide puis l'entrée en charge attendue de Jorge Bergoglio. Nous ne nous sommes pas fait faute de relever le style tout particulier que le nouveau pape a choisi d'adopter dès le départ et pour la suite. Mais nous n'avons pu faire cela sans enregistrer du même coup deux éléments caractéristiques de la nouvelle donne liée à la prise de responsabilité du pontife argentin : 1) c'est en réalité *toute l'Église* qui apparaissait dès lors concernée ; et 2) c'est à *un vrai changement* qu'elle se trouvait du même coup appelée. Cela vaut d'autant plus d'être pris en compte maintenant, que nous ne pouvons pas perdre de vue non plus ce que nous ont auparavant enseigné nos deux premiers chapitres : pour ceux qui se réclament du nom de « chrétien », il s'agira désormais par-dessus tout de se donner les moyens d'affronter *la question* (chapitre 1) qui leur est bel et bien incontournablement posée par l'évolution globale de la culture et de la société modernes, mais dont la *situation* actuelle (chapitre 2) n'a elle-même fait qu'aggraver à la fois l'évidence et l'urgence : la question de l'avenir de l'Église.

Un terme traditionnel est tout indiqué, et d'abord parce qu'il est évangélique, pour désigner le changement qui est ici en cause : le terme « **conversion** ». Ce mot, *metanoïa* en grec néotestamentaire, veut dire *« changement » de mentalité* et, corrélativement, d'attitude, de positionnement et de comportements. Mais il faut d'entrée de jeu apporter à cela, en l'occurrence, au moins trois précisions :

– Ici, le changement, le « passage » en question ne concerne pas d'abord *l'autre* (ou les autres) auquel on adresserait l'invitation (l'interpellation) ; il ne peut qu'impliquer en premier *l'interpellant* lui-même.

– L'interpellation dont il s'agit n'invite pas celui auquel elle s'adresse à se convertir *à l'interpellant* (personne ou institution), mais à ce qui a pu faire de ce dernier un interpellant *qualifié,* et qui est nécessairement autre que lui.

– Le changement visé ne peut par définition jamais être considéré comme un acquis définitif, qui suffirait à installer dans une position d'exception : rappelons-nous ce que l'histoire nous a appris concernant le fait que la conversion est justement à considérer comme une « *catégorie permanente* » de l'existence et de l'histoire chrétiennes !

Il doit par ailleurs être d'ores et déjà clair que cette attitude est appelée à se jouer sur *deux* plans, qui se conditionneront d'ailleurs l'un l'autre. D'abord bien entendu celui de la mentalité, des motivations, des références et des convictions mêmes – donc au plan véritablement *spirituel-personnel* qui est celui des « *cœurs* » – et finalement des cœurs de *tous.* Mais nécessairement aussi celui des fonctionnements, des structures, de l'organisation générale – donc, cette fois, au plan *institutionnel-ecclésial,* qui est celui de tout « l'appareil » du christianisme – du moins, ici, du catholicisme.

Dans ce chapitre, je présenterai d'abord très brièvement l'attitude globale à laquelle les chrétiens-catholiques ont aujourd'hui à se reconnaître appelés tant par rapport à l'Église elle-même que par rapport au monde dans lequel elle vit (I). Ensuite, je prendrai le temps de préciser *en quoi et pourquoi* cette attitude est sous le signe d'un changement si radical qu'il doit nécessairement comporter l'aspect d'un véritable « nettoyage des écuries d'Augias » – quand bien même la conversion qui incombe à l'Église est loin de se limiter à ce plan, ainsi que la suite aura à le montrer (II). Je terminerai en indiquant deux conditions qui s'imposent et au plan personnel et au plan institutionnel parce que, sans elles, le mouvement de conversion en cause ne pourra avoir aucune vraie chance (III).

I. Avant toute chose, adopter une attitude générale qui soit à la fois de ré-interrogation et de discernement

La première consigne sera claire : il faut tout simplement regarder les choses en face, accepter de *se rendre compte de* ce qui est bel et bien en train de se passer, décider de *prendre en compte* la réalité telle qu'elle est – qu'elle nous plaise ou non. Non pas certes pour y consentir sans plus, en ne nous reconnaissant désormais plus d'autre tâche que celle de chercher à sauver de la débâcle ce qui, soit n'aurait pas déjà été englouti, soit n'apparaîtrait pas condamné à court terme. Mais au sens où l'Évangile lui-même nous invite à n'ouvrir un chantier ou à n'entreprendre un combat qu'après avoir soigneusement évalué la nature et l'importance des difficultés et obstacles déjà-là ou qui pourraient se présenter – et qu'après avoir, corrélativement, fait le décompte précis des forces, des moyens et des alliés dont on pourra disposer pour faire face.

Cette tâche s'impose car c'est un fait que, tant à propos de l'Église elle-même qu'en ce qui concerne ce qu'ils appellent « le monde », un certain nombre de « gens d'Église », y compris parmi les responsables de tous ordres, pensent et agissent encore dans une perspective tantôt décalée, tantôt inappropriée ou inadéquate par rapport aux vraies données et aux vrais enjeux de la situation actuelle, tantôt même carrément incompréhensible et inacceptable à nos contemporains normalement constitués.

1. À propos de l'Église et en elle

Cela se vérifie déjà à propos de l'Église. L'opinion courante à son sujet aux temps « de chrétienté » était en somme la suivante : elle a été voulue par Dieu ; elle a été fondée par Jésus-Christ et elle « fonctionne » par les ministres (pape, évêques, prêtres...) qu'il a choisis et envoyés pour la faire vivre ; l'Esprit l'habite, l'assiste et la conduit à travers les siècles ; elle dispose ainsi de toutes les « paroles de la vie éternelle ». Je m'empresse de déclarer que je n'estime certes pas que tout serait faux dans tout cela ! Mais je dois bien tenir compte du fait qu'un certain nombre de ceux qui voient les choses ainsi s'en autorisent pour camper sur des positions de certitude et d'assurance, voire de suffisance et d'arrogance, évidemment typiques de ce qu'on appelle le cléricalisme. Tout se passe alors comme si ces gens ne se demandaient jamais *à quelles conditions*, requérant de leur part quelle attitude et supposant quels ajustements, ce qu'ils estiment ainsi savoir si bien de l'Église pourrait effectivement être fondé pour eux et, peut-être, être reconnu par d'autres. Bonne conscience, arrogance, suffisance sont à bannir absolument. D'abord et avant tout – il faudra bien y revenir – parce que tout cela n'a rien à voir avec ce à quoi appelle l'Évangile du Christ, qui est tout de même, pour le christianisme et les chrétiens, à la fois la toute première et l'ultime référence.

Une telle attitude entraîne du reste au moins deux types d'effets désastreux. D'abord, ces gens manquent par là une bonne occasion de devenir eux-mêmes plus chrétiens en acceptant d'inscrire dans leur propre vie le mouvement de conversion auquel appelle le message dont ils sont censés se réclamer et qu'ils devraient bien entendu être dès lors les premiers à entendre et donc à mettre en œuvre. Très concrètement, à se comporter comme ils le font, ces membres quelquefois éminents de l'Église se privent pour leur part, et la privent du même coup elle-même, du profit qu'ils pourraient tirer, pour leur propre intelligence croyante, d'une réelle attention portée aux questions toujours renouvelées de notre présent, ainsi qu'à ces « joies et espérances, tristesses et angoisses » de nos contemporains qu'évoquait de manière si évocatrice et si convaincante le concile Vatican II.

Ils portent d'autre part une grande responsabilité dans l'incompréhension, l'indifférence ou l'hostilité de tant de nos contemporains à l'égard de l'Église et de tout ce qui la concerne : comment s'étonner que réagissent de ces différentes manières tant d'hommes et de femmes dont on se préoccupe si peu et qu'on est si peu disposé à écouter ?

Encore faut-il faire valoir ici un élément supplémentaire. Estimant que l'Église est sainte « par définition » en quelque sorte compte tenu de ce que je viens de rappeler concernant sa fondation par Dieu lui-même, certains parmi nous n'ont pas craint d'aller jusqu'à prétendre que si d'aventure l'un ou l'autre de ses membres, surtout s'il est de haut rang, en venait à faillir, il importait de tout faire sinon pour nier la réalité de fait bel et bien avérée, du moins pour la masquer autant et aussi longtemps que possible. Tout autre comportement ne pourrait être, estimaient-ils en effet, que signe d'infidélité ou commencement de trahison... Il faut désormais considérer qu'une telle option ne peut qu'être radicalement exclue, nous aurons bientôt à nous en expliquer.

2. À l'égard du monde et en lui

Ce n'est pas seulement à propos de l'Église que nombre de ses membres ont à réviser leur perspective globale pour passer à une attitude plus ajustée. Ils ont à le faire aussi à l'égard du « monde » en général. Plus ou moins certes « mais quand même », ce monde serait selon eux perverti, impur, superficiel, imperméable, hostile... Au point que ne pas le considérer ainsi suffirait à faire la preuve qu'on est déjà « récupéré » voire contaminé par lui. Ce serait même, ni plus ni moins, jouer coupablement son jeu.

Or il y a mieux à faire que de tendre toujours, ainsi, à dévaloriser voire à diaboliser tout ce que les milieux cléricaux/ecclésiastiques (et d'autres) appellent « le monde moderne », « la société actuelle », « la culture d'aujourd'hui», «les mentalités nouvelles», etc. D'abord, il s'impose de prendre conscience que ce monde, cette société, cette culture-là, ils sont les nôtres à nous aussi! Qu'on le veuille ou non, ils nous imprègnent, au point qu'on ne peut ni les répudier ni s'en abstraire totalement. Franchement, qui vit et pense encore, même parmi les plus «tradis» d'entre nous, comme au temps de saint Thomas d'Aquin ou de Jeanne d'Arc? Notre première tâche à l'égard de tout cet environnement au sens large qui est *de fait* le nôtre ne peut être autre que de l'habiter de notre mieux. En cherchant en tout cas à le comprendre davantage, pour pouvoir contribuer à notre titre propre à le rendre plus vivable pour le plus grand nombre de nos semblables, qui l'habitent avec nous. Comment pourrions-nous, sinon, nous prétendre disciples fidèles de ce Dieu de Jésus dont il nous est dit qu'il a «tant aimé le monde»?

À quoi il convient d'ajouter au moins deux considérants. Non seulement il faut bien d'abord nous redire que tant que nous ne nous serons pas efforcés d'adopter systématiquement une telle attitude à l'égard des «autres», nous n'avons désormais *aucune* chance sérieuse d'être entendus, compris, et un tant soit peu «reçus» par eux. Mais d'autre part et surtout peut-être, il faut bien réaliser que notre foi elle-même nous demande de ne jamais, et en aucune manière, «désespérer» d'eux! Si éloignés puissent-ils nous paraître de ce que nous estimons avoir à leur présenter au titre de notre foi, celle-ci nous invite expressément à les estimer tout ensemble dignes de se la voir proposer par nous, et réellement capables d'y adhérer en vérité. Certes, nous ne pouvons pas nier qu'il fait partie de la mission des chrétiens d'appeler et d'entraîner envers et contre tout leurs frères et sœurs en humanité à des opinions et à des comportements auxquels ils ne sont assez souvent guère portés spontanément. Mais cela ne nous autorise en rien à exclure *a priori* que, fût-ce à leur propre étonnement, ils puissent bel et bien aboutir à se découvrir néanmoins à la fois désireux et capables de les adopter! Cela pourrait même, au bout du compte, faire à la fois *deux* heureux bénéficiaires: eux d'abord, nous ensuite! Entre autres signes, individuels et collectifs, d'une telle éventualité, les témoignages des catéchumènes adultes (et des (re-)convertis, car il y en a toujours) d'aujourd'hui devraient et pourraient nous inviter à ne pas la sous-estimer. Et nous encourager, par conséquent, à plus d'audace dans cette «proposition de la foi» à laquelle nous invitait si nettement, par exemple, notre *Lettre aux catholiques de France.*

II. En toute hypothèse, poursuivre le « nettoyage des écuries d'Augias »

Ce qui vient d'être dit ne fait qu'inviter à une attitude globale dans la situation réellement dégradée qui est désormais la nôtre. Cela ne suffit pas, à bien loin près. En particulier parce que, parmi tous les comportements reprochables et reprochés aux gens d'Église, il y a désormais aussi tout ce que, d'un mot fort approximatif d'ailleurs, on a appelé les « abus ». Or la conversion attendue les concerne nécessairement eux *aussi* – et, même, à certains égards en tout cas, *d'abord*. Précisons-le déjà : ces abus sont non seulement d'ordre sexuel mais aussi d'ordre spirituel, et liés très souvent alors à l'exercice d'une autorité sur les personnes concernées.

1. La pédophilie ou, plutôt, la pédocriminalité des clercs

J'ai déjà eu ici l'occasion de rappeler que, concernant le terrible fléau que représente la pédophilie (ou l'éphébophilie) de certains clercs, les prises de conscience et les dénonciations d'importance sont parties des États-Unis il y a environ trois décennies. Mais on sait bien que, depuis, elles n'ont guère cessé de s'étendre, pays après pays, une région du monde après l'autre – et sans doute ne sont-elles pas terminées encore, hélas, trois fois hélas ! Certes, maints responsables ecclésiaux ont maintenant dénoncé la chose, à commencer par Benoît XVI. Il l'a fait rigoureusement, avant que son successeur prenne le relais, nous l'avons dit. Il reste cependant clair que ni l'ampleur, ni la gravité, ni la diversité du phénomène en cause n'ont encore été suffisamment mesurées, ni donc suffisamment mis en application les moyens de le juguler pour pouvoir l'éradiquer.

Ce que j'ai vu, su et vécu moi-même

Ici, je peux d'abord faire état de ma propre expérience, comme je l'ai toujours fait dans ce livre. Je commence par préciser que je ne ferai pas état de ce dont j'ai pu avoir à connaître en matière de pédophilie « en général » dans les différents lieux où j'ai vécu (j'aurais d'ailleurs peu de choses à en dire). Je me concentrerai exclusivement sur ce qui a pu m'apparaître d'une pédophilie *cléricale*. Or, la vérité m'oblige à dire que je n'ai eu longtemps qu'une très vague idée concernant cet aspect précis du problème des abus sur mineurs. Et cela – je vais y revenir – non seulement pendant tout le temps de ma première formation, mais également à travers tout mon Grand séminaire et toutes mes études universitaires à Nantes et à Paris, à Rome et en Allemagne, aussi bien que pendant mes presque deux ans et demi de service militaire, dont une bonne moitié en Algérie. Le temps de mes responsabilités d'enseignement et de direction en séminaire et en faculté ne m'ayant lui-même – y compris avant, pendant et après Mai 68 – apporté sur ce point aucun élément nouveau par rapport à ce que j'avais vécu auparavant, je peux dire que ni mes périodes vécues en « pleine profanité » ni mes longues années en « milieu ecclésiastique » ne m'ont alerté sur ce qu'on pourrait appeler une dérive pédophilique caractérisée parmi les membres du clergé.

Tout au plus m'est-il arrivé d'entendre occasionnellement plaisanter – et certes cela m'indisposait toujours beaucoup qu'on en plaisantât ! – sur le fait que le père X « s'intéressait aux garçons ». Ou, bien plus sérieusement, un peu plus tard, sur le fait que, après s'être fait sermonner et sonner les cloches par l'évêque, l'abbé Y s'était vu envoyer « à l'autre bout du diocèse ». La rumeur précisait d'ailleurs alors qu'entre-temps, l'intéressé avait dû consentir à une période de « retrait » en abbaye, ce qui l'avait « ramené à de meilleurs sentiments »… concrétisés dans la promesse de « ne plus recommencer » !

Je fais bien entendu à mon lecteur la confiance qu'il voudra bien me croire, mais je tiens à souligner que ce que je rapporte là est la stricte vérité, qui vaut du reste aussi me semble-t-il pour mes compagnons de l'époque concernée : de la désormais fameuse pédophilie cléricale, je n'ai pratiquement pas eu connaissance ! Tout juste puis-je ajouter qu'il m'est cependant arrivé, devant le « peu » dont j'avais entendu parler comme je viens de le rappeler, de me dire à moi-même quelque chose comme ceci : « Si ce qu'on entend dire là était vrai, il faudrait quand même y regarder de plus près ; mais ceux auxquels cela revient ont bien dû faire le nécessaire ; qui suis-je pour m'en mêler… en tout cas pour l'instant ? »

Aurais-je alors été trop « belle âme », largement aveuglé par ma « bonne volonté » de chrétien et de « fidèle », et par tout ce qui m'attachait à l'Église ? Je n'ai pourtant pas vécu seulement dans des milieux qu'on pourrait tenir pour totalement « préservés » ; je n'ai jamais cherché à me tenir à l'écart de « la vraie vie ». Avec nombre de mes proches et amis, camarades et collègues, j'étais en garde contre tout le béni-oui-ouisme ecclésiastique ; et plusieurs d'entre nous étaient paraît-il repérés pour avoir, même en ces temps-là, la critique plutôt facile voire la dent assez dure en ce qui concernait « l'Église et les curés ». Que s'est-il passé, alors, pour que nous soyons ainsi restés – que faut-il dire ? – si insensibles, si inconscients, en un domaine dont nous mesurons aujourd'hui l'étendue et la gravité ?

À y réfléchir, je me suis dit que, dans l'Église du moins, seuls l'évêque et/ou (peut-être) certains de ses collaborateurs immédiats étaient au courant des cas « problématiques » (quand du moins des bruits ou des plaintes étaient effectivement remontés jusqu'à eux). Et que c'est par là, sans doute, que les choses ont pu dérailler : soit ces responsables n'ont pas bronché, attendant en somme que les choses se tassent d'elles-mêmes, soit ils ont pensé qu'un rappel à l'ordre bien senti suffirait à régler l'affaire, soit ils ont cru devoir ou pouvoir masquer voire nier les problèmes qui pouvaient apparaître... À l'évidence, ni l'une ni l'autre de ces attitudes n'était pourtant défendable. Comment, alors, ont-elles pu être adoptées par des gens par ailleurs tout à la fois sérieux, pieux et honnêtes ?

Un éclairage m'a été indirectement apporté le jour où une maman tenta de m'expliquer que, et pourquoi, elle avait imposé le silence à sa fille de onze ans qui lui avait confié qu'elle venait d'être victime des entreprises de son père. Pensant évidemment avant tout à l'honneur de toute la famille, cette personne voulait tout faire pour le sauver. Elle manifestait bien sûr du même coup qu'elle n'avait non seulement pas l'idée mais pas même le pressentiment de la gravité de ce qui venait d'arriver à sa propre enfant. J'ai alors été porté à me dire que, *mutatis mutandis* assurément, quelque chose de cet ordre avait dû valoir aussi pour les responsables ecclésiastiques concernés par la pédophilie de tel ou tel de « leurs » prêtres. Eux non plus, et encore moins sans doute, ne réalisaient pas l'extrême gravité des effets de pareils comportements sur ceux qui les subissaient. Ils estimaient sans doute, eux aussi, que le passage progressif de l'enfance à l'âge mûr finirait bien par affranchir et libérer les victimes de cette forme toute particulière des nombreuses et diverses insatisfactions et incompréhensions, épreuves et impatiences plus ou moins liées au jeune âge... et qui se rencontrent dans plus ou moins tous les milieux, voire toutes les sociétés ?

À quoi il faut ajouter que, cette fois sur l'autre versant de la relation incriminée, ils n'avaient pas davantage conscience de la gravité de la faille psychologique qui se révélait ainsi chez le prédateur face à sa victime ou à ses victimes. Or nous savons aujourd'hui qu'avec le plus grand nombre des pratiquants de la pédocriminalité, on ne peut guère s'attendre qu'à d'éventuelles rémissions, mais très vraisemblablement jamais être assuré d'une cessation durable des comportements pervers là où de strictes mesures n'ont pas été prises.

Comment je me suis interrogé à partir de là

Je précise, pour le cas où ce ne serait pas encore clair, que mon intention n'est pas ici d'excuser (et à plus forte raison pas d'inviter à « comprendre ») les auteurs de ces comportements dont j'ai pu avoir écho. Comportements qui, soit me sont revenus en mémoire d'un passé qui n'est pas si éloigné, soit se sont produits ou ont été révélés en ces plus récentes années où est apparue la levée de boucliers que l'on sait, et sur lesquels je vais revenir. Je me propose seulement de faire part des réflexions principales qu'avec le temps j'ai été amené à me faire à leur sujet.

D'abord, je souligne avec force, comme bien d'autres, qu'il y a quand même une nette distinction à faire entre avoir pratiqué soi-même la pédocriminalité, et l'avoir tue ou l'avoir plus ou moins « couverte » voire niée alors qu'on la connaissait pourtant chez d'autres, dont on avait la responsabilité. À ma connaissance en tout cas, fort peu d'évêques doivent certes relever de la première catégorie. Je veux quand même reconnaître que j'en ai assez bien connu au moins *un*, qui n'était du reste pas seulement évêque mais archevêque et même cardinal. Je lui faisais ce qu'il est convenu d'appeler une visite de courtoisie. Il m'a fort dignement reçu en sa noble résidence ; à son initiative, j'ai sérieusement discuté avec lui de la vie et de la mission de l'Église… et même de la formation des séminaristes. Sur les deux points il m'a tenu des propos plutôt marqués au coin de l'exigence. Or j'ai appris, peu après notre rencontre, que commençait à s'amplifier à son sujet une rumeur que la suite devait confirmer, avec les graves sanctions de déposition de sa charge et de sa « dignité » qui devaient en découler logiquement. Il s'agissait du cardinal Theodor McCarrick, archevêque de Washington.

Quoi qu'il en soit de ce cas et de quelques autres du même ordre[1], il devrait être clair que déjà le simple silence, et à plus forte raison la

1. Rappelons seulement que le cardinal Pell, archevêque de Melbourne, un temps membre du fameux G9 de François et tenu pour « le troisième personnage du Vatican », fut lui-même accusé de pédophilie. Il dut rentrer précipitamment dans son pays pour y être jugé et incarcéré… Mais, soulignons-le aussi car ce fut le cas, il a finalement été relaxé ! Conclusion à tirer de là quand même :

tentative plus ou moins appuyée de camoufler les choses voire de les nier, sont sans aucune excuse possible. Pourquoi l'honneur de l'Église pourrait-il valoir plus que l'honneur d'une famille, quand de fait on se rend complice de ce qu'on reconnaît maintenant comme de vrais crimes ?

Dans le silence ou au moins la réserve observés chez les responsables ecclésiastiques concernés, paraît avoir beaucoup joué une sorte d'évidence jamais réinterrogée. S'ils avaient conscience qu'il y avait là une vraie et grave « déviance », ils ne voyaient guère en elle que l'aspect du *péché*, tendant du même coup à la circonscrire dans le domaine purement moral et spirituel relevant finalement de Dieu, et du rapport du coupable avec Lui. Leur échappait du même coup très largement la dimension juridique, pénale, du *crime* méritant jugement public et traitement proportionné, à tous les niveaux concernés.

On a par ailleurs assez souvent fait valoir que l'opinion générale n'a certes pas toujours tenu assez compte du fait que les clercs n'étaient pas les seuls à être ici en cause. Que la pédophilie ait fait et fasse des ravages d'abord et avant tout dans les familles, qu'elle soit répandue dans les salles de jeux, de sport ou d'éducation artistique et dans les écoles, que même des médecins, des psychologues, des enseignants, des formateurs en tous domaines s'y soient laissé aller – pour ne rien dire des milieux de la littérature : que l'on songe, par exemple, à Nabokov et à Matzneff –, on l'a quand même toujours su ! Et n'est-il pas clair que plus l'on va, et plus la multiplication des dénonciations oblige tout le monde à plus ou moins le reconnaître et, quand même, à le déplorer ? Cela ne saurait pour autant excuser *en rien* qu'il en soit plus ou moins allé de même chez des gens d'Église ! Qu'est-ce qui, en effet, pourrait fonder ces derniers à chercher excuse dans les si regrettables dérives d'un « monde » auquel ils prétendent par ailleurs, et de toute manière, faire la leçon, et de si haut, sur tant de plans ? Comment ont-ils pu oublier que ces enfants maltraités étaient aussi membres de cette Église dont ils se souciaient tellement de sauver l'honneur ? Qu'ont-ils fait alors des terribles paroles de ce Jésus dont ils prétendaient par ailleurs se réclamer, concernant ceux qui scandaliseraient « l'un de ces petits » ? Et comment a-t-on pu oublier qu'au terme de l'histoire, « quand toutes les nations du monde » comparaîtront pour leur jugement *dernier*, c'est, nous dit Jésus, sur ce que nous aurons

en cette matière comme en tant d'autres, tout ce qui se rapporte n'est pas nécessairement fondé.

« fait au plus petit de [ses] frères » (pas seulement enfants, d'ailleurs !), que nous serons tous jugés ?

À quoi s'ajoute pour moi cette interrogation majeure : quoi qu'il puisse en avoir été et qu'il en soit toujours dans un certain nombre d'autres milieux ou contextes, comment se fait-il que ce terrible fléau qu'est la pédocriminalité ait pu prendre *tant d'ampleur* parmi les clercs chrétiens catholiques ? Tant d'ampleur, oui, qu'il ait pu compter à travers le monde des milliers de personnes, prédatrices d'un côté, et – beaucoup plus nombreuses évidemment – victimes de l'autre ? Pour la France, l'affaire Bernard Preynat, l'aumônier des scouts lyonnais, a été l'occasion de tout un déballage, mais le grand journal *Die Zeit* a pu publier un rapport, commandé par la Conférence des évêques allemands, qui était en mesure de révéler qu'au moins « 3 677 enfants ont été abusés par 1 670 clercs sur une période allant de 1946 à 2016 », et qui estimait pouvoir en déduire que les abus sexuels étaient « un mal institué de l'Église allemande[1] ». Il faudra bien y revenir le moment venu. Devant les résultats des enquêtes, prises de conscience et dénonciations en cours, comment éviter de se demander si, au bout du compte, il n'y a pas à se réinterroger sérieusement aussi, au-delà même des conditions dans lesquelles certains clercs ont pu être éduqués à vivre leur propre sexualité, sur la manière dont, plus généralement, la sexualité a été/est depuis longtemps perçue, traitée et évaluée dans certains au moins des différents milieux ecclésiastiques ?

Durant mon propre épiscopat et juste après

À ce point, on pourra à juste titre me faire remarquer qu'ayant été évêque moi aussi, je me suis bel et bien retrouvé moi-même en une position dont j'ai dit que, dans l'Église, elle était de fait le plus directement concernée par le problème de la pédocriminalité des clercs. Je ne l'oublie certes pas, et je vais donc m'expliquer sur la manière dont les choses se sont passées pour moi à cet égard, durant les presque dix ans (novembre 1997-mai 2007) où j'ai eu la responsabilité du diocèse de Strasbourg.

Nous n'étions alors pas encore arrivés au point critique et, je peux le dire, c'est un fait que pendant tout ce temps j'ai eu peu d'occasions d'être affronté directement moi-même au problème. Voici cependant

1. *La Croix*, 13 septembre 2018.

ce dont je peux personnellement faire état. Indépendamment l'un de l'autre je le précise, deux papas ont souhaité me rencontrer : l'un, pour m'informer qu'un vieux prêtre (qui allait d'ailleurs décéder peu après) avait « mal traité » son fils, et qu'« il fallait au moins que l'évêque le sache, car c'est insupportable » ; l'autre, pour m'inviter à « prendre des précautions » avec un employé (non prêtre) du diocèse qui s'était « mal comporté » avec sa fille. Un séminariste a par ailleurs souhaité me faire savoir qu'un prêtre l'avait une fois « beaucoup surpris » par l'attitude (qui ne me fut pas précisée) qu'il avait adoptée à son égard et dont il craignait le retour éventuel… J'ai évidemment reçu sans délai les trois plaignants et les ai écoutés avec attention. Évidemment aussi, j'ai donné, auprès de ceux qui m'avaient été dénoncés, la suite qui m'a paru appropriée. À ma connaissance, les choses se sont arrêtées là dans ces cas-là.

Cela dit, ai-je d'une manière générale été insuffisamment attentif ? Mon entourage m'aurait-il « caché des choses » ? Rien ne me porte à le penser. Le fait est, en tout cas, qu'un jour de 2001, le procureur en charge à Colmar m'appela personnellement au téléphone pour m'apprendre qu'un prêtre du diocèse avait été trouvé pendu dans le grenier de son presbytère… où l'on avait découvert peu après un certain nombre de vidéocassettes « classées X », en même temps qu'un courrier dans lequel le défunt expliquait son geste de désespoir – mais, à ma connaissance du moins, personne, ni avant ni après, n'a jamais porté plainte contre lui.

À cela se résumait pour moi la situation dans le domaine qui nous occupe présentement… jusqu'au jour où j'appris qu'un prêtre d'une vallée du sud de l'Alsace venait d'être arrêté pour comportements pédocriminels caractérisés, et où je fus appelé à comparaître en Cour d'assises de Colmar pour m'expliquer sur « ce que [je pouvais] avoir à dire concernant le comportement gravement délictueux de l'un de ["mes"] prêtres ». Je m'exécutai, bien évidemment. La salle d'audience était pleine : de sympathisants sans doute, mais sûrement aussi de pas mal de curieux. Ce fut l'une des heures les plus pénibles de ma vie. J'ai répondu à toutes les questions qui me furent posées. J'ai dit comment le responsable ecclésial que j'étais voyait le cas précis qui était soumis à examen ; j'ai reconnu la question plus générale posée à l'Église dans la situation qui était alors la sienne ; j'ai enfin exprimé ce que je pensais de tout cela et ce que je comptais faire dans le présent et pour l'avenir. On reçut ma déposition et l'on m'en remercia. Le moins qu'on puisse dire est qu'en tout cas je n'avais rien cherché à dissimuler… Je suppose que l'on me croira sans peine si je dis que je suis rentré bien las et bien triste en ma maison ce soir-là.

Mais il se trouva encore que, moins de trois semaines plus tard, j'étais rappelé dans la même Cour d'assises pour répondre aux questions que l'on souhaitait me poser non plus cette fois sur un prêtre gravement pédophile, mais concernant un prêtre sauvagement assassiné en son presbytère, également dans le Haut-Rhin. J'ai de nouveau dit ce que j'avais à répondre aux représentants de la justice de mon pays qui m'interrogèrent. Je l'avoue sans honte : dans la voiture qui me ramenait à Strasbourg, je n'ai pas tout à fait pu retenir mes larmes.

Dans les deux cas, le jugement allait être porté dans les semaines qui suivirent. J'ai tenu à rencontrer personnellement chacun des deux coupables (et le prêtre pédophile et le jeune assassin), et il nous a été dans les deux cas possible de « reparler », mon interlocuteur et moi, de ce qui s'était passé...

Peu de temps après mon passage en Cour d'assises, nous entrions dans la Semaine sainte. Le vendredi saint après-midi, devant une cathédrale pleine (ce jour-là est chômé en Alsace), j'ai évoqué « mes » deux récents procès. J'ai alors tenté de dire en quoi

> ces malheureuses affaires et l'expérience qu'elles m'[avaient] fait vivre me [paraissaient] susceptibles, à la fois, d'éclairer l'événement chrétien que nous [célébrions] là ensemble [– à savoir le procès, la condamnation, le chemin de croix et la mort de Jésus –] mais aussi d'être, en retour, éclairées par lui dans la foi qui nous [réunissait] autour de [Jésus, de son procès et de sa mise à mort].

Mon homélie fut publiée deux mois plus tard dans la revue diocésaine *L'Église en Alsace*. Elle peut toujours y être consultée.

Mon successeur immédiat, Mgr Grallet (2007-2016), a eu ensuite à connaître de plusieurs cas graves de prêtres dont on découvrit alors qu'ils avaient commencé ou poursuivi leur misérable activité durant mon propre épiscopat, ce dont je n'avais pas eu moi-même alors connaissance. Je n'ai été ni consulté ni informé à ce sujet et, n'étant plus en poste, je ne me suis pas étonné de ne pas l'avoir été davantage sur ce plan que sur tous les autres de la vie diocésaine, puisqu'un autre en avait désormais la charge. Je tiens du reste à préciser que je n'ai pas de raison de douter que mon successeur a effectivement fait en l'occurrence ce qu'il lui revenait de faire au titre de sa responsabilité du moment...

Avec son propre successeur Mgr Ravel, entré en charge en 2017, la donne changea quelque peu, aussi sans doute parce que dans l'Église et hors d'elle la situation générale avait imposé qu'on se préoccupât davantage encore du problème des « abus ». Pour mon compte, j'en restai bien entendu à mon attitude de totale discrétion, mais je me félicitai que mon deuxième successeur sût prendre les choses en main au point d'entreprendre une investigation systématique dont, sauf erreur et pendant tout un temps en tout cas, il n'y eut guère d'équivalent en France : consultation soigneuse des dossiers et des archives, réception et écoute attentive de tous les plaignants qui se déclaraient, constitution d'une commission diocésaine *ad hoc*, information de tous les diocésains et communication par les médias, etc. Je ne peux que trouver positif le fait que, concernant cette question grave, et pour ce que j'en sais, les choses aient ainsi été prises en main dans le diocèse demeuré d'autant plus cher à mon cœur qu'il est toujours celui auquel j'appartiens.

Ce qui est désormais, quand même, en train de commencer à changer

Il ne me paraît pas s'imposer d'en dire davantage sur une situation alsacienne par rapport à laquelle je n'ai plus de responsabilité pastorale directe depuis maintenant plus de treize ans. Je terminerai plutôt ce déjà bien long développement en attirant maintenant l'attention sur un certain nombre d'initiatives prises dans l'Église catholique, et qui manifestent en elle la volonté résolue de faire face aux « abus » – autrement dit : de mettre enfin efficacement en œuvre, sur ce point en tout cas, la radicale *conversion* de l'Église aujourd'hui reconnue nécessaire, et qui m'occupe – sur un point particulièrement brûlant – en ce chapitre.

L'Église à l'initiative ?

Auparavant cependant, je voudrais faire part ici des dispositions personnelles dans lesquelles l'évêque émérite de Strasbourg que j'étais devenu (et demeure) a été amené à recevoir et apprécier lesdites initiatives. Je viens de dire que j'avais déjà été très étonné par le fait que, du temps de mon premier successeur, avaient éclaté trois « cas » dont les origines pouvaient remonter à mon époque, sans que j'en aie eu alors la connaissance. Je peux ajouter que, les mesures prises par mon deuxième successeur l'ayant conduit à découvrir et recevoir « plusieurs dizaines » de victimes abusées « dans les décennies précédentes », je ne pouvais guère éviter de faire l'hypothèse que certains au moins des éventuels nouveaux « cas » découverts pussent remontrer à mon propre temps d'épiscopat. J'ai bien noté que les indications données par Mgr Ravel précisant que, en dehors des plus récentes, les situations qui lui ont été révélées remonteraient plutôt aux années 1960-1990. Cela ne m'a pour autant pas empêché de me retrouver, là aussi, face à une grave interrogation que voici : quoi qu'il puisse en être des chiffres exacts (et alors même qu'aucun « cas » ne puisse assurément être négligé), comment se fait-il que les évêques en charge, y compris moi-même à mon époque, aient eu si peu conscience de ce que pouvait être la situation réelle dans leur diocèse en ce domaine pourtant si grave ? Qu'est-ce qui peut expliquer que, proportionnellement, si peu d'indications soient de fait remontées jusqu'à eux ? Bref, comment a-t-il pu se faire qu'ils se soient trouvés ici si peu en capacité de « voir venir » ? Je n'ai pas d'explication toute prête, je le reconnais. La seule « réponse » que je puisse personnellement envisager est de l'ordre des *faits*, tels du moins qu'ils me sont apparus.

En voici un, mais de grande ampleur : c'est justement à partir du moment où *des responsables d'Église ont pris la responsabilité* d'inviter les victimes à se déclarer, précisant qu'ils avaient résolu de les recevoir, de les écouter et, si possible, de leur porter assistance, que de nombreuses victimes se sont *de fait* déclarées explicitement, et l'ont rapidement fait en nombre croissant. Certes, à Boston (États-Unis) par exemple, il y avait eu en la matière une enquête systématique menée à l'instigation d'un grand groupe de presse par un institut de sondage spécialisé, et elle avait abouti à la découverte de nombreux cas de prêtres pédophiles tus ou camouflés par leur hiérarchie. Certes aussi, on ne saurait nier que, en France même, des personnes, des groupes et des institutions de divers ordres ont averti, alerté, dénoncé à l'occasion, les responsables ecclésiastiques ; et cela a contribué à les « conscientiser » davantage. Mais ce ne sont pas ces interpellations qui paraissent avoir suffi à déclencher le large mouvement auquel on a assisté dans l'Église, tout particulièrement en notre pays.

Ce qu'on a appelé « l'affaire Weinstein » pourrait apporter ici un certain éclairage. Dans le cas de ce producteur hollywoodien, ce ne sont pas les milieux du cinéma et leurs dirigeants, et à plus forte raison l'opinion générale ou quelques-uns de ses ténors, qui ont pris la décision et trouvé les moyens de faire la clarté sur le désastre dans toute son ampleur, en vue de faire ensuite autant que possible le ménage. C'est le cri courageux et poignant d'*une* victime au départ bien isolée qui, dans ce cas, a effectivement tout déclenché. Et, pour en rester aux seuls milieux du cinéma, on pourrait aussi évoquer chacune à son titre les « affaires » Woody Allen ou Roman Polanski, par exemple. Même si l'on ne niera pas qu'en France, un mouvement comme « La parole libérée » a pour sa part contribué aux prises de conscience à propos de la grave et triste « affaire lyonnaise » Preynat, on doit quand même reconnaître que, finalement, c'est bien la Conférence des évêques de France, et d'abord son Conseil de présidence, qui ont été, au bout du compte, à la manœuvre. Oui, c'est bien le fait que *les évêques* prennent et déclarent la décision de s'engager eux-mêmes résolument dans l'affaire, le fait qu'ils aient promis d'écouter et d'accompagner les victimes (et/ou leurs représentants) – oui, c'est bien *cela* qui, en la circonstance, a sinon suffi à libérer la parole, du moins fourni à qui le souhaitait, de *pouvoir* la prendre *en effet*. Or cela faisait une différence énorme ! On ne se livrait pas, là, à une analyse « objective » faite à distance ni, et à plus forte raison, on ne s'en tenait pas à une vague déploration ou à une (trop facile) véhémente dénonciation. On engageait un processus général qui s'adressait *aux victimes elles-mêmes*, en leur offrant les moyens d'être accueillies, entendues, *reconnues*. J'insiste : c'est me semble-t-il *cela* qui a permis et permettra encore, tant que ce sera nécessaire, à tant d'enfants et de jeunes, de femmes et d'hommes, de victimes et de témoins, de sortir de l'enfer où les tenait leur invincible mutisme, en *pouvant* de fait prendre la parole – en se voyant ouvrir *réellement* la possibilité de dire *leur* parole. Et, par-là, de commencer à se sortir du procès que, jusque-là, ils se faisaient *à eux-mêmes* de leur propre malheur.

Le pape François lui-même

Un élément manifeste tout particulièrement l'importance du renversement qui se mettait ainsi en route : l'initiative décisive fut d'abord prise *au plus haut niveau* dans l'Église – à savoir au niveau du pape lui-même. Il y eut même en ce domaine de sa part deux initiatives majeures.

Poursuivant ici dans la ligne de Benoît XVI, le nouveau pape avait été dès le début très attentif à dénoncer les dérives sexuelles se produisant dans l'Église, de Boston à Dublin et de l'Allemagne à l'Australie. Mais voici que, durant l'année 2018, plusieurs événements l'amenèrent à précipiter et renforcer la lutte sur ce front-là. Entre autres, il y avait eu sa difficulté à prendre la juste mesure de ce qui s'était passé au Chili, et la démission collective qui s'était ensuivie, de tout l'épiscopat du pays. Il y avait eu aussi la demande qu'il avait adressée au cardinal

McCarrick de démissionner du collège cardinalice et l'accusation portée par l'ancien nonce aux États-Unis, Mgr Vigano, soutenant que le pape et son entourage étaient en réalité au courant des délictueux agissements de l'archevêque de Washington et les avaient bel et bien dissimulés… Tout cela et bien autre chose sans doute (dont encore l'attitude ambiguë d'un certain nombre d'évêques américains et de leur président d'alors à l'égard de la critique de Vigano) fit que notre pape François estima qu'il fallait changer à la fois de « traitement » et de « régime ». Il consulta donc son G9, le groupe des cardinaux dont il s'était dès le départ entouré, lors de l'une de ses réunions bimestrielles… et annonça le 12 septembre 2018 qu'il convoquait à Rome, du 21 au 24 février 2019, pour y réfléchir avec lui et les responsables de la Curie, *tous les présidents de Conférences épiscopales du monde entier*, soit nettement plus d'une centaine. Il s'agissait très clairement de « parler de la prévention des abus sur les mineurs et les adultes vulnérables », thème très clairement déclaré comme « prioritaire [aujourd'hui] dans l'Église ». Thème, était-il encore précisé, qui « concernait avant tout les évêques », dans la mesure où l'on pouvait les tenir pour « en grande partie responsables de ce grave problème » ! Réunis à Rome, les évêques auraient à « écouter des victimes », à « parler avec des experts », à « s'entretenir les uns avec les autres » sur les sujets qui leur seraient présentés – l'ensemble de la démarche « s'apparentant » à rien de moins que celle d'un « Synode romain » telle qu'elle s'est mise au point après le concile Vatican II. Président de la Commission pontificale pour la protection des mineurs (qui s'était justement réunie le week-end précédent), le cardinal Sean O'Malley, nouvel archevêque de Boston, avait souligné en ces termes clairs[1] la nécessité de faire « une priorité » de la lutte contre les abus en cause :

> Si l'Église se révèle incapable de répondre de tout son cœur à cette question et d'en faire une priorité, toutes ses activités d'évangélisation, d'œuvres de charité et d'éducation en seront touchées.

Quant à la seconde grande initiative du pape Bergoglio, elle ne fut pas de moindre portée : il s'agit de la *lettre* qu'il a adressée à l'ensemble du « Peuple de Dieu à propos des abus sexuels » (peu après en avoir d'ailleurs adressé une, du même esprit mais de diffusion moindre par définition, au « Peuple de Dieu en marche au Chili »). Le père Luc

1. Le dernier chapitre reviendra sur le Synode « romain » et son importance croissante dans l'Église.

Forestier, dans le commentaire qu'avec Brigitte Cholvy il a donné à l'édition française de cette lettre, en dit bien l'essentiel. Le « défi des abus sexuels dans l'Église [est pour *tous* les chrétiens d']entrer dans la transformation ecclésiale en cours [...], de *participer au discernement ecclésial* [c'est moi qui souligne] [afin qu'on aboutisse, en Église, à] trouver des médiations nouvelles ». Dans les pages qui suivent immédiatement, Brigitte Cholvy dira que la lettre du pape François adresse à *tous* « une invitation pressante [qui concerne] : la conversion *de chacun et de tous*[1] ».

Ainsi, par ces deux initiatives majeures du pape François, était-ce de fait l'Église tout entière qui se trouvait appelée à intervenir et à s'engager dans le processus de la conversion. Avec la double conséquence suivante : se trouvaient ainsi ensemble répudiées, d'abord, la priorité irresponsablement donnée pendant tout un temps à l'honneur des « dignitaires » (cléricaux) de l'Église auquel il fallait surtout ne pas risquer d'attenter, et ensuite la condescendante volonté de protéger du scandale ces « faibles » que seraient toujours les « simples fidèles ». Bref, l'Église tout entière se voyait invitée à cette conversion qui – ce devrait être clair désormais – conditionne non pas seulement une juste « réparation » des personnes blessées – ce qui vient bien sûr en premier – mais bel et bien, s'il plaît à Dieu, une possible relance de l'Église.

L'Église de France

Dans l'esprit des initiatives papales, les évêques de France se sont eux aussi mobilisés, comme j'ai déjà commencé à l'indiquer.

Après avoir, dans l'humilité, avoué leur honte de tant de méfaits, après avoir dûment demandé pardon à toutes les personnes concernées, ils ont solennellement déclaré que leur premier souci était celui des *victimes*. Ils ont ensuite affirmé et traduit de différentes manières à la fois leur ferme intention d'informer *la justice civile* de notre pays de ce dont ils avaient ou auraient connaissance en matière de délits sexuels parmi les membres du « clergé », et leur volonté de lui faciliter en tout l'exercice de sa compétence propre dans les domaines concernés.

Sur ces bases, ils ont effectivement pris les moyens d'une écoute et même d'une investigation systématique dans *chaque diocèse* autant que

1. Luc Forestier et Brigitte Cholvy, dans pape François, *Lettre au peuple de Dieu à propos des abus sexuels*, Salvator, Paris, 2018.

possible, et en tout cas à l'échelle de *l'ensemble du pays*. C'est ainsi, bien sûr, qu'on en est venu à constituer une Commission indépendante sur les abus sexuels dans l'Église (depuis 1950) : la CIASE. Commission dont la création fut votée à l'Assemblée plénière des évêques de France à Lourdes au début de novembre 2018, et qui devait être confiée à une « personnalité indépendante [...], elle-même chargée d'en nommer les membres et d'en préciser le périmètre », avec pour tâche de « comprendre *les raisons* qui ont favorisé la manière dont ont été traitées ces affaires, [de faire] *des préconisations* mais aussi d'évaluer *les mesures* prises par la Conférence des évêques de France depuis les années 2000 ». L'espérance était qu'un rapport puisse être rendu public dans un délai d'« entre dix-huit mois et deux ans ». Ce vote a été acquis à une « majorité unanime » chez les évêques de notre pays. D'autres « mesures » ou « démarches » ont été décidées sur la lancée, appelées à être menées par un groupe de travail associant des évêques, des victimes et des « personnalités qualifiées de la société civile ».

Ainsi, par l'ensemble de ses évêques, l'Église de France manifestait-elle elle aussi sa volonté de prendre véritablement les choses en main et, autant que possible, à leur véritable échelle. Il faut souhaiter qu'aboutisse rapidement – malgré les retards entraînés par la crise du coronavirus – le programme ainsi tracé. À l'heure présente, la volonté générale paraît bien être celle-là. Mais, à côté de la Conférence des évêques de France (CEF), il faut aussi faire état de la Conférence des religieux et religieuses de France (CORREF) avec sa présidente, sœur Véronique Margron. Non seulement il y a eu d'étroites collaborations entre ces deux institutions majeures mais c'est sous leur responsabilité commune que la CIASE finalement constituée par M. Sauvé a été lancée et a commencé ses travaux. On doit ajouter que la CORREF a déjà apporté et apportera sûrement encore sa contribution théologique, morale et spirituelle à l'exigeante réflexion nécessitée par la gravité des abus en cause.

Dans l'Église de France toujours, je me plais à relever pour finir un autre type encore d'engagement qui à sa manière, forte elle aussi, témoigne de la volonté de conversion qui l'anime. Isabelle de Gaulmyn, Véronique Margron, Christine Pedotti, Marie-Jo Thiel : avec à la fois sa compétence, ses talents, ses engagements, son tempérament aussi, chacune de ces quatre femmes a publié un ouvrage documenté et argumenté sur le problème de la pédophilie dans notre Église, et sur la manière dont cette dernière était interpellée pour y faire face selon la diversité des fonctions et des responsabilités de ses membres. Je dois dire que si je n'acquiesce pas nécessairement à tous les propos tenus dans ce cadre, en la forme du moins qui leur a été donnée ici ou là – et bien entendu je l'ai écrit à l'une ou l'autre des signataires –, je ressens à la fois de l'estime, de la reconnaissance et de la fierté envers ces quatre chrétiennes qui se sont pareillement engagées sur ce problème brûlant. Je peux préciser que j'éprouve à leur égard ces sentiments à la fois à cause de leur lucidité et de leur courage, mais par-dessus tout à cause de la manière dont elles cherchent toutes à accorder ici sens évangélique et « amour des gens ». À cause, aussi, du vrai souci qui est le leur d'allier sens éprouvé de l'humain et attachement résolu à l'Église… À cause enfin de la preuve qu'à leur manière, et en un domaine particulièrement significatif, elles « administrent » de ceci : pour son avenir plus encore que pour son présent, l'Église a tout à gagner à faire résolument le choix de compter *sur* les chrétiennes « confirmées », plutôt qu'à ne faire souvent au fond que compter *avec* elles ! Oui, *dans* l'Église – on y reviendra – on peut vraiment faire appel et confiance aux femmes qui font *ainsi* la preuve qu'elles sont bien *de* l'Église[1].

2. Au-delà de la pédocriminalité…

Nous ne sommes hélas pas encore au bout de nos peines sur ce chantier de la nécessaire conversion ecclésiale au titre particulier des fameux abus. À côté de la déjà si nauséabonde pédocriminalité, les écuries d'Augias abritent en effet un certain nombre d'autres vilenies caractérisées. Que mon lecteur se rassure cependant si nécessaire : je n'ai nulle envie de m'attarder longtemps sur la question… quand ce ne serait, je le confesse, que parce que je suis le premier à éprouver maintenant un vrai « ras-le-bol » devant tout ce répugnant bazar, et devant tout le malsain déballage dans lequel il arrive qu'on ait parfois l'impression de se trouver dès lors entraîné. Pour autant, nous avons bien dû enregistrer que l'heure est à une conversion qui ne laisse rien de côté parmi ces scandaleux comportements internes à l'Église qui portent atteinte, en même temps qu'à sa propre fidélité, à sa crédibilité *ad extra*. Je vais donc poursuivre l'enquête, mais plus brièvement

1. J'aurai bien entendu à reparler de la place à faire bien davantage aux femmes dans l'Église. Je n'attends cependant pas pour souligner l'importance du nombre des *théologiennes* dans notre pays – et tout particulièrement, pour m'en tenir à Paris, à l'Institut catholique du lieu, au Centre Sèvres, et aux Bernardins !

qu'à propos de la pédocriminalité, un certain nombre de considérants développés à son propos valant du reste aussi en l'occurrence.

Pour faire état de ce qu'il y a à mentionner ici, je procéderai en deux étapes. Je présenterai d'abord trois « dossiers », en un rapide examen de situation qui aura toutes les limites d'un bref survol ; et je poursuivrai en reproduisant un courrier à moi personnellement adressé qui – comme si c'était nécessaire ! – donnera un peu de chair et de vérité vivante à ce qui, après tout, pourrait peut-être n'être pris que pour un « enregistrement à distance ».

Trois dossiers très lourds

Même en restant dans la sphère du sexuel, on n'a malheureusement encore pas tout dit des fameux abus quand on a traité de la pédocriminalité. Trois évocations suffiront pour présenter la situation ici en cause sans risquer l'enlisement dans l'insupportable.

L'épaisse nébuleuse « Philippe »

Ne revenant pas ici sur le sulfureux « cas Maciel » auquel j'ai déjà fait allusion, je me contenterai d'évoquer celui de Thomas Philippe. Inutile de tergiverser, il faut bien reconnaître que ce dossier est à la fois accablant et révélateur. Accablant d'abord, car voilà un homme *a priori* au-dessus de tout soupçon puisque non seulement il était dominicain mais il a été un enseignant marquant de la théologie morale en l'estimée faculté de théologie de Fribourg en Suisse, et qu'il a encore été par la suite directement impliqué dans la fondation de deux institutions appelées à un grand rayonnement. À savoir : d'une part la communauté des Frères de Saint-Jean qui doit son origine à son frère (de sang et dans l'ordre dominicain) Marie-Dominique ; et d'autre part le mouvement de L'Arche, co-fondé par lui avec Jean Vanier (sur lequel nous aurons à revenir)... Or cet homme-là non seulement a été convaincu d'agressions sexuelles réitérées sur des personnes qui se confiaient à lui, dont il avait la charge ou avec lesquelles il collaborait, mais s'était déjà vu expressément condamner pour cela par l'instance romaine compétente (à l'époque, le Saint-Office) dès 1956. Comment, tout cela étant, a-t-il pu resurgir quelques années plus tard et récidiver ailleurs, plus gravement encore ?

Au qualificatif « accablant » j'en ajoutais un autre : « révélateur ». Révélateur, ce « cas Philippe » le fut, déjà, de comportements comparables (pas toujours aussi compulsifs sans doute... mais la question quantitative n'est pas la seule en cause !) chez d'autres *ecclésiastiques*, religieux ou non, et concernant un nombre important d'enfants, de jeunes, de femmes, dans des maisons religieuses, des lieux de formation, d'éducation, etc. Ici, on pourrait faire état aussi du cas d'un certain nombre de *religieuses* abusées par des ecclésiastiques – quelquefois avec la complicité de leurs propres supérieures ? –, comme le révéla l'enquête d'une équipe d'Arte à laquelle fit écho une mémorable émission télévisée parue sur cette chaîne en mars 2019 et que je me fis une obligation de regarder jusqu'au bout afin d'être au courant de ce qui non seulement s'était en la matière véritablement passé, mais avait été de fait porté à la connaissance d'un très vaste public. Révélateur, aussi, de ce qui a pu se passer dans plusieurs *autres instituts religieux*, dits ou non « charismatiques », de fondation récente ou non. Révélateur, encore, du caractère souvent multiforme de l'abus, dans la mesure où il entremêlait, redoublant ou retriplant leur perversité respective, sexualité (déviante), spiritualité (prétendue) et autorité (cléricale). Dans le cas de Thomas Philippe au moins, le comportement sexuel pervers était de surcroît justifié par des considérations mystico-philosophiques. Le religieux en question théorisait un prétendu « amour d'amitié » qui permettait au prédateur qu'il était de faire admettre à sa victime que ce qu'il lui infligeait devait être reçu et compris par elle comme la « manifestation concrète » de l'amour même de Dieu pour elle ! Manifestation qui ne pouvait dès lors être comprise que dans le cadre de la relation elle-même, et devait donc être systématiquement cachée à toute autre personne qui, ne pouvant bien entendu la considérer que de l'extérieur, n'était aucunement susceptible de la comprendre.

Dois-je le préciser, c'est un fait que je n'ai eu et n'ai toujours aucune communication directe avec les personnes ou les milieux ici évoqués. Cela veut dire que je me retrouve, en l'occurrence, en la situation de « Monsieur tout le monde ». Me croira-t-on si je dis que, en tous les sens du mot, cela m'a « suffi » pour être indigné ?

Le sombre univers de *Sodoma*

Nouvel élargissement de notre rapide exploration des abus découverts au-delà de la pédophilie/pédocriminalité, chez un certain nombre d'individus et instituts ecclésiastiques : nous allons maintenant nous tourner vers un « univers » où, à côté toujours de comportements sexuels plus ou moins gravement déviés, sont plus encore en cause des fonctionnements de *pouvoir* s'exerçant cette fois au plus haut niveau de l'univers ecclésiastique, à savoir dans le vaste appareil de la *Curie romaine*. Ici c'est à un ouvrage que je me référerai, à savoir le *Sodoma* de Frédéric Martel[1]. Avant d'en venir à ce que je crois pouvoir en retenir, je tiens à préciser deux choses : 1) malgré le malaise et presque la nausée croissante, je me suis obligé à le lire de bout en bout, compte tenu de son impact dans l'opinion mondiale, et 2) me rendant à Rome (pour tout autre chose !) peu de temps après sa parution, je ne me suis pas fait faute d'y faire ma petite investigation personnelle, en interrogeant l'une ou l'autre des personnalités locales que l'auteur avait consultées au cours de son « enquête ». Cela m'a au moins fourni quelques clés pour ma façon de comprendre les « résultats » publiés par le livre.

N'ayant à nouveau aucune envie de m'éterniser, je livre brièvement ici ce que j'ai retenu d'une lecture qui m'a, bien des fois, indisposé et qui m'a globalement indigné – mais que, au moins après les quelques vérifications que j'ai pu moi-même opérer, je ne saurais totalement négliger… c'est le moins qu'on puisse dire.

Il y a dans ce volumineux ouvrage que signe un gay déclaré et militant, une première affirmation : l'homosexualité serait assez largement répandue au sein de l'administration vaticane – prêtres, évêques et cardinaux même – ; mais cette réalité serait masquée par le fait que, pour donner le change et ainsi couvrir leurs dévoiements cachés, ces gays ensoutanés afficheraient *ad extra* des positions des plus rigoristes en tout ce qui a trait à la sexualité. Deuxième affirmation – à forme de thèse ! – : il ne s'agirait là nullement, même en nombre relativement important, de comportements seulement individuels, mais bel et bien de tout un système constitué par des cooptations planifiées permettant d'abord des recrutements « orientés », puis des fonctionnements particuliers facilités par des complicités étroites mais soigneusement occultées… le tout laissant par ailleurs leurs chances à de fieffés prédateurs pervers dont chacun pourrait ensuite jouer son propre petit jeu ! Et bien entendu – mais ce n'est pas sur cet aspect que l'auteur a choisi de concentrer l'attention –, les effets de tout ce système ne se limiteraient pas au domaine des rapports sexuels mais se répandraient tant dans le champ du pouvoir (les réseaux, les influences, les promotions) que dans celui de l'argent (les finances, le luxe et – de nouveau – les réseaux)… tout cela n'étant pas sans liens, faut-il le préciser ?

---

1. Frédéric MARTEL, *Sodoma*, Robert Laffont, Paris, 2019.

Je ne suis ni vaticaniste ni vaticanologue – je ne sais même pas comment il faut dire – et, je le répète, la lecture de cet ouvrage m'a indigné… mais compte tenu des avis que j'ai pu recueillir, et même si la prétendue démonstration faite par l'auteur n'apparaît pas seulement outrancière mais clairement tendancieuse voire très insuffisamment fondée – « surinterprétée » en tout cas –, il convient malgré tout de reconnaître que, là, tout n'a pas été inventé et que, donc, pour faire écho à Guillaume Goubert évoquant l'ouvrage[1], « la réalité dont parle Frédéric Martel existe bel et bien ». Et par conséquent que l'auteur « soulève un réel problème [quoique] de manière outrancière »… Disons-le, j'en suis finalement arrivé à me dire que n'étaient peut-être pas si exagérés que cela, après tout, les termes en lesquels, en un certain discours de vœux de Noël à la Curie vaticane auquel j'ai déjà fait allusion, le pape François avait cru devoir mettre en garde son auditoire contre toute une série de « maladies » : quinze au total !

Une personnalité étonnamment clivée… et quelques autres encore

Oserai-je dire les choses ainsi : ce qui précède pourrait sans doute largement suffire ! Si j'y ajoute néanmoins un dossier (qui sera le troisième et dernier), c'est que cette fois est en cause la personnalité marquante, et qui paraissait bien être au-delà de tout soupçon, d'un homme apprécié et même admiré de tous jusqu'à sa mort… mais dont, peu après cette dernière, on a été stupéfait d'apprendre qu'il avait été lui-même un prédateur sexuel confirmé : Jean Vanier. C'est aussi que, à la différence de tous ceux que j'ai ci-dessus mentionnés, je l'ai personnellement connu, rencontré et apprécié. D'abord, à la faveur d'un long et substantiel échange que nous avions pu avoir dans l'avion qui nous emmenait tous les deux à Lourdes, où il se rendait pour donner une conférence lors d'une assemblée plénière de la Conférence des évêques de France à laquelle j'allais moi-même participer. Et ensuite, à l'occasion d'une belle intervention qu'il était venu faire en 2003 à Strasbourg, dans le cadre d'une série de « grandes conférences de Carême » que nous avions, comme chaque année, organisée à la cathédrale. Venant illustrer de manière assez impressionnante ce que, comme tout le monde en somme, je savais déjà de l'admirable co-fondateur de l'Arche, ces deux rencontres firent beaucoup mieux

1. *La Croix*, 21 février 2019.

que m'édifier. Elles ne me remplirent pas seulement d'admiration pour Jean Vanier mais d'action de grâces à l'égard du Dieu qu'il me paraissait si exemplairement servir en ces petits auxquels il avait décidé de vouer son existence. Je les reçus même comme un témoignage fortement interpellateur : aurais-je, moi, à la fois la totale générosité et l'humble mais si impressionnant courage de « donner ma vie » à la manière dont il le faisait jour après jour, lui, près de tous ces petits qu'il accompagnait si admirablement ?

J'avouerai même que, si je n'avais pas été porté à la réserve devant une certaine propension ecclésiale actuelle à multiplier les canonisations un peu rapidement à mon goût, je l'aurais volontiers vu porter sur les autels quasiment sur-le-champ.

Patatras, hélas ! L'icône s'est écroulée pour moi aussi, et je dis le vrai si je déclare que j'en ai été et en reste accablé. Il se trouve que cet homme admirable, cet homme exemplaire dans son engagement personnel au sein de notre société, et auquel il arrivait de parler si bien et de Jésus et de l'Évangile et de ces « petits » qu'il servait, cet homme-là, il a lui aussi commis l'horrible ! Profondément influencé à ce qu'il semble par le père Thomas Philippe dont j'ai parlé ci-dessus (et sur les dérives duquel, lorsqu'elles ont été connues, il avait d'ailleurs étonnamment gardé un total silence), cet homme avait lui-même abusé de plusieurs femmes à travers de longues années. Au point qu'il est apparu tout soudain avoir cultivé lui aussi une sorte de mystique sexuelle délirante, totalement parallèle à son étonnant engagement humanitaire et caritatif, manifestant ainsi une personnalité qu'il faut bien reconnaître gravement clivée.

« Grâce à Dieu » (et je sais pourquoi je reprends ici expressément cette formule déjà utilisée par d'autres en pareille matière), les responsables internationaux du mouvement de L'Arche (151 communautés en 38 pays !) ont su admirablement assumer ici leurs responsabilités. C'est-à-dire s'employer à faire toute la lumière et à prendre tous les moyens à la fois de tirer les leçons du passé et d'aménager les chemins de l'avenir. S'adressant à l'ensemble de la Fédération internationale de L'Arche en un communiqué de presse daté du 22 février 2020, ils annonçaient avoir « rendu publiques les conclusions de l'enquête [qu'ils avaient] confiée à un organisme externe et indépendant [...] et qui portait notamment sur des témoignages mettant en cause son fondateur, Jean Vanier, et son lien-héritage au père Thomas Philippe, qu'il désignait comme son père spirituel ». Le mieux est sans doute encore que je cite la suite du communiqué de presse :

> Six femmes adultes non handicapées [ont indiqué que], sur la période 1970-2005, Jean Vanier a initié avec elles des relations sexuelles, généralement dans le cadre d'un accompagnement spirituel [...]. Ces agissements indiquent une emprise psychologique et spirituelle de Jean Vanier sur ces femmes et soulignent son adhésion à certaines des théories et pratiques déviantes du père Thomas Philippe.

En voilà assez, et plus qu'assez : le dossier « à charge » n'est-il pas déjà très documenté ? Ce qui me frappe en tout cas ici, et qu'il convient sans doute de relever soigneusement, quelque malaise qu'on puisse en éprouver, c'est ce qu'on pourrait appeler la menace d'un soupçon généralisé. Généralisé et dévastateur, concernant le glissement, toujours à craindre, d'un certain champ du spirituel plus ou moins mystique vers un sexuel plus ou moins pervers. Et voilà qu'on évoque Tony Anatrella et Jean-François Six, écartés de tout ministère pastoral. Je ne les ai jamais rencontrés ni l'un ni l'autre, mais je sais bien ce que le premier m'a, malgré tout, appris sur le monde de l'adolescence et le second sur, à la fois, Thérèse de l'Enfant-Jésus et Charles de Foucauld... Je ne peux en tout cas que leur en rester reconnaissant... mais ils auraient eux-mêmes commis l'abus...

Et Mère Teresa et Sœur Emmanuelle, et l'Abbé Pierre, fondateur d'Emmaüs, et Pierre-Marie Delfieux, fondateur des Fraternités monastiques de Jérusalem ? Je n'ai pas connu les deux premières, mais j'ai eu l'occasion de rencontrer les deux suivants d'assez près à travers de longues années[1] : faudrait-il se mettre à douter d'eux *aussi* ? Suffirait-il, pour être autorisé à le faire, d'attirer l'attention sur certaines de leurs limites voire de leurs maladresses ? Où, pourquoi et comment s'arrêterait-on alors ? Pourquoi ne pas se tourner ensuite vers Marthe Robin... puis aller chercher le fondateur de Schönstatt, et qui sais-je encore ? Comment, alors, faire le tri entre procès malveillant voire hostile, et interrogation éventuellement fondée ? Et ne faudra-t-il pas aussi prendre en compte une sorte d'« abus de crédulité » de certains fidèles ? Il y aura à en tenir compte lorsque viendra bientôt le moment de préciser en quoi pourraient concrètement consister le changement, la transformation, la conversion, à l'évidence désormais urgents.

En attendant, je tiens à faire état de l'intervention à propos du « cas » Vanier de deux évêques directement concernés – intervention

1. J'ai reçu l'abbé Pierre à plusieurs reprises à sa demande, et fréquenté longuement Pierre-Marie Delfieux, ancien compagnon d'études, à travers tout son temps de responsabilité à la tête des Fraternités monastiques de Jérusalem.

à chaque fois communiquée par le Secrétariat de l'épiscopat français, en date du 24 février 2020, soit juste après le message des responsables de L'Arche. La première émanait de Mgr Pierre d'Ornellas, évêque accompagnateur de L'Arche internationale : il exprimait alors déjà une position à la fois responsable et très claire de dénonciation des comportements incriminés. La seconde, de Mgr Gérard Daucourt qui, ayant depuis près de cinquante ans un lien personnel très fort avec Jean Vanier, déclare avoir « tout appris » après sa mort, et reconnaît être alors « tombé dans l'incroyable et l'incompréhensible » en découvrant ses comportements occultes… Je cite ici Mgr Daucourt, à qui j'ai personnellement exprimé ma très grande reconnaissance personnelle pour sa nette et courageuse prise de parole, dont voici un extrait parlant :

> Reconnaissons-le : un sérieux coup de frein est donné à l'annonce de la Bonne Nouvelle. Je ne me console pas mais, par la prière et la Parole de Dieu, je tente de fortifier ma foi et mon espérance pour traverser ce ravin. Ma foi est intacte, mais elle est interrogée. Elle ne me donne pas de réponse et de solution à tout. Marchant avec ma raison, elle m'oblige à regarder les réalités humaines en face et à en tenir compte. Je refuse de « spiritualiser » faussement cette tragédie avec des mots pieux, et je continue d'avancer en étant sûr que « ni la mort, ni la vie […], ni aucune créature, rien ne pourra nous séparer de l'amour de Dieu qui est en Jésus-Christ notre Seigneur » (Rm 8, 38-39).

Un courrier très personnel

Dans les présents développements de ce livre, mon intention n'est pas de constituer, à charge, un dossier instruisant le procès d'une Église dont je me distancierais, que je considérerais de l'extérieur, au risque de donner l'impression que je ne répugnerais même peut-être pas totalement à faire le relevé, au fond assez malsain, d'un certain nombre de turpitudes apparues en son sein… L'Église, cette Église dont certes je déplore tant qu'un certain nombre de ses représentants ont gravement failli, j'en suis et en reste membre. Je le répète : même émérite, j'en suis et reste évêque – et il n'est pas question pour moi de l'oublier.

Je ne prends pas argument des graves ou très graves défaillances de certains de ses membres pour me désolidariser d'elle (en tentant de tirer mon épingle du jeu autant que possible ?). Non ! Quand j'appelle comme je le fais au « nettoyage des écuries d'Augias », quand je dénonce certains si regrettables comportements ecclésiastiques, je sais de quoi je parle, et je suis moi-même blessé et de le savoir et de devoir en parler. Et quand, ici même, je consacre à l'Église un livre dont le titre déclare qu'elle est appelée à se convertir, ce n'est pas pour moi une manière de me désolidariser d'elle ! Tout au contraire, je le fais dans la seule intention de continuer, dans la situation où je me trouve désormais, à me responsabiliser par rapport à elle, à sa vie, à son avenir, à son destin.

C'est précisément pour faire mieux apparaître si possible cela, et pour manifester que je m'estime totalement concerné et responsable à ma manière par rapport à tout ce que je crois devoir dénoncer ou contre-proposer dans l'Église, que je reproduis le *courrier personnel* qui suit. Je l'ai reçu le 24 janvier 2020 d'un ancien et cher ami et confrère qui avait été amené, il y a bien des années, à quitter la prêtrise et à prendre ses distances par rapport à l'Église. Voici, à la lettre près :

> Cher Jo,
>
> Au nom de notre ancienne amitié, de nos convictions au sujet d'un certain Jésus de Nazareth trahi par une organisation qui veut s'appeler église universelle, j'ai besoin d'avoir ton sentiment.
>
> Comme beaucoup de chrétiens ou d'honnêtes hommes, j'ai lu *Sodoma* et découvert les faces cachées d'un univers morbide, plein de turpitudes et d'hypocrisie, dans lequel j'avais été propulsé comme toi dans l'ambiance de nos sociétés rurales embourbées dans la religion.
>
> Toi qui as fréquenté pendant des années cette horde de schizophrènes qui dirigeait l'Église, formait des consciences, décidait du bien et du mal, condamnait à l'enfer des fournées d'humains, rejetait les meilleurs pour insubordination, en couvrant ou/et en pratiquant les pires dépravations :
>
> 1) Avais-tu connaissance de ces délits et pratiques ?
>
> 2) Les as-tu dénoncés ?
>
> 3) Que proposes-tu pour nettoyer les écuries d'Augias ?
>
> Tu comprends que ceux qui ont donné de leur temps, de leur énergie, de leur intellect, de leur vie, aient besoin en fin de parcours de régler leur compte et faire la vérité.
>
> Indéfectible amitié !
>
> H.

J'ai répondu ceci :

> Cher vieux camarade,
>
> [...]
>
> 1) Je suis proprement stupéfait [par ce que rapporte *Sodoma*].
>
> 2) Je suis totalement indigné.

> 3) Je n'ai *pas* « rien fait » ni « rien dit ».
>
> 4) Je prépare [même une publication] qui serait à la fois un témoignage [d'adhésion maintenue] et une interpellation à cette Église à laquelle j'appartiens toujours, mais dont tant d'adeptes [...] paraissent maintenant avoir trahi ce que je considère toujours comme sa « *mission* ».
>
> Je comprends parfaitement, oui, que « ceux qui ont donné de leur temps, de leur énergie, de leur intellect et de leur vie, aient besoin, en fin de parcours, de régler leur compte et de faire la vérité ». Je le comprends d'autant mieux que j'en suis [et en reste].

On a bien compris que le présent livre est précisément « la publication » à laquelle la réponse ici reproduite faisait allusion. J'ai hâte d'en venir aux aspects *positifs* qu'appelle maintenant la logique du déroulement, déjà annoncé, de ma réflexion en ce livre.

III. Pour une Église en conversion

« Que dire après cela ? », interrogeait saint Paul (Rm 8, 31)... en un tout autre contexte évidemment. Tant bien que mal, et toujours partagé entre la crainte du trop dans le « déballage » et le regret du pas assez dans la clarté ou la nuance, je viens, peineusement on l'a bien senti, de porter un regard sur *ce dont* l'Église est appelée à se convertir, en concentrant le faisceau sur le plus frappant, le plus urgent et sans doute le plus grave, à savoir donc le problème des divers « abus ». Il le fallait bien, si pénible que cela pouvait être. Dans ce contexte, je ne peux cependant pas oublier deux points essentiels pour la suite. D'une part, je dois me souvenir que, en une première partie de ce chapitre, j'ai commencé par caractériser l'*attitude fondamentale* qui paraît conditionner la juste entrée dans le domaine à reconnaître comme étant précisément celui de la conversion requise ; il incombe maintenant à la troisième partie de ce chapitre de détailler quelque peu les caractéristiques formelles du *comportement concret* qui pourra rendre possible une effective et authentique démarche de ce type. D'autre part, je ne peux pas faire l'impasse sur le fait, dûment enregistré bien auparavant, que ce n'est pas seulement dans le domaine des abus que l'Église est appelée à (se) changer !

Ces deux éléments que je viens de rappeler m'invitent d'eux-mêmes à en préciser maintenant deux autres à propos de la mise en œuvre concrète de la conversion en cause :

– elle ne peut pas se limiter à un aspect négatif de dénonciation et de prise de distance par rapport à une situation donnée, elle requiert corrélativement une dimension *positive* de choix et d'engagement (celle-ci fera l'objet du point 1 immédiatement à suivre) ;

– elle ne peut pas valoir seulement pour ce qu'on appelle l'Église-institution, elle met nécessairement en jeu aussi la dimension *personnelle* de chacun de ceux qu'elle est susceptible d'impliquer (un point 2 y sera consacré).

1. Se situer lucidement et responsablement par rapport à la réalité ecclésiale telle qu'elle est

C'est intentionnellement que, forçant un peu le langage académique, j'ai choisi le verbe « positiver » pour désigner l'attitude à adopter face à ce qu'il faut maintenant considérer. Autant en effet on doit : 1) se garder de minimiser les graves et nombreuses dépravations et dégradations qu'il nous a bien fallu enregistrer dans l'Église de ce temps, autant il s'impose de : 2) rester voire se rendre attentif aux manifestations de vitalité qui continuent ou même se développent dans son cadre ; et autant même, et à plus forte raison, il est essentiel de : 3) ne pas couper les ponts avec un corps ecclésial que pourront seuls contribuer à faire évoluer des acteurs qui ne l'auront pas quitté.

Savoir « positiver »

Il faut ici, me semble-t-il, commencer par reconnaître ceci : se dispenser de prendre expressément en compte les aspects positifs de la situation d'aujourd'hui, cela pourrait tout d'abord vouloir dire qu'on ne fait que se complaire en cette sorte de masochisme auquel trop de catholiques ont trop souvent cédé ces temps derniers (mais aussi de longue date pour certains)… en réaction sans doute au vain et creux triomphalisme, ou à l'inconscience obstinée, si fréquemment cultivés parmi eux.

De surcroît, outre que ce serait jouer contre son propre camp en se tirant une balle dans le pied voire dans le genou, ce serait gravement porter atteinte à ce qui continue envers et contre tout d'être heureusement et saintement vécu, en maints endroits et de maintes manières, parmi les catholiques et les chrétiens aujourd'hui. Ce serait dès lors manquer de ce que, dans l'évaluation d'une situation donnée, Péguy appelait tout simplement « l'honnêteté » ; et comme l'on sait, ce genre d'accusation était, de sa part, grave.

Enfin et surtout, ce serait oublier que le problème qui nous est posé n'est aucunement celui de savoir si une *autre* Église peut aujourd'hui, ou pourrait demain, être fondée. Il est de savoir si ce qui se présente *de fait* ici et maintenant comme « l'Église » a des chances – lesquelles, comment et pourquoi – de subsister et, plus précisément encore, de se renouveler pour effectivement faire mieux que (se) survivre. Car l'Église, elle reste *là* ; elle *est* là ! Ceux qui sont ses fidèles, quel que soit leur nombre, « ils *la* sont » ! Il faut donc nécessairement la prendre en compte comme telle, et dans l'intention de lui laisser vraiment ses chances – voire, si possible, de lui en ouvrir de nouvelles. C'est en ce sens précis que je parle ici de « positiver ». Si peu qu'on s'intéresse à l'Église, qu'est-ce qui pourrait nous justifier de nous estimer dispensés *a priori* d'avoir, en toute hypothèse, à l'aborder aussi de cette manière ?

« Des signes par milliers » !

Quiconque se donne la peine de prendre une réelle connaissance de la réalité de l'Église telle qu'elle se présente aujourd'hui en notre pays pourra y reconnaître un certain nombre de preuves, ou plutôt de signes, d'une vitalité continuée. Comme nous le fait chanter l'un de nos cantiques, il aura même la chance de pouvoir y rencontrer « des signes par milliers » (la vision est sans doute en l'occurrence un peu « optimiste » dans sa formulation, reconnaissons-le… mais n'oublions pas que nous sommes ici en train de chanter[1] !).

Entre bien d'autres de ces signes, je commencerai, on comprendra pourquoi, par faire état de tous ces prêtres et de tous ces religieux et religieuses qui, malgré parfois les moqueries et suspicions que l'on sait, n'en sont pas moins restés fidèles à leur vocation propre devant Dieu, et engagés dans leur service qualifié et résolu de leurs frères et sœurs en humanité.

Mais je poursuivrai en faisant le relevé d'un certain nombre de réalités que je me contenterai d'énumérer, sans aucun souci ni d'exhaustivité ni de classification : un nombre important de messes largement fréquentées, surtout évidemment en milieu urbain et – mais pas seulement – lors des grandes fêtes liturgiques (Noël et Pâques

1. Comme j'aurai l'occasion de le souligner à la fin de cet ouvrage, il a été écrit pour l'essentiel « en temps de coronavirus » !

principalement) ; les milliers d'adultes baptisés (et confirmés) chaque année dans notre pays ; les importants rassemblements diocésains pour lesquels il arrive que même les cathédrales ne soient pas assez vastes ; les (grands et petits) pèlerinages et lieux de dévotion, si nombreux, si divers et si fréquentés à travers tout le territoire français et qui, pour certains en tout cas, connaissent de belles relances ; les synodes locaux, avec tout ce qui les prépare et tout ce qu'ils déclenchent ; les rassemblements de jeunes (pas seulement chrétiens d'ailleurs), y compris au plan international ; la multiplication du nombre des diacres et la diversité de leurs services grandement estimés ; l'engagement, assez souvent à temps plein et salarié ou non, de tant de laïques et de laïcs à la fois formés, généreux et performants ; l'importance et la qualité du témoignage de tant de mouvements et de communautés apostoliques, spirituelles ou charismatiques, récents ou non, avec l'espérance qui les porte et celle qu'aussi ils suscitent (je m'abstiens de donner des noms, étant bien certain que j'en oublierais) ; l'engagement de tant de croyants au nom de leur foi dans les domaines de l'entreprise, de la politique et de la finance même, de la santé et de l'éducation, de l'armée et de la police, de la science et de la recherche, des médias et de la communication ; le rayonnement d'un certain nombre de grandes figures et personnalités à la fois croyantes, résolument investies et largement reconnues parmi nos concitoyens ; la variété, la richesse et l'audience de tant d'ouvrages, de revues et de journaux, d'émissions de radio et d'interventions télévisées, etc., permettant une vraie présence à ce qu'on appelle l'opinion publique ; les entreprises caritatives de tous ordres, personnelles et/ou organisées et instituées, au bénéfice des personnes seules, des enfants et des jeunes en marge, des femmes maltraitées, des gens « des rues » ou « des campements », des personnes âgées ou handicapées, des malades, des prisonniers ; etc., etc.

Rechoisir l'Église

Je ne serais cependant pas tout à fait honnête si à la longue énumération que je viens de faire je n'ajoutais pas une précision, que voici. Bien entendu, il arrive qu'un certain nombre des domaines, des attitudes et des pratiques que je viens de signaler soient marqués par une forme de piété, par un type de « rapport au monde », par des représentations et une phraséologie, et même par une sensibilité, une sentimentalité voire une sensiblerie… et par bien d'autres traits encore… dans lesquels je ne me retrouve pas, ou plus, ou guère ! Pour être tout à fait honnête, je peux d'ailleurs confesser que si j'accepte encore assez bien tout cela chez des personnes âgées ou moins directement concernées par les effets du processus global de la sécularisation moderne – réflexe pastoral sans doute (dont du coup je crois pouvoir m'honorer)... en revanche, j'avoue les apprécier moins chez de plus jeunes. Surtout lorsque je crois parfois pouvoir discerner chez certains d'entre eux des façons de faire carrément la leçon (voire de faire procès) à ceux de leurs devanciers qui, n'ayant après tout pas si bien « réussi » que cela « en leur temps », seraient mal venus de vouloir garder la main ou vaticiner aujourd'hui !

Je dois pourtant dire que je vois *là aussi*, pour des gens comme moi en tout cas, un lieu de possible conversion. J'en suis en effet venu à considérer que les « anciens » dans l'Église, dont je fais partie, sont sans doute appelés à se demander dans quelle mesure il n'y aurait pas *là aussi* des aspects positifs, sur lesquels donc ils gagneraient peut-être à ré-ouvrir les yeux. Quitte, bien sûr, à ce qu'ils ne craignent pas de faire valoir aux yeux des générations qui les suivent, les raisons qui sont les leurs de se situer comme ils le font pour leur part, et l'histoire à travers laquelle ils ont découvert ces raisons et ont pu en mesurer la portée jusqu'aujourd'hui. Ici, je suis frappé par au moins deux choses : d'une part (et il faudra bien y revenir là encore) l'ignorance croissante de la génération montante en matière de christianisme, et d'autre part cependant une relative disponibilité, chez les plus jeunes en particulier, à l'écoute de ce que de plus âgés (dans leur cercle familial par exemple) pourraient avoir à leur « raconter ». Il y a en tout cas mieux à faire, me semble-t-il, que de négliger cela. Je veux même dire ici que je crois beaucoup à la complémentarité des générations, et donc à la nécessité de leur écoute réciproque.

Tout n'est cependant pas, ici, affaire seulement d'âge et de générations. Jouent aussi, et de manière souvent décisive, les tempéraments et les courants – et les clivages qu'à la fois ils signalent et entraînent. Peu importent en l'occurrence la diversité des désignations et la multiplicité des « nuances », il est clair qu'il serait difficile à quiconque de nier que, en la matière qui nous occupe, se distinguent et souvent s'affrontent, dans l'Église, un courant qui tend à privilégier en tout le souci et le critère de la continuité et de la « conservation », et un autre – tout aussi diversifié –, qui n'en a que pour l'ouverture, le changement, voire la subversion.

Cela étant, je voudrais plaider ici pour une relance aussi large que possible, précisément dans l'Église en tout cas, de *l'écoute* mutuelle et donc, préalablement, de la décision de *se parler*. Nous n'aurons pas trop de toutes nos forces pour affronter la situation qui est la nôtre, avec le péril dont elle nous menace. Lorsqu'un membre de l'Église énonce un point de vue qui diffère du mien, je ne devrais pas me précipiter pour le déclarer tout de go irrecevable. Je devrais commencer par m'efforcer de percevoir ce qui tient à cœur à celui qui s'exprime là différemment de moi, et ce qu'il craint de voir menacé s'il se ralliait sans plus à ma propre position. Il me semble aussi que je dois le créditer de son souci de n'être pas d'emblée étiqueté, classé, voire méprisé ou rejeté. Mon vis-à-vis peut quand même ne pas avoir que des motivations médiocres ou tordues ; il peut au contraire être mû (aussi) par des craintes nobles, ou par des considérants qui ont pu jusque-là m'échapper à moi-même…

Il n'est d'autre part pas nécessaire d'être d'accord sur tout pour accepter de faire au moins un bout de chemin ensemble. Et quand une vraie difficulté surgit avec l'un ou l'autre, plutôt que d'y voir sans plus une nouvelle preuve que, décidément, tout nous sépare, peut-être reste-t-il encore une possibilité : chercher à identifier le point de vue – nécessairement plus fondamental du point de vue de la foi elle-même – à partir duquel on pourrait s'accorder pour reconsidérer l'ensemble de la donne.

À vrai dire, c'est d'une « re-com-pro-mission » qu'il s'agit

À vrai dire, s'il est désormais ultra clair que l'Église est appelée à la conversion, il l'est tout autant que cette dernière ne pourra lui être imposée de l'extérieur d'elle-même. Et donc, soit l'on tentera de bâtir quelque chose *d'autre* qu'elle, à plus ou moins grande distance d'elle peut-être, mais bel et bien *ailleurs*. Soit l'on re-fera, ou du moins l'on réajustera et reformulera le *choix* de lui appartenir et de s'investir en elle telle qu'elle est, au nom même de la décision que l'on aura résolument prise de s'impliquer dans sa conversion – tout simplement parce qu'on l'aime et que, *pour d'autres aussi*, on a envie de contribuer à sa vie.

Un point me frappe beaucoup à cet égard. La plupart de ceux qui, chrétiens-catholiques, veulent un changement dans l'Église (ou de l'Église) n'en reconnaissent pas moins que c'est quand même bien d'elle qu'ils ont reçu ce au nom de quoi, maintenant, ils estiment devoir la critiquer. Or cela veut bel et bien dire que, malgré toutes ses limites, elle leur a effectivement transmis un trésor qui compte pour eux et qu'ils continuent d'apprécier… Peut-on dès lors se contenter de dire qu'on ne l'a pas quittée voire qu'on ne la quittera pas… tout en ne s'y investissant plus aucunement ? Ne serait-ce pas alors prendre son parti d'une situation qu'on déclare pourtant déplorer, et donc abandonner à d'autres – moins lucides, moins résolus ou moins libres ? – la tâche de continuer vaille que vaille le rude et délicat travail de la continuation pour la transmission… que l'on déclare soi-même nécessaire ?

Qu'on prenne la chose comme on voudra, il me semble qu'on en est arrivé à un stade où l'avenir de l'Église est appelé à *se décider* en fonction de ce que j'appellerais une véritable « recompromission » effective à son égard du plus grand nombre possible de ses membres. Re-com-pro-mission : le « *re* » dit qu'il s'agit d'un *nouveau* choix, d'un engagement réitéré ; le « *com* » signifie la décision de jouer le jeu *avec*, c'est-à-dire en ne restant pas sur la touche pour compter les points en attendant de voir comment la partie va pouvoir tourner ; le « *pro* » traduit l'intention de dépasser points de vue et intérêts personnels *pour* mieux apporter sa pierre à la cause commune à tous ceux qui entendent la servir et qu'elle dépasse et même transcende toujours. Quant au mot « **mission** », il donne, lui, à entendre *en fonction de quoi* tout le reste est, pour l'Église, à concevoir et à mettre en œuvre.

Ce dernier point a même tant d'importance à mes yeux que j'y vois personnellement *le « point de bascule » de toute la réflexion à laquelle je souhaite inviter en ces pages.* Telle est bien, du reste, la raison pour laquelle, dans la construction de ce livre, j'en ferai sous peu l'objet d'une **transition** à mes yeux décisive.

Auparavant cependant, et pour achever ce chapitre consacré à la nécessité de la conversion, il me faut ajouter quelques considérants destinés à présenter les attitudes concrètes que sont appelés à prendre *tous et chacun* de ceux qui, dans l'Église, sont déjà engagés, ou se disposent à l'être, pour œuvrer à sa *conversion.*

2. Cultiver personnellement quelques vertus (pas seulement chrétiennes) trop souvent oubliées

S'il y a à la fois la nécessité et la possibilité de chercher à toujours « positiver » dans le regard qu'on peut porter aujourd'hui sur *l'Église* tout entière et concernant l'attitude que l'on est appelé à adopter à son égard et en son sein, cela doit aussi se vérifier à l'échelle de *chacun* de ses membres, à commencer par ceux qui, parmi eux, sont à un titre ou à un autre dans une position de responsabilité. À ce nouveau plan, *positiver* signifiera prendre très concrètement les moyens de cultiver quelques vertus toujours nécessaires, et cependant trop facilement et trop généralement oubliées. Quelques suggestions suffiront à expliciter de quoi il s'agit là à mes yeux.

Une réelle disponibilité

Il ne faut se faire aucune illusion : l'Église ne changera que dans la mesure où un nombre suffisant de ses membres accepteront de considérer que c'est désormais leur affaire d'y contribuer pour leur part. Il leur appartiendra bien entendu de mettre judicieusement au point les modalités de la chose, en fonction de la situation concrète, avec le temps, et pas seuls.

Sont en premier lieu concernés les plus hauts responsables, tant à Rome (la Curie en tous ses membres, autour du pape) que dans tous les diocèses du monde (les évêques et leurs collaborateurs immédiats) – nous aurons amplement l'occasion d'y revenir ! Pour leur part, je le sais bien, les fidèles de « la base » pourront toujours s'estimer « trop loin de tout ça » et, en tout cas, trop démunis pour entreprendre quoi que ce soit. De leur côté, je le sais bien aussi, des membres de « la hiérarchie » ecclésiale ou certains de leurs associés pourront avoir l'impression que le simple entretien de l'existant est déjà tellement prenant, qu'ils ne voient pas comment ils pourraient y ajouter encore ; ou bien que c'est trop tard pour eux, alors que la retraite s'approche à grands pas... Cela n'empêche pas qu'il faut que ce soit bien clair pour tous, et le pape François a raison de secouer tout le monde à ce sujet : si dans l'Église la *disponibilité* à la ré-interrogation, au changement et à l'engagement n'est pas suffisante, et suffisamment partagée, c'en sera fait de cette conversion pourtant déclarée *nécessaire* et (partiellement au moins) reconnue telle.

Une humilité vraie

C'est l'évidence : se lancer dans l'entreprise de la conversion de l'Église et prendre sa place dans le combat auquel elle appelle, cela ne peut se faire authentiquement que dans une humilité vraie. Deux facteurs au moins l'imposent.

Déjà l'ampleur, et la gravité quelquefois, de ce qu'il y a à convertir ne peuvent que faire hésiter quiconque est ou serait disposé à apporter ici sa contribution. Et la difficulté se redouble du fait que ce que l'on découvre alors avoir en face de soi ne peut que renvoyer chacun à ses propres faiblesses, à ses difficultés, à ses nombreuses limites.

Ici, il faudra juste se souvenir que l'humilité, qui dès lors peut seule nous permettre de nous lancer en vérité dans la bataille, n'est pas une vertu qui résulterait purement et simplement de la conscience ajustée que l'on pourrait prendre tout seul de la disproportion entre soi-même et le chantier sur lequel il s'agit de se porter. Elle n'est vertu que dans la mesure où elle se présente comme cette disposition du cœur qui sensibilise à ce grand mystère : la vraie force dont on ressent le besoin ne peut venir *en nous* que de ce qui n'est *pas nous* mais que, à notre propre étonnement du reste, nous pouvons nous découvrir soudain conduits à expérimenter, et par conséquent à être capables d'accueillir. Or une telle disposition ne peut avoir pour nous que deux sources : l'Esprit de Dieu, auquel il conviendra donc de la demander, tout au long, dans la prière ; et ceux de nos frères et sœurs en Église avec lesquels il nous aura été possible de poursuivre l'aventure – et, déjà, d'y entrer.

La vigilance toujours

On n'est néanmoins pas toujours très sûr de la totale pertinence de l'analyse que l'on a pratiquée de la situation, ni de la compréhension que l'on croit être parvenu à s'en donner ! Inaperçus ou non encore intervenus jusque-là, de nouveaux éléments peuvent toujours nécessiter d'être pris en compte en cours de route. Il faudra donc toujours rester en éveil, et relancer l'attention. Face, entre autres, aux camouflages, aux complicités, aux demi-vérités, aux « fake news », et que sais-je encore ?

Et puis il y aura toujours à craindre par la suite, y compris en nous-mêmes, le retour du « refoulé », de la complaisance, de la facilité. Ou bien le souhait d'être promptement débarrassés des ennuis, quitte à nous aveugler quelquefois sur le fait que nous ne sommes pourtant pas encore arrivés au terme de la tâche.

Oui, la vigilance et sa relance constante seront nécessaires. Il faut donc se convaincre dès le début qu'elle ne pourra jamais être ce qu'elle doit être si l'on prétendait l'exercer à soi tout seul. Là encore, prière et concertation seront à cultiver, le plus souvent possible d'ailleurs en étroite articulation.

Le courage souvent

Déjà en temps ordinaire, il y a toujours trop de choses à faire, et même celles qui « marchent » apportent toujours leur lot de fatigues – mais, « en plus », les affaires embêtantes se produisent évidemment au moment où l'on avait justement bien autre chose à faire que de s'en occuper. Tant d'engagements à honorer et tant de soucis à porter à la fois ! On croit un temps que la difficulté inattendue qui surgit, ou la mauvaise nouvelle qu'on apprend, seront vite classées. Mais voilà qu'elles se prolongent ou se relancent par un autre biais, et qu'on n'en finit pas de se demander quand, enfin, on en sera délivré. Au fond, comme le dit très bien l'Évangile (qui a toujours raison quand on le comprend bien !), on est toujours dans la nécessité de « faire ceci sans omettre cela ». Comment, sournoisement et lourdement, la fatigue ne finirait-elle pas alors par s'incruster en nous, avec la si facilement renaissante tentation du découragement ?

Tel supérieur sur lequel on estimait pouvoir s'appuyer et auquel donc on faisait confiance révèle tout à coup de sévères limites. Tel collaborateur sur lequel on était certain de pouvoir compter ferme se déclare tout à coup indisponible. On perçoit bientôt plus ou moins confusément que le chemin sera long, les obstacles nombreux, et les moyens d'y faire face largement insuffisants. On aura à certains moments l'impression d'être bien seul alors que, une fois la passe difficile traversée, il s'en trouvera toujours plusieurs pour s'en attribuer à eux-mêmes toute une part de mérite.

Mais surtout, il y aura ceux qui avaient *déjà* tout compris depuis longtemps et qui viendront vous expliquer après coup ce qu'il aurait fallu faire… mais qui ne seront tout à coup plus si vaillants quand le moment sera venu d'aller au charbon. Et il y a encore ceux qui ne comprendront jamais, mais s'en autoriseront justement pour lancer la résistance ou la critique. Il faudra alors tenir *quand même*, rester inventif, disponible, accueillant, souriant, fidèle. Longtemps, très longtemps peut-être. Et il pourra arriver qu'on n'aura d'autre ressource que de recourir à son – pourtant quelquefois si fragile – propre courage. On se sentira alors bien seul. Et ici, laissez-moi le dire, je songe souvent, et même de plus en plus, au pape François.

Désintéressement

Plus l'engagement sera résolu et effectif, plus surgira cependant la tentation de faire sa propre affaire de cela même que, pourtant, on se propose bel et bien de *servir*. Il faudra en conséquence s'exercer au désintéressement. Concrètement, il nous faudra apprendre à tirer toujours les conséquences du fait que ce n'est pas pour nous-mêmes – pour notre image ou à notre bénéfice – que nous avons à nous engager, mais tout simplement parce que, compte tenu d'enjeux qui ne dépendent pas de nous et qui nous dépassent de beaucoup, nous ne pouvons pas ne pas y aller. Et cela, quand bien même pourrait nous habiter l'invincible impression qu'il n'y aura en l'affaire que des coups à prendre, et de tous les côtés à la fois. Nous ne nous lancerons donc et ne tiendrons, finalement, que dans la mesure où nous aurons pu réaliser que d'*autres* sont en cause, et que c'est d'abord *à eux* qu'il faut penser.

Assurément, il n'y a pas moyen de bien faire une chose si l'on ne s'y intéresse pas, mais il faut apprendre à respecter une distinction nette entre faire une chose par intérêt *pour elle* (et pour ceux bien sûr qu'elle concerne) et la faire (plus ou moins) *pour nous*, qui nous regarderions avec complaisance en train de la faire.

Pour autant il n'y aura à se faire aucun procès à soi-même ni de la reconnaissance qu'autrui pourra une fois ou l'autre nous manifester quand même pour ce que nous aurons fait, ni de la satisfaction personnelle que nous pourrions éprouver de l'avoir fait. Mais l'une et l'autre ne seront justes et bonnes que dans l'exacte mesure où, n'ayant pas été recherchées, elles nous apparaîtront très clairement alors comme un gratifiant surcroît.

Confiance

Il devrait être maintenant assez clair que s'attaquer au chantier de la conversion ecclésiale telle que nous l'avons entendue suppose une conversion *personnelle* dont les exigences qu'elle paraît comporter suffiraient à nous décourager avant même que nous ayons envisagé d'en prendre le chemin. Elle pourrait même nous faire d'emblée « perdre cœur » comme disait l'incontournable Pascal.

Certes, on reconnaîtra dès lors assez bien que le maintien d'une disponibilité fondamentale ne nous sera possible que dans l'humilité, et certes aussi on verra bien également que seront alors exigés de nous à la fois vigilance, courage et désintéressement : nous venons de le signaler. Mais l'effort même que nous ferons pour mettre tout cela en œuvre de notre mieux nous convaincra qu'il n'est pas en notre pouvoir de nous en assurer par nous-mêmes les moyens. Quel responsable, quel pasteur ou quel fidèle engagé digne de ce nom, n'en a pas fait l'expérience ?

Alors, pour qui n'aura effectivement pas perdu cœur dans son combat pour la conversion – la sienne propre et celle de toute l'Église –, s'ouvriront les chemins de la *confiance* en le Dieu qui nous les aura ouverts et qui, par sa Grâce, nous aura accompagnés tout au long de leur incertain déroulement. À leur terme, ce Dieu-là nous a promis de nous accueillir selon les mots qu'un jour Jésus Lui a prêtés à notre adresse : « C'est bien, bon et fidèle serviteur, entre dans la joie de ton Maître. » J'en ferai ici la confidence à mon lecteur : cette parole de Jésus éclaire d'une douce lumière la part de chemin qu'à ma de plus en plus modeste place il me reste – pour combien de temps encore ? – à accomplir.

Transition

Conversion à la mission!

Il suffira à mon lecteur de faire le lien entre le titre de cet ouvrage et celui du chapitre qui vient de s'achever pour avoir le sentiment que nous devrions maintenant être pleinement *in medias res*! Le propos global du présent livre étant, justement selon son titre, de faire apparaître que l'Église est aujourd'hui appelée à la **conversion**, et le chemin déjà accompli en ces pages ayant établi «la nécessité» d'y procéder en effet, le moment est bel et bien venu de s'employer désormais à préciser les conditions et les domaines, les moyens et les modalités des changements qui sont dès lors à envisager!

Dès mon introduction, j'ai clairement annoncé à la fois pourquoi j'ai décidé d'écrire ce livre et comment j'ai été conduit à en différer quelque peu la mise en chantier effective. J'ai alors expliqué que, prévu pour donner suite à deux autres qui, chacun à sa manière, posaient la question de l'avenir de *la foi* chrétienne-catholique, un troisième ouvrage devrait poser cette *même* question comme étant de fait celle de l'**institution** de cette foi que prétend bien être l'Église elle-même.

Or il se trouve que, peu avant le moment où j'allais me disposer à passer à la dernière étape de ce programme, et de manière assez inattendue, un nouveau pape a été élu le 13 mars 2013… Et il se trouve aussi que celui-ci n'a pas tardé à manifester clairement, et de diverses manières, sa volonté d'engager une réflexion concernant précisément l'ensemble de l'institution ecclésiale dont venait de lui être confiée la responsabilité suprême. Cela introduisait une nouvelle donne, qui faisait apparaître qu'un délai s'imposait dès lors à moi: puisqu'une évolution importante s'annonçait ainsi, et que certaines transformations étaient clairement susceptibles d'en résulter pour l'Église, mieux valait se donner un peu de temps pour «voir venir»… sans pour autant différer *sine die* le moment de reprendre la réflexion annoncée.

«*Here we are*»: nous y sommes! Jusqu'ici, nous avons certes dûment établi la nécessité d'**une** conversion **dans** l'Église. Le moment est maintenant venu de détailler successivement la problématique fondamentale et les orientations générales, les modalités concrètes et les moyens pratiques de ce que devrait pouvoir être **la** conversion **de** l'Église, effectivement attendue désormais. Le titre de cette transition annonce très précisément la couleur : il ne peut s'agir que d'une conversion à la **mission** !

1. D'abord, repérer dans l'Église une évolution toute récente

Que ce moment soit arrivé, c'est me semble-t-il ce que pourra faire apparaître un regard sur les quelque sept ou huit années écoulées depuis la première formulation du projet de publication que je suis présentement en train de mener à terme. En France du moins, dans le laps de temps écoulé depuis la prise de fonction du pape François, on peut en réalité distinguer quatre « phases[1] », la dernière apparaissant bien nous mettre assez clairement à pied d'œuvre.

Un écart grandissant

Tout d'abord a continué de s'accentuer l'écart grandissant entre : d'une part « le monde », la société, la culture, et de l'autre l'Église et la foi qu'elle est censée faire vivre. Il n'est pas ici nécessaire d'épiloguer longuement, tant cela apparaît clair. Ont continué à baisser nettement les mariages « religieux » et les confirmations, mais aussi les baptêmes d'enfants et même les enterrements « à l'église », et plus encore bien sûr les ordinations de prêtres, les entrées dans les Grands séminaires (deux d'entre eux ont fermé en 2018-2019 : ceux, régionaux pourtant et donc pas seulement diocésains, de Lille et Bordeaux), ainsi que le nombre de prêtres de moins de 75 ans (âge de la « retraite » pour

1. Je précise que j'ai choisi ce terme de « phase » plutôt que celui d'« étape » parce que ce dernier aurait donné à penser que je me prononçais ici sur une série de moments bien différenciés, chacun d'eux venant prendre le relais d'un précédent, auquel il mettrait fin en lui succédant. Il n'en va pas ainsi avec ces « phases » que je propose de distinguer. Il y a assurément eu une évolution à travers les récentes années sur lesquelles je réfléchis ici, mais des tuilages se sont de fait produits, de ce que j'appelle une « phase » à une autre. Chacune a pu à un moment donné connaître un « pic » qui invite à la distinguer comme telle alors que pourtant l'on reconnaît bien qu'elle n'était pas sans prodromes dans la phase précédente et qu'elle ne restera pas sans écho dans la suivante.

eux)... Tandis que, parallèlement, ont augmenté les demandes de radiation des registres de baptêmes – phénomène assez récent chez nous mais en soi non négligeable –, les « sorties » résolues... et, plus encore bien entendu, les prises de distance tacites mais durables, du moins à ce qu'il peut sembler[1].

Bref, il n'y a pas besoin d'être grand clerc pour être à même d'enregistrer que, en France et plus largement en Europe tout au moins, s'est accentué un double et réciproque *estrangement* entre « le monde » et « l'Église ». On peut même dire que *sécularisation* croissante de la société par rapport au champ de la religion et même de la foi, et, très corrélativement, *exculturation* tout aussi croissante de l'Église par rapport à tout son environnement, sont de plus en plus apparues comme les deux faces d'un seul et même processus, que beaucoup – qu'ils le déclarent ou pas – tiennent au fond pour inéluctable. C'est, me semble-t-il, au point que quiconque s'intéresse un tant soit peu à l'Église ne peut guère que se demander avec gravité : qu'est-elle en train de devenir ?

Une « gestion » trop interne

Parallèlement, et (pour une part au moins) par réaction contre cette évolution générale tenue à juste titre pour inquiétante, plus on est allé ces dernières années et plus, à l'intérieur de l'Église, on a eu tendance à se recentrer sur soi et à cultiver l'« entre-soi ». Il ne serait pas juste de dire que les gens d'Église ne se sont alors plus préoccupés *que* d'eux-mêmes, ni qu'ils ne se sont tournés *ad extra que* pour résister, dénoncer ou polémiquer. Même si certes tout cela s'est vu, ce n'est en tout cas pas cela qui a caractérisé et caractérise encore l'attitude dominante parmi nous.

Celle-ci paraît bien plutôt avoir résulté d'un « souci » croissant : la fameuse *cura animarum*, le très pastoral « soin des âmes », toujours à la recherche des moyens de conserver, d'entretenir et, par-dessus tout, de faire vivre et de fortifier *ce qui était et reste de fait toujours « nôtre »* – certains pensant d'ailleurs plutôt « *encore* nôtre » que « toujours nôtre » ! Énumérons : un certain « peuple de pratiquants » qui sait pourquoi il est devenu chrétien et souhaite le rester ; des « fidèles »

1. Pour ne rien dire, car ce serait grandement prématuré, des effets des nombreuses perturbations que la crise du coronavirus a entraînées pour les différents aspects de la pratique religieuse.

toujours légitimement désireux d'être reçus et écoutés, accompagnés et éclairés; des chrétiennes et des chrétiens « engagés » dans l'Église et pour elle, et qu'il faut continuer de rencontrer et de faire se rencontrer, de nourrir, de guider… et aussi tant d'hommes et femmes « de bonne volonté » simplement mais véritablement en recherche d'une écoute et d'une parole, etc. Tout cela méritait et mérite en effet bel et bien du soin et du temps ! Et il faut bien le souligner : globalement du moins, tout cela a été vécu de part et d'autre non pas dans la perspective purement conservatrice d'un intégrisme où l'on se refermerait sur soi, en réaction quasiment systématique à l'encontre de tout le reste, mais bel et bien dans l'esprit, louable parce que fondé, de se mettre au service de ce qui mérite, en effet, qu'on le reconnaisse, qu'on l'accompagne, qu'on l'honore – bref: qu'on le serve.

Il faut donc être ici subtil et nuancé. Dans un pays comme le nôtre en tout cas, on peut dire que, considérée dans sa globalité, l'Église ni ne s'est totalement refermée sur elle-même ni n'est partie en guerre contre « le monde actuel » comme certains de ses courants internes l'auraient souhaité. Le prouvent aussi bien, d'un côté, par exemple les ordres du jour des bi-annuelles assemblées de la Conférence des évêques de France à Lourdes, que, d'un autre côté et toujours par exemple, les interventions dans les médias d'un certain nombre d'instances ecclésiales reconnues, qu'il s'agisse de personnes, de groupes divers ou d'institutions officielles.

Il n'en reste pas moins que durant ces dernières années, notre Église a malgré tout souvent donné l'impression qu'elle se contentait en somme de parer au plus pressé. Qu'elle faisait ce qu'elle pouvait avec les moyens du bord – de plus en plus restreints du reste, du côté aussi bien des finances que du personnel ; qu'elle n'était donc pas ou plus en situation de faire davantage ; qu'après tout il allait bien falloir finir par le comprendre et l'admettre ; que telle serait même désormais l'enseigne à laquelle on serait logé ; qu'il ne fallait pour autant pas jeter le manche après la cognée ; qu'il s'imposait au contraire de garder espoir… en valorisant « ce qui marche » *quand même*, et en fuyant en tout cas comme la peste (ou le coronavirus) la morosité, la déploration, et la montée des critiques trop souvent formulées à partir d'un confortable retrait sur la touche, que sais-je ?

Qu'on m'entende bien ! Je ne dis ni qu'on aurait dû ni qu'on aurait pu faire mieux ou autrement. Je ne prétends qu'à tirer au clair ce que peuvent me suggérer mes observations aussi connivents que possible, et ma réflexion aussi ouverte que possible, sur le devenir récent et présent de la situation ecclésiale au sein de la fameuse (post-)modernité. Peut-être ce « mol oreiller du doute » dont Montaigne déclarait avoir fait choix pour son propre compte aurait-il dû d'autant plus me tenter moi-même que – je l'ai dit d'emblée – j'ai franchi le seuil de la retraite depuis plus d'une décennie maintenant ? J'ai précisé dès le début de ce livre pourquoi, tout compte fait, il ne m'a pas paru possible de m'y résoudre. Je m'aperçois maintenant que j'y ai au moins gagné d'être conduit, à mon propre étonnement du reste, à passer de Montaigne à Pascal !

Je veux dire ceci : face aux innombrables et quelquefois graves perplexités que suscitent chez nous tous tant le décours de notre existence personnelle que le cours de l'histoire générale, le génial penseur de Port-Royal observait que nous serions, somme toute, assez disposés à recevoir « des **signes** de la volonté de Dieu »... s'il nous en était effectivement donné ! Or, commentait-il immédiatement : « Les événements en sont d'essentiels. » *Eh bien, il m'a tout à coup semblé qu'à nous-mêmes aujourd'hui, membres de l'Église devenus si perplexes et si interrogatifs quant* à son *avenir, il venait d'*être donné *un tel signe !* Et que notre première tâche était donc, maintenant, d'essayer sans retard de le recevoir et de le déchiffrer.

Une dénonciation par « l'extérieur »

Voilà en effet que, dans cette situation de l'Église en ces toutes dernières années que j'examine présentement, est intervenue une troisième phase, assez inattendue il est vrai : ce qu'on appelle la « vague des abus » (rappelons : abus sexuels, d'autorité et de conscience) ou, plus exactement, la révélation au grand jour et la *dénonciation* véhémente de cette vague.

On l'a dit, il ne s'agissait plus ici d'un processus qui, comme tel, serait totalement extérieur à l'Église, et dont celle-ci pourrait donc à la rigueur penser qu'il ne la concernerait qu'indirectement et seulement par ses effets, comme il en va dans le cas de la poursuite du processus de la sécularisation évoqué dans la première phase. Mais il ne s'agissait pas non plus, comme dans la phase évoquée en deuxième lieu – celle d'une « gestion trop interne » –, d'un ensemble d'opinions et de comportements très largement *internes* à l'Église et dont elle-même décide seule au titre d'une attitude quasi-autoréférentielle (car si le « rapport au monde » est certes ici pris en compte par l'Église, ce n'est quand même, le plus souvent alors, que quasi-exclusivement dans sa propre optique).

Cette troisième phase est d'un tout autre ordre que les deux premières ! Elle se caractérise, elle, par un processus et un « courant » fort complexes, dont seule une analyse un peu précise permet de percevoir la nature et l'importance réelles. Il s'agit en effet en l'occurrence d'un courant :

– qui est *comme tel extérieur à « l'Église »* et même réellement démarqué par rapport à elle dans la mesure où ce n'est pas elle qui l'a déclenché… mais qui ne la questionne pas moins vigoureusement (même si elle a mis un certain temps à le prendre en considération et à en tirer les leçons) ;

– qui dénonce des faits graves, bel et bien commis *par des gens d'Église*, des faits au total étonnamment nombreux à travers les temps et les lieux, et de surcroît souvent tus, couverts, masqués ou même niés par les autorités concernées ;

– qui peut réellement mettre l'Église en cause *au nom de ce qu'elle prétend être elle-même* – point évidemment capital ;

– qui n'en est pas moins réellement fondé à prétendre que *l'Église n'est pas la seule à être concernée et même à être « compétente » pour l'évaluation et la gestion* de la situation qui a résulté de là (puisque cette dernière concerne des partenaires-victimes habilités à faire valoir leur propre point de vue sur la manière dont elles se sont vu traiter).

Je ne complique pas les choses à plaisir. Cette « troisième phase » que j'analyse ici *est* complexe, je l'ai relevé d'entrée de jeu. Tous les éléments que je viens d'énumérer sont effectivement intervenus pour lui donner la forme qu'elle a prise. Ils sont donc tous à prendre en compte si l'on veut vraiment disposer des moyens à la fois de comprendre la situation qui est désormais la nôtre, et de pouvoir la gérer pour, autant que possible, réouvrir l'avenir.

2. Interpréter le présent moment de crise comme un *kaïros* pour la conversion

Tout cela étant, j'en suis venu à estimer qu'analyser de cette manière la situation présente dans son évolution, peut de fait nous placer dans une perspective qui nous permettrait d'entrer résolument dans une quatrième « phase ». Cette dernière caractériserait dès lors les années qui sont devant nous – en tout cas sans doute durant les deux ou trois prochaines décennies du XXIe siècle. Elle désignerait assez clairement à l'Église ses tâches, et sa mission propre à laquelle

elle donnerait sa tonalité et sa forme particulières. Aller dans ce sens comme y invite donc avec insistance la « troisième phase » – celle de la « dénonciation » – nous permettrait de tirer les leçons des évolutions en cours et par là même, s'il plaît à Dieu, d'ouvrir l'avenir de l'Église en situant mieux (et en permettant de vivre à son véritable niveau) la conversion devenue impérative.

Bref, ce serait faire *ad intra* et *ad extra* la preuve qu'on est parvenu à interpréter la phase éprouvante de ces toutes dernières décennies précisément comme un « signe » susceptible de nous éclairer sur la « volonté de Dieu » par rapport à nous aujourd'hui. Ce serait vivre là une véritable **transition**, à la faveur de ce que le Nouveau Testament appelle précisément un *kaïros* et que nous aurions alors reconnu comme tel. C'est-à-dire : comme un « moment favorable ». Comme un temps dont le côté dérangeant et décapant peut s'avérer porteur et révélateur de *possibilités* jusque-là inaperçues, dont certes seul l'avenir sera en mesure de faire apparaître la forme et la nature exactes, mais qui pourraient déjà se laisser pressentir à qui a choisi de s'y rendre disponible sans plus attendre.

Soyons plus précis encore. Bien entendu, le *kaïros* en cause ne peut être que l'envers possiblement positif – et alors à saisir comme tel – de ce qu'il s'impose de reconnaître préalablement comme une *crise* ! Mais justement, et comment le nier, c'est un fait que, sur une durée de temps qu'il est difficile de délimiter avec précision, la situation a très notablement changé pour l'Église. Une détérioration, disons, assez générale était certes déjà notable – nous l'avons relevé[1] – mais, durant ces derniers temps, elle ne s'est pas seulement poursuivie, accélérée et aggravée : on a la nette impression que la crise déjà en cours a désormais changé de niveau de gravité sinon même de nature[2]. Tout paraît même s'être passé comme si plus nous sommes allés, et plus la question de la conversion avait gagné à la fois en radicalité et en incontournabilité.

Allons jusqu'au bout : voir les choses de cette manière me porte à penser qu'en réalité le *kaïros* en cause n'est pas devant nous : il s'est bel et bien plutôt ouvert avec l'élection et dès les premiers gestes de

1. Je renvoie à ce qui a été dit en notre chapitre 3 de l'interpellation déjà adressée par la *Lettre aux catholiques de France*.
2. Je renvoie cette fois à ce qui a été dit dans notre chapitre 2 concernant d'abord la fin du pontificat de Jean-Paul II, et ensuite les conditions d'entrée en responsabilité, puis de sortie de charge, de Benoît XVI.

François. Et poursuivi depuis, du moins pour ce qui le concerne lui-même !

3. Reconnaître alors que c'est à la mission qu'il s'agit de résolument se convertir

Un changement assez fondamental devenu à l'évidence nécessaire

Un point au moins a en tout cas clairement résulté de cette troisième phase que nous avons reconnue comme « de dénonciation ». Le voici : tant bien que mal a commencé d'émerger, puis de faire son chemin et finalement de quasiment s'installer, une opinion qu'on peut analyser ainsi :

– « on ne peut vraiment *pas continuer* comme ça ! » ;

– il faut donc bien admettre que *quelque chose doit changer* dans l'Église ;

– c'est *à nous-mêmes*, les chrétiens, qu'il incombe (au moins pour une part décisive) de faire en sorte qu'un changement puisse effectivement se produire ;

– mais cela ne pourra aucunement se faire si nous ne nous mettons pas *tous* à la tâche, chacun à notre place ;

– or cela requiert à son tour que quelque chose change d'abord *en nous-mêmes.*

C'est bel et bien d'un changement *ainsi conçu* qu'il s'agit pour nous désormais avec ce qu'on appelle « la conversion ». Mais, rappelons-le, qui dit conversion dit d'abord qu'on « se tourne » : qu'on se détourne de ceci pour se retourner vers cela ! Or nous n'avons pas été encore assez précis à ce propos sur les deux points suivants : *de quoi* exactement, puis *vers quoi* exactement, s'agit-il en fait de se convertir ?

Réponse : dans la contestation dont l'Église est l'objet et que nous avons analysée, il y a en tout cas – et quoi qu'il puisse en être par ailleurs –, un aspect majeur et qui à vrai dire est appelé à décider de toute la suite : il est reproché à l'Église d'avoir été/d'être, dans une part significative de ses membres, infidèle à ce qu'elle estime elle-même être ; de ne pas faire elle-même ce qu'elle prétend faire et demande aux « autres » de faire ; et même de faire quelquefois le contraire, tout en niant à l'occasion qu'elle le fasse ! Reproche grave, interpellation fondamentale – disons même : « procès » imparable – pour l'Église… et qui l'oblige nécessairement à s'expliquer (y compris avec elle-même) sur ce qu'elle *est* !

En réalité, la question s'est donc bien radicalisée. Elle est devenue ni plus ni moins celle-ci : à vrai dire, *qu'est-ce que l'Église*? Qu'est-ce qui la définit comme telle ; qu'est-elle appelée à être ? « *Appelée* à être », la formule est à prendre au pied de la lettre puisque le mot « Église » (*ékklêsia*) lui-même est dérivé du verbe grec *kaléô*, qui veut dire « appeler » ! À cette question, l'Église a certes réfléchi de longue date. Elle répond traditionnellement d'une manière claire, déjà évoquée : elle est le Peuple que, par son Envoyé *Jésus*-Christ, *Dieu* a voulu réunir et constituer pour témoigner *au monde* de sa proposition de *salut* à travers toute l'histoire humaine.

À ses propres dires, l'Église reconnaît donc n'avoir pas à mettre en avant d'abord ce qu'elle pense, dit et fait d'elle-même ; elle n'a pas à s'en rapporter d'abord à ce qu'elle est ou prétend être, mais à *ce pour quoi Dieu lui-même l'a voulue et continue de la vouloir*. Or cela veut dire qu'elle est d'abord renvoyée, et *toujours d'abord* renvoyée, à ce qui est pour elle un *appel*; mais il lui faut aussi réaliser que cet appel est indissociablement un *envoi*, une mission ! *L'Église n'a pas été voulue pour elle-même, pour se développer en ne prenant soin que d'elle-même, mais pour se tourner vers le dehors, vers les « autres », vers « le monde ». Ce n'est pas sans raison que, très tôt et régulièrement depuis, le pape François a invité l'Église à « sortir » d'elle-même, à se considérer comme Église « en sortie » !*

Et si elle est ainsi constitutivement appelée à se dé-centrer d'elle-même, il lui faut donc comprendre qu'à la vérité c'est *doublement* qu'elle l'est. Elle l'est une première fois parce qu'elle ne doit jamais cesser de se référer à l'appel *divin* dont elle dépend tout entière et toujours. Et elle l'est une seconde fois parce qu'à la suite de cet appel fondateur, elle n'« est là » que pour se tourner et aller vers le dehors « *mondain* » auquel elle est expressément envoyée. Bref : si l'Église est appelée à une conversion, elle doit entendre qu'il s'agit d'une conversion précisément *à*/pour *la mission*… et sur le terrain même où, pour elle, il s'agit précisément de l'accomplir ! Le fait même de se tourner vers le monde ne l'invitera alors que davantage à se tourner vers Dieu – et vice-versa.

Concluons. L'Église n'a d'autre identité ni donc d'autre tâche :

– que 1) de se convertir toujours au **Dieu** qui l'appelle à se tourner incessamment vers Lui ;

– pour que 2) elle ne cesse pas de se tourner vers **le monde** auquel il l'envoie ;

– afin que 3) il puisse en venir à son tour – s'il le veut bien – à se tourner lui-même vers Dieu.

Ici, au risque de surprendre quelque peu mon lecteur, je ne saurais me réclamer d'une meilleure caution que celle d'un grand théologien et spirituel qui m'a beaucoup marqué, qui m'est de fait revenu en mémoire dans le présent contexte – et qui, s'il vous plaît, n'est autre que Bérulle ! Voici :

> En ce mystère de l'incarnation,
> je dois changer de méthode.
>
> Je dois non m'élever au ciel, mais m'abaisser à la terre,
> car Dieu y *est* par un nouveau mystère,
> et je dois Le chercher non dans les Louvres et les palais,
> mais dans une étable.
>
> Étable plus précieuse et plus riche que le ciel même,
> qui ne contient pas un si grand trésor.
> Car Dieu *est* en la terre aussi bien qu'au ciel,
> mais Dieu *incarné* n'est pas au ciel et il *est* en la terre !
>
> Terre, hélas, qui possède un si grand trésor
> et le possède sans le connaître.
>
> Puisque Dieu cherche la terre, aime la terre,
> je veux **me convertir** maintenant non au ciel,
> mais à la terre et y chercher Jésus-Christ[1].

---

1. *Œuvres de piété, 52. De l'enfance de Jésus*, *Œuvres complètes*, t. III, Paris, p. 172. Pourquoi, ici, une telle référence ? Prêtre, théologien et évêque, je suis aussi sulpicien, c'est-à-dire que j'appartiens à la Compagnie des prêtres de Saint-Sulpice fondée au XVIIe siècle, sur la lancée du concile de Trente, pour contribuer à la réforme de l'Église en s'attachant à la formation des futurs prêtres. Or, comme saint Jean Eudes et saint Vincent de Paul entre autres, Monsieur Olier, fondateur des Sulpiciens, appartient au courant dit de « l'École française de spiritualité » dont le grand nom est le cardinal Pierre de Bérulle, lui-même fondateur des Prêtres de l'Oratoire de France. La question des prêtres a suffisamment d'importance dans la réflexion qui est la nôtre en cet ouvrage – on le vérifiera de plus en plus – pour qu'une pareille référence à Bérulle puisse ne pas manquer de poids théologique pour moi, compte tenu de ce qu'ont été et ma formation théologique et mon ministère pastoral. Anecdote biographique complémentaire, que je me plais à rapporter dans ce contexte : lorsqu'à mon départ de Strasbourg je me suis retrouvé dans l'épreuve physique et spirituelle que j'ai dite, c'est un fait que, après la plongée dans la Bible et surtout le Nouveau Testament que j'ai tout de suite estimée nécessaire, je me suis offert le luxe d'une lecture au

Un retour résolu aux deux fondamentaux du christianisme

Ce que Bérulle présente ici comme rien de moins que sa « méthode » renvoie au *fond même* du christianisme, donc à l'appel adressé par Jésus le Christ lui-même à ses disciples, et transmis par eux à ceux qui les ont suivis à travers les siècles. En leur étroite articulation, nos chapitres 3 et 4 viennent de souligner l'importance pour nous aujourd'hui de ce que le même Bérulle caractérisait comme une **conversion**. Il va maintenant revenir au deux suivants (les 5 et 6) d'expliciter en quoi, comme l'annonçait programmatiquement le titre de cette transition, il doit s'agir effectivement d'une **conversion à la mission**. Reste seulement, avant d'y venir dans un instant, à souligner que cette conversion renvoie l'Église à ce qu'on peut appeler, ni plus ni moins, les deux « fondamentaux » du christianisme comme tel.

Il est aujourd'hui devenu essentiel pour l'Église de réaliser, d'abord, qu'il lui incombe par-dessus tout de *revenir au cœur de* ***la foi*** qui la constitue elle-même. Avant tout bien sûr pour opérer en son propre sein les réajustements et changements qu'exigent d'elle ses propres dérives désormais clairement dénoncées et par-là même pour se recentrer sur son identité, mais encore pour corriger et restaurer si possible sa crédibilité *ad extra*. Tel est désormais le premier aspect de sa mission. Le moment est venu de s'y convertir résolument. Il reviendra à notre prochain chapitre de motiver et d'éclairer ce point primordial.

Mais – et c'est le second aspect –, revenir au cœur de la foi au Dieu de Jésus-Christ ne peut que mettre l'Église face à la nécessité de réviser *l'ensemble de sa vie* et des comportements de ses membres. Car, précisément, le Dieu de sa foi ne l'appelle pas seulement à une meilleure intelligence et compréhension de ce qu'elle « est » mais aussi, et dans le même mouvement, à *une certaine façon de vivre*, à un certain style d'existence, dont la caractéristique est de s'inscrire tout entier sous le signe de ***l'amour***. Difficile de nier qu'il y a, là aussi, un grand et urgent chantier ! Notre chapitre 6 y sera consacré. Les deux derniers

long cours des *Œuvres complètes* de deux grands auteurs « classiques » français : celles de Bérulle, dont mon cher confrère Michel Dupuis venait d'achever l'édition critique au Cerf, et celles de Diderot, dont Robert Laffont venait de nous gratifier dans sa précieuse collection « Bouquins »... La conjonction a tout pour surprendre, je le reconnais sans difficulté ; elle n'en fut pas moins fort féconde pour moi. C'est bien entendu moi qui souligne, dans le texte de Bérulle.

chapitres (les 7 et 8) en tireront les conclusions concrètes, pratiques, et *institutionnelles*, si largement attendues par beaucoup[1]...

Foi chrétienne d'un côté, amour chrétien de l'autre : c'est face à ces *deux fondamentaux* du christianisme que le *kaïros* qui est apparu le nôtre, avec la crise que nous connaissons, place urgemment l'Église de ce temps. Cela afin que, s'y reconvertissant effectivement elle-même, elle redéfinisse à partir d'eux l'essentiel de sa mission en ce monde.

S'il en va ainsi, on le voit bien, la question n'est pour les chrétiens ni de *continuer* avec toute la bonne volonté qu'on voudra mais en se contentant au fond d'attendre des temps meilleurs, ni de se limiter à *nettoyer* les écuries d'Augias même si cette tâche est prioritaire à maints égards, ni de *quitter* le christianisme, de chercher à le torpiller

1. Au-delà de Bérulle et Diderot évoqués à l'instant pour une autre période de ma vie, j'ai éprouvé maintenant, avant d'aller plus loin dans la rédaction de ce livre, le besoin de faire au moins une brève halte auprès de deux autres auteurs, français eux aussi, mais cette fois contemporains et théologiens : le dominicain Yves Congar (déjà évoqué) et le jésuite Henri de Lubac. J'ai certes abondamment et régulièrement fréquenté leurs nombreux écrits, mais il m'a aussi été donné de les rencontrer personnellement, en particulier au moment de leur retraite. Alors que, enseignant encore à l'Institut catholique de Paris, j'habitais l'église Saint-François-Xavier (Paris, VIIe arrondissement), ils résidaient l'un et l'autre à moins de 300 mètres de mon propre domicile : Yves Congar à l'Hôtel des Invalides (il y avait été admis comme grand invalide au titre de sa participation aux combats de la Seconde Guerre mondiale) et Henri de Lubac (en la toute proche Maison des Petites Sœurs des pauvres de l'avenue de Breteuil). Les visites que je pus dès lors faire à l'un et à l'autre ont augmenté encore la dette qui était déjà la mienne à leur égard, tout particulièrement à propos de l'Église... et c'est bien pourquoi je tiens à les évoquer ici et maintenant. Tous les deux ont été d'éminents spécialistes de l'histoire et de la théologie de l'Église ; ils nous ont tous fait progresser dans la compréhension à la fois de son mystère et de ses institutions ; cela ne les a pas empêchés de connaître l'un et l'autre de vives critiques et de vivre de grandes épreuves au sein même de cette Église ; leur fidélité n'en ayant pas moins été totale, on les a réhabilités au point de les tenir pour des maîtres, en particulier avant, pendant et après le grand concile ecclésiologique que fut Vatican II ; ils ont même fini l'un comme l'autre cardinaux ! Me replonger dans leur œuvre à tant d'années de distance et dans le cadre de la réflexion qui est présentement la mienne m'a fait un bien énorme – je tiens à en témoigner ici. S'il fallait donner à mes lecteurs une indication de lecture à la fois stimulante, substantielle et cependant assez concise, je suggérerais : pour Yves Congar, *Pour une Église servante et pauvre*, Cerf, Paris, 1963 ; et pour Henri de Lubac, *Paradoxe et mystère de l'Église*, Aubier-Montaigne, Paris, 1967.

ou de tenter d'en inventer un autre. Elle est pour eux de se ressaisir eux-mêmes afin de prendre les moyens de devenir de *meilleurs chrétiens*. Cela, en mettant sans plus attendre en œuvre ces deux consignes simples hors desquelles *rien* de bon n'est désormais à attendre pour l'Église :

– revenir au cœur de *la foi chrétienne*, mais en la **pensant** davantage et pour la proposer mieux ;

– remettre *l'amour chrétien* au centre, mais en le **vivant** davantage et pour y inviter mieux.

Chapitre 5

La priorité de la mission

A. La foi chrétienne

Le premier aspect de cette conversion à la mission à laquelle l'Église est aujourd'hui instamment mise en demeure de donner la priorité est donc celui-ci : avant toute chose, il s'agit pour elle de revenir au cœur de la foi chrétienne. Il va incomber à ce chapitre d'expliciter à quelle attitude et à quelle démarche exactement appelle une telle consigne.

J'examinerai d'abord comment se présente actuellement ce qu'on peut appeler l'*état de la foi* dans notre société (I). Je détaillerai alors comment – à quel titre et selon quelles modalités–, dans le contexte que nous aurons ainsi précisé, l'Église peut être à même de susciter et d'accompagner une *démarche de foi* authentiquement chrétienne (II). J'illustrerai de mon mieux pour finir le fait que, si la foi en question relève certes d'une *décision* qui n'a rien d'évident, elle n'en reste pas moins effectivement possible aujourd'hui (III) !

I. L'« état » de la foi

Revenir au *cœur* de la foi : la première chose qu'un tel énoncé donne à entendre est évidemment que, *dans les faits,* on ne s'est pas tenu à ce « cœur », qu'on n'a pas tout fait dépendre de lui comme on l'aurait dû – et donc que, d'une manière ou de l'autre, on s'en est de fait écarté. L'interpellation est trop sérieuse pour qu'on n'essaie pas d'en vérifier le bien-fondé avec une suffisante précision : en quel « état » est donc, dans notre société, ce qu'on appelle « la foi » ? Comment « fonctionne »-t-elle en réalité chez nous ? Quel est son « régime » parmi nous ?

1. Le « régime » actuel de la foi parmi nous mérite une soigneuse prise en compte

Il n'y a pas seulement à enregistrer – nous l'avons fait d'emblée – que la foi chrétienne est d'assez longue date maintenant en péril, en déclin, en risque d'effacement plus ou moins grave selon les lieux et les milieux. Il n'y a pas seulement à prendre très au sérieux de surcroît le procès qui, plus récemment, a été fait aux gens d'Église d'être inconséquents avec ce qu'ils prétendent croire et faire croire – nous avons ici nous-mêmes bien souligné la nécessité de la chose. Insistons-y : nous avons dûment relevé que, dans la gestion de la crise liée à la dénonciation de plus en plus alarmante des fameux « abus », un nombre important de réactions ecclésiales, y compris chez les responsables hiérarchiques, ont souvent été largement commandées par des considérants institutionnels, des réflexes administratifs, des habitudes de pensée et de comportement qui pouvaient n'avoir pas grand-chose à faire avec la foi. Or non seulement de tels gens paraissent ne s'être alors guère préoccupés de la conformité de leur attitude à l'inspiration évangélique et au sens de la mission à laquelle celle-ci appelle, mais leurs façons de procéder semblent avoir de fait joué comme un contre-témoignage gravement dissuasif.

Par ailleurs et bien plus généralement encore – progrès de la sécularisation ou pas, crise des abus ou pas, pourrais-je dire –, on ne peut non plus aucunement négliger le fait que, dans notre société française en tout cas, la grande majorité de nos contemporains n'ont pas (ou plus) d'informations, et encore moins de formation, en matière de christianisme[1]. Et il est clair aussi que, parmi les chrétiens eux-mêmes, un nombre croissant ou bien connaissent de moins en moins « leur religion », s'y sentent de moins en moins accordés et s'en écartent donc, ou bien la rejettent plus ou moins résolument... au moins d'ici nouvel ordre.

À cela il faut ajouter encore le fait que, chez les uns comme chez les autres – aussi bien donc parmi les non-croyants qu'au milieu des fidèles eux-mêmes –, la prise de position par rapport à la foi se fait fréquemment sur des bases de plus en plus approximatives, et qui

1. C'est évidemment un cas extrême, mais on m'a récemment rapporté ce propos d'une jeune femme visitant une cathédrale que je connais bien : « On voit partout des "Maternités" ici [il s'agissait de la Vierge Marie] – mais, pourquoi donc l'enfant est-il toujours un garçon ? »

apparaissent même quelquefois en assez grand décalage par rapport à la teneur propre du message chrétien : disproportion de certains éléments (le fameux « châtiment éternel » par exemple) ; résurgences d'un vieux fonds païen (fût-il de nature religieuse : il suffit de penser à la compréhension du « sacrifice ») ; blocage sur certaines formulations sorties de leur contexte (que veulent dire, par exemple, « péché originel » ou « Immaculée conception » ?) ; etc. Résultat : aujourd'hui, pour le oui comme pour le non, la décision risque souvent de n'être prise qu'en référence à de très grandes approximations voire à de fieffées erreurs.

Ici, on pourrait même dérouler toute une vision parfaitement erronée du christianisme que, chrétiens ou non, nombre de nos contemporains tiennent ni plus ni moins pour la « vérité » chrétienne, la « doctrine » chrétienne, la « foi » chrétienne : *Dieu* ne serait qu'un super-magnat dominateur auquel il n'y aurait qu'à se soumettre, et qui finirait par être totalement aliénant à force de toute-puissance ; la Passion et la Croix de *Jésus* ne seraient que le châtiment qu'il aurait dû subir à notre place pour satisfaire la vengeance d'un Dieu tout « encoléré » d'avoir été offensé ; ce qu'on appelle l'incarnation du Verbe de Dieu n'aurait même été déclenché que pour redresser *une humanité tout entière pervertie* et donc devenue ennemie de Dieu dès ses tout premiers pas (en Adam et Ève) par une révolte (le fameux « péché originel ») qui ne cesse, depuis, de mériter la réprobation divine à tout le genre humain ; *l'Église*, ce serait dès lors, et par-dessus tout, ses « responsables » dits « hiérarchiques » – autrement dit : « les curés » ou « les clercs » –, auxquels non seulement les « fidèles » devraient se montrer soumis, mais qui détiendraient aussi, pour sortir de l'impasse, la compétence et donc l'autorité suprêmes, directement conférées par Dieu ; enfin, *ceux qui n'appartiennent pas* à cette Église ainsi conçue seraient purement et simplement exclus du salut (ce qui fait qu'au bout du compte, on s'accommoderait quand même assez bien de vouer beaucoup de monde à une damnation éternelle en enfer !).

Je n'invente pas grand-chose, hélas ! Et pour tout dire, si je me désole déjà de voir des gens qui se réclament du nom de « chrétien » tenir des positions de ce genre, les présentant même quelquefois comme seules fidèles à la « vraie » Tradition ecclésiale, je suis plus accablé encore de constater le si grand nombre de nos contemporains qui, trompés par « l'offre » proprement caricaturale à laquelle ils se trouvent ainsi confrontés, s'y déclarent d'emblée – non sans raisons, comment ne pas le reconnaître – totalement inintéressés voire hostiles.

Il est clair que si telle est la situation du présent, il s'impose impérativement de chercher à la faire évoluer, et donc de s'en donner les moyens !

2. La mission de la théologie est traditionnellement de « penser » la foi

Faut-il le redire, une telle tâche ne remet aucunement en cause à mes yeux la nécessité impérieuse, pour l'Église, de mettre fin aux comportements et mentalités concernés par la « crise des abus » ! Pour le cas où ce serait utile, je réaffirme ici que si l'on ne continuait pas de lutter contre cela jusqu'à clarification et éradication totales, ce ne serait pas la peine d'aller plus loin. C'est très simple : le peu de crédibilité qui nous reste près d'un grand nombre, nous l'aurions perdu. Cela clarifié, on n'en doit pas moins être bien conscient que parer à cette urgence-là ne peut que déblayer l'espace de la communication : restera de toute manière à s'atteler ensuite à la réaliser ! C'est-à-dire : à tenter de faire percevoir ce qui, positivement, nous motive, nous spécifie, nous identifie comme chrétiens et comme Église : ce qui « fait notre différence », autrement dit ce qui nous fait « Église » – et reste du même coup éventuellement susceptible, en sa spécificité même, de présenter de l'intérêt dans le monde de notre temps.

Or c'est précisément là que la théologie trouve sa nécessité et même son indispensabilité. Dans la communauté des croyants, il incombe en effet aux théologiens d'aider tous les chercheurs de la foi, à quelque stade qu'ils en soient à son égard, à venir ou revenir à ses sources, à ses fondements – et, à partir de là, à se reconcentrer sur ce qui constitue son essentiel ou, pour mieux dire, son cœur. Quatre propositions simples suffiront à évoquer la tâche théologique justement comprise à partir de là… et de sa propre tradition.

Il y a quelque chose à savoir

Une nouvelle fois, je partirai de mon expérience. Il se trouve que pendant plus de trente ans de ma vie, je me suis consacré principalement à de la recherche et de l'enseignement, à de la communication et de la publication en matière de *théologie*, spécialement de théologie christologique et de théologie « fondamentale ». Cela m'a conduit, entre autres, à fonder, diriger et mener à bien – sur plus d'une trentaine d'années (1976-2011) – une collection de 101 volumes consacrés à

« Jésus et Jésus-Christ[1] ». Je fus donc très étonné, quelque quatre ans plus tard et alors que j'étais entré en retraite, de voir Christine Pedotti, l'éditrice qui – après André Paul – m'avait accompagné dans cette entreprise, revenir vers moi pour me proposer de publier à nouveau sur Jésus. Comme je lui faisais part de mes fortes réticences à reprendre un sujet déjà si amplement traité, elle me fit remarquer qu'elle ne me proposait pas de refaire ou même de compléter ce qui, après tout, n'avait pas été si mal fait déjà – et elle était assez bien placée pour le savoir –, mais d'en modifier les *destinataires.*

> Votre travail, continuait-elle, n'a en fait touché qu'un public ou de spécialistes ou de lecteurs *déjà* intéressés à la théologie. Ce que je vous propose, moi, c'est maintenant un ouvrage « tous publics », et paraissant chez un éditeur notoirement non confessionnel. Il y a là une vraie attente, à laquelle il faudrait pouvoir répondre. Vous verrez…

Estimant, après une brève réflexion, que je n'avais en somme pour lors rien de mieux à faire, j'ai accepté de me lancer dans l'opération… et, en effet, j'ai vu ! Nous avons constitué un groupe de travail aux compétences diversifiées : trois exégètes et théologiens, un grand libraire, deux spécialistes de l'édition théologique, notre directeur éditorial (toujours présent à nos rencontres), et moi-même. Nous avons défini ensemble le profil de l'ouvrage qui nous paraissait souhaitable, et recruté en conséquence une soixantaine d'auteurs, de sept pays différents. Ce fut un grand chantier. Trois bonnes années plus tard paraissait chez Albin Michel un *Jésus. L'Encyclopédie* de 843 pages, qui fut un très beau succès éditorial : plus de 20 000 exemplaires ont été vendus en français en moins de deux ans – et ce n'est pas fini !

J'ai trouvé là une nette confirmation de ce point pour moi essentiel : il y a dans notre société *telle qu'elle est,* non seulement un vrai *besoin,* mais un besoin *effectivement ressenti,* et même quelquefois très clairement déclaré sur le point suivant : il y a bel et bien des **choses à savoir** en matière de christianisme et de foi chrétienne ! Et beaucoup de gens sont de fait assez largement disposés à s'en laisser informer… du moins là où leur sera apparue clairement exclue toute trace, non pas de foi et de témoignage, mais de propagande et de prosélytisme.

D'autres indices sont d'ailleurs allés tout à fait dans le même sens : avant tout la satisfaction des libraires dès l'annonce de la parution à venir, mais aussi l'intérêt d'emblée déclaré (et suivi d'effets) par plusieurs

1. Aux Éditions Desclée, devenues par la suite Mame-Desclée.

éditeurs étrangers. Je fus cependant plus marqué encore, si possible, par la manière dont a été reçu mon passage dans plus d'une vingtaine de lieux en France où j'étais allé présenter l'ouvrage, durant les six mois qui ont suivi sa parution. La note dominante était partout la suivante : désir de *savoir*, intérêt à *savoir* ! À propos de Jésus lui-même précisément, combien de fois n'ai-je pas, dans ces circonstances, recueilli ce commentaire : « mais je ne savais pas qu'on pouvait "*savoir* tout cela" à son sujet » !

Et si j'avais encore eu besoin d'une confirmation, je l'aurais trouvée dans le fait que, juste avant cette *Encyclopédie* collective éditée donc chez Albin Michel, j'ai été conduit à publier moi-même, au Seuil cette fois, un petit volume (promis de longue date), intitulé *Jésus expliqué à tous,* à la demande de cet autre éditeur qui voulait l'intégrer à une série d'ouvrages d'initiation se proposant d'« expliquer » aussi bien l'évolution des espèces animales ou la faim dans le monde, que la Révolution française ou le Moyen Âge... En moins de trois ans, le tirage a dépassé les 10 000 exemplaires, et connaîtra bientôt une dizaine de traductions (de l'anglais/américain à l'arabe, en passant par le coréen, le polonais et le roumain). Et encore dois-je ajouter que, pour notre seul pays, les ouvrages grand public consacrés à Jésus n'ont fait, et chez un grand nombre d'éditeurs, que se multiplier.

Pour illustrer cet intérêt pour le christianisme comme domaine de « choses *à savoir* », et qu'on est de fait *intéressé* à savoir, je m'en serais aussi volontiers rapporté à un autre aspect de mon expérience personnelle[1] : celui de ma responsabilité épiscopale pendant presque dix ans à Strasbourg... Mais il m'a paru plus suggestif encore de le réserver pour l'étape suivante de ma réflexion. J'y viens.

Il y a quelque chose à comprendre

Fin juin 2006, dans les temps qui ont précédé de peu le déclenchement chez moi des graves ennuis de santé qui devaient me conduire à remettre ma charge d'archevêque de Strasbourg, j'ai eu la joie de présider une grande journée organisée dans le diocèse pour célébrer le vingtième anniversaire de la fondation du « Cycle diocésain d'initiation à la théologie »... en même temps que son millième diplômé ! Étalé hebdomadairement sur deux années universitaires, cet itinéraire spécifique

1. Pour ne rien dire de l'extraordinaire aventure qu'a été pour moi le « Cours de christologie » de premier cycle qu'il m'a été donné de professer à l'Institut catholique de Paris pendant une bonne quinzaine d'années.

de formation dans lequel interviennent les professeurs de la faculté de théologie de Strasbourg, propose (selon un programme et un horaire adéquats au public concerné) « un parcours d'ensemble des choses de la foi et de l'Église qui [...] permette de *savoir* et de connaître, mais aussi de se situer et de *comprendre* » (j'en cite ici les Statuts).

La circonstance rassemblait plus de 250 personnes. Il y eut des témoignages et des « relectures d'itinéraires » personnels ou collectifs, une évocation des évolutions constatées dans le parcours accompli puis, corrélativement, un échange sur des ajustements à prévoir pour l'avenir... Mais, pour finir, avant une eucharistie spécialement festive, il y eut aussi un long et dense partage d'évaluation générale portant sur *l'intérêt* de la théologie pour ceux qui avaient osé céder à l'envie de la pratiquer et fait le choix de la fréquenter.

Or ce qui m'a alors par-dessus tout frappé dans cette lumineuse journée – et je ne me suis pas privé de le souligner dans mon intervention finale de forme opportunément homilétique – c'est l'impression quasi-palpable d'un vrai *bonheur de comprendre* en lequel paraissaient se reconnaître et se rejoindre tous les présents. Pour traduire ce sentiment partagé, j'ai repris le mot de saint Paul déclarant que la foi est une *logikê latreïa. Latreïa*, ai-je souligné : ce mot grec veut clairement dire « hommage » ou, plus précisément encore, « culte » ; il est en revanche assez courant que le second mot, *logikê*, soit source d'équivoque : on le traduit assez couramment par « spirituel », l'expression paraissant alors faire état d'un « culte spirituel ». Or ce n'est pas du tout le sens du qualificatif retenu par Paul. L'apôtre avait à sa disposition l'adjectif *pneumatikos/ê* s'il avait effectivement voulu renvoyer là à l'Esprit Saint et au domaine spirituel/pneumatologique. Or il a bel et bien choisi, plutôt, l'adjectif *logikê* qui, lui, dérive de *logos*, mot qui veut dire « parole, verbe, discours, raison » ! Le culte auquel nous sommes invités par l'apôtre Paul est donc bel et bien un culte *logique*, c'est-à-dire : réfléchi, raisonné – autrement dit : intelligent ! J'en ai profité pour, sur la lancée, renvoyer à Péguy (qui figure pour moi parmi les témoins essentiels, dont j'ai déjà cité plusieurs) : si la foi n'est autre que « le bel agenouillement droit d'un homme libre », on comprend que l'opinion de Dieu lui-même à son sujet soit la suivante : « Quand on a connu ce que c'est que d'être aimé par des hommes libres, les prosternements d'esclaves ne vous disent plus rien[1]. »

1. Attention, pas d'équivoque ici ! Là où la prosternation traduit une profonde attitude de vénération et de révérence, Péguy ne la dénonce évidemment pas.

Pour bien mettre en valeur que la possibilité de *comprendre* est ici un élément déterminant, j'ai alors renvoyé mon auditoire du moment à un propos cette fois de Sören Kierkegaard. Enregistrant tout bonnement que tout être humain veut évidemment avant tout (et au moins) *exister*, le grand philosophe danois fait remarquer que, pour un être *humain* justement, « exister », ce n'est pas seulement « être-là » ou, disons, « avoir-lieu-ici »... C'est, à la lettre, « avoir-à-être » – et même : avoir à se prendre en charge soi-même *pour* faire, pour être, et pour devenir... ceci ou cela... qui sera ma vie même ! Chacun est donc à vrai dire dans la situation de devoir s'orienter, se donner une direction – en fonction de quoi son existence prendra un sens bien précis, et sa vie une signification effectivement voulue par lui. Il en va ainsi déjà, en somme, chaque matin pour chacun de nous ; mais cela se vérifie bien sûr tout particulièrement aux étapes marquantes de notre existence personnelle... Or la question se pose alors quasi-incontournablement quand on y réfléchit un tant soit peu : quelles références « se reconnaître » pour être en mesure de donner, ainsi, un sens choisi à notre simple « être-là » ? Le risque existe toujours de n'exister qu'à 20, 30 ou 40 % de nos possibilités réelles, et donc de négliger de fait tout un *potentiel* qui est, en nous-mêmes, de l'ordre de la lucidité, de la disponibilité, de la générosité – de la *compréhension* –, et qui ne demanderait bel et bien pourtant qu'à s'investir... Mais qui restera en réalité improductif, tant qu'on n'aura pas découvert et choisi en fonction de quoi et comment on pourrait l'engager. Au fond, diagnostique alors ici Kierkegaard, « *on n'existe toujours que dans ce qu'on a compris* » !

C'est précisément ici que la foi peut entrer en jeu, si l'on s'est donné la peine : 1) de prendre sérieusement *connaissance* de ce qu'elle propose, et 2) de chercher à *comprendre* en quoi elle est susceptible d'éclairer nos questions *existentielles*, nos « questions d'homme » (Georges Morel). À savoir : les questions que nous pose effectivement la prise en charge *responsable*, qu'il nous revient de faire, de notre propre existence en ce monde. L'office de la théologie sera ainsi d'éclairer que et comment il pourrait nous être possible d'*exister* (aussi) en référence à ce que la foi

---

Comment pourrais-je d'ailleurs oublier que, comme le veut le rituel catholique, et à trois reprises – pour mes ordinations successives de diacre, de prêtre et d'évêque –, je me suis moi-même allongé de tout mon long, face au sol, sur les dalles du sanctuaire, pendant que l'assemblée invoquait sur moi l'intercession de tous les saints du Paradis ?

chrétienne donne à *comprendre*. Et qu'elle nous précise globalement ainsi – ce fut ma formulation du moment : nous ne venons pas *du chaos* puisque nous venons ***de Dieu***, « le Père tout-puissant, créateur » ; nous n'allons pas *au néant* puisque nous allons ***à Dieu*** dont l'Esprit, capable de nous investir pleinement, « fera pour nous toutes choses nouvelles » ; et, entre-temps, nous ne vivons pas *dans le hasard* mais ***avec Dieu***, puisqu'il nous a été donné de reconnaître en Jésus le Christ celui qui *est* « la Voie, la Vérité et la Vie ».

Logikê latreïa : éclairée par la théologie, la foi peut finalement apparaître comme cet hommage intelligent et réfléchi que, dans le bonheur de l'action de grâce, l'être que je suis peut rendre à ce Dieu que j'ai reçu la grâce de pouvoir reconnaître comme la Vie de ma vie.

Il y a quelque chose à décider

Réfléchir la foi, chercher à la penser davantage pour la comprendre mieux : telle est donc la tâche fondamentale de la théologie. Mais, il faut bien le voir, « la foi » dont il est question ici est à entendre de deux manières. D'un côté, il y a l'*objet* de la foi, c'est-à-dire « ce que » il s'agit de croire ; mais d'un autre côté, il y a un *sujet* de la foi : il y a « celui qui » est appelé à poser l'acte de croire. On peut dire que la tâche de la théologie est justement de chercher la rencontre des deux, et de s'efforcer de la rendre toujours *mieux* possible.

Comment procède-t-elle pour cela ? La brève allusion que je viens de faire à Kierkegaard a commencé de répondre à cette question, dans la mesure où elle a bel et bien fait apparaître que *ce qui* est proposé à croire demande à être mis en rapport avec *celui qui* en vient à se poser la question de croire. On peut du reste souligner que c'est bien déjà ce que se propose de faire tout catéchiste et même tout croyant soucieux non seulement de témoigner de sa foi mais, autant que possible, d'« en répondre »… Reste seulement à ajouter que, de manière certes technique, intellectuellement élaborée et scientifiquement appareillée, la théologie ne fait elle-même que : 1) par les moyens de l'exégèse et de l'histoire, s'employer à pousser le plus loin possible l'investigation de *ce qui se présente à croire* (l'objet de la foi), et 2) en débat avec la philosophie et les sciences humaines en général, rechercher, chez *celui-là même qui s'interroge* (le sujet de la foi), ce qui pourrait déjà l'ouvrir, le disposer voire le porter à la rencontre de la foi.

Or, si, conduisant une telle opération, la théologie ne peut que reconnaître que ce qu'annonce la foi est un « grand mystère », elle ne manque pas de moyens pour faire corrélativement apparaître que – en recherche de foi ou non – tout être humain s'apparaît *déjà* à lui-même comme un mystère. Du moins à partir du moment où il en vient à s'interroger lui-même sur ce qui pourrait donner sens à sa vie, représenter pour lui un sens (ultime), lui désigner un Orient. On peut finalement dire que la théologie ne cherche rien d'autre que d'essayer d'être intellectuellement (et pratiquement!) logique avec ce simple axiome : *le vrai chemin vers le mystère de Dieu est toujours et encore le mystère que, déjà, chaque être humain est à lui-même*[1].

Moyennant quoi il ne faut pas compter sur la théologie pour qu'elle évite à celui qui la pratique d'avoir à décider, à *se* décider... ce qui serait d'ailleurs faire comme si on pouvait le priver (ou le dispenser) de sa liberté ! Tout au contraire, elle le place radicalement face à sa plus authentique liberté. Elle rend celui qui la pratique attentif au fait que *vivre* en sachant pourquoi, pour quoi et pour qui, *est à décider*; et que la foi chrétienne peut justement offrir pour cela un éclairage et un soutien, une orientation et un chemin. Comme d'ailleurs Jésus lui-même, elle dit : « Viens et vois, entends et écoute ; décide comme tu penseras alors pouvoir et devoir le faire – et puis va ton chemin ! »

Sachons le dire : la théologie peut faire apparaître que *la foi chrétienne* n'est pas un ennui et une source de complications de plus dans la vie – n'y en a-t-il pas déjà assez ? Elle peut, tout au contraire, se révéler à nous comme une lumière et une force, comme un bonheur et une bénédiction. Mais elle ne pourra être cela qu'en tant que pour sa part elle présentera la foi à la libre décision de chacun de ceux qui voudront bien lui porter attention et, au moins, commencer de

1. Selon la foi chrétienne, et déjà selon saint Paul, le « mystère » n'est pas seulement quelque chose qui serait par définition inaccessible à la connaissance humaine, mais « ce qui surpasse toute connaissance ». Il ne peut donc être accessible que s'il prend lui-même l'initiative de se révéler ; et il apparaît plus grand encore lorsqu'il est révélé que tant qu'il était resté « caché » (Col 1, 25-29). Corrélativement d'ailleurs, ayant découvert avec Pascal que « l'homme passe l'homme », ce dernier peut aussi en venir à présumer que la réalité par rapport à laquelle il est appelé à se situer lui-même pourrait elle aussi « passer » beaucoup l'idée qu'il avait déjà éventuellement pu réussir à s'en donner à lui-même. Dans ce contexte, je renvoie volontiers à celui des deux théologiens de langue allemande qui, à côté de Hans Urs von Balthasar (et Ratzinger mis à part, j'ai dit pourquoi), a le plus compté pour moi, à savoir Karl Rahner. On gagnera toujours à se reporter principalement à son magistral *Traité fondamental de la foi*, Le Centurion, Paris, 1983 ; repris aux Éditions du Cerf en 2011 comme n° 26 des *Œuvres* complètes.

s'engager sur le chemin de pensée et de vie qu'elle pourrait s'avérer susceptible d'ouvrir.

Mais il y a aussi quelque chose à entretenir…

Parce que, comme nous venons de le vérifier, il y a en matière de foi quelque chose à savoir et, à partir de là et plus encore, quelque chose à comprendre, *la théologie* est à considérer comme *une nécessité* dans et pour l'Église. Ce n'est certes pas le lieu d'y insister davantage[1], mais je veux au moins souligner que, en France au moins, il y a désormais *péril* à son sujet. Avant tout parce que, à terme en tout cas, les facultés de théologie sont de diverses manières menacées. Tant de tâches sollicitent les prêtres, les religieux et ceux des laïcs qui sont disponibles pour un service d'Église, qu'il est devenu et sera de plus en plus difficile d'en libérer au moins quelques-uns pour le temps de formation et pour les *engagements spécifiques* nécessaires à une vraie qualification en matière de théologie ! Aussi la question est-elle d'ores et déjà posée : si et le nombre des enseignants et celui des étudiants s'amenuisent encore, *qui* fera vivre la réflexion proprement *théologique* dans notre Église ? Une seule illustration concrète, côté enseignants : si on n'y prend garde, dans dix ou vingt ans (ou moins), y aura-t-il chez nous un seul professeur capable de donner un enseignement *de première main* sur, par exemple, le Pentateuque, compte tenu de l'ensemble des connaissances qui sont évidemment requises pour y être apte : déjà en matière de langues (anciennes et d'aujourd'hui), mais aussi et encore en archéologie et en histoire… avant même qu'il soit question d'exégèse et de théologie *bibliques*[2] ? C'est bien pour mettre en valeur l'importance de ce type d'interrogation par rapport à l'avenir que j'ai donné au présent développement un titre qui faisait état, à propos de la théologie, d'un « quelque chose à entretenir » !

1. Je pourrais ici renvoyer à ma trilogie publiée aux Éditions de l'Atelier, t. I, *La Révélation* ; t. II, *La foi* ; t. III, *La théologie*, Paris, 1998.

2. En gros jusqu'aux chamboulements et prises de conscience liés à Mai 68, lorsque le doyen de la faculté de théologie de l'Institut catholique de Paris avait besoin d'un enseignant, il lui suffisait de s'adresser aux provinciaux dominicains ou jésuites de notre pays pour en obtenir un, que sa propre formation dans son Ordre avait suffisamment qualifié en la discipline concernée ; pour être capable d'en assurer l'enseignement universitaire. Je puis en témoigner et comme enseignant et comme doyen : ce ne fut pas longtemps le cas !

Il faut cependant bien se rendre compte que ce n'est pas juste une affaire de pénurie. Beaucoup plus profondément paraît jouer aussi une insuffisante prise de conscience et peut-être même, y compris en haut lieu, un certain manque de conviction… Pour m'en expliquer quelque peu, je propose ici deux évocations, avant une troisième, plus anecdotique mais fort révélatrice à sa manière, on comprendra vite pourquoi.

Première évocation : en France du moins, la place faite à la théologie *dans notre système universitaire*. À la différence de ce qui se vérifie en des pays aussi peu susceptibles de sous-développement culturel que l'Allemagne, la Grande-Bretagne ou les États-Unis, la théologie n'a pas/n'a plus sa place *comme telle* dans l'Université française[1]. C'est comme ça et on ne va pas en faire tout un fromage, assurément… D'autant que l'on connaît « par cœur » les facteurs et les circonstances – y compris politiques – qui expliquent historiquement une telle situation (et reconnaissons que grandes furent en la matière les responsabilités des gens d'Église et de la théologie elle-même). On sait par ailleurs, et à l'inverse, qu'en un certain nombre de lieux, à commencer par Paris, la situation a fini par s'améliorer et qu'avec le temps des accords et des contrats ont pu être passés entre facultés de théologie et universités d'État. Il n'en semble pas moins que nous restons ici assez loin du compte et – redisons-le – pas seulement à cause de nos « partenaires » !

Deuxième évocation, plus ou moins liée d'ailleurs à la précédente : l'opinion publique ou même *la « culture générale »* en notre pays. Je ne manque pas d'informations concernant le souci qui a été pris, chez nous, de ce qu'on appelle « l'enseignement religieux » ; par ailleurs, je crois pouvoir dire que je ne sous-estime pas tout ce qui a été fait et se poursuit en matière de catéchèse en général. Mais je dois bien constater que, chez beaucoup d'adultes d'aujourd'hui, quelle que soit leur position dans la société et jusqu'à une époque récente, l'idée suivante tendait à prévaloir : le christianisme, Dieu, l'Église « et tout ça », on sait bien ce qu'il en est, quand même ! Le fameux « catéchisme » et même tout notre contexte socio-historique nous ont suffisamment instruits sur tous ces points, voyons ! Résultat ? Regardez un peu la bibliothèque d'un médecin, d'un notaire ou d'un chef d'entreprise de notre pays : vous y trouverez, éventuellement à foison, de la littérature générale, des romans, des polars, des livres d'histoire ou même de « science », mais combien d'ouvrages de théologie ou d'exégèse ?

1. À la notable exception, cependant, de Strasbourg !

Je m'empresse de le préciser : j'estime être assez bien placé pour savoir que la faute est *très loin* d'en incomber aux intéressés, car qu'a fait la théologie (et, au-delà ou en deçà d'elle, qu'a fait l'Église en général) pour se rendre accessible à d'autres publics que celui des « clercs », si pertinemment nommés en l'occurrence ? Je fais partie de ceux qui, à l'Institut catholique de Paris, ont contribué au lancement, à partir de la toute fin des années 1960, du « Parcours de formation théologique pour laïcs » (la fameuse « Formation C »)[1]. Par la suite à Strasbourg, sur l'autre versant, plus pastoral, de mon engagement ecclésial, j'ai beaucoup soutenu le Conseil des services de formation diocésains en général (je participais à toutes ses réunions), et particulièrement ce Cycle diocésain d'initiation à la théologie dont j'ai parlé plus haut. Je vois bien, aussi, ce que pratiquement tous nos diocèses français ont maintenant mis sur pied comme organismes à la fois adaptés et spécialisés en matière de formation religieuse et théologique, et je viens de donner un exemple de ce qui a également été fait en matière d'édition religieuse en direction d'un très large public… Mais je dois bien enregistrer aussi que, outre que côté « clercs » justement on ne s'est pas toujours réjoui de cette forme précise de « montée des laïcs[2] », on risque de se retrouver bientôt en manque de formateurs (et de candidats) en ce domaine qui devrait pourtant être tenu pour vital, et même pour prioritaire, dans notre Église.

En troisième et dernier lieu, je voudrais maintenant évoquer un simple épisode, mais assez révélateur je l'ai dit, car il concerne des responsables de l'Église. En mars 2012, la Conférence des évêques de France avait décidé de célébrer avec éclat le cinquantième anniversaire de l'ouverture du grand événement ecclésial qu'a été le concile

1. Voir, déjà, « La Formation C a vingt ans », *Revue de l'Institut catholique de Paris*, n° 31, juil.-sept. 1989, p. 17-27.

2. Il me souvient qu'en mes plus de vingt-cinq ans à l'Institut catholique de Paris il m'est arrivé à plusieurs reprises de constater des réactions de cet ordre de la part de curés ou vicaires de paroisse ou d'aumôniers de mouvements apostoliques ou spirituels… mais aussi de la part de chrétiens laïcs ! Cela me parut nettement moins marqué au temps de mon épiscopat en Alsace. Sans doute parce que, du temps ayant passé, certaines prises de conscience avaient progressé ; mais aussi pour une autre raison : la féconde contribution à la vie ecclésiale diocésaine de ceux qu'en notre régime concordataire nous appelions les « coopérateurs [laïcs] de la pastorale » suffisait à manifester la fécondité (et la nécessité) de la formation *théologique* qui les avait préparés à pareille mission.

Vatican II. Avaient été invités, autour de tous les évêques français réunis pour leur assemblée plénière de printemps, des représentants de tous les diocèses de notre pays. Ce fut une belle rencontre, réunissant environ un millier de personnes : prêtres, diacres, religieuses et religieux, animateurs divers de la vie ecclésiale, représentants des paroisses, groupes, mouvements, instituts, communautés, que sais-je ? Bien qu'alors déjà retraité, je m'étais fait à la fois un devoir et une joie d'être présent – et je n'eus vraiment qu'à me satisfaire des évocations historiques, témoignages de participants (le cardinal Etchegaray par exemple), célébrations liturgiques et autres, auxquels sur deux jours nous avons alors été conviés… Mais quelles ne furent pas ma surprise et ma déception de découvrir que, lorsqu'il s'est agi de passer à une réflexion proprement *théologique* sur l'événement conciliaire et sa portée ecclésiale pour aujourd'hui, la parole fut donnée à trois *évêques*. La qualité de leurs conférences respectives, qui fut grande, n'est pas en cause, je le jure ; et je ne serais certes pas le dernier à estimer que les évêques peuvent être qualifiés pour intervenir aussi en théologie. Mais, enfin, comment a-t-il pu se faire qu'aucune des interventions sollicitées au titre de la théologie n'ait été demandée à un théologien *de métier*, effectivement en mission et en charge d'exercer alors, dans notre Église, la responsabilité propre de théologien ? Sans en faire bien sûr tout un plat là encore, j'ai évidemment fait part de mes remarques à qui de droit parmi les organisateurs des deux journées : comment avait-on pu à ce point « oublier » toute la part que les « experts » avaient prise à la préparation, au déroulement et à la mise en œuvre de ce grand concile que l'on célébrait ? Comment n'avait-on pas eu l'idée qu'on aurait pu saisir cette si propice occasion pour manifester officiellement, et montrer à tous les présents, l'importance effective que l'on reconnaît toujours à la tâche théologique dans l'Église ? Comment, enfin, n'avait-on pas saisi là l'opportunité de manifester aux théologiens eux-mêmes l'estime qu'on leur porte, et le besoin que l'on veut avoir dans l'Église de leur exigeant travail ?

3. Trois éléments problématiques sont à soumettre à réflexion

Venons-en maintenant à « la chose même », la « *Sache selbst* » comme disent les Allemands ! Il s'agit dans cet ouvrage, et (on vient de le repréciser) avec l'aide de la théologie, d'y voir plus clair sur ce qu'il en est de l'Église – plus exactement avons-nous dit : sur ce qu'elle est *appelée* à être. Et il s'agit d'éclairer ce point en ne perdant pas de vue qu'il s'impose pour cela de prendre en compte son si problématique état présent, avec sa crédibilité si largement mise à mal dans le monde, la société, la culture qui sont les nôtres. Venons-y donc.

On peut ici repartir de l'« explication » la plus spontanée que l'Église peut donner d'elle-même, et que nous avons déjà mentionnée. Disons tout simplement qu'elle se comprend comme le Peuple des croyants qui ont répondu à l'appel à eux adressé par *Dieu* à travers *Jésus-Christ* pour qu'ils témoignent ensemble au monde qu'un *salut* lui est ouvert. Or il est assez clair que rien de tout cela ne relève aujourd'hui de l'évidence. Ceux qui l'ont appris ne l'ont certes pas tous oublié, mais cela n'est pas nécessairement resté très présent à leur esprit, et en tout cas ils ne puisent pas toujours là l'inspiration fondamentale de leur pensée et de leur vie. Parmi ceux qui le savent encore plus ou moins il en est plusieurs, et non des moindres, qui se conduisent à l'inverse de ce qu'ils devraient en conséquence en déduire. Enfin, et c'est l'évidence même, un nombre considérable et croissant d'hommes et de femmes l'ignorent totalement, s'en désintéressent, y résistent ou le combattent.

Reconnaissons-le donc sans ambages : les trois éléments principaux de la sorte d'autodéfinition de l'Église que je viens de rappeler font problème, et par conséquent appellent la réflexion : *Dieu* lui-même déjà, et d'autant plus qu'il est dit être à l'origine de tout ; *Jésus-Christ*, qui est ici tenu pour son Envoyé et représentant qualifié ; et enfin *le salut* que celui-ci est censé être venu ouvrir à l'humanité. Plus précisément encore : non seulement tout cela ne dit plus rien, ou que très peu de chose, à ceux qui ou bien sont incroyants ou bien croient autrement ; mais même à nombre de « fidèles », cela est devenu problématique, du moins dans la mesure où, quelle que soit chez eux la cause de pareille attitude, ils ne sont pas (ou plus) disposés à l'admettre pour la seule raison que la Tradition chrétienne et l'Église l'enseignent.

La conclusion ne s'impose-t-elle pas alors d'elle-même : la tâche prioritaire de l'Église (du même coup très concrètement appelée à convertir sur ce point son comportement !) est de tout faire pour que ces trois données sur lesquelles repose donc sa propre identité puissent trouver ou retrouver une vraie crédibilité dans la culture et la société d'aujourd'hui.

D'abord, Dieu !

Assurément, c'est déjà à propos de Dieu que, dans notre énoncé de référence, se pose pour beaucoup de nos contemporains une première question. À vrai dire, on pourrait peut-être mettre en doute qu'il en aille de fait ainsi, tellement, pour une grande majorité de nos contemporains, toute interrogation concernant précisément Dieu apparaît au contraire toujours-déjà tranchée. Soit par la négative : on n'a plus besoin de Dieu pour expliquer quoi que ce soit, voyons ; comment pouvez-vous encore, aujourd'hui, vous y référer ? Soit positivement : on peut tellement peu se passer de Dieu que, lorsqu'on ne le reconnaît pas comme tel, on s'en donne nécessairement un substitut – réussite personnelle, « lendemains qui chantent »... ou progrès incessants et tous azimuts... En réalité, dans la mesure même où elles se présentent comme péremptoires, ces deux positions se disqualifient l'une l'autre, et à la réflexion on ne peut donc que les renvoyer dos à dos. Finalement même, ces prétendues réponses ont en commun d'être radicalement exposées à la même réaction, que je pourrais au fond formuler sur le mode des premiers mots de *Zazie dans le métro* – référence difficilement contestable, on me l'accordera : « D'où c'que c'est donc si clair ? » Au bout du compte, les assertions péremptoires ne réglant rien, on se retrouve bel et bien, ici et là, dans la nécessité d'argumenter – ce qu'à l'occasion on ne manque pas de faire...

Sur le premier front, l'évidence du *non*, on prétend bien trouver dans « la science » un réservoir inépuisable d'objections fondamentales. J'en retiens une seule, prise des approches scientifiques du cosmos (que je m'étonne du reste quelquefois de voir, tout compte fait, si peu prises en compte) : qu'est-ce que cela peut bien signifier, pour nous êtres humains, de prétendre faire référence à (un) Dieu, quand on sait que l'univers, d'ailleurs en constante expansion, est constitué de milliards de galaxies, chacune étant mesurable en milliards d'années-lumière ; et quand on sait de surcroît que, dans ces immensités spatiales et « chronologiques » qui ne peuvent que nous donner le tournis, l'humanité n'occupe qu'un segment infime, l'aboutissement à « *homo* » ayant quand même exigé la bagatelle de quelques millions d'années ? Pourquoi ne l'avouerais-je pas : l'abonné fidèle et lecteur régulier de *Sciences et Avenir* que je suis depuis plus de soixante ans maintenant, ne peut pas balayer d'un revers de main une telle interrogation. Quitte à y revenir un peu plus tard, je puis au moins confier déjà que je n'ai pu que me sentir d'emblée accordé ici avec le sentiment de Pascal – encore lui ! – dès que j'en ai eu connaissance, lorsqu'il se déclare à la fois effrayé par « le silence éternel de ces espaces infinis », et totalement perplexe devant cette infime poussière qu'est chaque individu humain, perdu dans ce tout petit recoin de l'univers qu'est notre si modeste planète.

Quant au second front, celui de la prétendue évidence du *oui*, il ne manque pas, lui non plus, d'argumenter à l'occasion. Le raisonnement est bien connu, et il se module de diverses manières : « Pourquoi y a-t-il quelque chose plutôt que rien ? » – ou bien, pour citer cette fois Voltaire (et pourquoi ne pas le faire quand on a déjà par ailleurs évoqué et Pascal et Montaigne ?) :

> Plus en moi-même j'y pense et moins je puis songer
> Que cette horloge marche et n'ait point d'horloger !

Finalement, comme dans l'antique Grèce Hippocrate et Galien, et en argumentant ou pas, les uns disent oui, et les autres disent non. Comment trancher alors, car il le faudrait bien quand même… peut-être ? On peut au moins et en tout cas déduire de là qu'en pareille matière (comme en bien d'autres) les seules forces du raisonnement et de la démonstration ne permettront pas (ou plus) de trancher. Quoi ou qui le pourra alors ?

Ensuite, le salut ?

Quoi qu'il en soit, feront alors remarquer un certain nombre, il ne s'agit pas là d'un débat purement formel ou théorique, par rapport auquel on pourrait rester de bout en bout totalement neutre voire camper éternellement dans une indifférence et une tranquillité béates. Après tout, que Dieu existe ou qu'il n'existe pas n'est peut-être pas équivalent, tant pour la compréhension que je peux avoir de ma propre existence et du sens que je peux lui donner, que pour ma vision du monde et ma conception de toute l'aventure humaine en son sein !

Il faut bien en tout cas le reconnaître : que Dieu existe ou non, c'est dans ce qu'un Malraux ou un Camus, et tant d'autres avec eux, appellent *la « condition humaine »*, qu'on en pose (ou non) et qu'on en résout (ou pas) la question ! Or, comment le nier, cette condition apparaît radicalement marquée par ce qu'on appelle « le mal ». Et, un jour ou l'autre, d'une manière ou d'une autre, tout être humain est bel et bien amené à en faire l'expérience. Cela du reste, précisons-le, sous les deux formes principales que sont, d'un côté, le mal dit *« physique »* (souffrances corporelles et mort, tourments psychologiques de tous ordres) et, de l'autre, le mal dit *« moral »* (ce qui contrevient à ce qu'on estime pouvoir tenir pour « le bien », pour le « vivre selon le bien »).

Ayant reconnu cela, on ne peut cependant manquer de relever que c'est précisément sur ce terrain-là que Dieu est le plus souvent et principalement « attendu » en tous les sens de ce terme. On doit d'ailleurs souligner que c'est bien de là que, logiquement au fond, sont en fait nées toutes les religions, et à partir de là qu'elles ont trouvé le crédit dont elles jouissent toujours. Tradition biblique chrétienne comprise bien entendu, elles se présentent en effet toutes et sont toutes cultivées, justement comme des propositions de *salut*[1].

Or ici, l'interrogation se relance très évidemment : vous avez dit « salut » ? Mais qui est qualifié, et en vertu de quoi, pour en proposer un, et qui soit digne de ce nom ? Ou plutôt : où, et comment voit-on en advenir un ? Ne voit-on pas, tout au contraire et assez régulièrement hélas, tremblements de terre, tsunamis et autres catastrophes naturelles multiplier imparablement les victimes sur toute la face de la terre et tout au long de l'histoire ? Et, dans le « monde humain » cette fois, n'est-ce pas trop souvent le méchant, le nanti, le prétentieux, le puissant qui triomphe, au détriment du petit, du pauvre, du démuni, de l'oublié ? Enfin, objection des objections, scandale « de chez » scandale : où est donc Dieu – ou alors à quel « dieu » avons-nous affaire là –, lorsque nous nous retrouvons face à un déferlement aussi abominable que la Shoah ou bien, tout près de nous et si souvent, devant ce terrible calvaire infligé à un seul petit enfant qui scandalisait tant Camus ? La question, il faut bien le reconnaître, est alors rien de moins qu'incontournable : Dieu, votre Dieu, qu'avons-nous à faire de lui s'il ne se manifeste en réalité pas là où nous autres nous l'attendrions, là où il pourrait justement avoir sa place toute trouvée, là où – ne pouvant plus, tout bien pesé, compter sur rien ni personne et surtout pas sur nous-mêmes –, nous serions finalement *peut-être* disposés à l'accueillir ? Lorsqu'en effet il n'y a plus d'issue pour nous, lorsque

1. C'était l'un des points d'insistance majeurs du grand spécialiste du bouddhisme (et des religions extrême-orientales) qu'était dom Pierre Massein, moine puis abbé de Saint-Wandrille en Normandie, avec qui j'ai conduit pendant six ans, à l'Institut catholique de Paris, un séminaire de recherche pour doctorants intitulé « Bouddhologie et christologie ». Comme illustration de notre champ de travail commun et de notre type de collaboration, je peux renvoyer à Paul Poupard (dir.), *Dictionnaire des religions*, 3e éd. revue et augmentée, PUF, Paris, 1993, art. « Divin dans le bouddhisme/dans le christianisme », t. I, p. 510-513, et « Salvifique dans le bouddhisme/dans le christianisme », t. II, p. 1808-1812, que nous y avons signés ensemble.

manifestement nous sommes « au bout du rouleau », nous pressentons bien que seul un salut[1] pourrait nous tirer de notre péril. Ou, plutôt, seul un Être à la fois *capable* de sauver et *résolu* à le faire. Cet Être qu'alors, oui, nous pourrions peut-être consentir à reconnaître comme Dieu, à « nommer Dieu[2] » ? Mais de quelle « sorte d'être » pourrait-il s'agir alors et, surtout, quel type d'accès et quel type de reconnaissance pourraient nous être ouverts vers Lui ?

Alors, Jésus…

Nous l'avons relevé, toutes les religions du monde se caractérisent comme religions par le fait qu'elles proposent un salut, et chacune d'entre elles se distingue des autres par un type et des moyens de salut bien définis. La « religion » dite « chrétienne » ne fait pas exception. Dans ce cadre très général, elle se spécifie très clairement, elle, par le fait qu'elle professe qu'un certain *Jésus de Nazareth* s'est révélé et a pu être reconnu comme celui que Dieu a décidé d'envoyer aux hommes pour qu'il soit leur Sauveur. C'est en effet justement *cela* que signifie le fait que « ce Jésus » a été reconnu comme « Christ », c'est-à-dire comme « Messie », *Christos* « disant en grec ce que *Meshiah* dit en hébreu » (Henri Cazelles).

1. Je sais bien qu'il est courant d'entendre dire que le mot « salut » et le verbe « sauver » ne « parleraient » *plus* aujourd'hui, mais je n'en crois rien du tout. Il ne m'échappe certes pas que beaucoup d'entre nous estiment qu'on ne peut pas ou plus compter avec ou sur un salut – mais la raison n'en est pas que le mot ne ferait plus « sens » aux temps de la modernité triomphante ou même dépassée. J'ai souvent rapporté cet épisode qui, à mes yeux, tranche définitivement le problème : à un enfant qui lui disait qu'un de ses proches, gravement malade, était « sans doute perdu », une « maman catéchiste » (qui m'a rapporté l'épisode) eut le réflexe de poser en retour la question : « Et le contraire de "perdu", ce serait quoi ? » La réponse fusa, immédiate : « Mais "sauvé", voyons ! » La question n'est pas que « les gens » ne comprendraient plus aujourd'hui ce qu'un « salut » pourrait bien vouloir dire. Elle est qu'ils ne voient pas où, crédiblement à leurs yeux, il leur en est proposé un.

2. Je ne résiste pas à l'envie de renvoyer ici à l'ouvrage *Nommer Dieu* (Cerf, coll. « Cogitatio fidei », nº 100, Paris, 1980 ; voir mon compte rendu dans *Recherches de science religieuse* 70 (1982), p. 415-423) qui a beaucoup compté pour moi à un certain moment, et que signait un théologien protestant – toujours les théologiens ! – de belle culture, de grande humanité et de haut vol, qui fut de surcroît un merveilleux ami : André Dumas.

Par là il apparaît en tout cas clair, d'abord, que tout dans le christianisme – y compris Dieu lui-même ! – est rattaché à Jésus et dépend de lui... et aussi, par conséquent, que c'est finalement sur Jésus qu'il faut donc bien commencer à s'interroger lorsque l'on n'est pas (ou plus) disposé à se rallier à cette religion-là (et au Dieu qu'elle propose) pour la seule raison que l'Église prétend être fondée à les promouvoir.

Il n'est évidemment pas question de présenter ici et maintenant en détail cette foi chrétienne qui reconnaît en Jésus de Nazareth le Christ de Dieu... avec d'ailleurs la conséquence que cette reconnaissance même conduit celui qui la décide à réviser totalement et l'image de *Dieu* et l'idée du *salut* dont, soit en y adhérant soit pour les récuser, il était parti. Je n'en puis pas moins assurer mon lecteur que la suite de mes propos ne manquera pas de lui fournir les éléments nécessaires à la poursuite de nos réflexions en ces pages. Mais je crois pouvoir aussi et en tout cas être autorisé à le renvoyer, sur la question, à l'ouvrage *Jésus : l'Encyclopédie*, dont j'ai assuré la direction éditoriale théologique, qui est paru chez Albin Michel, et que j'ai déjà évoqué (en précisant d'ailleurs qu'il a occupé une part importante du temps durant lequel j'ai été conduit à différer la mise en chantier du présent livre).

En revanche et sans plus attendre, concernant le premier des « deux fondamentaux du christianisme » (et donc de l'Église) qu'est *la foi*, je vais maintenant me tourner vers le second des deux aspects qu'il comporte et que j'ai dits être à bien distinguer : à côté de l'aspect dit « objectif » qui correspond à *ce qu*'il s'agit de croire, l'aspect dit « subjectif » qui renvoie à *celui qui* est invité à croire[1]. Car s'il revient certes à l'Église, c'est-à-dire à ceux qui croient déjà, de se préoccuper de proposer aux autres *ce qu'il y a à croire*, il leur incombe aussi de réfléchir à *la manière* dont il convient de s'adresser à ceux qui n'ont pas (ou plus, ou que peu) cette foi. Cela veut dire qu'il fait aujourd'hui partie de la conversion de l'Église de se soucier bien davantage qu'elle ne le fait de la manière dont elle est « appelée à appeler » *à la démarche de foi*. Or cela suppose que l'on commence par se souvenir de la manière dont les choses se sont passées de ce point de vue depuis les origines de la foi chrétienne.

1. La terminologie théologique traditionnelle distingue la « *fides* ***quae*** *creditur* » (la foi qui est crue), et la « *fides* ***qua*** *creditur* » (la foi par laquelle on croit).

II. Appeler à la démarche par laquelle on devient un croyant chrétien

Il n'y aurait jamais eu ni Église ni foi chrétienne si ceux qui furent les premiers disciples de Jésus n'avaient pas *cru* en lui, puis témoigné de lui au titre de la *décision* personnelle à laquelle il les avait appelés, et qu'ils avaient su prendre, de le reconnaître comme l'Envoyé-Messie-Fils de Dieu. Cela veut dire que la foi des chrétiens ne se présente pas seulement comme un ensemble de vérités, et finalement un enseignement et une doctrine, concernant Dieu, les hommes, et leurs rapports. C'est aussi *tout un chemin déjà accompli* de réponse, d'adhésion, de reconnaissance, de « confession » qui a commencé dès le rapport qui s'est établi entre Jésus et ses disciples, pour se poursuivre depuis lors, et aboutir maintenant à nous atteindre – à nous interpeller – nous-mêmes dans notre aujourd'hui. Autrement dit, « la foi chrétienne », c'est *aussi* tout un processus de transmission à travers les siècles, dans lequel chaque croyant (potentiel puis déclaré) est appelé à trouver et à prendre, personnellement, sa place.

1. Tout un processus de transmission

La transmission du témoignage – de « la Bonne Nouvelle » – concernant Jésus se fit d'abord tout simplement de bouche à oreille, puis à la faveur de rencontres en petits groupes se réunissant pour « faire mémoire de Jésus » dans le partage de la parole et du pain, « comme il leur avait dit de le faire ». Dans ce cadre à vrai dire au départ quasi familial – « de voisinage » en tout cas –, on se rapportait les paroles du prophète de Nazareth, on rappelait ses gestes et ses actes. On se remémorait aussi l'interrogation qui, au vu de tout cela, avait monté autour de lui concernant son identité réelle. On reparlait alors des tragiques circonstances de sa fin… pour en arriver aux étonnants événements qui avaient suivi sa mort, événements dont des témoins privilégiés s'étaient faits les hérauts fervents.

À partir de là se constituèrent peu à peu des communautés de « fidèles » plus étoffées, dans lesquelles s'élaborèrent des traditions orales – séquences narratives, formules hymniques et exposés didactiques – qui finirent par aboutir, deux décennies ou presque avant la fin du Iᵉʳ siècle à nos quatre Évangiles actuels[1]. Pendant toute une

1. On pourra se reporter à Roselyne DUPON-ROC et Antoine GUGGENHEIM (éd.), *Après Jésus. L'invention du christianisme*, Albin Michel, Paris, 2020 : tout spécialement, ici, la partie 1 du livre I.

génération on put encore, concernant Jésus, bénéficier des réponses et des avis de témoins oculaires (et « auriculaires »). Luc, le troisième des synoptiques, tient à faire précéder son propre récit concernant Jésus d'un prologue très explicite à cet égard :

> Puisque beaucoup ont entrepris de composer un récit des événements qui se sont accomplis parmi nous, tels que nous les ont transmis ceux qui furent dès le début témoins oculaires et serviteurs de la Parole, j'ai décidé moi aussi, *après m'être informé soigneusement* de tout depuis les origines, d'en écrire pour toi l'exposé suivi, cher Théophile, afin que tu te rendes bien compte de la solidité des enseignements que tu as reçus.

Les relais du témoignage

Vint assez tôt cependant le temps où, tous ceux qui avaient suivi et accompagné l'homme de Nazareth étant morts, la possibilité d'un recours à des témoins directs ne se vérifia plus pour les disciples de Jésus... D'ailleurs non seulement Jésus n'avait rien écrit, mais il avait expressément prévenu – dût Pierre en être indisposé (Jn 13, 7) ! – qu'on ne comprendrait que « bien plus tard » ce qu'il faisait, disait et était... Autrement dit, les disciples de Jésus étaient bien prévenus par lui que, face aux questions nouvelles auxquelles l'avenir ne manquerait pas de les affronter à son sujet, ils ne seraient pas dispensés d'avoir à prendre position *par eux-mêmes.*

Cela ne veut aucunement dire que lesdits disciples-témoins de Jésus se sont alors retrouvés totalement livrés à eux-mêmes, comme s'il leur avait incombé de produire à eux tout seuls ce qu'il leur revenait de dire, de faire et éventuellement d'écrire concernant leur Maître et Seigneur. Avant de les quitter en effet, Jésus leur avait annoncé qu'« un autre Paraclet » leur serait donné, qui leur enseignerait toutes choses (Jn 14, 26 et Ac 1, 8) et qui les conduirait « vers la vérité tout entière » (Jn 16, 13), au point même qu'il leur serait donné de faire « des choses plus grandes encore [que lui-même] » (Jn 14, 12).

Mais cela entraînait clairement que les premiers disciples de Jésus, ceux de la « génération apostolique » au sens large, étaient appelés à devenir de plus en plus témoins non pas seulement *de* Jésus mais *devant* tous ceux qui, ne l'ayant pas eux-mêmes rencontré, n'avaient ou n'auraient pas d'autre possibilité d'avoir accès à lui et donc de le connaître. Le témoignage de vie, de parole (et, pour certains d'entre eux, d'écriture) de ces premiers témoins allait dès lors, et désormais pour toujours, faire partie intégrante de l'accès à Jésus et au Dieu qu'il avait révélé. S'était donc ainsi enclenché tout un processus de transmission sans lequel l'affaire Jésus se serait perdue dans l'oubli.

Une succession d'étapes

Un tel processus était évidemment appelé à se poursuivre à travers les siècles, sous peine de voir toute foi chrétienne disparaître de l'histoire – ce qui ne s'est manifestement pas vérifié. Ce n'est pas à dire pour autant que tous les actes et étapes de la transmission qui se sont succédé jusqu'à nous seraient à mettre sur le même plan, parce qu'ils seraient à vrai dire du même ordre !

D'une part, *la première réception historique* ne pouvait qu'avoir un statut particulier. Du fait même en effet qu'elle était la première, elle revêtait un aspect non seulement de précédence et d'unicité, mais de référence et même d'« autorité », par rapport à tout ce qui allait suivre. C'est bien pourquoi les chrétiens considérèrent vite la génération dite « apostolique » (ou immédiatement post-apostolique) comme fondatrice, et pourquoi ils ont pu estimer que les écrits qu'elle a produits – notre « Nouveau Testament » – fournissaient une règle, un « *canon* », dont on déclara la « clôture », et dont on considéra qu'il vaudrait pour la suite comme une « norme suprême » (*norma non normanda*).

Mais d'autre part, c'est un fait aussi qu'une seconde étape était appelée à se voir bientôt reconnaître également un caractère de référence (de second rang toutefois par rapport au Nouveau Testament) : la période où s'effectua *le premier passage à un autre monde culturel*. Jusque-là, on était resté dans le cadre de la « *particularité* » native, celui du judaïsme palestinien. Or, en passant très tôt à l'univers de l'hellénisme, on ne faisait *pas* que s'ouvrir à une autre particularité ! On se trouvait mis en demeure de se donner les moyens de faire apparaître que ce qui n'avait commencé qu'à l'échelle du monde juif pouvait valoir *pour toute autre forme d'altérité culturelle* – donc, potentiellement du moins, à un niveau *universel*[1].

Une ouverture aussi large comportait cependant de soi un double risque. D'abord celui de la dispersion, chaque nouvelle implantation supposant et entraînant une adaptation et donc une particularisation. Ensuite, celui de la conflictualité, chaque particularité tendant

1. Ce sera bien entendu toute l'entreprise de Paul, l'« apôtre des nations ». Voir de nouveau *Après Jésus*, *op. cit.*, livre II, partie 2.

naturellement à plus ou moins s'autonomiser, en tout cas à la longue. Pour faire face à pareille menace, les divers *responsables* des communautés qui, à travers des tâtonnements, avaient pris le relais de la génération apostolique et étaient reconnus comme *épiskopoï/évêques*[1], prirent l'habitude de se réunir par région, puis de traiter en assemblées locales – ou *conciles* – les questions soulevées dans les différentes « Églises ». Et le moyen adopté pour parvenir de cette manière à la clarté fut de chercher à s'accorder sur des formulations de la foi appelées « *symboles* de foi[2] ».

Multiplication des *implantations* locales et fondation de communautés nouvelles par l'activité missionnaire puis sous la conduite d'*acteurs* (ministériels) de la communication et de la communion de la foi ; *rencontres*, délibérations et décisions de représentants qualifiés et de responsables reconnus ; *formulations* à la fois clarificatrices sur le fond et productrices de reconnaissance mutuelle : tel fut donc le « régime » de la communication et de la transmission de la *foi chrétienne*, après le temps de Jésus et des « témoins apostoliques ». Et telle fut, corrélativement, la filière de l'« ecclésialisation » – c'est-à-dire de la constitution de la *communauté organisée de croyants appelée Église* : disciples-*apostoloï* contemporains de Jésus ; *épiskopoï*-évêques, leurs successeurs ; *synodaï*-conciles ; *symbola*-formulaires de reconnaissance mutuelle.

On en arriva ainsi, à partir du début du IVe siècle, à réunir des *conciles* qu'on estima pouvoir tenir pour « *œcuméniques* », c'est-à-dire pour fondés à s'exprimer à la fois au nom et à l'intention de *l'ensemble* des communautés chrétiennes. Le premier d'entre eux fut tenu à Nicée en 325. Lui aussi aboutit à la formulation d'un symbole (appelé « de Nicée-Constantinople »)[3].

Après la clôture du Nouveau Testament, celle du « Symbole de la foi »

L'adoption par les évêques, lors du premier concile œcuménique de l'histoire chrétienne, du Symbole de la foi qu'ils nous ont par la suite légué, marqua de fait une étape décisive dans le processus de la

1. Voir, au chapitre 8 ci-après, le développement sur les *presbyteroï* et *épiskopoï*.
2. On pourra consulter Bernard SESBOÜÉ, *Histoire des dogmes*, t. I, Desclée-Mame, Paris, 1994, p. 69s.
3. *Ibid.*, p. 93.

transmission de la foi chrétienne jusqu'à nous. Cela se manifesta de trois manières au moins.

Tout d'abord, c'est un fait qu'aucun des conciles œcuméniques qui allaient être tenus dans l'Église aux siècles suivants (Vatican II étant le vingt-et-unième) ne devait formuler ni prescrire un nouveau symbole, chacun d'eux se contentant de reprendre dès son ouverture « celui de Nicée », avant d'entamer son propre programme, et pour déclarer clairement sur quelles bases on le tiendrait. Ainsi se signifia-t-il d'emblée, et a-t-il été confirmé à travers plus de seize siècles, qu'après la clôture du Nouveau Testament presque deux siècles plus tôt, le type d'expression référentielle de la foi qu'était la formulation de type « Symbole » avait désormais aussi reçu lui-même sa *clôture*!

En deuxième lieu, c'est un fait aussi que, depuis la promulgation de ce symbole, toutes les Églises chrétiennes – orthodoxie[1] aussi bien que protestantisme – l'ont toujours professé en commun. Ce qui faisait dire à Paul Henry, mon professeur de l'Institut catholique de Paris au temps de Vatican II, que – jésu-christologiquement fondé – le « dogme de la Trinité » est à la fois « distinctif et unitif » des chrétiens.

Enfin, c'est encore un fait que la liturgie de l'Église catholique le propose toujours dans la célébration eucharistique de chaque dimanche, dans laquelle elle invite ses fidèles à se rassembler en mémoire de ce qui est au cœur de leur foi, à savoir bien sûr le mystère pascal de Jésus le Christ.

2. Le Credo des chrétiens

Le survol que nous venons d'effectuer nous a permis au moins d'esquisser le *processus* historique par lequel est née et a commencé à se propager la foi des chrétiens. Il nous a conduits jusqu'au point – Nicée – où celle-ci est parvenue à se donner une expression à laquelle la suite des siècles n'a, jusqu'à nous-mêmes aujourd'hui, jamais cessé de se référer. Avec cette expression datée mais fondatrice, l'Église est toujours en mesure (à condition d'y revenir si nécessaire !) de proposer « la foi catholique reçue des Apôtres », d'exprimer *ce que* croient les chrétiens, d'énoncer le « Credo » chrétien. Le moment est donc venu de présenter, comme je l'avais annoncé, et si brièvement que ce soit, ce qui fait *l'objet* de la foi chrétienne.

1. À l'exception près du « *Filioque* », *ibid.*, p. 317s.

Je crois en un seul Dieu, le Père tout-puissant, créateur

Père

« Dieu » est nommé d'emblée (« Je crois en un seul Dieu »), et présenté comme « un seul ». On veut en effet tout de suite éviter que l'énumération des deux autres personnes divines, qui va suivre, porte à penser qu'il y aurait en réalité trois « Dieu ». D'ailleurs, quand on parlera du Fils, on précisera qu'il est « de même nature » (*homo-ousios*, consubstantiel) que le Père, et quand on en viendra au Saint-Esprit, on relèvera qu'« *avec* le Père et le Fils, il reçoit *même* adoration et *même* gloire », ce qui veut dire qu'il est du même rang qu'eux-mêmes, qu'il est leur égal, aussi *divin* qu'eux… donc finalement *un* avec eux.

Mais on n'oublie pas que c'est « Jésus-Christ [en tant qu'il s'est fait reconnaître comme le propre Fils de Dieu] qui nous a « fait connaître » Dieu (Jn 1, 18) ; et donc on tient, avant même de désigner ce Dieu comme le « créateur du ciel et de la terre », à Le confesser tout de suite comme « **Père** », et même comme « le Père tout-puissant ».

Créateur

Puisque c'est comme « *Père* tout-puissant » que Dieu est créateur, la création est à concevoir (aussi) comme un acte d'amour, et donc pas seulement de (toute-)puissance. Mais il y a alors une différence à faire entre deux types de « production » résultant de la divine toute-puissance d'amour : il y a deux modes de « fécondité » par lesquels s'exprime et se révèle l'amour de Dieu. Il y a d'une part l'*engendrement* du « Fils unique de Dieu », dont on tient à bien préciser qu'il est « né du Père avant tous les siècles » et qu'il est, lui et lui seul, « Dieu de Dieu, né de Dieu, lumière de lumière, vrai Dieu né du vrai Dieu, engendré non pas créé » ; et il y a d'autre part *la création du monde* entier. Et c'est justement pour mieux marquer encore toute la différence entre engendrement du Fils et production du monde, qu'on technicise du reste quelque peu la formulation en explicitant ainsi : « consubstantiel » au Père, ce Fils est « né *du Père* avant tous les siècles », et « *par lui* [aussi] *tout* a été fait »… alors que, bien entendu, tout le reste 1) est sorti du néant (et non pas « de la substance du Père »), et 2) a commencé avec le temps (et non pas « *ab aeterno*, de toute éternité »).

On peut enfin relever que le fruit de l'acte créateur divin est « le ciel et la terre », soit l'univers entier des êtres « visibles et invisibles » – donc aussi ce que nous nommons, nous, « le cosmos », quelles qu'en soient les dimensions et les évolutions[1].

Je crois en Jésus-Christ, son Fils unique, notre Seigneur

Il s'est fait homme

Désigné comme *Christ*, Jésus est au *centre* de tout le credo des chrétiens. Il éclaire aussi bien : 1) *ce qu'il en est de Dieu*, puisqu'en se faisant reconnaître comme son « ***Fils unique*** », il révèle que s'accomplit en Dieu un mystère de paternité, que 2) *ce qu'il en est de* ***tout ce qui n'est pas Dieu***, puisque « par lui tout a été fait ». Centre de tout le Symbole, Jésus-Christ éclaire du même coup à la fois *le Commencement* (« du ciel et de la terre ») et *la Fin* (du monde), puisqu'« il reviendra » pour un « Règne qui, [n'ayant] pas de fin », ouvrira « le monde à venir ».

Mais on souligne expressément que tout cela vaut de *Jésus* dans le temps où, d'abord « descendu du ciel » avant d'y « monter » pour s'y « asseoir à la droite de Dieu », il « *s'est fait homme* ». On tient tellement à faire valoir cet aspect, que l'on multiplie à son sujet les précisions : cela s'est passé, nous dit-on (nous invite-t-on à dire, plutôt !), dans le temps et l'histoire concrète des hommes (« sous Ponce Pilate[2] » !), dans un corps et une vie mortelle semblables aux leurs (« il a pris chair », il a été « crucifié » après « avoir souffert [ce qu'on appelle sa] Passion ») ; on va même jusqu'à ajouter qu'il a été « mis au tombeau » : aurait-on pu mieux dire qu'il a été homme « jusqu'au bout » ?

Pour nous les hommes

Tout cela, cependant, n'est advenu que « *pour nous les hommes et pour notre salut* » ! La précision est donnée dès qu'on en arrive à la venue du Fils parmi nous (« il est descendu du ciel »), et l'on tient à bien dire une seconde fois que, s'il a été « crucifié *pour nous* sous

1. Pour estimer que les très impressionnantes découvertes des scientifiques concernant l'immensité réellement « confondante » de l'univers ne sont une objection ni à la création du monde par Dieu ni donc à l'existence de Dieu, il faut – et cela suffit – considérer que c'est justement un monde *en évolution* que Dieu a voulu... ce qui ne portera dès lors, tout bien pesé, qu'à s'en étonner davantage, et qu'à L'en louer davantage.

2. C'est le point indiscutable d'insertion de Jésus dans l'histoire générale : une stèle a été retrouvée au théâtre de Césarée au nom de Ponce Pilate, préfet de Judée.

Ponce Pilate », c'est parce que déjà il était « descendu du ciel *pour nous* les hommes et pour notre salut » ! On ne saurait mieux marquer que, s'il y aura un « jugement » au terme de l'histoire, lorsqu'« il reviendra dans sa gloire », ce ne sera pas pour manifester qu'il était venu « pour condamner le monde » à cause des *péchés* humains (ceux-ci ne sont mentionnés dans le Credo que tout à la fin, et seulement pour « confesser » qu'on en espère « le pardon » !) mais bel et bien « pour sauver le monde ». Il importe en effet de le souligner : ce que Jésus révèle n'a rien à voir avec le courroux d'un Dieu vengeur exigeant en réparation onéreuse le payement d'une dette à solder jusqu'au dernier sou, mais la miséricorde d'un Dieu d'amour qui, « alors que nous étions pécheurs [...], nous a envoyé son propre Fils » (Rm 5, 8) pour nous signifier son pardon et, plus largement, sa miséricorde. Il s'agit d'un bout à l'autre d'un événement/avènement de *salut*. D'un salut ouvert par rien d'autre que l'amour et pour rien d'autre que la Vie.

C'est bien ce que révèle déjà la Résurrection de Jésus, à propos de laquelle on ne manque du reste pas de souligner que, si elle s'est accomplie « le troisième jour, [c'est] *conformément aux Écritures* ». C'est-à-dire : *en répondant – quitte à la « déporter » considérablement ! – à l'espérance antérieure de toute l'Ancienne Alliance, telle que la formulent précisément les Écritures d'Israël.* Et il est clairement déclaré que cette espérance est destinée à combler *notre propre attente*, notre propre espérance à nous-mêmes aujourd'hui, sur l'énoncé de laquelle se terminera on ne peut plus significativement l'ensemble du Credo : « *Et* expecto *resurrectionem mortuorum et vitam venturi saeculi*[1]. »

Je crois en l'Esprit Saint, qui est Seigneur et qui donne la vie

Il procède du Père et du Fils

Si Père et Fils sont dès lors inséparables, s'ils s'« appartiennent » l'un à l'autre peut-on dire, c'est qu'un même amour les « tient », qui « *procède* » (disons : pro-vient et pro-gresse) de l'un et de l'autre à la fois, dans et pour leur indéfectible union. Ainsi, étant véritablement lui-même Dieu,

1. Concernant le point à la fois central et fondateur de la foi et de l'espérance chrétiennes qu'est la Résurrection de Jésus, je me permets de renvoyer à ma contribution introductive « Tout est parti d'une rumeur », dans *Jésus. L'Encyclopédie*, *op. cit.*, p. 37-45. Sur la lancée, on pourra aussi voir ma préface à *Après Jésus*, *op. cit.*

« avec le Père et le Fils », ce « troisième en Dieu » peut-il recevoir, comme nous l'avons d'emblée souligné, « même adoration et même gloire » qu'eux-mêmes : manière concrète de le traiter pour ce qu'il *est* en vérité.

Il donne la vie

Après le « positionnement » de l'Esprit *ad intra*, c'est-à-dire « en Dieu », le Credo poursuit en faisant état de son rôle *ad extra*, c'est-à-dire par rapport à « nous les hommes » et à tout ce qui n'est pas Dieu. *On peut dire que ce rôle est globalement d'ouvrir à Dieu et de faire participer à la vie même de Dieu tout ce qui n'est pas Dieu, mais que Dieu a créé justement pour l'unir à sa propre Vie.*

D'abord, c'est lui qui « a parlé par *les prophètes* » avant la venue du Fils en notre histoire humaine, et pour la préparer. Ensuite, c'est par lui que s'est réalisée l'union du *Fils éternel* du Père avec *l'homme Jésus* naissant de Marie (« par l'Esprit Saint, il a pris chair de la Vierge Marie »). Enfin, c'est par lui encore que commence et continue de se rassembler en une vraie communion « *l'Église*, une, sainte, catholique et apostolique », qui peut ainsi devenir le corps du Christ, constitué de tous les enfants de Dieu. Et c'est par lui enfin que, lorsqu'il se sera « répandu sur toute chair », Dieu sera « tout en tous ».

Ainsi se signifie-t-il que si Dieu est et ne peut être que le Tout-Autre, c'est déjà en notre propre intimité qu'Il nous invite à Le reconnaître tel, se révélant par là même « plus intime à nous-mêmes que nous-même » comme le déclarait saint Augustin, qui ne faisait du reste qu'exprimer là à sa manière ce dont témoigne toute la grande Tradition spirituelle de l'Église… et qui se manifeste aussi « à bien des reprises et de bien des manières » – nous aurons à y revenir – à travers les diverses grandes traditions spirituelles, religieuses et mystiques de toute l'humanité.

Et j'attends…

Il est hautement significatif qu'ayant « fonctionné » tout au long en régime de « *Je crois* » (la traduction française officielle reprend d'ailleurs cette formule avant chaque « article » – Père, Fils et Esprit –, là où le latin se contente de poursuivre deux fois en ajoutant un simple « et »), le Symbole se termine sur un « *Et j'attends* ». Oui, par « la résurrection de la chair » j'attends la « vie éternelle », celle dont *le Père* tout-puissant est l'unique source mais dont *Jésus le Fils unique* – à la fois « premier-né de toute créature » et « premier né d'entre les morts » (Col 1, 15-18) – nous a ouvert la voie en nous associant à sa propre filiation par la communication de leur Esprit commun, dès notre « baptême pour la rémission des péchés ». Ce baptême, nous faisant « naître de l'eau et de l'Esprit », nous rend dès ce temps du monde déjà participants de « la vie du monde à venir ».

Parce que, à la vie à la mort, ils ont mis leur confiance en Jésus le Christ, les *croyants* chrétiens sont appelés à reconnaître qu'ils sont indéfectiblement devenus, dès ce lieu et ce temps du monde, des « enfants *d'espérance* ».

3. La foi chrétienne se joue en Église, mais comme toujours à actualiser

Nous venons de prendre connaissance de ce Symbole qui présente tant de titres à être tenu pour l'expression à la fois très condensée, et traditionnellement la plus « officielle », de la foi des chrétiens. On est fondé à en déduire qu'on peut considérer que sera officiellement chrétien celui qui est disposé à prendre à son compte cette profession officielle de foi qui lui est proposée, donc, lors du rassemblement spécifique de la communauté chrétienne qu'est l'Eucharistie dominicale, le point culminant de la célébration de cette dernière étant atteint chaque année dans la vigile pascale et la messe solennelle de Pâques.

À vrai dire, c'est un fait que, lors du rassemblement eucharistique de chaque dimanche que Dieu fait, l'habitude tend à se prendre, non pas certes de renoncer au Symbole, mais d'en reprendre plutôt une formulation autre que celle de Nicée-Constantinople : celle du Symbole dit « des Apôtres ». Moins explicite, cette dernière n'en est pas moins à la base du texte qu'ont choisi de promulguer les évêques réunis lors du premier concile œcuménique et, de toute manière, les deux ont la même structure et la même substance christologico-trinitaires, ce qui est évidemment l'essentiel. On comprend qu'il soit possible de les utiliser ou l'un ou l'autre… même si, me semble-t-il personnellement, il reste souhaitable de continuer à faire judicieusement et régulièrement usage de la version nicéenne compte tenu, disons, de son « autorité » conciliaire.

Quoi qu'il en soit de ce point précis d'ordre pratique, l'important est d'enregistrer ceci : alors que le Symbole de 325 a été et reste lié à la célébration de l'eucharistie (dominicale ou festive), le Symbole dit apostolique a, lui, son origine et son lieu traditionnel dans le cadre de l'autre rite fondamental chrétien, à savoir bien sûr le baptême. Cela veut dire que si l'un est lié au sacrement par lequel on *entre* dans la foi des chrétiens et si l'autre a sa place au cœur du sacrement par lequel on est appelé à *entretenir* et renouveler cette même foi, tous les deux invitent, à cause et au nom de Jésus le Christ, à professer l'unique Dieu Sauveur qui est Père, Fils et Saint-Esprit et dont l'Église a pour seule mission de témoigner, « pour le salut du monde ».

Adhérer à un courant de foi issu de l'histoire

De tout cela il résulte clairement qu'on ne devient pas chrétien simplement parce que, ayant pris connaissance d'un catalogue de « vérités » qu'on ne trouverait nulle part ailleurs, on lui aurait donné un assentiment limité à l'ordre de la connaissance, et donc purement et simplement « intellectuel » !

Il n'en va pas ainsi non seulement parce que, dans la foi, est requise une démarche d'adhésion *par laquelle* on engage de fait toute son existence (comme on va bientôt être amené à le faire apparaître) ; mais aussi et déjà pour la raison que *ce qu*'il s'agit d'accepter et de recevoir, c'est en réalité *aussi tout le mode de transmission essentiel* par lequel les vérités ou contenus de la foi nous sont de fait parvenus, nous ont de fait été communiqués comme nous venons de le vérifier ci-dessus. À savoir : d'abord l'Écriture (spécialement, pour nous ici, *le Nouveau Testament*) ; ensuite, la grande *Tradition* des premiers siècles de l'Église… mais tout cela dans le cadre de la communauté des croyants qui s'expriment et qui témoignent là et par là, à savoir *l'Église* elle-même, cette Église dans et par laquelle toute cette richesse a été portée et s'est transmise, jusqu'à pouvoir nous être proposée à nous-mêmes aujourd'hui.

Finalement, on le voit bien, devenir chrétien en adhérant soi-même à la foi chrétienne ne peut se faire que : 1) en reconnaissant que celle-ci est d'abord la foi *de l'Église qui nous la propose* et sans laquelle nous n'y aurions pas eu accès, et donc 2) en acceptant du même coup de devenir nous-mêmes *membres* de cette Église. C'est d'ailleurs bien ce que signifie au sens fort le fait que l'on ne devient officiellement chrétien que par le baptême – qui n'est rien d'autre que la plongée *dans* la foi de l'Église rituellement et sacramentellement réalisée et signifiée une fois pour toutes à travers le symbolisme de l'eau, source de vie. Et c'est bien cela aussi que veut confirmer le fait qu'il soit proposé chaque dimanche aux fidèles chrétiens-catholiques de venir réitérer leur adhésion de foi dans et avec la communauté à laquelle ils reconnaissent appartenir. En communiant alors au corps eucharistique du Christ par le partage rituellement signifiant du pain et du vin, ils recevront en retour la grâce de pouvoir, ensemble et chacun à sa place, inscrire dans leur vie la dynamique pascale d'une foi retrempée à sa source[1].

Recevoir ce qui est proposé doit aussi être un acte !

Ici peut cependant surgir une difficulté. Accepter de *recevoir* « de » l'Église une foi que l'on est appelé à professer soi-même, et donc accepter d'« *être reçu* » dans l'Église : ne faut-il pas craindre alors que, ainsi comprise et vécue, la foi soit en réalité un acte de soumission qui aurait à vrai dire tous les caractères d'une démission ? Où seraient alors notre liberté, notre responsabilité, notre personnalité, notre dignité même ? À s'en rapporter aux méthodes ou procédés quelquefois mis en œuvre à travers des siècles pour la « propagation » de la foi, on doit bien reconnaître ce genre de question n'est pas totalement dénué de pertinence. Il faut donc la prendre en considération.

On mettra dans un instant en valeur que et comment la foi dont il s'agit ne doit et ne peut en réalité être que la décision réfléchie d'une libre adhésion. Mais on peut d'ores et déjà faire remarquer qu'en tout cas il ne pourra en aller ainsi qu'à une seule condition : il faudrait pour cela que le message proposé exclue lui-même tellement peu la liberté du partenaire auquel il s'adresse, qu'au contraire il l'appellerait voire la rendrait possible. Or est-ce le cas ?

La réponse est oui ! Il est extrêmement significatif de relever qu'au cœur de la formulation historique (en grec) du Symbole de Nicée[2] apparaît la formule « *tout'estin* / c'est-à-dire ». Alors que l'on vient de dire que « Jésus-Christ » est « né du Père comme son unique engendré », on tient à ajouter cette précision : « **c'est-à-dire** de la substance du Père ». Il y a là toute une leçon qui suffit à débouter totalement la crainte émise à l'instant : se soumettre… ou alors s'abstenir ! Comprenons bien en effet : voulu comme l'expression par excellence de la foi

1. Nous aurons bien entendu à expliciter tout cela lorsque, dans notre huitième et dernier chapitre, nous traiterons de l'Église et, plus particulièrement au point I, de l'Église comme « Communion ».

2. Voir Bernard SESBOÜÉ, *Jésus-Christ dans la Tradition de l'Église*, coll. « Jésus et Jésus-Christ », n° 17, Desclée, Paris, 1982, rééd. 2020, p. 80s.

chrétienne, et donc comme son régulateur effectif, *ce texte officiel s'est estimé obligé de chercher et de proposer lui-même une transposition, une réexpression explicative* de ce qu'il énonçait ! Pourquoi ? Parce que, à son jugement, la formulation jusque-là adoptée, et « reçue », de la foi n'apparaissait plus claire à ceux auxquels il reconnaissait avoir pour mission de la proposer.

Or, en choisissant de procéder de la sorte, le premier concile œcuménique de toute l'Église nous enseignait deux choses essentielles, dont on doit bien reconnaître qu'elles ont souvent été par la suite négligées voire oubliées. D'une part : que lui-même ne s'estimait *pas tenu de s'en tenir* aux seules formulations antérieures – si autorisées fussent-elles, puisque celle qu'il estima devoir expliciter était reprise du Nouveau Testament lui-même ! Et d'autre part : que ce qu'il choisissait de formuler dès lors pour sa part *pourrait à son tour faire l'objet de nouvelles reformulations*, dès lors qu'il s'agirait de s'adresser à des partenaires dont le contexte culturel aurait à nouveau radicalement changé.

Pas sans l'éclairage de la théologie

La leçon est claire, et elle est à deux faces.

D'un côté, toute démarche qui se veut authentiquement chrétienne-catholique suppose la référence à la foi de l'Église dans ses expressions authentiques historiquement tenues pour « autorisées ». Il conviendra donc de prendre les moyens de les connaître et de les « recevoir » selon l'acception de l'époque qui les a formulées. À l'inverse de ce qu'on entend parfois dire parmi les chrétiens soucieux d'adaptation à l'aujourd'hui, on ne voit pas ce qui imposerait désormais de larguer purement et simplement, par exemple, des expressions comme « Fils de l'homme » ou « Agneau de Dieu », ou bien des termes comme « sacrifice », « incarnation » ou « rédemption ». Puisque ce vocabulaire appartient de fait à la tradition testamentaire, il faudra plutôt se donner pour tâche de rechercher la juste intelligence possible de ces expressions dans leur contexte, afin d'être en mesure de la transposer dans le nôtre. Cela relèvera justement de ce « il y a des choses à savoir » qui, comme nous l'avons relevé, définit bel et bien une part de la tâche théologique.

Et d'un autre côté, non seulement il sera permis mais il apparaîtra nécessaire, à travers les temps, de se préoccuper sans cesse d'une réexpression et de reformulations soucieuses et capables de se situer par rapport à des problématiques et à des milieux toujours (plus ou moins) nouveaux… auxquels il s'agira toujours de chercher à s'adresser crédiblement. Il faudra juste s'efforcer d'accomplir ce travail à sa propre place dans la communion de l'Église, et dans la perspective de sa propre fidélité à ce qu'elle a elle-même reçu. Cela relèvera cette fois du « il y a des choses à comprendre » qui – nous l'avons dit aussi – définit une autre tâche essentielle de la théologie.

Différents types de langage à articuler avec soin

En tout cela cependant, il sera essentiel de distinguer soigneusement les différents registres de ce qu'on appelle le « discours chrétien », et qui sont autant de modes spécifiques de propositions de la foi. Il y a le discours *de l'annonce*, qui doit toujours se préoccuper de l'adaptation réfléchie et ajustée au destinataire. Il y a le discours *de la régulation*, qui incombe aux responsables ecclésiaux auxquels il revient de veiller à la fois à la fidélité à la Tradition et à la communion dans la réception qu'il s'agit d'en faire. Et il y a le langage de *la recherche et de la réflexion systématique*, qui caractérise la théologie comme telle.

On peut être sûr qu'il y aura nécessairement problème partout où – et à chaque fois que – soit l'un de ces langages sera oublié ou négligé, soit l'articulation des trois entre eux ne sera pas ou plus recherchée et réalisée. Par exemple, si l'on traite le langage de la régulation comme s'il était de soi celui de l'annonce ! Ou bien celui de l'annonce comme s'il suffisait de lui-même à épuiser les exigences de la recherche ou celles de la régulation ! Or toutes ces choses-là se sont vues, hélas ; et l'on pourrait l'illustrer abondamment siècle après siècle jusqu'à aujourd'hui ! Là où, au contraire, chaque instance fonctionnera à sa place, la foi disposera des moyens pour que puissent s'accomplir respectivement sa réception et sa transmission.

Même dans une assemblée dont tous les membres ou à peu près sont des chrétiens croyants (et où par conséquent on peut convier à professer le Credo !), il est le plus souvent souhaitable qu'intervienne une « homélie » (un entretien) dont la fonction sera de mettre l'expression officielle de la foi (deuxième type de discours : *régulation*) à la portée des auditeurs et participants, en leur en proposant une explicitation adaptée (premier type de discours évoqué : *annonce*)… Mais pour effectuer ce travail, il faudra disposer des qualifications permettant d'assumer une telle tâche (et que peut seul permettre d'acquérir le troisième type de discours, celui de la recherche et de la réflexion qui est caractéristique de la *théologie*).

Quant au discours de la théologie, revenons-y justement un instant : ce qu'on vient de préciser permet de dire que son travail spécifique est de fournir les moyens de comprendre le discours hérité et régulateur de la foi de telle sorte qu'on puisse en donner une formulation qui le rende accessible *aussi* à ceux qui, lui étant au départ plus ou moins étrangers, sont désireux d'accéder à son intelligence. Moyennant quoi on peut considérer qu'apparaît dans toute sa clarté pourquoi est si capital, et comment est à concevoir, le premier aspect de la *conversion à la mission* à laquelle, avons-nous dit, l'Église est aujourd'hui incontournablement appelée : celui qui lui impose de revenir effectivement et sans cesse au cœur de la foi pour la penser davantage et afin de l'annoncer mieux. On a bien compris le rôle qui, en cela, doit pouvoir revenir à la théologie.

4. Une démarche théologique inspirante : Joseph Moingt

Ici, je ne saurais sans doute mieux m'expliquer qu'en faisant état une nouvelle fois d'une rencontre personnelle qui, précisément en matière de foi et de théologie, fut pour moi décisive : celle qu'il me fut donné d'avoir et d'entretenir durant de longues années avec le père Joseph Moingt, de la Compagnie de Jésus, successivement professeur au Scolasticat jésuite de Fourvière, à l'Institut catholique de Paris (où précisément je le rencontrerai), aux facultés jésuites parisiennes du Centre-Sèvres, et directeur de la revue théologique *Recherches de science religieuse* (à l'animation de laquelle il me fit la confiance et l'honneur de m'associer étroitement pendant une bonne dizaine d'années).

Mes premiers contacts avec Joseph Moingt remontent aux tout premiers débuts de mon enseignement à l'Institut catholique de Paris. Le père François Coudreau, sulpicien, y lançait à l'époque la fameuse « Formation C », que j'ai déjà eu l'occasion de mentionner. Destinée à des laïcs qui par définition n'étaient pas libres aux heures habituelles des cours magistraux et travaux de groupe conçus pour des étudiants à temps plein (et du reste majoritairement clercs), ce nouveau programme devait nécessairement non seulement être proposé à des moments différents (soirées et week-ends) mais être conçu pour un auditoire de formation antérieure, de culture, et d'engagement – professionnel en particulier – *tout autres*. Ainsi Coudreau était-il à la recherche d'enseignants disposés à une réelle inventivité et dans leur enseignement et dans leur accompagnement du nouveau public visé. En particulier, il se proposait de constituer des « tandems » pour assurer les différents « parcours intégrés », répartis sur plusieurs années, qu'il voulait constituer…

Pour le parcours intégré dit « christologique » auquel il reviendrait (avec le concours de l'exégèse et de la philosophie) de présenter, disons, l'essentiel de la dogmatique, il avait déjà recruté Joseph Moingt comme « maître d'œuvre ». Il était en revanche toujours à la recherche de ce qu'on appelait alors un « coordinateur », terme qui voulait désigner celui qui serait chargé d'assurer le lien entre d'une part ce maître d'œuvre et, d'autre part, aussi bien les autres intervenants enseignants que les étudiants eux-mêmes, par ailleurs répartis en plusieurs groupes de travail confiés à autant d'« animateurs ». En fait, F. Coudreau avait pensé à moi pour être le coordinateur de ce parcours christologique aux côtés de Joseph Moingt… avec lequel, faut-il le préciser, l'accord de collaboration fut vite conclu.

La mission de « notre » parcours était, je l'ai dit, de présenter le cœur de la foi chrétienne. Pour cela, Joseph Moingt proposait de faire effectuer aux étudiants la traversée, sur une année universitaire, de l'ensemble du Credo – plus exactement : du Symbole des Apôtres. Ce trajet était cependant accompli d'une manière tout à fait originale. Il partait de *la fin* du Symbole, le remontait jusqu'à son début, puis le re-parcourait à nouveau, mais cette fois *en redescente*.

Il ne s'agissait pas là seulement, on s'en doute, d'une ingénieuse subtilité. Le théologien voulait de cette manière faire percevoir à ses étudiants que *la foi chrétienne* n'est pas à concevoir comme un pur « corps de doctrines » qu'il suffirait de « tenir-pour-vrai » en le recevant *de ce qui ne serait toujours pour le croyant qu'un avant (la tradition), un ailleurs (la doctrine), et un en-haut (la hiérarchie)*. Cette foi-là n'est proposée que *pour faire vivre,* et là où ils sont, ceux qui acceptent de s'y intéresser ! Or pour les y intéresser, estimait Moingt, il fallait de toute nécessité s'en rapporter à leurs aspirations et à leurs désirs *à eux,* « à leurs joies et à leurs espérances, à leurs afflictions et à leurs angoisses » comme venait justement de l'enseigner un certain concile. Ainsi le théologien proposait-il à ses auditeurs de repérer dans leur existence personnelle, et dans l'histoire générale et la culture auxquelles ils appartenaient, l'aspiration à une vie capable de traverser finalement non seulement toutes les négativités qui peuvent marquer le temps présent, mais la mort même. C'est précisément pour cette raison-là que Moingt avait résolu de les faire réfléchir d'abord sur cette « vie éternelle » comportant « rémission des péchés » et « résurrection de la chair » que propose sur sa fin le Credo chrétien. Il faisait ensuite percevoir qu'une telle espérance est proposée et vécue dans la communauté des chrétiens appelée « Église », et que celle-ci relève tout entière d'un initiateur et maître appelé Jésus, que ses disciples avaient reconnu comme « Christ-Messie » de Dieu… Et cela conduisait logiquement à exposer que ce Jésus s'était fait reconnaître des siens comme le propre Fils du Dieu auquel il n'avait cessé de se référer et qu'il nommait son Père.

Arrivé à ce point, Moingt invitait cependant à *repartir* du Dieu-Père, ainsi découvert au terme d'une « remontée » qui n'avait jamais quitté le terrain de l'humain qui lui avait fourni son point de départ. Et en un second temps – de « redescente » alors –, il exposait que et comment, selon la Tradition de l'Église, ce Dieu a pris l'initiative d'envoyer en Jésus son propre Fils « pour nous les hommes et pour notre salut ». Il précisait ensuite que ce Fils devait à son tour, et en leur nom à tous les deux, envoyer leur Esprit commun pour rassembler parmi les hommes, à travers les temps et les lieux, un peuple de croyants, de célébrants et de vivants. Il expliquait pour finir que ce Peuple est appelé à s'organiser et à s'articuler en une communauté confessante et témoignante dont les marques propres devraient pouvoir être l'unité, la sainteté, la catholicité et l'apostolicité.

Bien entendu, une telle démarche conduisait celui qui la proposait à réinterroger le type de théologie dans lequel il avait été formé et qu'il avait lui-même pratiqué en une première période de son enseignement. À savoir cette théologie qui prétendait ne faire qu'exposer « l'enseignement de l'Église » tel que son propre passé l'avait justement conduite à le formuler en des propositions *qu'il ne restait dès lors plus par la suite qu'à expliquer, qu'à argumenter, qu'à justifier.* Le projet de Moingt n'était certes pas d'abord de décrier et de déboulonner cette doctrine-là et cette façon-là de l'enseigner. Il était de proposer une vraie intelligence du croire chrétien en un monde qui n'était plus d'emblée disposé à reconnaître dans la tradition, et dans l'autorité hiérarchique, les interprètes obligés (et tout compte fait seuls autorisés) de la vérité.

Cela conduisait le théologien à ré-interpeler : *la tradition* lorsqu'elle était plus attentive à se conserver qu'à se transmettre, *l'autorité* là où elle était plus attachée à ses titres d'antiquité ou de préséance qu'à s'ouvrir des chances d'écoute dans un monde qui avait totalement changé, *la hiérarchie* quand elle était plus soucieuse de conserver ses prérogatives sacrales que d'exercer (quitte à accepter de se transformer profondément) sa mission de service en un monde qui a bel et bien appris à se passer d'elle.

À celui qui l'adoptait, une telle attitude dans la conception et la pratique de la théologie n'a pas valu que des louanges et des disciples. Joseph Moingt a pu parfois étonner, surprendre voire quelque peu désarçonner tel ou tel. Il a lui-même pu estimer ici ou là nécessaire de forcer un peu la note, tant les résistances, les fermetures voire les refus lui paraissaient ici ou là massifs. Il a même pu lui arriver d'être parfois mal interprété par les uns, à l'occasion suspecté voire accusé par d'autres… tandis qu'il était « exploité » par d'autres encore pour le service de leur propre cause. Mais je ne vois pas qu'on soit fondé à contester que, en son entreprise de réflexion, le souci fondamental de J. Moingt était de faire véritablement œuvre de *théologien*. Et de théologien chrétien et catholique, si la théologie a pour tâche de rechercher sans cesse le visage toujours voilé de Celui que les hommes nomment Dieu, et donc de toujours critiquer les représentations réductrices qu'on ne finit jamais de s'en donner. Bref, Joseph Moingt témoignait de ce point capital : c'est la tâche propre de *la théologie chrétienne* de chercher toujours et toujours à faire apparaître que le seul Dieu désormais crédible pourrait bien être Celui qui « vient à l'homme » en prenant condition d'homme. Et de chercher à montrer comment il est toujours aujourd'hui possible aux hommes que nous sommes de « venir » au Dieu qui s'est ainsi lui-même fait homme[1].

---

1. Il n'est sans doute pas indifférent que je le précise : tout ce développement consacré à Joseph Moingt et à sa façon d'enseigner la théologie est une reprise de l'homélie que j'ai donnée lors de la messe de célébration de son centenaire qu'au nom de son supérieur il m'avait demandé de présider le 22 novembre 2015 dans sa communauté de la rue de Grenelle (Paris, VIIe arrondissement). Faut-il le préciser : je fus heureux de saisir l'occasion *aussi* pour lui manifester toute ma reconnaissance. Tout cela étant dit, je ne nierai cependant pas qu'un point a tout particulièrement fait l'objet de débats théologiques entre nous à plusieurs reprises : la manière de comprendre la ministérialité ecclésiale. J'aurai à y revenir mais, ici, pour rester dans le biographique, j'estime devoir au moins rapporter cet épisode qui fut pour moi, on le comprendra, décisif. Lorsque le nonce apostolique à Paris me transmit la décision papale de me nommer archevêque de Strasbourg, c'est un fait que je n'étais pas porté à donner suite positive à cette pourtant fort honorable proposition, et je le déclarai sur-le-champ à mon éminent interlocuteur : c'est comme théologien que je me voyais poursuivre mon service de l'Église ! Ne voulant cependant pas trancher à moi tout seul, je pris sans attendre quelques avis. Tous m'invitant à donner mon accord, je

III. Ce qui est à croire relève d'une décision personnelle d'adhésion

Je m'en tiendrai aux réflexions qui précèdent en ce qui concerne ce premier aspect de la mission de l'Église qui est de proposer la foi, et ce que l'accomplissement de cette mission peut exiger aujourd'hui de précisions à apporter *sur le fond*, et de conversion à consentir *dans le comportement*.

J'ai certes bien précisé déjà que tout cela, qui est donc aujourd'hui devenu urgent, s'impose à *l'ensemble* de l'Église, hiérarchie et ministères de tous ordres compris. Mais je n'en ai pas moins souligné que cela ne peut que valoir également pour *chacun* des membres de l'Église ! Or je me reconnais moi-même comme l'un d'entre eux, moi qui tiens de tels propos. J'ai du reste souvent souligné que je n'interviens pas en ce livre seulement comme théologien et comme pasteur, mais également (et, selon moi en tout cas, du même coup) comme *croyant*. Je ne vois dès lors pas comment « je pourrais m'estimer dispensé » d'avoir à m'expliquer à ce titre-là *aussi*. Je dirai donc maintenant, pour terminer ce chapitre sur la foi *ecclésiale-chrétienne* aujourd'hui, de quelle manière et par quel chemin il m'a été pour mon propre compte donné d'en faire choix, de m'engager en elle et de devenir, de mon mieux, l'un de ses fidèles[1].

---

résolus de consulter Joseph Moingt, faisant l'hypothèse que lui, au moins, saurait me comprendre et soutiendrait mon point de vue. Or telle fut sa réaction : « Écoute, on sait bien la théologie que tu fais… et on te demande de devenir évêque. J'estime que tu ne peux pas éviter de te laisser poser la question ! » Je n'ai pas ici à commenter ce propos, et de toute manière on sait la suite que j'ai fini par lui donner – mais je ne vois pas comment « je pourrais éviter », maintenant, de communiquer ici même ce sentiment : aussi critique qu'il ait pu être à l'égard des formes prises par le ministère ordonné, Joseph Moingt ne m'a pas paru en remettre en cause le principe dans l'Église. J'aurai à y revenir, bien entendu.

1. À ce point, je tiens beaucoup à redire ici que – comme du reste tout ce qui compte vraiment dans la vie et pour elle – *croire est à décider* ! Lorsque la Conférence des évêques de notre pays préparait le *Catéchisme de l'Église catholique* (1997-1998), je fus sollicité comme expert dans le cadre de la dernière « relecture » avant publication. J'avais bien remarqué qu'un autre relecteur (lui évêque, tandis que je ne l'étais pas alors) égrenait ses remarques en marge tout au long du parcours, et toujours dans le même sens ! Lorsqu'on en arrivait à la Résurrection de Jésus, le texte portait : « Alors, les disciples reconnurent dans la foi leur Seigneur ressuscité ! » Je m'aperçus – avec quelque étonnement, je dois

1. Le chemin d'un croyant et théologien devenu évêque

Dès mon premier chapitre, j'ai indiqué que et comment je suis né non seulement *à* la foi chrétienne, mais en quelque sorte *en* elle. J'ai aussi donné à entendre que, assez tôt d'ailleurs, et comme ce fut le cas chez un certain nombre de mes contemporains, cette foi s'est trouvée chez moi aussi réinterrogée et remise en cause dans les différents contextes et milieux dans lesquels j'ai ensuite vécu. D'abord ceux de la culture universitaire (« maîtres du soupçon » compris), en France et ailleurs ; puis ceux du champ politique et économico-socio-politique (à partir de la découverte de son importance que je fis dès mes 20 ans, à l'occasion de la guerre d'Algérie dans laquelle je fus moi aussi impliqué !) ; enfin ceux de l'Église elle-même (dans son affrontement croissant à la sécularisation... pour aboutir à la, bien plus récente, dénonciation des fameux abus). Tout cela, avec bien autre chose encore certes, n'a évidemment pas manqué de questionner ma démarche personnelle de croyant.

Je n'en peux pas moins ajouter tout de suite que, menée dans le contexte intellectuel et ecclésial dont j'ai fait état dans les chapitres précédents, ma réflexion théologique m'a non seulement éclairé mais confirmé dans mon adhésion à ce que propose la foi des chrétiens. En revanche, je dois à la vérité de le dire, il n'en alla pas de même à partir de mon passage précipité à la retraite pour cause de grave maladie. Je n'avais plus alors ni à donner de cours de théologie (comme cela avait été le cas pendant quelque trente-cinq ans, à Nantes puis à Paris) ni à conduire tout un diocèse (comme je venais de le faire presque dix ans, à Strasbourg). Je me retrouvais de fait seul face à moi-même... et aussi, compte tenu de mon cancer, face à la mort, face à ma mort (plus directement et plus durablement encore que cela n'avait été le cas cinquante ans auparavant dans le djebel algérien). Alors me tarauda, sur plusieurs assez terribles mois, une question de fond, que je me formulai assez vite à moi-même en ces termes : « À quoi est-ce que je *tiens* vraiment dans la vie ? » Et cela, dans tous les sens que prenait pour moi en l'occurrence le verbe « tenir » : 1) qu'est-ce que je ne quitterais pour rien au monde parce que cela me paraît *tenir* envers et

---

le confesser – que la précision « dans la foi » avait été biffée ! Je suppose que le censeur estimait que les disciples de Jésus auraient été plus crédibles d'avoir été dispensés, eux du moins, de la foi à laquelle leur témoignage était censé nous appeler.

contre tout et que donc *j'y tiens* par-dessus tout?, et 2) qu'est-ce qui me *soutient* moi-même et me permet, tout simplement, de *tenir* à (et donc dans) la vie?

Regardant quand même les informations télévisées pour conserver un certain contact avec « le monde » et « la vie » – la maladie et la fatigue m'imposaient un sévère retrait –, c'est un fait que je ne trouvai rien de mieux à faire en ces longues journées-là que de me replonger systématiquement dans les Évangiles et, plus largement, dans le Nouveau Testament, Job et les Psaumes (« Mon Dieu, mon Dieu, je te cherche dès l'aube! »). J'estime ne pas avoir à en dire davantage ici sur ce temps personnel de grande épreuve… sauf que je suis bien obligé de reconnaître qu'au bout de longues semaines, inexplicablement, mystérieusement, miséricordieusement mais très clairement quand même – « grâce à Jésus », face auquel me remettaient ces lectures et ces méditations –, toute la douceur et l'assurance de la foi me sont peu à peu remontées au cœur. C'est d'ailleurs sur la lancée de cette sorte de résurrection de mon âme et de mon esprit que, m'expliquant avec moi-même sur ce point, j'en suis venu après quelque temps à écrire *À cause de Jésus*[1], puis les deux autres brefs ouvrages mentionnés dans l'introduction du présent livre: *Peut-on vraiment rester catholique?* et *Être catholique aujourd'hui*. Je n'y reviens donc pas davantage.

2. *Les objections et les résistances d'un homme de ce temps*

Cela précisé, il faut quand même bien que je dise au moins un mot des objections et résistances que, sur le plan intellectuel et réflexif en tout cas, j'ai eu à traverser, plus ou moins comme tout le monde sans doute, au cours de toute ma démarche de croyant, de théologien et de pasteur… et qui me sont bien évidemment revenues à l'esprit avec une agressivité accrue à la faveur de la sérieuse crise personnelle dont je viens de faire état. C'est tout mon itinéraire intellectuel qu'il me reviendrait d'évoquer ici; il ne pourra à l'évidence s'agir que d'un brévissime survol. Pour la simplicité, je présenterai les choses en fonction de *la conception de l'être humain et de l'existence humaine* à laquelle je me suis alors à chaque fois trouvé confronté. Sans prétendre à autre chose qu'à énumérer ce qui m'a à ce titre plus particulièrement marqué.

1. *À cause de Jésus*, Plon, Paris, 2014.

L'homme « dénoncé » parce que « conditionné »

Furent d'abord pour moi source de réinterrogation radicale deux de ceux que l'époque tenait pour des « maîtres du soupçon » : Marx et Freud. Tous les deux me faisaient apparaître que le « moi », le « sujet » humain est à *dénoncer,* du moins dans la capacité dont il prétend disposer pour décider de la vie et du sens qu'il pourrait quasi-souverainement lui donner. Car, si le premier voyait dans *l'économique* un « déterminant en dernière instance » (L. Althusser et le matérialisme dialectique), le second subordonnait tout le psychisme aux déterminations de *l'inconscient* (J. Lacan et l'École psychanalyste de Paris).

À quoi je peux ajouter le « courant » structuraliste (qui pouvait du reste aussi se croiser avec les deux précédents). Soit au nom de *la linguistique* (Roland Barthes), soit par le biais de *l'ethnologie* (C. Lévy-Strauss), ce séduisant courant intellectuel dépossédait lui aussi l'individu humain – ne parlons pas de la personne humaine ! – de toute réelle habilitation à l'autonomie, à la décision, à la responsabilité... du moins dans le champ de ce qui pourrait être tenu pour le/un *sens* de l'« existence » (humaine) !

En deçà encore, je peux mentionner une autre mise en exergue du *strict conditionnement* du « phénomène humain », à savoir celle que pratiquent pour leur part certaines sciences « dures » : la physique et *l'astrophysique* (j'ai déjà évoqué *Sciences et Avenir* !) d'un côté ; la chimie et la biologie de l'autre (je pense ici à *Le hasard et la nécessité* de Jacques Monod, et à *La logique du vivant* de François Jacob, attentivement lus lors de leur parution).

Le peu que je viens de dire suffit à suggérer la gravité du procès qui était là globalement instruit contre toute forme de foi (religieuse), y compris la mienne : comment dire « je pense », « je décide », « je crois »... s'il n'y a *plus de* « je », si ce sont les *conditionnements* et les « structures » de tous ordres, les uns après les autres identifiés, qui ont de fait à la lettre toujours-déjà tranché « à ma place » ? Je ne le cacherai pas : il y eut là pour moi la source d'un très sérieux ébranlement intellectuel.

Je ne suis pour autant aucunement devenu spécialiste des courants de pensée qui m'ont ainsi interrogé, et que je n'ai pu et voulu ici qu'énumérer. Ils m'avaient simplement paru tellement marquants dans la culture contemporaine que, loin de les ignorer, j'ai cru devoir les fréquenter assez pour au moins être en mesure de me laisser interroger et remettre en cause par eux comme tant de mes contemporains – et pour pouvoir dès lors, autant que possible, tenir compte de leurs divers « discours » dans la progressive et tâtonnante élaboration du mien… C'est la raison pour laquelle, *in tempore*, j'ai décidé de suivre des cours et de participer à des séminaires et autres groupes de travail qui leur étaient consacrés. Je mesure aujourd'hui le fruit qui en a résulté pour moi.

L'homme « révolté »

Cela n'empêche pour autant pas que, si fugitive qu'elle ait pu être, l'évocation que j'ai faite plus haut de Pascal (et Montaigne), de Kierkegaard et Ricœur, de Blondel et Bouillard (pour ne parler que de défunts) et autres, a déjà pu faire comprendre que ce n'est pas du côté des **conditionnements du phénomène humain** que j'ai trouvé la lumière – celle du moins qui pouvait véritablement m'éclairer sur ce qu'à la suite de Malraux (et de bien d'autres avec ou après lui, à qui j'emprunte l'expression), je désigne par contraste comme **la condition humaine.** Je ne retiendrai ici qu'un seul nom, car il est très symptomatique pour moi d'une vision de l'être humain et de ce qui le caractérise comme tel, à savoir la « charge » qui incombe à *chaque individu* de donner à son existence un *sens* véritablement *humain* : Albert Camus[1].

Albert Camus, je l'ai découvert et fréquenté dès ma première jeunesse (*La Peste* est parue en 1947, année de mon entrée en sixième) ; j'ai lu ses *Actuelles* alors que je crapahutais dans la vallée de la Soummam. J'ai fréquenté l'une après l'autre chacune de ses œuvres… et je viens de reprendre son livre *La peste* – plusieurs fois lu déjà – en ces temps de coronavirus : signe des temps !

On ne peut, dit le Camus de ce dernier ouvrage tel que je l'ai compris, prendre son parti ni du malheur du monde ni du tragique de l'existence humaine en général : le faire, ce serait ajouter encore à son insupportabilité radicale. Comment pourrait-on en effet, devant ce malheur – c'est moi qui commente ! –, se satisfaire de savoirs ou de sagesses qui viennent doctement vous expliquer que le « phénomène humain » (dont vous n'êtes qu'un négligeable et malheureux avatar),

1. Après un « moment nietzschéen » qui m'oblige à reconnaître que je n'aurai finalement échappé à aucun des trois fameux « soupçonneurs » puisque j'ai déjà fait état de Marx et de Freud. Je tiens à préciser qu'en ce moment-là m'éclaira beaucoup et bien le savoureux *Jésus-Christ ou Dionysos*, Desclée, Paris, 1979, que Paul Valadier voulut bien donner à la collection « Jésus et Jésus-Christ » comme son numéro 10.

« s'explique » par tels ou tels *conditionnements*, et qu'en somme le dernier mot à son sujet est dit avec leur propre discours ? Non et non, proteste le Camus de la fin, on n'est alors pas quitte avec « *l'humain* » ! Quand bien même on estime devoir nier que l'aventure humaine, le destin humain, tant au plan individuel qu'à l'échelle de toute l'histoire, puisse s'ouvrir sur une quelconque transcendance ; quand bien même donc on doit bien admettre que la condition humaine est *absurde*, et qu'au fond l'homme ne sera jamais, finalement, qu'une « passion inutile » (Jean-Paul Sartre)... il y a mieux à faire que de se soumettre à des verdicts de « sachants » qui, au fond, ne seraient eux-mêmes qu'emportés par leurs propres « soupçons » – ces soupçons qui les font *finalement* apparaître si peu « humains ».

Il faut, tout simplement, *se révolter*, organiser la protestation, la résistance, le « combat ». Il n'y a finalement rien d'autre à faire que de se mobiliser résolument pour « la défense de *l'humain dans l'homme* » (P.-H. Simon). Telle est finalement la seule attitude *humaine* digne de ce nom : sur une terre inhumaine, dans une existence au bout du compte absurde et sous un ciel vide, protester de toute son *humanité* contre tout ce qui *déshumanise* l'homme. Entre le sentencieux, irréaliste et intolérant père Paneloux, et un docteur Rieux sans illusion certes mais déterminé à lutter et toujours lutter, le choix est clair : faire reculer humainement l'inhumanité dans la condition humaine... en s'efforçant quand même d'« imaginer Sisyphe heureux » !

Oserai-je le confesser ? Je crois bien que plus je suis allé, et plus, de toutes les alternatives à la proposition chrétienne dont j'ai eu à connaître, c'est finalement ce parti pris résolu pour la sauvegarde envers et contre tout *de l'humain* dans l'humanité tout entière et dans chaque homme en particulier, qui aura représenté pour moi le plus fort attrait... ou la plus grande tentation. Et il m'apparaît de plus en plus clair que si je ne m'y suis pas purement et simplement rallié, c'est précisément avant tout parce qu'il m'a été donné de trouver mieux encore en matière de sens de *l'humain*, de combat pour *l'homme* et – pour tout dire – de salut de *l'humanité*.

L'homme « augmenté »

Avant toutefois d'en venir au choix résolu qui a été et qui reste ainsi le mien, il me faut au moins mentionner la dernière (et récente) « vision de l'homme » à laquelle j'ai été confronté : celle de l'homme dit, cette fois, « augmenté ». En somme, il n'y aurait plus à se soucier ni du péremptoire verdict des dénonciateurs de tout humanisme, ni d'une quelconque spécificité de ce qui n'est après tout que « *le phénomène humain* » au sein de la totalement déconcertante immensité (purement matérielle) du cosmos. Il n'y aurait plus non plus, en réaction, à s'échiner à combattre (même sans illusion) contre l'absurde qui affecte radicalement « *la condition humaine* ». Il suffirait désormais, tout simplement, d'attendre – en travaillant à son avènement bien sûr – ce que l'on ne craint pas de désigner comme l'« *augmentation de l'homme* », vers laquelle les progrès techniques, biologiques et médicaux de tous ordres nous acheminent d'ores et déjà, à coup sûr et à court terme…

Depuis quelque vingt ou vingt-cinq ans, dans la Silicon Valley californienne, un ensemble de chercheurs spécialisés en intelligence artificielle, en biologie cellulaire, en robotique (*et alia* !) se sont associés dans un projet commun : améliorer l'homme ou plutôt – et le terme retenu est à lui seul significatif – *augmenter* l'homme et, ainsi, transformer radicalement la condition humaine. Changer même d'ère anthropologique en congédiant *homo sapiens*… pour passer à une trans-humanité, et viser même à constituer un *homo-deus* !

Les moyens choisis pour cela ? D'un côté, travailler sur du matériel biologique *humain* (cellules, tissus…) pour le rendre apte à recevoir des éléments *artificiels* élaborés d'autre part (prothèses sophistiquées et puces implantables), de sorte que la puissance du « récepteur » humain s'en retrouve, justement, « augmentée », multipliée même dans ses capacités propres. Il ne s'agirait donc plus seulement de guérir et d'améliorer (ce dont on ne pourrait certes toujours que se réjouir). On viserait désormais à faire reculer *toutes* les limites, physiques et autres, de l'humain ; et, finalement, à exclure définitivement maladies et même vieillissement. La perspective de vie pourrait aller, nous dit-on, jusqu'à mille ans en parfaite santé pour chaque individu humain ! Il y aurait là, bien sûr, le plus grand challenge de l'humanité à venir…

Quid de pareilles perspectives ? On peut déjà relever que pour la plupart des scientifiques, tout cela relève aujourd'hui de la mythologie. Articuler de l'artefact, si sophistiqué soit-il, sur du vivant humain, sera sans doute très compliqué, font-ils remarquer. Plus fondamentalement, on peut de toute manière se demander de quelle conscience de soi pourra disposer un pareil mixte de l'homme et de la machine, si perfectionnée soit cette dernière. Mais les interrogations apparaissent être surtout de l'ordre de l'éthique fondamentale voire de la métaphysique. Le propos est en tout cas d'emblée de faire fi de ce qui, et pour un long temps sans doute encore, continuera de subsister parmi nous comme faiblesse, handicap, et plus largement vulnérabilité dans l'humanité. Par-dessus tout, la volonté est ici déclarée de répudier toute autre attitude que celle de la puissance et de la maîtrise. Donner et recevoir ne signifieraient plus rien... dans une « sur-vie » que ne mesurera plus que la satiété qu'on finira un beau jour par en éprouver.

Ai-je besoin de le dire ? Je ne me suis aucunement reconnu dans de telles conceptions et projets. La méditation à laquelle, comme bien d'autres, je viens d'être conduit à l'occasion de la « crise » déclenchée par le tout petit et si puissant coronavirus, et le rappel qu'elle nous impose à tous de notre vulnérabilité propre et de la nécessité d'y faire face par des moyens *humains* et pas seulement scientifiques et techniques, a complètement déboulonné à mes yeux la statue que l'on est, semble-t-il, toujours en train de construire à cet *homo-deus*-là sur la belle côte de San Francisco/Los Angeles... que j'ai eu tant de joie à visiter en compagnie de précieux amis « autochtones » (René Girard tout particulièrement[1]).

3. Ce qui a emporté et emporte toujours mon adhésion personnelle

La figure de Jésus de Nazareth

Je le dis en toute clarté : pour l'humain entre les humains que je me reconnais être, une seule chose a véritablement représenté une alternative possible à ce que j'ai perçu à travers l'impressionnante proposition d'Albert Camus et au-delà d'elle. À savoir : rien d'autre, finalement, que le comportement et l'enseignement, la figure et le destin de Jésus de Nazareth ! Et la raison en est nulle autre que celle-ci : en lui il m'a été annoncé, et j'ai cru pouvoir reconnaître, ce que c'est qu'*être **homme*** en actes et en vérité. Et *la merveille est qu'en cela même, Jésus soit apparu entièrement et indissociablement lié à « ce que les hommes nomment **Dieu** »* ! Certes, il n'y a pas besoin de faire référence à Jésus pour accéder à une conception responsable de *l'existence humaine* (voir donc, entre bien d'autres, Camus lui-même). Certes aussi, on peut tout à fait affirmer *Dieu* sans s'en rapporter au prophète de Galilée

1. Voir la « *Laudatio* » déjà évoquée de René Girard, lors de son doctorat *honoris causa* de l'Institut catholique de Paris, *Transversalités*, n°115, juil.-sept. 2010, p. 123-133.

(nous aurons à reparler des religions du monde!). Mais voilà ce qui m'est apparu à moi, sur le chemin qui a été le mien: à même son existence d'homme, *Jésus* a manifesté, comme le dit saint Paul, la «*philanthrôpia Théou*» (Ti 3, 4), c'est-à-dire qu'il a fait apparaître Dieu comme radicalement «ami de l'homme»; il a même révélé Dieu comme «Emmanuel, c'est-à-dire "Dieu-avec-nous"» (Mt 1, 23).

Telle est la raison pour laquelle j'en suis venu à partager cette conviction de Bonhoeffer qui m'accompagne depuis mes premières années de théologie:

> Si la terre a été rendue digne de porter l'homme Jésus-Christ, si un homme comme Jésus a pu y vivre, alors, la vie vaut aussi pour nous la peine d'être vécue. Si Jésus n'avait pas vécu, malgré tous les hommes que nous connaissons, vénérons et aimons, la vie serait pour nous dépourvue de sens[1].

Telle est aussi la raison pour laquelle, lorsqu'il m'a été demandé de devenir évêque alors que je n'étais pas porté à l'envisager, je n'y ai consenti qu'«à cause de Jésus», ainsi que je l'ai rapporté ailleurs[2]. Et telle est la raison pour laquelle, enfin, je rejoins totalement l'ardent disciple de Jésus que devint et fut Paul de Tarse, lorsqu'il déclare finalement: «Pour moi, vivre, c'est le Christ» (Ph 1, 21).

Des obscurités et des interrogations qui demeurent néanmoins

Ce n'est pas à dire qu'en matière de foi, tout aurait toujours été et serait toujours resté totalement clair pour moi une fois ma décision prise! La simple honnêteté m'oblige à reconnaître que des obscurités et des interrogations ont toujours subsisté *et demeurent*, et en nombre, sur mon chemin de foi – sur mon trajet d'homme croyant.

Les premières à signaler, parce qu'elles sont en somme les plus immédiates et les plus constantes, viennent des chrétiens et du christianisme: ne leur est-il pas arrivé trop souvent de trahir cela même dont ils se réclamaient tellement? Avec le temps cependant, j'ai à peu près

1. J'ai rapporté plusieurs propos de Dietrich Bonhoeffer qui me tiennent particulièrement à cœur dans l'Envoi de mon ouvrage *Jésus expliqué à tous*, Seuil, Paris, 2015, p. 149-152.
2. Cf. 2 Co 4, 11. Voir Joseph Doré, *La grâce de vivre,* Bayard, Paris, 2005, p. 330.

réussi à n'en pas tirer d'autre conclusion que celle-ci : la seule solution est d'apporter autant que possible sa propre pierre à la *conversion* qui est aujourd'hui à l'évidence plus que jamais nécessaire (voir, déjà, tout ce qui précède).

D'autres difficultés ont tenu à ce qui apparaît spontanément comme l'« énormité » de ce que la foi chrétienne propose : la Croix, l'espérance contre toute espérance, l'amour par-dessus tout, et que sais-je encore… Oserai-je l'avouer ? Dieu lui-même m'est problématique ! Même là où l'affirmation qui en est faite est soutenue par une argumentation philosophique en bonne et due forme, ou bien par l'immense témoignage que continuent de lui porter plusieurs des très grandes religions du monde, son affirmation ne laisse pas de m'apparaître, oui, *problématique* !

Je ne prétends bien entendu imposer mon point de vue à personne et donc, ici comme ailleurs, je respecte absolument toute prise de position, qu'elle soit de l'ordre du oui ou de l'ordre du non. En revanche, voilà ce que je peux dire, moi : personne d'autre que Jésus ne m'a permis de trancher, de me décider positivement au sujet de « ce que les hommes nomment Dieu » comme, si honnêtement et profondément à la fois, dit saint Thomas d'Aquin. Pourquoi et comment en est-il allé ainsi ? Parce que Jésus de Nazareth, et lui seul, m'a révélé ceci : si certes on ne peut parler de Dieu que là où s'exerce et donc s'atteste une puissance et même une toute-puissance (autrement ce ne serait déjà plus Dieu !), la seule vraie puissance qui puisse être reconnue et acceptée par son éventuel bénéficiaire ne peut me semble-t-il être *que*, d'une manière ou de l'autre, de l'ordre de l'amour. Estimant que « seul l'amour est digne » (H. U. von Balthasar) de cette confiance en laquelle se traduit la foi, je suis reconnaissant à Jésus le Christ de nous manifester un type de puissance qui n'est *que* de l'ordre de l'amour – et qui, dès lors, peut s'avérer et être reconnu *tout*-puissant[1].

Je le dis comme je le pense : « S'il n'y avait pas [eu] Jésus » (je reprends ici une formule de Dietrich Bonhoeffer), s'il n'y avait pas eu cet homme-là qui a partagé notre condition – mort comprise – et qui est ressuscité d'entre les morts, donnant à reconnaître en lui-même « l'engagement de Dieu » (H. U. von Balthasar de nouveau) – disons : l'intervention toute de puissance d'un Dieu qui est tout amour –,

1. Voir ma brève présentation de cet immense théologien dans Paul Poupard, *Dictionnaire des religions*, PUF, Paris, 2000, p. 510-513 – avec renvoi à l'essentiel de sa bibliographie, et tout spécialement son *L'amour seul est digne de foi*.

tout me porte à penser que, quant à moi en tout cas, je serais resté « en suspens » à propos de Dieu. Il ne serait toujours pour moi qu'un problème (ou qu'un « sujet » comme on dit couramment maintenant, mais c'est la même chose !)… à moins que j'aie tout bonnement fini par me déclarer, moi aussi, « agnostique » ! Mais puisqu'il y a eu Jésus, parce qu'il y a Jésus-Christ, j'ai décidé de lui accorder ma foi, de lui faire toute confiance, de me fier à lui à la vie à la mort. À l'exemple là encore de Bonhoeffer déclarant : « "Christ notre espérance" : cette parole de Paul est la force de notre vie. »

Pour clore ce point, je passerai une nouvelle fois de la théologie à la pastorale. Au temps de ma tâche épiscopale en Alsace, il m'a été donné de vivre une « confirmation » à la fois lumineuse et puissante de ma propre démarche de croyant, que je viens ici d'évoquer. Lors de la réunion qui les préparait à la réception du sacrement de confirmation que j'allais peu après leur conférer, un jeune de 13 ans qui prenait la parole à mon invitation, déclara tout de go devant ses compagnons (je le cite mot à mot) : « Ça y est, moi j'ai bien compris maintenant : Dieu, eh ben, c'était pas la peine qu'il était Dieu, si c'était pas pour être avec nous comme Jésus il a été ! » Je souhaiterais beaucoup que l'on me croie si je déclare que j'ai reconnu là l'essence même de ma propre foi. Saint Thomas, déjà cité ci-dessus, ne se déclarait-il pas lui-même plein de respect et d'estime pour la *vetula*, la vieille femme, qui confiait sa vie au Dieu de sa foi ?

Une radicale et ultime prise de position

Puisque je suis parti dans les confidences, j'en ajoute une dernière. Dans l'après-midi du deuxième dimanche de Pâques qui suivait mon retour au Grand séminaire de Nantes après mon « aventure algérienne » – c'était, s'il vous plaît, au printemps 1960 ! –, j'avais pris le temps de quelques heures d'une lecture gratuite à la bibliothèque de la Maison. Dans un petit ouvrage du père August Valensin[1], je suis tombé ce jour-là sur ces lignes auxquelles, ayant quand même eu à traverser tout ce que j'ai pu rapporter ici, j'acquiesce toujours :

> Si, par impossible, à mon lit de mort, il m'était manifesté avec une évidence parfaite que je me suis trompé, qu'il n'y a pas de survie, que même il n'y a pas de Dieu, je ne regretterais pas de l'avoir cru. Je penserais : que je me suis honoré en le croyant ; que si l'univers est

1. Auguste VALENSIN, *Autour de ma foi*, Aubier-Montaigne, Paris, 1962, p. 73.

> quelque chose d'idiot et de méprisable, c'est tant pis pour lui ; que le tort n'est pas en moi d'avoir pensé que Dieu est, mais en Dieu de n'être pas.

Une nouvelle fois, je ne serais cependant pas tout à fait honnête si je n'ajoutais pas qu'à travers les années et les décennies – mais, au fond, toujours à partir de cette sorte de déclic ! –, j'en suis venu à raisonner ainsi : c'est un fait en tout cas que, moi, non seulement « *je suis* » et même je me prolonge dans l'existence ; mais plus je vais et plus j'expérimente ma propre vie comme un non-dû, comme une *grâce*, comme un don totalement gratuit (d'ailleurs toujours menacé). Plus, donc, « je ne peux pas éviter de me poser la question » : Comment se pourrait-il que ce don par excellence soit pour moi le seul à être sans Donateur ? Pour moi, « à cause de Jésus », c'est ce point qui a tranché, et tranche toujours, de *tout*.

Chapitre 6

La priorité de la mission

B. La charité chrétienne

Le chapitre qui vient de s'achever nous a permis de préciser pourquoi et comment, dans la perspective de conversion à la mission qui doit devenir de plus en plus la sienne, l'Église se trouve aujourd'hui mise en demeure de s'en rapporter plus adéquatement au premier de ce que nous avons appelé les deux fondamentaux du christianisme, et de l'Église, qu'est la foi chrétienne. Le chapitre qui s'ouvre ici-même et qui s'attachera au second fondamental, à savoir la charité chrétienne, ne nous fera pas changer de terrain pour passer à autre chose ! Tout au contraire. Notre réflexion sur la foi nous ayant fait apparaître que le Dieu révélé en Jésus est *amour*, il en résulte à l'évidence que la réponse qu'Il attend de l'homme doit nécessairement se définir elle-même par rapport à l'amour. C'est donc assez clair d'emblée : le retour au cœur de la *foi* chrétienne entraîne de soi un retour à ce qu'on peut tenir pour le cœur de la *vie* humaine, à savoir l'amour. Mais cela veut dire pour nous ici qu'il nous incombe alors, *mutatis mutandis* bien entendu, de nous expliquer maintenant sur l'amour chrétien avec autant de précision que nous venons de le faire à propos de la foi chrétienne.

Tel sera en conséquence le déroulement de ce chapitre 6. Une première partie présentera ce qu'on peut tenir pour l'originalité de l'amour chrétien (I). On en déduira ce qui pourra alors apparaître comme les caractéristiques fondamentales de l'amour évangélique *dans la mise en œuvre concrète et pratique* qu'il appelle (II). Une dernière partie s'emploiera à préciser comment cela est susceptible de nous éclairer concernant cette « conversion à la mission » à laquelle est appelée l'Église et à laquelle est consacré cet ouvrage (III).

I. La triple originalité fondamentale de l'amour chrétien

On en conviendra probablement sans grande difficulté : de l'amour, on parle en général à la fois beaucoup trop et jamais assez. En tout cas, on estime généralement et spontanément bien savoir de quoi il s'agit avec lui quand on en prononce le nom, alors qu'à vrai dire on est le plus souvent très loin d'en avoir une perception et, surtout, une pratique claires ! Bien plus évident encore : si personne ne refuserait sans doute d'y reconnaître finalement « la chose la plus importante dans la vie », ils sont nombreux ceux qui doutent longtemps de pouvoir le rencontrer et le vivre un jour. Ou bien ceux qui, ayant de fait pu l'expérimenter, restent durablement marqués par son évidente fragilité voire par la constante menace qui paraît souvent peser sur lui et donc sur ceux qui s'y risquent.

Le vocabulaire même auquel on recourt pour le désigner témoigne à la fois de la richesse et de la complexité de cette dimension à l'évidence capitale pour toute existence humaine. La langue grecque de la *koïnê*, qui est celle du Nouveau Testament, est ici particulièrement suggestive. Elle distingue *érôs, philia* et *agapê*. Le premier de ces termes renvoie à lui-même le sujet qui éprouve le sentiment en cause : ce mot alerte en quelque sorte sur le fait qu'il y a toujours *aussi* à se préoccuper de *soi* et que, si le risque d'auto-centration peut certes toujours exister, il n'en est pas moins juste et bon de « prendre soin de soi » … ne serait-ce que pour ne pas « manquer » à l'autre ! Le second terme, *philia*, désigne l'amour « d'amitié », par lequel on traite avec l'autre et on est traité par lui sur la base d'une reconnaissance mutuelle d'égalité ; celle-ci permet une judicieuse et constante *réciprocité* s'appuyant toujours sur une vraie confiance qui peut alors ne jamais cesser ni de s'éprouver, ni de s'exprimer, ni de se relancer… Quant au mot *agapê*, tendant à *mettre en avant et en premier l'autre*, et invitant donc chacun à se « relativiser » toujours soi-même justement pour privilégier l'autre, c'est ce terme-là qui a été retenu par la tradition évangélique chrétienne pour désigner la conception de l'amour qui la caractérise et qu'elle appelle à pratiquer et à promouvoir.

1. Un retournement radical à propos de Dieu dès la Première Alliance

Un premier aspect frappe dans l'*agapê*/la charité/l'amour chrétien : le fait qu'il ne nous est pas présenté d'abord comme une attitude et des comportements dont nous aurions à prendre nous-mêmes l'initiative et qu'il nous incomberait de mettre en œuvre vis-à-vis d'un autre (ou d'autres), quel qu'il puisse être. Nous l'avons vérifié, la foi chrétienne pose en principe que l'amour n'a pas sa source en nous-même, qu'il ne naît pas de nous-même. Selon elle, tout au contraire, il nous précède, il vient *d'ailleurs* à notre rencontre. Nous ne sommes à vrai dire pour rien dans le fait qu'il se trouve nous concerner. Autrement dit, en régime chrétien, l'amour ne nous est toujours présenté que comme un don – lâchons le mot : comme une *grâce*.

Cela tient bien sûr au fait que, toujours selon cette foi, il vient de *Dieu*, il a à la lettre son origine en Dieu lui-même. Ainsi que nous avons en effet pu l'enregistrer au chapitre précédent, en Jésus le Christ s'est manifestée/est apparue (*épéphanê/apparuit*) ce que saint Paul ne craint pas d'appeler la « *philanthrôpia Théou* », à savoir l'amour que Dieu porte à l'humanité en son ensemble et à chacun de ses membres en particulier : un amour résolu, à la fois fondateur et définitif. Le *Père* montre qu'« Il a tant aimé le monde qu'Il lui a donné son propre Fils » (Jn 3, 6). *Jésus* lui-même, « ayant aimé les siens qui étaient dans le monde, les aima jusqu'au bout » (Jn 13, 1). Et pour couronner le tout, « par *l'Esprit Saint* qui nous a été donné, l'amour de Dieu a été répandu dans nos cœurs » (Rm 15, 5). En deçà encore, nous avons dûment relevé que c'est par amour que ce Dieu qui est Père, Fils et Saint-Esprit a *créé* le monde, de sorte que nous pouvons ni plus ni moins nous considérer comme « enracinés dans l'amour et fondés sur l'amour » (Ep 3, 17).

C'était du reste déjà la conviction fondamentale des croyants de la Première Alliance. Élus de Dieu, le Peuple de Dieu tout entier puis, et de plus en plus clairement avec le temps, chacun de ses membres, pouvaient s'estimer voulus, conduits, protégés et même portés par un amour que rien ni personne, ni aujourd'hui ni à jamais – pas même les pires infidélités de ses bénéficiaires – ne pourrait remettre en cause : « Quand bien même une mère oublierait son propre enfant, je ne t'oublierai pas [...]. Je l'ai juré par moi-même... Je ne t'oublierai jamais, parce que tu as du prix à mes yeux, et que moi, je t'aime. » Psaumes et prophètes foisonnent de telles assurances.

De toujours et à jamais, Dieu aime, Dieu nous aime, parce qu'à vrai dire Il est amour (Il n'est qu'amour). Là est le rempart et la forteresse de nos vies contre toute adversité, là est cette « *feste Burg* » dont se réclamait Luther et que célébrait Jean-Sébastien Bach. Préalablement à toute prise de position de notre part, nous sommes jusqu'en nous-mêmes fondamentalement concernés par un amour hors duquel nous ne serions pas, hors duquel nous ne sommes pas. Une expérience pastorale qui m'a beaucoup marqué m'a fait occasionnellement comme toucher du doigt non seulement la plausibilité mais, dans une certaine mesure au moins, la réelle crédibilité de cette façon certes à première vue si étonnante de comprendre l'amour. À chaque fois qu'il m'a été donné d'accompagner deux personnes se préparant au mariage, je n'ai jamais manqué de les inviter à réfléchir à cette question : en vous en rapportant à votre propre expérience, où voyez-vous ce que vous pourriez reconnaître comme la « vérité », la « réalité » même, de l'amour ? Est-ce là où vous avez estimé pouvoir dire : « Je t'aime… et vois comme je te le montre bien en ces actes que je multiplie à ton égard pour t'en donner la preuve » ?… Ou bien est-ce là où est venu tout spontanément sur vos lèvres un « Comme tu m'aimes ! » d'autant plus sincère que vous aviez l'évidence flagrante que vous n'étiez vous-même que pour bien peu de chose dans le « positionnement » réciproque que vous désigniez ainsi ? Jamais la réponse de mes interlocuteurs n'a été autre que la seconde, et comme ils étaient beaux le regard et le sourire qu'ils échangeaient alors !

J'en ai déduit que ce qui pouvait être ainsi effectivement expérimenté à l'échelle d'un certain type de rapports humains porte à reconnaître une vraie crédibilité à la présentation biblique selon laquelle l'amour fait ses preuves justement là où il se donne à reconnaître d'abord comme une pure grâce, qui ne peut du reste susciter face à elle *que* « re-connaissance », selon la si riche polysémie de ce terme.

Bref, prolongeant la révélation qui avait commencé de se réaliser dans l'Ancienne Alliance, la Nouvelle Alliance accomplie en Jésus-Christ a radicalisé un retournement qui apparaît tout à fait spécifique de la compréhension biblique de l'amour. Parce qu'il a sa source en Dieu même, l'amour n'est pas à concevoir comme un comportement qu'il nous incomberait d'adopter, quel qu'en soit le destinataire, en application d'une prescription impérative ou d'un commandement – fût-il le plus important – qui s'imposerait à nous comme une règle purement extérieure à nous-mêmes. Il est à comprendre d'abord comme la réponse que, dans l'étonnement d'ailleurs, nous pouvons nous découvrir capable de donner à un don gratuit qui, mystérieusement, nous précède en nous-mêmes au point qu'avec un saint Augustin, nous pouvons le découvrir « plus intime à nous-mêmes que nous-mêmes ».

Mais l'amour chrétien n'a pas rapport seulement à Dieu. Précisément, comme amour humain, il a à se vivre, et donc à se concevoir également, comme amour de et pour *l'autre humain.* Or cela lui vaut un second titre à l'originalité.

2. L'inédite assimilation opérée par Jésus à propos de l'autre humain

Au sujet de l'amour pour autrui, Jésus opère une assimilation qui, à y bien réfléchir, ne peut apparaître elle aussi qu'assez surprenante : il déclare plus encore qu'une totale inséparabilité entre cet amour de Dieu auquel il attribue donc une primauté absolue, et l'amour de *l'autre humain.* Il en déclare, si l'on peut dire, la convertibilité réciproque, et donc pratiquement l'équivalence.

Au pharisien qui selon Mt 22, 36 était venu lui demander : « Maître, quel est le plus grand commandement de la Loi ? », Jésus répond : « Tu aimeras le Seigneur ton Dieu de tout ton cœur, de toute ton âme et de tout ton esprit : voilà le plus grand et le premier commandement. Le second lui est semblable : tu aimeras ton prochain comme toi-même. » Les deux éléments de cette réponse renvoient certes chacun à des prescriptions qui figurent déjà dans l'Ancien Testament, auquel comme il s'imposait nous avons déjà fait référence. Le premier élément reprend l'oracle de Dt 6, 5, qui était introduit par la solennelle interpellation qu'était pour le Peuple élu la formule « Écoute Israël », et chaque membre de ce peuple devait le placer au centre de sa foi et de sa vie, l'inscrivant du reste, comme un constant rappel, sur les portes de sa maison et sur un billet attaché à son poignet : « Tu aimeras le Seigneur ton Dieu de tout ton cœur, de toute ton âme et de toute ta force. » Quant au second élément de la réponse du « Maître », il provient, lui, de Lv 19, 18 : « Tu ne te vengeras pas, tu ne garderas pas de rancœur contre les fils de ton peuple. Tu aimeras ton prochain comme toi-même. »

Or, dans cette réponse qu'il donne à la question qui vient de lui être posée, Jésus n'en manifeste pas moins une originalité tout à fait frappante – trop peu souvent relevée semble-t-il. Là où en effet la Tradition d'Israël voyait *deux* commandements qu'elle évoquait séparément, Jésus, lui, déclare formellement la stricte inséparabilité et même la totale correspondance des deux. Tel est bien en effet le sens de l'adjectif grec « *homoïa* » auquel recourt le passage matthéen qui rapporte en l'occurrence les propos de Jésus. Que ce soit bien en effet son intention expresse, cela peut en particulier être déduit de la donnée suivante : alors que son interlocuteur l'interrogeait sur « le plus grand commandement» au singulier, Jésus répond en en évoquant deux... mais dont il s'empresse de déclarer de suite la stricte indissolubilité! Le «disciple que Jésus aimait» ne s'y trompera d'ailleurs pas, puisque tels seront ses propos en 1 Jn 4, 20-21 :

> Si quelqu'un dit: «J'aime Dieu» alors qu'il a de la haine contre son frère, c'est un menteur. En effet, celui qui n'aime pas son frère qu'il voit, est incapable d'aimer Dieu qu'il ne voit pas. Et voici *le* commandement [l'article défini est ici au singulier!] que nous tenons de lui: «Celui qui aime Dieu, qu'il aime aussi son frère!»

Il n'est certes pas douteux que, dans l'esprit et la lettre de la réponse de Jésus, la priorité revient et restera toujours à Dieu; mais parce que, en Jésus, Dieu a résolu de prendre lui-même chair et condition d'homme, il n'est pas/plus possible de séparer «ce que Dieu a uni» si étroitement, comme j'ai entendu une fois le cardinal Luis Ladaria, mon ancien collègue de la Commission théologique internationale et actuel préfet de la Congrégation pour la doctrine de la foi, l'affirmer avec force dans une belle prédication alors que bien entendu il n'oubliait pas que c'est à un autre propos que le Nouveau Testament met cette expression sur les lèvres de Jésus (cf. Mt 19, 6; Mc 10, 9)!

Ainsi, la première et la plus spécifique vérité qu'énonce et professe la foi chrétienne, à savoir bien sûr que Dieu s'est fait homme, qu'en Jésus Il s'est fait l'un d'entre nous en tout semblable à nous (hormis le péché), a-t-elle pour conséquence que la condition humaine s'en trouve du même coup divinement dignifiée et anoblie *en chacun de tous ceux qui la partagent*, et que donc elle unit. De l'union *sans confusion* qui s'accomplit dans la venue du Fils de l'homme en Jésus, il résulte qu'on ne peut plus aucunement séparer une reconnaissance et un amour particuliers de *Dieu*, d'une reconnaissance et d'un amour effectifs de *tout ce qui est humain* – et qui, pour le redire avec Térence, «ne saurait [en tout cas] nous être étranger»! Et corrélativement, de l'union *selon une distinction sans séparation* qui s'accomplit en Jésus il résulte qu'on ne saurait être quitte avec l'amour qu'on prétend rendre à Dieu, si l'on ne s'efforce pas d'étendre ce *même* amour à tout l'espace d'humanité auquel sa propre venue dans l'histoire L'a lui-même de fait indissociablement lié.

Dans le paragraphe 22 de sa constitution *Gaudium et spes*, qui se propose comme l'on sait de définir l'attitude de l'Église tout entière à l'égard du «monde de ce temps», le concile Vatican II reprend en ces termes on ne peut plus explicites ce thème par ailleurs fréquemment récurrent à travers toute la grande Tradition des Pères de l'Église : « par son incarnation, le Fils de Dieu s'est en quelque sorte (*quodammodo*) uni lui-même à *tout homme* ».

Et au cas où ce même enseignement, déjà donc cautionné à la fois par l'autorité de la grande Tradition ecclésiale et repris par la plus importante instance du magistère ecclésial contemporain qu'est le concile Vatican II, pouvait encore laisser sur un doute, ce dernier devrait pouvoir être définitivement levé si l'on s'en rapporte pour finir à deux références bibliques majeures. D'une part on peut renvoyer au cœur du message des prophètes de la Première Alliance. Au chapitre 68 du livre d'Isaïe, on lit ceci :

> Ne savez-vous pas quel est le seul jeûne qui me plaît ? Oracle du Seigneur Yahvé : rompre les chaînes injustes [...], renvoyer libres les opprimés, briser les jougs, partager ton pain avec l'affamé, héberger les pauvres sans abri [...], vêtir celui que tu vois nu et ne pas te dérober devant celui qui est ta propre chair.

Autrement dit : la réponse de Jésus à la question si juridisante de son interlocuteur s'inscrivait néanmoins dans le droit fil du déjà percutant message des prophètes d'Israël... en le portant cependant à sa plus radicale expression. Ce que la Nouvelle Alliance scellée en Jésus-Christ demande de pratiquer à l'égard du proche humain vient à la fois radicaliser et universaliser un appel que comportait déjà l'Ancienne Alliance, alors même qu'elle n'avait pourtant pas encore fait apparaître *jusqu'où* devait aller la « *philanthrôpia Théou* » – disons plus précisément : « l'humanisation » du Dieu trois fois saint.

Mais il y a plus net encore, car on peut d'autre part évoquer ici, dans le Nouveau Testament cette fois, l'extraordinaire et totalement inédite leçon donnée par Jésus dans la si étonnante scène dite du « Jugement dernier » telle que la présente Mt 25 :

> Quand le Fils de l'homme viendra dans sa gloire, escorté de tous les anges, alors il prendra place sur son trône de gloire. Devant lui seront rassemblées toutes les nations, et il séparera les gens les uns des autres, tout comme le berger sépare les brebis des boucs. Il placera les brebis à sa droite, et les boucs à sa gauche. Alors le Roi dira à ceux de droite : « Venez, les bénis de mon Père, recevez en héritage le Royaume qui vous a été préparé depuis la fondation du monde. Car j'ai eu faim et vous m'avez donné à manger, j'ai eu soif et vous m'avez donné à boire, j'étais un étranger et vous m'avez accueilli, nu et vous m'avez vêtu, malade et vous m'avez visité, prisonnier et vous êtes venu me voir. »

> Alors les justes lui répondront : « Seigneur, quand nous est-il arrivé de te voir affamé et de te nourrir, assoiffé et de te désaltérer, étranger et de t'accueillir, nu et de te vêtir, malade ou prisonnier et de venir te voir ? » Et le Roi leur fera cette réponse : « En vérité je vous le dis, dans la mesure où vous l'avez fait à l'un de ces plus petits de mes frères, c'est à moi que vous l'avez fait. » [Suit le parallèle pour ceux qui ont agi à l'inverse. Et le tout se conclut ainsi :] Et ils s'en iront, ceux-ci à une peine éternelle, et les justes à la vie éternelle.

On peut dire qu'en matière de vision chrétienne de l'amour, on a là en somme « le coup de grâce ». Cette fois, il nous est appris par Jésus *non plus seulement* qu'il n'est pas question de prétendre aimer Dieu sans aimer ses frères et sœurs en humanité, et *non pas seulement même* qu'en cela il s'agit de privilégier toujours le plus nécessiteux parce que le plus démuni (nous aurons à y revenir dans un instant). Il nous est là enseigné *de surcroît* que, lorsque l'on se comporte ainsi, c'est effectivement *Jésus* lui-même, et donc le *Dieu* qui s'est révélé en lui, que – fût-ce sans le savoir – on vénère, on honore, on sert, on aime !

3. Le surprenant appel à un ajustement du rapport à soi-même

Un troisième trait doit cependant être encore enregistré au titre de ce que j'appelle ici l'originalité fondamentale de l'amour chrétien : après le retournement total du rapport à Dieu et après la requalification radicale de l'amour pour l'autre humain, l'appel à la pratique d'un juste rapport à soi-même.

Du commandement majeur selon lequel il faut aimer « de tout son cœur, de toute son âme, de tout son esprit », il pourrait paraître logique de déduire qu'il faut en conséquence s'oublier, se renoncer, se quitter, voire se haïr soi-même – toutes invitations qui se rencontrent d'ailleurs effectivement ici ou là dans le Nouveau Testament lui-même... Or voilà que, lorsqu'il s'explique sur le « second commandement », Jésus le fait selon cette formulation à première vue alors fort surprenante : « Tu aimeras ton prochain *comme toi-même* ! » Ne nous donne-t-il pas par là assez clairement à comprendre que, selon lui en tout cas, il y aurait une sorte d'amour de soi suffisamment estimable sur le plan éthique pour qu'il puisse la prendre comme référence au moment où il entendait formuler le commandement « qui est [si] semblable au premier » qu'il en est finalement indissociable, à savoir l'amour d'autrui ?

Mais ne se trouve-t-on pas alors face à une flagrante contradiction ? Car comment s'aimer soi-même sans de quelque manière se mettre en avant, au risque de se donner à soi-même la priorité, et donc de ne laisser à l'autre que des miettes, que des restes ?... À moins qu'il faille considérer qu'il s'agit en réalité de nous aimer nous-mêmes *dans une dimension de notre être qui, justement, nous porterait vers l'autre* ? En somme, Jésus et l'Évangile nous inviteraient dès lors à comprendre que la meilleure façon de se réaliser soi-même, et en ce sens de s'aimer soi-même, serait de faire justement place à *l'autre* en soi-même ? Par là d'ailleurs, nous lui apparaîtrions comme aimable à notre tour. Et l'amour qu'alors il nous porterait nous redonnerait en quelque sorte à nous-mêmes, nous appellerait à nous intéresser à nous-mêmes au nom cette fois de l'intérêt que l'autre en est venu à nous porter. Le vrai chemin vers nous-mêmes serait ainsi l'autre – ou plus exactement notre propre disponibilité active à nous ouvrir à lui.

Et cela, qui vaudrait donc déjà dans notre rapport à l'autre humain, se vérifierait également et plus encore dans notre relation à l'autre par excellence qu'est Dieu. Loin d'être pour nous un concurrent ou un adversaire dont la reconnaissance exigerait de notre part auto-mépris et auto-mutilation, Dieu serait alors Celui qui nous rend possible d'être véritablement nous-mêmes. Il serait Celui qui nous donne à nous-mêmes. Or ce n'est pas autre chose que nous avons été conduits à enregistrer comme première originalité fondamentale de l'amour chrétien : non seulement il ne vient pas de nous mais, à la lettre, c'est bien plutôt nous qui venons de lui.

Ainsi se présente donc fondamentalement l'amour chrétien, tel que Jésus le pratique et nous invite à le comprendre et à le mettre en œuvre à notre tour :

– Même quand nous l'exerçons nous-mêmes, il n'a pas sa source en nous mais en *Dieu* qui, tout à la fois, nous y a éveillés et ne cessera pas de l'entretenir en nous.

– Dans le temps même où Il nous invite à nous tourner vers Lui en retour, Dieu nous appelle à aimer *les autres,* qu'Il aime tout autant qu'Il nous aime, et qu'Il nous donne à aimer à notre tour et pour notre part.

– Pour autant, Dieu nous détourne tellement peu de *nous-mêmes* qu'Il nous invite à découvrir *en nous* une dimension d'existence à laquelle peut seule nous faire accéder notre propre disponibilité à aimer les autres et à L'aimer lui-même.

II. Les dimensions de l'amour selon l'Évangile

Nous avons maintenant clairement mis à jour ce qui confère à la compréhension chrétienne de l'amour sa radicale originalité. On pourrait alors estimer qu'il conviendrait d'en tirer déjà les conclusions concernant la mission de l'Église et sa conversion, puisque c'est notre sujet dans ce livre. Si je ne le fais pas de suite, ce n'est pas que je perdrais de vue que tel est bien ici mon propos d'ensemble ; ce n'est pas non plus que je me laisserais emporter par mon intérêt théologique pour un exposé conséquent sur la charité chrétienne « en soi », si je puis dire. La raison d'un tel choix est que, si avec ce que j'ai donc appelé l'originalité de cette dernière, j'ai assurément mis au jour ce qui représente pour elle l'essentiel et le fondamental, je suis encore loin d'avoir détaillé ses vraies dimensions, ses différentes facettes, ses modalités concrètes – actes et comportements. Or c'est finalement en fonction de tout cela que sera à préciser ce qu'il peut en être ici de la mission de l'Église et de sa conversion à cette mission.

Selon une inspiration paulinienne que je préciserai le moment venu, je crois pouvoir retenir en fait quatre *dimensions*.

1. Sans aucune exclusive

Confessant comme Créateur – nous avons précisé en quel sens – le Dieu qui pour nous s'est révélé en Jésus-Christ, la foi chrétienne nous apprend donc que « par lui tout a été fait ». Il en résulte que, puisque ce Dieu *est* amour, tout ce qui existe d'autre que lui, c'est-à-dire finalement tous les « êtres » du « monde », apparaissent avoir en tout cas en commun de ne pas exister en dehors de ce vouloir d'amour fondateur auquel ils doivent tout. Il y aura certes des conséquences à en tirer au niveau du monde tout entier – disons au moins : au niveau de la planète tout entière[1]. Mais dans ce vaste ensemble, la toute première incidence ne peut que concerner *l'ensemble des êtres humains.*

1. Nous aurons bien entendu à y revenir sous peu, mais je ne résiste pas à la joie de renvoyer dans ce contexte à Dante : il ne faut quand même pas oublier que Dieu est « l'Amour [qui] meut le soleil et les autres étoiles » !

La fraternité comme « axiome »

Selon la proposition chrétienne, aucun être humain ne peut se considérer comme existant ou pouvant exister indépendamment des autres et même de tous les autres. Il ne peut à la vérité que les tenir et donc les traiter *tous et chacun*, non seulement comme des semblables, des proches et des égaux. Il doit bel et bien reconnaître en chacun d'eux ni plus ni moins qu'un frère ou une sœur. Et reconnaître aussi que considérer de la sorte l'autre humain quel qu'il soit ne relève pas d'un choix proposé *ad libitum* aux « âmes sensibles » en recherche d'affection ou de reconnaissance... ou à des bonnes volontés plus vulnérables au malheur d'autrui ou spontanément plus bienveillantes à son égard. À la vérité il ne s'agit là que de reconnaître *en soi-même* ce qu'on pourrait appeler un « donné de nature », à partir duquel chaque être humain ne peut qu'être tenu et traité par tous les autres à la lettre comme un frère ou une sœur.

Autrement dit, ce qui vaut dans toute famille humaine particulière pour tous ceux qui naissent tour à tour en son sein, à savoir que chacun d'eux est donné à tous les autres comme « chair de sa chair » selon l'expression biblique, vaut absolument (*mutatis mutandis* évidemment) à l'échelle de la totalité de l'humanité : si chacun pourra sélectionner légitimement ceux qui seront ses amis, il ne lui est en revanche *pas* loisible de choisir ses frères et sœurs ; chacun de tous les membres d'une famille *est* et ne peut être pour tous les autres qu'un frère ou une sœur – et inversement ! Je parle ici intentionnellement d'*axiome,* terme que je comprends selon la définition qu'en donne mon *Dictionnaire usuel Quillet-Flammarion* : « proposition générale énoncée et acceptée comme vraie sans démonstration » ! Je me crois autorisé à le faire dans la mesure où ce qu'on pourrait encore désigner comme la « loi » ou le « principe » de *la fraternité* n'est justement pas proposé à la libre décision d'adhésion de ceux qui auraient ensuite à en tirer des conséquences à la manière dont ils le voudraient bien. Il s'agit d'un donné de fait inscrit pour chacun dans son existence comme telle, préalablement même à toute décision qu'il lui reviendra bien entendu de prendre... Mais il y a plus encore.

L'essentielle altérité du semblable

Quitte à admettre que tout homme est « mon semblable » voire à considérer qu'il est « mon frère en Jésus-Christ », il arrive que certains parmi nous n'en estiment pas moins possible voire évident d'ajouter une précision de ce genre : « mais ça s'arrête là »... parce qu'ils n'en sont pas moins d'avis qu'il leur revient à eux-mêmes de choisir ceux qu'ils tiendront de fait pour leurs « vrais proches », ceux qu'ils considéreront réellement comme leurs « vraiment semblables » ! Nous pouvons constater cela tous les jours, y compris dans nos propres comportements.

Voir les choses ainsi est en réalité s'exposer à contrevenir doublement à la vision évangélique-chrétienne. D'abord, c'est risquer d'oublier que, même ceux dont on s'estime proche, ceux qu'on se reconnaît effectivement pour semblables, ont eux aussi un droit strict à différer assez notablement de nous. Et qu'il ne s'agit donc aucunement pour nous de ne reconnaître avoir à les aimer que dans la mesure où nous *nous* reconnaissons en eux, mais aussi également (et peut-être plus encore) en cela même par quoi ils sont « *eux-mêmes* » indépendamment de nous – voire, dans une mesure qui peut varier, tout autrement que nous ! Ensuite, c'est risquer de négliger que, même éventuellement importantes, les différences qui peuvent exister entre nous et eux ne portent aucunement atteinte à leur effective et plénière appartenance à la même humanité que nous – cette humanité dont nous avons déjà dit qu'elle nous institue, eux et nous, en une fraternité essentielle, irrécusable par qui que ce soit.

Ici peut nous éclairer sans équivoque possible la parabole de Jésus couramment désignée comme celle du « Bon Samaritain » (Lc 10). À un légiste d'Israël auquel Jésus vient de répondre sur ce qu'il doit faire « pour avoir en partage la vie éternelle » et qui, persistant dans son intention d'« embarrasser » celui auquel il s'est adressé, lui demande alors : « Et qui est mon prochain ? », Jésus répond en évoquant « un homme », sans préciser davantage. Il donne par là clairement à comprendre que sa seule qualité d'homme (anonyme), sa seule appartenance à l'humanité commune, suffira à rendre éclairant ce qui va lui arriver dans la suite du récit. Exemplaire même, pour la réponse à la question posée !

Tombé aux mains des brigands et laissé pour mort sur le bord du chemin, le malheureux se voit ignoré successivement par un lévite puis par un prêtre de passage. Survient par hasard un Samaritain qui, lui, non seulement s'arrête et porte secours à l'homme en détresse, mais le remet ensuite à un autre homme encore (dont on saura du reste seulement qu'il est aubergiste de profession), à qui il confie son protégé jusqu'à son complet rétablissement... Or l'homme blessé puis secouru est sans nom ni appartenance connus ; le lévite et le prêtre ne peuvent que se tenir à l'écart parce que le service du Temple auquel ils sont voués leur interdit de risquer de contracter quelque souillure en touchant un cadavre, dans l'hypothèse où le malheureux serait déjà mort ; quant à l'aubergiste, il est loin, et ce n'est logiquement que moyennant finance qu'il accordera son hospitalité... Pour couronner le tout d'ailleurs, le passant qui, lui, se montre secourable, devrait normalement s'estimer dégagé de toute responsabilité à l'égard de l'homme blessé, puisqu'il appartient à une catégorie de population que les membres du Peuple d'Israël traitaient comme à la fois des étrangers et des hérétiques... On le voit, la question de savoir qui, dans l'affaire, est *le prochain* de qui (et devrait donc intervenir !) n'est pas sans pertinence. Mais justement, la réponse apportée par la parabole de Jésus balaye vite toute éventuelle hésitation : a été le prochain de « l'homme tombé aux mains des brigands » celui qui a su reconnaître que la seule appartenance à la commune humanité du malheureux abandonné sur le chemin représentait une raison suffisante pour motiver quiconque à se porter à son secours. Disons : pour déclencher l'active com-misération de tout homme à son égard. Il n'y a ni « si » ni « mais », ni considérants ni conditions : tout être humain est mon frère ou ma sœur. À moi de le reconnaître, et ensuite de me comporter de mon mieux en conséquence – point final !

Un privilégié quand même : toujours le plus petit, le plus démuni

Si clair il soit donc que la compréhension évangélique de l'amour ne tolère aucune exclusive, elle n'en proclame pas moins un privilège exprès pour une « catégorie » bien précise de nos semblables : celle des plus démunis, des plus pauvres, des plus petits ! C'est même tellement clair qu'à vrai dire il est inutile d'y insister. Je me contenterai d'une référence (mais formelle) et d'une application (mais des plus actuelle).

La référence est déjà donnée avec Mt 25. Quand pour l'histoire tout entière viendra le moment du *Jugement* tout simplement parce que sera advenue « la fin de toutes choses », les individus, et « toutes les nations » elles-mêmes, ne seront pas *ultimement* jugés sur des critères d'ordre socio-politique (quelles étaient ta classe sociale ou ton « rang » parmi tes semblables ?), religieux-institutionnel (à quelle Église ou à quelle religion appartenais-tu ?), intellectuel (quelle était ta vision du monde ou en quelle science t'es-tu distingué ?), ou même doctrinal (croyais-tu en Dieu et/ou en une vie éternelle ?) – mais sur cette seule question : « Qu'as-tu fait au plus petit, qu'as-tu fait du plus perdu, de [tes] frères ? »

Quant à l'application, comment ne pas la trouver aujourd'hui évidente – avant tout sans doute – du côté de ces « sans-logis » que multiplient autour de nous à la fois les difficultés de l'intégration durable de certains « autochtones » et les migrations qui n'ont jamais été si nombreuses en notre monde ? On sait bien que le problème soulevé là est énorme et qu'il a bien des formes, mais comment pourrait-on se dispenser de l'évoquer ? Souligner – non sans raisons – qu'il n'est possible à personne, à aucun groupe comme à aucun pays, d'éponger « toute la misère du monde » est une chose ; mais s'efforcer, à sa propre place et dans la durée, de peser sur la décision des politiques – surtout évidemment quand on en est un soi-même – en est une autre... Plus modestement, s'ingénier pour son propre compte, et aussi régulièrement que possible, à trouver les moyens d'apporter tel concours ou de manifester telle générosité, en est une autre encore... et qui n'est tout de même pas hors de portée toujours et pour tout le monde... À la manière dont cela lui est possible, chacun de nous ne devrait-il pas faire systématiquement place à pareille cause dans son budget personnel et/ou son emploi du temps ?

Je sais bien que cette question des si nombreux sans-toit de « chez nous », que rend donc encore plus insistante celle que soulèvent pour leur compte les innombrables « hors-venus », a quasiment tout pour dissuader quiconque de s'y attaquer ; et je sais très bien aussi qu'il est assez compliqué de se lancer en pareil domaine... Mais je n'arrive pas à renoncer à l'idée qu'il est peut-être quand même possible, au moins à un certain nombre d'entre nous, de trouver ici inspiration et motivation en référence à l'engagement exemplaire sur ce chantier de deux grandes figures de ce temps. Je me contenterai de les évoquer, sans vouloir bien sûr pour autant minimiser l'engagement de tant de mouvements et organismes, nationaux ou internationaux, confessionnels ou humanitaires, chrétiens ou non.

Le pape François d'abord : seul, debout dans une bien frêle barque face au misérable groupe de fugitifs qu'il avait devant lui à Lampedusa, ce « souverain pontife » tout juste élu ne craignit pas de répercuter sous les caméras du monde l'interpellation de Dieu même au meurtrier Caïn : « Qu'as-tu fait de ton frère ? » Angela Merkel ensuite : deux ans après, et sans faire elle-même mystère de ses références chrétiennes, la chancelière allemande osait courageusement lancer un programme d'accueil qui devait aboutir à l'arrivée dans son pays d'un bon million de candidats à l'asile. Cinq ans plus tard, grâce bien entendu à une politique d'intégration judicieusement rapportée aux besoins et aux capacités de tout le pays, plus d'un sur deux avait trouvé un emploi. La chose n'est sûrement pas reproductible à l'identique ailleurs. Elle n'en était pas moins aucunement gagnée d'avance, et elle a rencontré suffisamment de résistances et d'oppositions pour qu'il apparaisse maintenant évident qu'elle aurait fort bien pu n'être jamais même seulement envisagée… Mais que faut-il – ou : que doit-on – en conclure ?

2. De l'intériorité à l'institutionnalisation

Avançons d'un pas dans notre repérage des dimensions de l'amour évangélique et des modalités concrètes qu'il est appelé à se donner.

Rien ne vaut ici qui ne vienne du cœur

Dans son célèbre « hymne à la charité » de 1 Co 13, 1-7, saint Paul présente l'amour auquel invite la foi chrétienne comme « la voie qui dépasse toutes les autres ». Il le fait en ces termes suggestifs :

> Quand je parlerais les langues des hommes et des anges, si je n'ai pas la charité, je ne suis plus qu'airain qui sonne ou cymbale qui retentit. Quand j'aurais le don de prophétie et que je connaîtrais tous les mystères et toute la science, quand j'aurais la plénitude de la foi, une foi à transporter les montagnes, si je n'ai pas la charité, je ne suis rien. Quand je distribuerais tous mes biens en aumônes, quand je livrerais mon corps aux flammes, si je n'ai pas la charité, cela ne me sert de rien.
>
> La charité est longanime ; la charité est serviable ; elle n'est pas envieuse ; la charité ne fanfaronne pas, ne se rengorge pas ; elle ne fait rien d'inconvenant, ne cherche pas son intérêt, ne s'irrite pas, ne tient pas compte du mal ; elle ne se réjouit pas de l'injustice, mais elle met sa joie dans la vérité. Elle excuse tout, croit tout, espère tout, supporte tout.

Dès le début du présent chapitre, j'ai relevé que le terme grec auquel le Nouveau Testament recourt pour exprimer l'amour tel qu'il le conçoit est *agapê*, or on peut noter aussi que Paul l'utilise neuf fois dans les treize versets de cet hymne… qui souligne du reste au passage que, si « la charité ne passera jamais […], les prophéties […] et la science, elles, disparaîtront », et qui conclut : « Bref, la foi, l'espérance et la charité demeurent toutes les trois, mais la plus grande d'entre elles, c'est la charité ! »

C'est cette même conception de l'amour comme *agapê* que veut exprimer le latin *caritas* (qui a bien sûr donné *charité* pour nous) ; mais c'est à elle aussi que renvoie fondamentalement la très évangélique *miséricorde* qui, dans les différentes formes de l'amour, vise plus particulièrement celles qui concentrent l'attention sur ces « autres » bien précis que frappe *la misère* et pour lesquels pourra donc seule s'avérer vraiment secourable une attitude venue du profond du *cœur* (*cor* en latin) d'autrui. De leur côté, le grec et déjà l'hébreu disposent respectivement d'un terme qui évoque « les entrailles », autrement dit les profondeurs de l'être humain ou, si l'on veut, ce qu'il y a de plus humain dans l'homme, et que les deux Testaments ne craignent pas d'appliquer à point nommé à Dieu, à Jésus et, à l'occasion – en tout cas comme un appel – à l'homme lui-même. Mobilisant elle aussi le cœur (« *Herz* »), la langue allemande parle pour sa part de *Barmherzigkeit*. Elle traduit par là l'idée que l'amour visé ne peut être véritable et ne pourra s'accomplir « en vérité » que si, quoi qu'il en soit des bonnes intentions et des belles paroles, il *s'origine* au plus profond de ce qui à la fois inspire, exprime, entretient – et donc peut symboliser – *la vie même* de l'homme, à savoir son propre *cœur*.

Rien ne dure, ici aussi, qui ne s'institue

Si, en matière d'amour, en rester aux belles idées et aux bonnes paroles sans engager son cœur ne peut être que source d'illusion, s'en tenir à la pure intention n'est pas seulement tout aussi vain : une telle attitude ne peut en effet, au bout d'un moment en tout cas, que s'avérer plus décevante encore. Comment s'investirait-on réellement dans ce à quoi on n'aura pas vraiment donné les moyens de prendre *corps* à travers des *actes* concrets, des *réalisations* effectives et, pour finir, des *institutions* fondées ? Durant tout mon épiscopat diocésain – et pas seulement du reste à propos de la charité, dont nous traitons ici, mais tout aussi bien concernant l'ensemble de l'Église elle-même –, je n'ai pas cessé de « seriner » à mes collaborateurs comme un refrain : « Disons-nous bien que ne durent et ne sont durablement efficaces que les choses instituées ! »

Cela commence bien entendu par des *actes* dans lesquels pourront effectivement se traduire les intentions (dont on vient de souligner l'importance mais qui peuvent toujours, à la lettre, rester lettre morte !). À ce sujet, l'épître de saint Jacques, par exemple, n'y va pas par quatre chemins :

> Si un frère ou une sœur sont nus, s'ils manquent de leur nourriture quotidienne, et que l'un d'entre nous leur dise : « Allez en paix, chauffez-vous, rassasiez-vous », sans leur donner ce qui est nécessaire à leur corps, à quoi cela sert-il ? (Jc 2, 15-16).

L'auteur de la lettre accorde du reste tellement de considération à cette façon de voir les choses qu'il l'applique *illico* à la foi elle-même dès le verset suivant :

> Ainsi en est-il de la foi : si elle n'a pas les œuvres, elle est tout à fait morte.

Et cela vaut déjà pour les petites choses, pour toute *intention* d'amour, si modeste soit-elle : elle ne peut valoir que de passer effectivement à *l'acte* d'une manière ou de l'autre. Ne se dit-il pas que l'enfer est pavé de bonnes intentions ? Et comment ne nous donnerait-elle pas sérieusement à penser, cette opinion qui prétend qu'à la vérité il n'y a pas d'amour, qu'il y a seulement *des actes* d'amour !

Mais les actes sont toujours très circonscrits et ils ont par définition vocation à être répétés, car un seul suffira rarement à répondre définitivement à la profondeur d'un besoin et, à plus forte raison, à remédier exhaustivement à l'ensemble d'une situation. Pouvant du reste tabler sur la trace quand même laissée par chaque acte, on devra donc en réalité prendre les moyens d'*organiser* l'action (l'« action d'ensemble », précisera-t-on alors, et au singulier !), dans le cadre de laquelle pourront venir s'inscrire les interventions ponctuelles encore et toujours à venir.

La Tradition chrétienne l'a compris dès les origines, puisque les toutes premières communautés ecclésiales ont toujours comporté un « service des tables ». À travers les siècles se sont multipliées les initiatives, les « fondations », les « mouvements » organisés pour servir des fins caritatives déclarées. Les évêques médiévaux faisaient vivre dans la proximité de « leur » cathédrale un « hôtel-Dieu » (c'est-à-dire un hôpital), aussi important pour eux tout compte fait que l'« école cathédrale », lorsqu'ils avaient les moyens d'en susciter une. Pourtant retirés, les monastères eux-mêmes comportaient une « hôtellerie » vouée à l'accueil, voire organisaient des « maraudes » tout à l'alentour. Des ordres religieux entiers ont été fondés en nombre pour subvenir aux besoins multiformes et toujours changeants et croissants de la société : il suffit d'évoquer ici, par exemple, l'admirable saint Vincent de Paul et ses si bien nommées « Filles de la charité ». Au moment de mon arrivée comme évêque en Alsace, l'un de mes étonnements fut de découvrir – mais le constat vaudrait pour bien d'autres diocèses ! – le nombre impressionnant de congrégations, d'ordres, de lieux d'accueil spécialisés – féminins d'ailleurs pour un grand nombre d'entre eux – qui s'y sont fondés, entretenus, diversifiés, développés à travers les siècles jusqu'à ce jour, dans un but précisément caritatif, qu'il s'agisse d'enseignement ou d'éducation, de santé, ou tout simplement d'accueil.

Plus largement, en passant à l'époque contemporaine et en en restant à l'échelle de la France, je ferai volontiers état, par exemple encore, des toujours étonnants Orphelins apprentis d'Auteuil (qu'à un certain moment j'ai fréquentés de très près), de l'Emmaüs de l'abbé Pierre (déjà évoqué dans ces pages), de l'ATD Quart Monde du père Joseph Wresinski (fréquenté lui aussi). Je dirai ici les choses comme je les ai vues alors : deux traits m'ont frappé à travers ces rencontres et ces contacts personnels. D'une part certes, la personnalité des responsables (des fondateurs dans le deuxième et le troisième cas cités) était garante du fait que la structure résultait d'un engagement de fond (effectivement inspiré par « le cœur ») dont j'ai rappelé à l'instant l'indispensabilité en matière de charité. Mais d'autre part, il était très clair aussi que ce qui leur importait par-dessus tout à eux tous, c'était *l'institution* qu'il leur avait été donné de pouvoir susciter mais dans laquelle ils s'investissaient tout entiers, jusqu'à finir par s'effacer en elle.

Bien entendu, il ne m'échappe pas que certaines de ces institutions religieuses dites caritatives ou « de bienfaisance » ont connu des dérives quelquefois nombreuses et quelquefois gravissimes – pas seulement en Irlande ou au Canada selon certaines récentes révélations... Et je peux d'autant moins l'oublier que j'ai bien dû faire écho dans ce livre à ce qui s'est passé, par exemple, autour de Jean Vanier et consorts... Mais on me permettra de faire écho aussi, dans ce cadre, à une expérience qu'il m'a été donné de vivre, en quelque sorte en parallèle, dans les temps mêmes (ou presque) où nous apprenions toutes ces vilenies.

Je m'étais rendu à Saverne le 13 avril 2017 en réponse à l'invitation de la supérieure de la Congrégation des Sœurs de la charité de Strasbourg pour la célébration du quatre centième anniversaire de « la naissance du charisme vincentien ». La journée se déroula évidemment sous le signe de « Monsieur Vincent ». Prêtre à Châtillon-les-Dombes près de Lyon, et s'étant *converti* à la charité du Christ (« on ne peut pas vivre l'amour du Christ sans l'amour du prochain »), Vincent de Paul a fondé le 13 avril 1717 la première « Confrérie de la charité », lui remettant alors son premier « règlement » (et nous voilà bien dans l'ordre de l'institution). Ce n'était pas encore les grandes congrégations des lazaristes et des Filles de la charité ; elles s'appelaient tout bonnement, si l'on ose dire, les « Dames de la charité ». Aujourd'hui, l'Association internationale des charités représente 150 000 bénévoles réparties dans 53 pays ; et en France, 90 équipes sont présentes dans 54 villes. Bien entendu, on reçut aussi le témoignage des autres « différentes branches de la famille vincentienne » : Fédération Vincent-de-Paul, Sœurs de la Fédération, Fédération des congrégations issues directement ou indirectement de Strasbourg, etc. Mais je fus particulièrement sensible à la présentation des activités déployées par l'Équipe Saint-Vincent de Strasbourg : le lundi, un « accueil-café » largement ouvert aux personnes seules et oubliées « pour un moment convivial » ; le mercredi, un atelier hebdomadaire de langue française par groupes de niveaux pour étrangers ou non-scolarisés ; une distribution alimentaire deux fois par mois, le jeudi matin ; le vendredi une bibliothèque avec choix de livres pour enfants et adultes. Tout cela, conçu, organisé, institué, puis conduit, animé, entretenu par ce que d'aucuns appelleraient en somme des « dames patronnesses » ! Et tout cela nous était présenté avec simplicité, délicatesse, ferveur… et sur un ton alliant sérieux, émotion et humour. On touchait du doigt – et on en était touché au cœur – que et combien tout cela était fondamentalement inspiré par le pur amour du Christ et des plus « nécessiteux » parmi ses frères et sœurs en humanité. Nous étions tous soufflés. J'en garde, dans l'action de grâce, le vivant souvenir. Un souvenir qui m'a définitivement confirmé dans cette conviction fondamentale qu'en matière d'amour du moins, si rien ne vaut qui ne vienne du cœur, rien ne durera non plus qui ne se soit institué, mais institué pour rien d'autre que pour effectivement servir la charité.

Rien ne s'accomplit qui ne soit disposé à s'adapter sans cesse, voire à disparaître

Si nécessaires que soient les institutions pour la réalisation effective des bonnes intentions, aucune ne peut se dispenser de prendre les moyens de vérifier qu'à travers la durée, les inspirations fondatrices continuent toujours d'animer les fonctionnements concrets. Plus *l'esprit originel* aura été à la fois judicieux, généreux et fécond, et plus la tentation pourra apparaître (et se renforcer avec les années voire les siècles), de ne rien changer à l'ensemble des dispositifs et moyens organisationnels qui lui avaient donné dans la durée à la fois *corps et effectivité*. L'histoire abonde en exemples d'institutions que leur réussite même a conduites à la sclérose. Cela s'est en particulier vérifié quand le soin que l'on a cru devoir prendre de *l'appareil* en est venu à l'emporter sur le souci de rester toujours inspiré et orienté par *le service* pour lequel la fondation avait été décidée.

Les temps et les lieux n'étant pas les mêmes, les besoins et les moyens d'y faire face ne peuvent qu'être périodiquement soumis à révision et à réajustements. Plus on ira, plus les interrogations pourront se multiplier, et plus par conséquent la recherche des adaptations à consentir et des réorientations à définir devra pouvoir être mise en œuvre. Avec le concours de tous les éléments concernés, chacun intervenant alors au titre de sa compétence propre.

Il pourra même arriver que la question de l'avenir à choisir ne se pose pas seulement en termes de prolongation voire de survie, mais bel et bien sous la forme de relais à inventer, de transmission à organiser, voire de disparition à planifier.

Autant il est assuré que ne durent que les réalités instituées, autant il n'est pas douteux que ne *méritent* de durer que les institutions qui pourront fournir la preuve qu'elles sont toujours aptes à servir la cause à laquelle elles doivent leur existence. Voir les choses ainsi n'est du reste qu'appliquer à telle ou telle réalité ecclésiale le principe dont nous avons déjà établi qu'il commande la juste compréhension de l'Église tout entière et comme telle : elle n'a pas tant à se préoccuper d'elle-même et de ses « réussites » qu'à s'efforcer de toujours mieux s'ajuster à ce qui est sa mission, à ce qui définit son service.

3. Jusqu'à l'extrême

C'est de deux manières déjà que nous avons été conduits à souligner que la vision chrétienne de l'amour – ce qui s'appelle proprement « la charité » ! – se distingue tout particulièrement en ce qu'elle invite à donner à l'amour humain son extension maximale. Si en effet elle appelle d'emblée à vivre une fraternité, il ne lui suffit pas de dire (comme d'autres l'ont fait et le font assurément) que cette fraternité-là concerne l'universalité humaine : elle insiste encore pour mettre en valeur, au sein de cette dernière, tous ceux auxquels, de fait, on a toujours-déjà oublié de faire leur place à la table commune : les petits, les laissés pour compte, les exclus. Comment, cependant, une pareille *extension* pourrait-elle être visée (et, en tout cas, éventuellement atteinte, puis tenue dans la durée) là où l'amour ne serait pas vécu avec, aussi, une *intensité* – disons même : une radicalité – suffisante ? Consciente à la fois du défi et de l'enjeu, la perspective chrétienne ne craint pas de franchir les bornes de ce qui à maints égards pourra paraître de l'ordre de l'extrême et de l'excès : non seulement elle va jusqu'à ouvrir la perspective d'un *service*, et d'un service pouvant aller jusqu'au *sacrifice* ; elle ose y ajouter l'appel au *pardon*.

Le service

S'en rapporter à l'autre dans l'intention de véritablement l'aimer implique certes de soi qu'on soit disposé à lui être secourable, à adopter à son égard une attitude de « service »... mais celle-ci pourra de fait entraîner fort loin ! Aimer, nous dit en effet l'Évangile, ce n'est pas seulement éprouver des sentiments, adopter des attitudes et poser des actes traduisant une volonté déclarée de bienveillance envers autrui. Un amour vrai, digne de ce nom, requiert toujours que, d'une manière ou de l'autre, on « mette sa vie en jeu », on « paie de sa personne », on « se donne » soi-même.

C'est bien la leçon que nous propose Jésus dans l'extraordinaire épisode du « lavement des pieds », que le quatrième Évangile nous rapporte dans le cadre plus large de son dernier repas avec ses disciples :

> Avant la fête de la Pâque, Jésus, sachant que son heure était venue de passer de ce monde à son Père, ayant aimé les siens qui étaient dans le monde, les aima jusqu'à la fin.
>
> Au cours d'un repas [...], sachant que le Père avait tout remis entre ses mains et qu'il était venu de Dieu et retournait à Dieu, il se lève de table, quitte son manteau et, prenant un linge, il s'en ceignit. Puis il verse de l'eau dans un bassin et il se met à laver les pieds des disciples et à les essuyer avec le linge dont il était ceint [...].
>
> Quand [malgré les résistances de Pierre : « Toi, Seigneur, me laver les pieds ! »] il leur eut lavé les pieds, qu'il eut repris ses vêtements et se fut remis à table, il leur dit : « Comprenez-vous ce que je vous ai fait ? Vous m'appelez Maître et Seigneur, et vous dites bien car je le suis. Si donc je vous ai lavé les pieds, moi le Seigneur et le Maître, vous aussi vous devez vous laver les pieds les uns aux autres. Je vous ai donné l'exemple pour que vous agissiez comme j'ai agi envers vous.

> En vérité, en vérité, je vous le dis, l'esclave n'est pas plus grand que son maître, ni l'envoyé plus grand que celui qui l'envoie (Jn 13, 1-16).

En fait, le repas festif juif dans le cadre duquel Jésus a voulu inscrire ce comportement stupéfiant comportait de soi la mise en œuvre de deux types bien distincts de fonctions et « ministérialités ». Il y avait d'abord la ministérialité du maître, auquel il revenait de présider le repas, de lui donner sa tonalité et son rythme, de permettre les échanges entre tous les participants et, le moment venu, de prononcer les bénédictions rituelles… Et puis il y avait la ministérialité des serviteurs, à qui il était dévolu de dresser la table, d'apporter les plats aux convives, non sans leur avoir préalablement lavé les pieds et les mains à leur entrée dans la salle du banquet.

Il est donc hautement significatif qu'au soir de ce que nous désignons comme « la Cène du Jeudi saint », juste avant le début de sa Passion, Jésus ait tenu à exercer les deux rôles à la fois : et celui du maître qui préside à la rencontre, en conduit tout le déroulement et rend grâces à travers les bénédictions sur le pain et le vin – et celui du serviteur qui lave les pieds de ses disciples présents, à leur étonnement et malgré leurs protestations. Un tel comportement est du reste d'autant plus parlant que Jésus l'adopte au moment précis où il va quitter ce monde, où il s'agit donc pour lui de donner à ses disciples ses ultimes et ses plus capitales consignes… et alors que celui qui agit et parle ici n'est autre que celui que Jean, dans son récit, nous désigne comme le « Maître et Seigneur » (ou comme « le Seigneur et le Maître », insiste et rectifie la ligne d'après) !

Encore faut-il bien réaliser que cela exprime la volonté expresse de *Dieu* lui-même, ce Dieu qui, étant *le Père* de qui Jésus vient et à qui il retourne (comme Jean a tenu à le souligner dès le début de son récit), veut évidemment que tous, se reconnaissant du même coup eux-mêmes comme ses enfants, se reconnaissent également les uns les autres comme frères et sœurs. Ils ne feront alors que suivre Jésus lui-même, puisque les ayant aimés dans « ce monde » où il était venu vers eux, il ne fait que les aimer « jusqu'au bout » au moment où il va les quitter…

Comment, en actes et en paroles, en paroles et en actes, la leçon pourrait-elle être plus claire ? Selon l'Évangile de Jésus, il ne s'agit pas seulement d'aimer « en vérité », pas seulement d'aimer « de tout son cœur, de toute son âme et de tout son esprit ». Il s'agit d'aimer en se mettant bel et bien *au service* de celui qu'on prétend aimer; et c'est même à celui qui pourrait s'estimer fondé à requérir le service de tous les autres, qu'il revient de servir lui-même en premier. Et de le faire de telle sorte que son comportement puisse apparaître exemplaire et motivant pour tous.

Le sacrifice

Ce n'est pas tout encore, cependant. Il faut en effet enregistrer de surcroît que le « jusqu'au bout » du service peut aller jusqu'au *sacrifice*, comme on le voit bien, justement, avec Jésus. Jésus a d'ailleurs eu très tôt conscience qu'il y avait là pour lui un impératif incontournable, comme le souligne bien le fameux « *deï* / il faut », qui revient à plusieurs reprises dans la narration évangélique. Dussent ses disciples, à commencer par Pierre, opposer là une totale résistance et dût-il lui-même, l'échéance venue, supplier « avec un grand cri et des larmes » (He 5, 7) que « le calice » puisse être écarté de lui, son attitude fondamentale sera bien celle qu'énonce Jean : « Ma vie, nul ne la prend, mais c'est *moi* qui la donne » (Jn 10, 18). Or, donner sa vie jusqu'à l'exposer à la mort relève bien de ce que la tradition biblique appelle *le sacrifice*.

Déjà, le Jésus des synoptiques annonce sa Passion dans les termes mêmes qui, dans l'Ancienne Alliance, caractérisent l'attitude du Serviteur de Yahvé: venu « pour servir », il « donne sa vie », il va mourir « en rançon », et au profit de « la multitude » (Mc 10, 45b; Lc 21, 37; cf. Is 53, 10ss). Comment s'étonner dès lors que ses disciples soient invités à faire de même, comme c'est le cas par exemple en He 13, 15-16 où, après avoir été conviés à « offrir sans cesse à Dieu un sacrifice de louange, c'est-à-dire le fruit de lèvres qui confessent son nom, [ils sont invités à] ne pas oublier la bienfaisance et l'entraide communautaire, car ce sont de tels *sacrifices* qui plaisent à Dieu » (He 13, 15-16).

Dans ce qu'on appelle le sacrifice, il serait toutefois erroné de ne voir toujours qu'un effet ou un avatar de cette violence immémoriale par laquelle se signale et tente de se gérer une perversité partout répandue dans l'humanité et spécialement florissante dans le champ religieux. À en croire un René Girard qui ne manque pas d'arguments pour le faire valoir, si, face à la violence toujours-déjà là « dans la monotonie du sacrifice humain [...], la première vraie nouvelle vint d'Abraham [...] qui [...] arrêta son poing au moment où il allait égorger Isaac son fils […], la deuxième [et la plus décisive] vint de la Passion de Jésus-Christ[1] ».

Ce qui éclate en effet dans le « sacrifice » par lequel Jésus se livre aux mains de ses bourreaux, c'est qu'il leur signifie qu'il ne les enferme pas dans l'acte criminel, pourtant caractérisé, qu'ils sont en train de perpétrer à son égard. En acquiesçant à sa propre mise à mort, en la prenant sur lui du fait qu'il n'oppose aucune résistance à ceux qui la lui infligent, en la faisant ainsi « sienne » comme il le dit, en s'y investissant même tout entier (dans sa relation de foi maintenue avec le Père), *il en change le sens* : elle n'est « seulement » un crime et un péché puisqu'elle n'est plus le seul fait de ses bourreaux. Devenant son acte à *lui*, elle est un acte d'amour inouï qui leur offre *à eux* la chance à saisir, et la grâce à accueillir, d'un pardon grâcieusement offert, d'une nouvelle existence inespérément réouverte.

Le pardon

Ce n'est cependant pas par hasard ou accessoirement que l'on passe du sacrifice consenti ou décidé au pardon généreusement et résolument accordé !

Il est hélas courant que, plus ou moins graves, des hostilités se déclarent entre membres de la même humanité. Que la responsabilité d'une telle situation incombe, à parts plus ou moins égales d'ailleurs, aux deux parties ou à une seule, la question se pose en tout cas de savoir ce qui pourrait ouvrir, peut-être, une issue… La proposition que fait ici la foi chrétienne est de prendre exemple, et si possible de trouver force, dans l'attitude de Jésus : elle invite à chercher inspiration et refuge dans ce que sont ici à la fois le comportement et le commandement de Jésus. Tous les deux nous enseignent que, là où auront été épuisés les moyens de la justice et du droit, il n'y aura pas d'autre possibilité de mettre un terme au cycle par définition infernal de la violence comme hostilité déclarée voire instituée à l'égard d'autrui, que de ne lui opposer rien d'autre que le pardon.

On ne vainc le mal que par le bien (Rm 12, 22 ; cf. 1 P 3, 9). Je ne pourrai aucunement prétendre être en communion de vie avec Dieu le Père si – pour autant que cela peut dépendre de moi en tout cas – je ne me réconcilie pas avec mon frère, qui est lui aussi son enfant (Lc 6, 35ss ;

1. Voir ma « *Laudatio* René Girard » dans *Transversalités*, n°115, juil.-sept. 2010, p. 130.

cf. Mt 5, 43.48) et qu'il me donne donc à aimer. Le comble est qu'à Pierre, qui voulait au moins limiter l'exigence à des proportions « raisonnables », Jésus répond que, si nécessaire, il faudra pouvoir aller jusqu'à pardonner soixante-dix fois sept fois (Mt 18, 21ss.) ! Et encore faudrait-il le faire de bon gré – tout simplement par amour. Comme *Jésus* le Christ lui-même (Col 3, 13). Comme *Dieu* lui-même, son propre Père et, par Jésus, notre Père à tous (Ep 4, 32).

4. *L'unique et l'univers*

En Ep 3, 18 saint Paul s'est plu à célébrer ce que, dans une grande envolée lyrique – dernier grand texte néotestamentaire que je citerai ici –, il appelle « la largeur, la longueur, la hauteur et la profondeur [de] l'amour du Christ qui surpasse toute connaissance et [nous permet d'entrer] par [notre] propre plénitude dans toute la plénitude de Dieu ». Traitant en toutes ses dimensions dans ce chapitre de l'amour auquel appelle l'Évangile de Jésus, je peux dire que je viens en somme d'en présenter successivement : d'abord *la longueur* (finalement la totalité de l'humanité : cf. 1) ; ensuite *la profondeur* (celle du « cœur », qui peut seule humaniser non seulement les comportements mais aussi les nécessaires et toujours incertaines institutions : cf. 2) ; puis *la hauteur* (le « sublime » du service et l'« idéal » du sacrifice et du pardon : cf. 3). Resterait donc, en quatrième lieu, *la largeur*... mais de quel ordre pourrait-elle être, sinon celui qui permettrait d'embrasser la totalité de notre milieu d'existence – soit, finalement, ni plus ni moins que notre planète tout entière ?

La planète : du moins dans un certain nombre de milieux, le sujet est à la mode en ces temps où monte la mobilisation dite écologique. Il n'était à vrai dire guère habituel de s'en montrer préoccupé dans les milieux ecclésiastiques, comme dans tous les autres d'ailleurs (sauf que le patriarche Bartholoméos de Constantinople s'y est déclaré attaché, lui, depuis plusieurs décennies). Mais voici que, jamais en retard d'une ouverture sur les causes essentielles pour l'humanité, le pape François y a consacré, peu après son entrée en charge, une grande encyclique qui a trouvé un large écho bien au-delà des milieux catholiques et religieux : *Laudato si.* Et il y est revenu amplement avec *Fratelli tutti* cinq ans plus tard, intégrant du même coup la préoccupation de la planète entière et de son devenir, à la cause de *l'amour* que les hommes sont appelés à se porter sans exclusive les uns aux autres, précisément selon cette charité chrétienne qui nous occupe dans le présent chapitre.

L'unicité de chaque personne humaine

Qui veut s'aventurer plus loin sur le chemin de « l'universel » planétaire doit cependant être en garde contre le risque, fréquent en l'occurrence à ce qu'il semble, de l'idéologie. Il est en effet assez clair que le souci de la planète tout entière, celui donc des grands ensembles et des grands espaces, des grandes causes et des grands projets, peut toujours porter à relativiser indûment l'ici, l'aujourd'hui, le maintenant, l'immédiat – et du même coup *l'individu, la personne, chaque personne.* Or – et pourquoi l'oublie-t-on si souvent ? –, l'humain est toujours logé aussi et même *d'abord* à cette échelle-là ! Toujours, il se réalise et se donne à rencontrer, à reconnaître et donc à « traiter » non pas d'abord à l'enseigne de l'espèce, mais à celle de l'individu. Autant, on s'en rend compte de plus en plus, l'aventure humaine ne peut plus être réfléchie et conduite que si l'on prend en compte la totalité de ce qui constitue « notre monde », autant c'est chaque membre de l'humanité qui mérite d'être *considéré,* dans sa singularité imprescriptible et insubstituable.

Si le cœur de la révélation biblique est l'annonce et la manifestation d'un Dieu qui est amour pour son Peuple, ce n'est qu'avec le temps qu'a de fait pu s'opérer la prise de conscience que c'est finalement *chacun* des membres de ce Peuple qui est de la part de Dieu l'objet d'un amour de prédilection. Or si, avec Jésus, la révélation fut que c'est à *l'humanité tout entière* qu'est proposé le bénéfice de l'Alliance spécifique de Dieu avec les hommes, *il n'a pas résulté de cette prodigieuse extension la moindre relativisation de l'individu humain.* Tout au contraire, la valorisation de chaque personne s'est développée *avec* celle de l'universalité humaine en toutes ses diversités : nouvelle caractéristique fondamentale de l'amour selon l'Évangile.

Le comportement et l'enseignement de Jésus sont, ici encore, marquants : il suffit, pour en avoir l'évidence, de le suivre pas à pas tout au long de la narration évangélique. Jésus porte attention à tous et à chacun de ceux qu'il nous est dit rencontrer. Il ne fait jamais acception de personnes, ne manifeste ni distance, ni hauteur, ni mépris pour aucun de ses interlocuteurs, traitant au contraire chacun « à hauteur d'homme », comme son égal, totalement digne de son regard, de son attention, de sa parole, de sa bienveillance, de son aide – bref : de son amour.

On peut faire la vérification systématiquement pour toutes les « catégories » de ses interlocuteurs. *Les enfants* : s'ils n'étaient certes pas maltraités à son époque dans son milieu, Jésus n'en a pas moins suscité l'étonnement de tout son entourage lorsqu'il a déclaré que le tout petit qu'il venait de placer au centre du groupe de ses auditeurs était en réalité « le plus grand » parmi eux. *Les femmes* : d'abord, il les remarque ; ensuite il se laisse approcher et même toucher par elles ; il les écoute et il leur parle ; il va jusqu'à débattre avec la Cananéenne, la Samaritaine et même ladite femme adultère ; alors que les rabbins n'en admettaient aucune dans leur entourage, il en accepte parmi les disciples qui le « suivent » ; et son entourage s'étonne qu'il accepte même une fois ou l'autre la rencontre et le dialogue avec des femmes considérées comme de mauvaise vie. *Les malades* : ils figurent parmi ses plus fréquents interlocuteurs ; il va jusqu'à s'approcher de ces reclus systématiques qu'étaient les lépreux ; il reçoit leurs plaintes ; il les traite avec bonté ; il n'est pas rare qu'il en guérisse. *Les pécheurs* (il ne s'agit plus là d'une catégorie sociale, mais cela n'en représente pas moins pas mal de monde !) : il ne les rejette pas, il leur offre leur chance si l'on peut dire, il peut leur manifester de l'estime sur un point ou l'autre, il peut même aller jusqu'à accepter leur invitation à partager leur repas, ce qui ne manque évidemment pas d'en autoriser plusieurs, alentour, à le tenir pour suspect (on ne sait du reste pas toujours très bien de quoi !). Occasionnellement, voire assez régulièrement semble-t-il pour certains, il a des relations positives avec des notables, des militaires, des agents du fisc – il en choisira même un comme « apôtre » ! – et que sais-je encore ? Bref, on n'en finirait pas de relever chez Jésus les signes de ses attentions vigilantes, assidues, toujours délicates, à *toute* personne rencontrée (à son initiative ou non).

Je me laisserai ici aller à une confidence : je ne me lasse jamais, quant à moi, de me remettre face à ce Jésus accueillant, proche, fraternel, si *humain* pour tout dire – plus humain même que n'importe lequel d'entre nous ! Au point que, lorsque me revient en mémoire l'avis selon lequel « jamais homme n'a parlé [agi, été] comme cet homme » (Jn 4, 46), je ne comprends pas que, en tout cela, « personne n'aurait été aussi (ou plus) *grand* que lui », mais bien : « aussi (ou plus) *humain* que lui » !

J'aime alors faire le lien avec cette indication du livre des Actes des Apôtres : au fond, ce qui caractériserait le mieux Jésus, c'est tout simplement de dire que, parmi nous, au milieu de nous, comme l'un de nous, « il est passé en faisant le bien » (Ac 10, 38) ! Mais mon intérêt, et la reconnaissance qu'il déclenche infailliblement alors en moi, sont portés à leur comble lorsque je fais le lien avec ce que nous a précisé le début du récit johannique du lavement des pieds déjà évoqué – à savoir : que celui dont le comportement nous est là décrit « vient de Dieu », « retourne » à Lui… en a pleine conscience, et ne veut somme toute qu'inviter chacun à en prendre lui-même conscience, pour en tirer les conclusions logiques ! Oserai-je confier le fruit qui résulte alors infailliblement de ma méditation ? C'est alors pour moi comme si tout à coup je voyais en Jésus *Dieu même* reprendre pour « chacun des hommes venant en ce monde » le merveilleux oracle d'Isaïe : sache bien que, qui que tu sois et quelle que soit éventuellement ta misère, « tu as du prix à mes yeux, et [que] moi, je t'aime ! » (Is 43, 4).

Comment voulez-vous que, moi chrétien, moi évêque, je ne m'interroge pas alors ainsi : dans quelle mesure avons-nous, nous Église, effectivement le souci de témoigner en actes et en paroles, et autant que nous le pouvons, d'un tel Dieu ?

Cet univers qu'est la planète tout entière

La moindre spécificité et le moindre intérêt du christianisme ne sont pas que, dans l'appel à aimer qu'il met au-dessus de tout, il réussit la performance de conjoindre étroitement deux orientations que l'on n'a, toujours et partout, que trop tendance à dissocier. D'un côté, on concentre l'attention sur chaque individu humain – le « quant-à-soi », le « moi » ou, plutôt, « mon moi » – en son *unicité*. Et de l'autre, on confère le primat au « collectif » voire au « tout » dans lequel toute particularité ne peut que se trouver engloutie, qu'on soit dans l'ordre réflexif de l'abstrait, dans le champ politique aussi bien collectiviste que monocratique, ou dans l'approche scientifique de « la vie » (en général) ou de « la matière » (jusqu'au cosmos tout entier). Cela étant, après avoir présenté comment la foi chrétienne voit la dimension individuelle personnelle, il convient d'examiner plus précisément comment elle comprend la seconde, celle du « global », celle de *l'univers* (autant du moins que l'humanité y a rapport effectif – donc, concrètement, à l'échelle, en tout cas, de la planète appelée Terre).

On sait bien que la vision biblique a largement été comprise comme invitant « l'homme » à traiter « le monde » ou « la nature » – et à en user – en exploiteur et en dominateur. C'était se méprendre totalement sur le sens de l'invitation adressée par le créateur à Adam en Gn 1, 26 : Yahvé ne l'appelait pas là à intervenir en seigneur et maître, mais à se comporter en gardien avisé et en gestionnaire responsable, et donc respectueux. La meilleure preuve en est bien que, quelques chapitres plus loin, le même livre de la Genèse raconte comment l'exploitation désordonnée que l'homme a sans retard voulu faire du monde à son propre profit et à sa propre gloire, a eu pour conséquence la catastrophe généralisée que fut le Déluge, lequel entraîna la pire des débâcles, *aussi* pour l'espèce humaine.

Il est certes inutile de s'étendre ici sur le fait de l'appartenance de l'homme à « son » monde. On peut en revanche au moins noter que plus l'humanité s'est développée à travers les siècles, et plus elle a prétendu exploiter la planète où elle vit à son propre bénéfice et donc au détriment de ce monde lui-même. La conséquence en est, aujourd'hui en tout cas, que la surexploitation des ressources qui en a résulté a eu pour prix : d'un côté le risque de les voir s'épuiser un jour et, de l'autre, aujourd'hui déjà, le fait que le bénéfice s'en est trouvé de plus en plus réservé aux riches, aux nantis, aux puissants. Avec, surtout, la conséquence désormais flagrante qu'un nombre croissant des habitants de notre commune terre ont vu et voient leurs conditions de vie se dégrader de manière de plus en plus alarmante. Par ce biais-là au moins, des prises de conscience se sont peu à peu opérées grâce à un nombre croissant de scientifiques et de politiques, de sociologues, de philosophes et de responsables religieux. Du côté catholique, après quelques évocations de Paul VI, Jean-Paul II et Benoît XVI, un appel solennel sans précédent a été lancé par le pape François en 2015, troisième année de son pontificat, avec la grande encyclique *Laudato si*[1], intentionnellement placée par son titre même sous le très suggestif patronage de François d'Assise.

À la fin de son introduction (n° 16), le pape prend soin d'annoncer les « axes qui traversent toute l'encyclique ». Ils sont si nombreux et concernent des domaines si importants et si denses de la vie humaine et collective, qu'ils préparent le lecteur à mesurer toute l'importance que François accorde à la question écologique. Il énumère ainsi « spécialement » :

> L'intime relation entre les pauvres et la fragilité de la planète ; la conviction que tout est lié dans le monde ; la critique du nouveau paradigme et des formes de pouvoir qui dérivent de la technologie ; l'invitation à chercher d'autres façons de comprendre l'économie et

1. Lettre encyclique *Laudato si* du pape François, Parole et Silence/Collège des Bernardins, Les Plans-sur-Bex/Paris, 2015.

le progrès; la valeur propre de chaque créature; le sens humain de l'écologie; la nécessité de débats sincères et honnêtes; la grave responsabilité de la politique internationale et locale.

Concrètement, dans sa troisième partie, le pape « invite à une réorientation fondamentale de notre vision du monde» (cardinal G. Müller) et, dans la sixième et dernière, il souligne et argumente le « besoin d'une réorientation et d'un changement de cap complet de l'humanité, [l'Église nous présentant pour cela l'idéal d']une "civilisation de l'amour", car "l'amour social est la clé d'un développement authentique"» (*id.*). Et le cardinal, alors encore préfet de la Congrégation pour la doctrine de la foi (et qui n'en restera pas toujours à des évaluations aussi positives des positions du même François), de conclure ainsi ses « Présentation et guide de lecture de l'édition française»:

> Avec cette encyclique, le pape François s'adresse à tous les hommes de bonne volonté. Il les invite tous à un dialogue amical sur la crise écologique et sociale qui menace notre maison commune, et il demande de suivre un chemin commun pour répondre à ce défi mondial. Il ne s'agit pas de considérations théoriques avec quelques objectifs pratiques. Le pape ne veut pas seulement une amélioration dans les détails, mais une **conversion** fondamentale au vu de l'aggravation critique de la situation générale, qui ne permet plus d'esquive. Il s'agit de prendre conscience que nous habitons la même maison, donnée par Dieu, et que nous sommes tous les enfants de l'unique Créateur et Père des cieux[1].

III. Se convertir à l'amour pour pouvoir inviter à le pratiquer au nom de la foi qui est la nôtre, et pour l'espérance du monde

Dans la troisième et dernière partie de ce chapitre consacré au second fondamental du christianisme qu'est l'amour évangélique, il va maintenant s'agir de nous donner les moyens de tirer les conclusions concernant la conversion à laquelle est appelée l'Église de ce temps selon le titre même de notre ouvrage, précisé par celui de notre transition: une conversion à la mission. Il sera pour cela éclairant de commencer par faire brièvement le point sur ce que nous a appris précisément *sur la mission* la réflexion théologique que nous venons de développer.

1. *Laudato si*, *op. cit.*, p. XXV.

1. Mission

L'analyse, sur laquelle nous avons ouvert cet ouvrage, de l'évolution récente puis de la situation présente de l'Église, ne peut certes que porter les plus conscients et les plus responsables de ses membres à se préoccuper plus que jamais de sa prospérité et de son rayonnement – et, là où cela s'avère nécessaire, de son redressement et de sa relance. Il n'en reste pas moins que le vrai problème de l'Église n'est pas celui de son autopromotion et de son autosatisfaction !

Cette réflexion dans la foi qu'est la théologie ne peut en effet que lui faire apparaître ceci : l'Église n'a ses origines et son fondement permanent qu'en Jésus-Christ et dans le Dieu qui s'est manifesté en lui. Or ce Dieu-là : 1) s'est révélé comme un Dieu d'amour et même comme un Dieu qui n'est *qu'*amour, et qui du même coup 2) invite ceux qui se réclament de Lui, et qu'Il rassemble, à se préoccuper non pas avant tout de leur intérêt et de leur seule prospérité, mais toujours de l'autre, des autres, de tout autre. Et cela, 3) au titre d'une attitude qui ne saurait, elle non plus, être fondamentalement autre que celle de l'amour.

La conclusion qui découle de là pour l'*Église et sa mission* est dès lors on ne peut plus claire. Avec l'aide toujours de la théologie, on peut la formuler ainsi :

• Il s'agit pour l'Église d'inviter à reconnaître et à mettre en pratique que **l'amour seul** :

– est digne de cette *confiance* fondamentale selon laquelle tout être humain souhaiterait pouvoir conduire sa vie, et que les chrétiens appellent *la foi* ;

– peut être source de cette *vie* vraiment vivante que chacun de nous appelle de tous ses vœux au titre de ce que le chrétien désigne comme *l'espérance.*

• Cela, à cause, au nom et en vertu de **Jésus-Christ**, parce qu'en lui s'est révélé le **Dieu** vivant et vrai :

– vrai parce qu'effectivement (*tout-)puissant* (car que serait un Dieu sans puissance ?) ;

– et vivant parce qu'animé, en lui-même et donc dans sa puissance même, par *un dynamisme fondamental d'amour* (car que serait une vie qui resterait totalement bloquée en elle-même, fermée sur elle-même ?).

• En se reconnaissant pour mission unique, impérative et incessante, de se mettre alors, autant qu'elle le peut, au service de **tout homme**, pour qu'à travers temps et lieux :

– progressent la conscience et la connaissance du *mystère* que reste toujours l'existence de soi-même, de chaque être humain et de tout ce qui est ;

– grandisse autant que possible en chacun des hommes, dès ce temps du monde, une *vie* toujours plus forte que toutes les forces du mal et de la mort ;

– se développe une *communauté humaine* de plus en plus engagée dans le sens de l'universel.

• À ces trois objectifs correspondent autant de **tâches** que, selon la tradition biblico-chrétienne, on peut désigner respectivement comme[1] :

– une tâche « *prophétique-évangélisatrice* », dont relève l'annonce du mystère humano-divin que confesse *la foi* chrétienne ;

– une tâche « *sacerdotale-presbytérale* », qui renvoie à la célébration rituelle-sacramentelle par laquelle chacun peut être rendu participant de *la Vie* qu'annonce la foi ;

– une tâche « *royale-pastorale* », dont la finalité est de servir l'unité, aussi large que possible, *d'un peuple* de croyants, de vivants, de « communi(c)ants ».

• Le juste exercice de ces trois tâches suppose qu'on se donne et qu'on utilise **les moyens** :

– de *vérifier* si le cap d'ensemble est toujours bien tenu, et que sont donc en état de marche les relais vers lui ;

– d'être et de rester disposé et apte à la *conversion*, lorsqu'apparaîtront manquements, déviances ou malversations.

Bref, appeler et entraîner à la pratique de L'AMOUR, au nom de LA FOI en un Dieu-amour, et pour soutenir en toute l'humanité et en chacun de ses membres L'ESPÉRANCE de la vie.
Telle est la MISSION DE L'ÉGLISE.
À elle de s'y convertir dans l'exacte mesure où elle n'y est pas fidèle !

1. Et sur lesquelles nous aurons bien entendu à revenir – ce que nous ferons précisément dans nos deux chapitres encore à venir après celui-ci.

2. Conversion

Si la mission de l'Église est à concevoir comme nous venons de le résumer, comment ne pas s'interroger d'emblée sur sa « faisabilité », sur sa plausibilité ? Soyons clairs : si ce que nous avons appelé les « comportements et actes » auxquels convie l'Évangile de Jésus sont ceux que nous avons pris le temps d'exposer ci-dessus, et si c'est par rapport à *cela* que doit donc se comprendre la mission de l'Église, il est clair qu'il y a là un appel qui ne peut représenter pour elle qu'une énorme *gageure*, qu'un *défi* considérable – et qui ne peut du reste que la rappeler sans cesse à sa toujours nécessaire conversion ! Il convient évidemment d'enregistrer dûment ce point sans attendre.

Quelle plausibilité ?

Une première impression s'impose à l'évidence devant cet appel à l'amour inconditionnel et universel que formule donc le message chrétien : il apparaît d'emblée dépourvu de tout réalisme, donc de toute chance d'être reçu – aujourd'hui plus que jamais peut-être. Franchement qui, même bien disposé à l'égard de ses semblables, pourrait se déclarer prêt à accueillir « tout le monde » comme frères ou sœurs, à pardonner soixante-dix fois sept fois, à « se renoncer soi-même », à « porter sa croix » ? À qui de sensé pourrait venir, ne disons pas : pareille envie, mais même, déjà : pareille idée ? L'évidence n'oblige-t-elle pas à admettre sans réplique possible que de telles consignes ne peuvent à vrai dire avoir aucune chance d'être un tant soit peu prises au sérieux par qui que ce soit de raisonnable ?

Et, encore faut-il l'ajouter, il n'y a pas là seulement affaire de point de vue, d'évaluation ou de mentalité. Les faits sont flagrants, la situation crève les yeux. Elle peut même paraître accablante tant elle s'impose. À travers toute l'histoire et dans toute l'humanité depuis leurs commencements et jusqu'à aujourd'hui sous nos yeux, des conflits de tous ordres n'ont cessé de se déclarer et continuent de s'entretenir tant à l'échelle des différents pays qu'à celle de continents entiers. Tous les particularismes, de quelque ordre qu'ils soient, et y compris religieux bien entendu, s'avèrent source d'incompréhensions constantes voire d'hostilités déclarées entre individus et entre populations. Quelle que soit leur ampleur, privilèges acquis ou menaces ressenties portent incessamment beaucoup d'entre nous à l'indifférence, à la méfiance, à la rivalité, à l'animosité à l'égard d'autrui. Au sein des familles et des couples eux-mêmes s'introduisent et s'entretiennent trop souvent fissures profondes et haines tenaces…

Bref, il n'est pas besoin de prolonger le constat pour être porté à cette conclusion : n'est-il pas totalement *irréaliste* – « trop beau » si l'on veut –, cet « idéal évangélique » en lequel trouverait sa spécificité, et son essence même, notre prétendu « monde chrétien » ? *Quid*, alors, de notre « charité chrétienne » si volontiers et si fièrement revendiquée par les uns, en même temps que si carrément ridiculisée et moquée par un nombre croissant d'autres ? Une certaine utopie pourra certes encore nous traîner quelque temps au cœur, mais comment saurait-elle faire le poids contre toutes les duretés, tous les conflits et tous les blocages que le monde ne cesse d'accumuler depuis toujours (et plus que jamais), et donc contre tous les verrouillages que tout cela oppose à l'appel à aimer ? Certes,

> Quand les hommes vivront d'amour
> il n'y aura plus de misère.
> Les soldats seront troubadours
> – mais nous serons morts, mon frère !

Un nécessaire examen de conscience

Ce n'est pas tout encore cependant, et à bien loin près ! Certes, à s'en rapporter en effet au bref mais péremptoire rappel que nous avons dû faire à l'instant concernant la situation et l'opinion hors de l'Église dans l'ensemble du monde, la *plausibilité* de l'appel évangélique à la charité chrétienne apparaît déjà plus que compromise.

Il faut bien cependant la reconnaître encore plus gravement problématique lorsqu'on porte le regard du côté de l'Église elle-même. Car, que constate-t-on chez ceux-là mêmes qui ont pour tâche et mission d'appeler à la pratique évangélique de l'amour ? La part déjà accomplie de notre parcours en ce livre nous a suffisamment éclairés sur la réponse. Déjà même parmi les responsables ecclésiaux patentés, certains ne se préoccupent en fait guère de répercuter cet appel évangélique – peut-être parce qu'au fond ils ne seraient en réalité eux-mêmes guère convaincus par lui. Combien d'entre eux, par ailleurs et en tout cas, promeuvent sous le nom de « religion » des opinions ou des comportements sans rapport réel avec Jésus le Christ voire avec Dieu lui-même… et donc avec l'amour auquel ils appellent ? D'autres ne pratiquent eux-mêmes que fort peu ce à quoi ils invitent autrui, ou bien encore s'autorisent du peu qu'ils en pratiquent en réalité, pour s'attribuer d'autorité une position d'exception voire de surplomb. D'autres enfin – et nous avons eu l'occasion de l'enregistrer –, contreviennent gravement pour leur compte à des préceptes qu'ils n'en continuent pas moins (parfois sous grave menace divine) de demander aux autres de mettre en application.

Comment, là-devant, l'Église pourrait-elle couper à un sérieux examen de conscience… dont il doit du reste être bien entendu qu'il n'a pas à se limiter à la situation présente, car comment les plus ou moins graves manquements d'aujourd'hui ne renverraient-ils pas d'eux-mêmes à ceux qui, hélas, n'ont pas manqué de jalonner les siècles ?

À titre de brève illustration, je ferai ici deux renvois. D'une part j'évoquerai une récente interview de sœur Véronique Margron qui précise quelque peu sur quoi peut porter l'examen de conscience évoqué. À propos de la récente « crise des abus[1] », la présidente de la Conférence des religieux et religieuses de France y énumérait les ré-interrogations qui s'imposent dans ce cadre à l'Église : établissement des faits, reconnaissance de la faute, demande de pardon, expression du repentir, définition d'une stratégie, et choix de moyens pour remédier à la situation[2]… Mon seul commentaire sera ici d'interroger à mon tour : comment le fait de se retrouver face à un tel « programme » ne porterait-il pas à une grande perplexité : au sentiment tenace que « ce sera difficile ! », voire à quelque tentation de découragement ? Quant à mon second renvoi, il sera pour inviter mon lecteur à se reporter, ci-dessus, à mon chapitre 4 consacré à la nécessité d'une conversion de l'Église et à la nécessité corrélative de « cultiver personnellement quelques vertus (pas seulement chrétiennes) trop souvent oubliées ».

La seule ressource possible pour l'Église : la foi en Jésus-Christ

Face à de pareils constats (qu'on pourrait encore développer bien davantage), il faut que ce soit très clair : pour ceux qui se réclament de l'Église, et plus largement du christianisme, la seule « chance », le seul chemin est ici Jésus, Jésus le Christ, et la voie tracée par lui.

1. Rappelons cependant qu'il n'y a pas que les abus dits « sexuels ».
2. De la même Véronique Margron, on pourra lire ici avec profit *Un moment de vérité*, Albin Michel, Paris, 2019.

On peut dire que les êtres humains de tous les temps et de tous les lieux ont eu beau, en ce qui concerne l'amour, se conduire de la manière si souvent négative que nous avons bien dû enregistrer, ils n'en ont pas moins toujours été (et n'en restent toujours pas moins) sensibles à ce qu'il est susceptible d'apporter à leur vie : un bonheur et, donc, quelque chose comme un salut. Et n'est-ce pas, au fond, faute de pouvoir estimer l'amour réellement *possible* (en tout cas dans la durée), que finalement ils s'y refusent et s'y ferment ? Leur crainte n'est-elle pas en effet toujours que s'y ouvrir, et à plus forte raison s'y livrer, les vulnérabiliserait et même finalement les perdrait ?

On peut et il faut ajouter qu'une telle façon de voir les choses n'est pas limitée aux individus mais, *mutatis mutandis* là encore, se vérifie à l'échelle de populations entières, de nations, de régions, de continents entiers – nous venons de l'évoquer.

Cela étant, on peut considérer que la vraie « différence » des chrétiens, et leur vraie « chance » – y compris celle d'apporter quelque chose aux « autres » – est ici d'avoir rencontré Jésus et d'avoir reçu de lui non seulement le commandement et l'exemple mais la *possibilité* même de l'amour. Vérifions-le.

Il y a d'abord l'enseignement et le comportement de Jésus

Cet enseignement et ce comportement, nous les avons relevés. Ils nous sont apparus on ne peut plus clairs. Inutile d'y revenir longuement, sauf à préciser que leur principale caractéristique est de nous présenter un Jésus non pas seulement homme, mais pleinement *humain*[1]. Un Jésus qui se « définit » lui-même non pas en référence à un Dieu (ou un divin) que, si l'on ose dire, il « absolutiserait », mais par rapport à ce qu'il estime être le plus humain dans l'homme – à savoir le véhément et toujours fragile souhait d'être aimé, la capacité d'aimer en retour. Voyez comme il est discret et délicat avec ses « semblables », attentif et même respectueux pour chacun d'eux ; voyez comme il se plaît avec les petits et les laissés pour compte ; voyez comme il se soucie d'une juste interprétation des miracles qu'il consent à accomplir. Voyez comme il est homme parmi les hommes !

Et si, comme l'annonce la foi chrétienne, Dieu même se révèle en lui, ce n'est certes plus en intervenant « à main forte et à bras étendu »

1. J'entends ici le mot « homme » au sens de « appartenant à l'espèce humaine », et le qualificatif « humain » au sens de « faisant acte d'*humanité* à l'égard de ses semblables ».

comme à l'Exode. Ses paroles et ses actes n'ont rien à voir avec ceux d'un potentat ne visant qu'à imposer sa loi ou seulement à faire éclater sa gloire. C'est à même la condition d'homme assumée en toute vérité, mort et ensevelissement compris : c'est, ainsi que le chante la très ancienne hymne de l'épître aux Philippiens, en ayant « renoncé au rang qui l'égalait à Dieu », c'est en « prenant condition d'esclave et en se faisant obéissant jusqu'à la mort et à la mort de la croix » (Ph 2). Je reprends ici la formulation déjà utilisée : si, selon la foi, il est **Dieu**, c'est **humainement** qu'il est Dieu ; et si, à l'évidence, il est **homme**, c'est **divinement** qu'il est homme[1].

Il y a ensuite le destin de Jésus

Il ne faut pas l'oublier cependant : l'enseignement et le comportement de Jésus allaient (et vont d'ailleurs toujours) tellement peu de soi que ce « *parti pris* » de l'amour qui le caractérise ne l'a pas conduit à une réussite qui serait elle-même allée de soi, mais à la mort et même à une mort infâmante puisque, loin d'être « reçu des siens », il a été conduit par eux à la croix.

Mais voilà qu'à en croire ses disciples et témoins, sa vie donnée par amour jusqu'à la mort lui a justement été redonnée en ce qu'on appelle sa résurrection d'entre les morts. Voilà que le Père, dont on finissait par comprendre qu'en Jésus il avait envoyé son propre Fils en notre monde pour une œuvre de vie par et pour l'amour, l'avait réengendré par-delà la mort par l'Esprit d'amour qui n'avait cessé de les unir tous les deux. Y compris durant tout le temps écoulé de sa naissance à sa mort d'homme entre les hommes.

Il apparaissait par là que si celui dont la vie et la mort n'étaient pourtant commandées que par l'amour n'avait pu qu'être rejeté dans la mort par ceux auxquels il s'adressait, corrélativement, il ne pouvait *aussi* que resurgir victorieusement de cela même qui avait bien prétendu l'anéantir. Le destin final de Jésus venait éclairer et confirmer son enseignement et son comportement… qui, en retour, se trouvaient eux-mêmes éclairés et confirmés par un tel destin.

Le christianisme et plus précisément l'Église sont nés de là. Comment pourraient-ils vivre autrement qu'à partir de là ?

---

1. Je renvoie ici à l'une de mes toutes premières publications, l'article « Jésus-Christ », dans *Dictionnaire de théologie chrétienne*, Desclée, Paris, 1967, p. 207-209.

Il y a donc encore la postérité de Jésus

C'est un fait, en tout cas, que le « mouvement » déclenché par Jésus n'a pas périclité comme tout portait à le présumer après la mise en croix puis au tombeau de celui qui était à sa source. C'est un fait que, sur le fondement du Jésus historique et de son destin pascal, certains de ses disciples, dont en premier les fameux « Douze » – les « Apôtres » –, ont commencé de faire exister ce qui s'appelle depuis eux « l'Église » de Jésus-Christ et, du même coup bien sûr, lancé dans le monde ce qu'on appelle le christianisme.

Une nouvelle fois, ce sera on ne peut plus clair : c'est par l'amour, c'est par la charité dont, *ad intra* et *ad extra*, ils sont parvenus à témoigner en ce monde, que les disciples de Jésus ont commencé de faire exister ce qui peut se présenter comme son Église.

Le Symbole de Nicée, dont nous avons souligné l'importance par rapport à la foi chrétienne, tient à spécifier que l'Église est « apostolique » (en même temps que « une, sainte et catholique »). Or il ne faut pas imaginer cette Église naissante autrement que comme une communauté d'amour – très précisément : une *communauté*! Puis, de plus en plus, une communauté de communautés... nous aurons à y revenir amplement[1].

Au témoignage du Livre des Actes, ce qui frappait l'environnement des premiers rassemblements chrétiens, c'est l'amour que leurs membres se portaient les uns aux autres (« Voyez comme ils s'aiment ! »), et le soin tout particulier qu'ils avaient de ceux qui, parmi eux et autour d'eux, étaient dans le besoin. Il est en ce sens remarquable que, pour désigner la communauté des croyants au Dieu de Jésus-Christ, l'apôtre Pierre lui-même emploie le terme *adolphotês* (1 P 2, 17), qui veut dire « fraternité ». Or avec ce mot : 1) il ne s'agit pas de la vertu qui fait se comporter en frères, mais du *rassemblement* de ceux qui pratiquent une effective fraternité, et 2) pas seulement au titre de l'existence entre eux d'une parenté plus ou moins largement familiale (*philadelphia*), mais en vertu d'un amour qui honore et traite *tout homme* comme un semblable (*philanthropia*). Il est hautement significatif que le terme grec qui désigne ainsi la communauté chrétienne comme une « fraternité » ne se rencontre pas dans les écrits païens antérieurs au christianisme. Une nouvelle fois, c'est on ne peut plus clair : le principal « signe » auquel se reconnaît *l'Église* n'est autre que cette charité dont, au nom

1. On pourra voir, au chapitre 8, le développement consacré à la « Communauté ».

et à cause de Jésus le Christ, ses membres parviennent à témoigner en ce monde.

Il y a, pour couronner le tout, l'Esprit de Jésus, la grâce de Jésus

Je viens d'écrire : « à cause et au nom de Jésus ». Il faut ajouter : « en vertu » de lui et, plus précisément encore : « par sa grâce » – et même : par la grâce de son Esprit « qui poursuit son œuvre dans le monde » comme nous le disons à la messe.

Nous avons eu l'occasion de l'enregistrer déjà : selon le quatrième Évangile, juste avant son départ, Jésus a tenu à assurer les siens « qui étaient dans le monde » et y resteraient après lui, qu'il ne les « laisserait pas orphelins ». Il leur a alors annoncé que leur serait donné en partage l'Esprit Saint. Nous l'avons rappelé également, la Tradition ecclésiale désigne comme « **la grâce** » l'appel que peuvent susciter chez le croyant qui s'y ouvre – et le soutien que peuvent lui apporter – *la bienveillance toujours déclarée, l'assistance et l'accompagnement toujours effectifs de Dieu lui-même, justement par son propre Esprit d'amour.* D'où le qualificatif d'« *adjuvante* » traditionnellement donné à cet appel et à cet effet en nous de l'amour que Dieu nous porte lorsque nous nous y ouvrons… et que, redisons-le, toute la Tradition chrétienne appelle « la grâce ».

Étant donné cependant qu'à cette grâce il nous arrive d'être plus ou moins gravement indisponibles voire infidèles, son effet pourra – si nous y consentons – prendre alors pour eux la forme du pardon, la faisant dès lors apparaître comme grâce proprement *pardonnante.* À quoi il faut encore ajouter que, traversant et surmontant alors de fait nos défaillances plus ou moins coupables, elle pourra s'avérer proprement *sanctifiante.* Au point même de susciter parmi nous de véritables saints, dont certains pourront du reste se voir effectivement proclamer tels. Il suffit, survolant les siècles, d'évoquer Martin de Tours, François et Claire d'Assise, Vincent de Paul et Louise de Marillac, Ozanam et Madeleine Delbrêl qui, avec tant d'autres, ont été parmi nous les hautes figures de la charité de Dieu[1].

De sorte qu'au bout du compte, si nos propres défaillances ne pourront toujours que nous interdire de nous poser en surplombants et prétentieux donneurs de leçons, elles ne nous empêcheront

1. Je me fais ici une joie de renvoyer au *Livre des Merveilles. 365 histoires vraies*, Mame-Plon, Paris, 1999, préparé et publié à l'occasion du Grand Jubilé de l'an 2000 et dont une édition revue et adaptée a été publiée en 2016 chez Mame.

pourtant pas d'appeler, tout autour de nous, à une conversion : nous serons les tout premiers à pouvoir témoigner – mais il faudra le faire – qu'elle est chez nous aussi, déjà, sous le signe du pardon ! Et de sorte également que, par ailleurs, les saints reconnus dignes de ce nom feront apparaître lumineusement que l'Église qui a engendré de tels fils et filles peut en effet être reconnue qualifiée pour appeler à pratiquer cet amour dans lequel la seule transparence de la grâce de Dieu leur a permis de briller au milieu de nous.

Et l'on aura dit l'essentiel quand on aura ajouté que Jésus nous a donné cette assurance : cette grâce de Dieu qui est l'Esprit même de Dieu, ne nous sera pas refusée si nous ne manquons pas de la demander dans la prière.

La question à (sans doute) ne pas (trop) se poser

Tout cela étant dit, une évidence paraît au bout du compte s'imposer. On aura eu beau s'atteler honnêtement à la conversion et définir à partir d'elle les tâches précises de la mission qui est devant nous, on n'aura pour autant aucune assurance quant au fruit qui pourra en résulter pour l'Église dans les temps à venir.

La sécularisation de la société se poursuivra, ainsi que l'exculturation de l'Église. Et l'on peut gager que les effets de la pandémie du coronavirus ne seront pas sans sérieuses incidences sur la fréquentation des églises. Par tous ces biais-là au moins et par d'autres encore sans doute, ne manquera pas de se poser la « question du nombre », et donc celle de l'importance qu'il convient de lui reconnaître…

Il me semble que la bonne façon de ne pas balayer sans plus – car c'est impossible – une telle interrogation, est de rechercher les moyens de la poser de manière à la fois honnête, précise… et non paralysante cependant. Sans vouloir moi-même faire la leçon à quiconque en pareille matière, j'estime qu'on pourra trouver quelque aide dans les brèves suggestions que voici, et sur lesquelles je mettrai un terme au présent développement.

Enregistrant tout d'abord que la sagesse des nations nous enseigne que, dans l'aventure humaine en général, ce n'est pas toujours le pire qui est assuré pour l'avenir, il me semble qu'on peut glaner dans le Nouveau Testament et tout au long de l'histoire de l'Église suffisamment d'exemples et de consignes pour être en mesure de définir une conduite à la fois claire et praticable. J'en retiens quelques-uns.

On peut songer à l'apôtre Pierre qui, pourtant perplexe devant l'invitation qu'il a reçue de Jésus à repartir pour la pêche alors qu'il vient d'en rentrer bredouille, lui répond : « Sur ta parole, je jetterai les filets » (Lc 5, 5). Ou bien à Paul qui, ébranlé par les graves difficultés y compris d'ordre personnel qu'il rencontre, s'entend répondre : « Ma grâce te suffit » (2 Co 12, 9). On peut aussi faire référence à Augustin méditant sur le « Paul a semé, Apollos a récolté ». Ou encore à Thomas d'Aquin enseignant que, si la grâce ne supplée pas la nature, elle peut parfaitement venir la soutenir et la couronner. On peut mettre en œuvre le conseil d'Ignace de Loyola invitant à agir comme si tout dépendait de nous-mêmes… en n'oubliant pourtant pas que tout dépend de Dieu.

Changeant de registre et d'époque, on pourra encore trouver matière à penser dans des « propos » plus proches de nous (chronologiquement). J'en retiens quatre. D'abord, une réflexion de sainte Bernadette Soubirous que je colporte personnellement depuis cinquante ans partout à travers sessions, récollections et retraites de tous ordres. Au prêtre de Lourdes qui ne voulait rien savoir du message de la Dame qui lui était apparue, elle rétorque tout de go :

> Monsieur le Curé, il ne m'a pas été demandé de vous le faire croire, mais de vous le dire !

Ensuite, l'avis de quelqu'un d'aussi informé et aussi perspicace sur l'évolution du christianisme que Marcel Gauchet :

> S'il ne se passe rien, on peut dire que dans un siècle, il ne restera en Europe plus grand-chose du christianisme. Mais il peut être totalement transformé par des innovations dont nous n'avons pas aujourd'hui la moindre idée[1].

1. Qu'on me comprenne bien. Je ne suis pas en train de faire de Marcel Gauchet un Père de l'Église (qui, d'ailleurs, annoncerait ici la mort, éventuellement non définitive, de cette dernière !). Simplement, lecteur occasionnel de sa revue *Le débat* (parution à laquelle il a récemment décidé de mettre fin), et en tout cas lecteur attentionné de son ouvrage *Le désenchantement du monde*, où il saluait dans le christianisme « la religion de la sortie de la religion », je reconnais que m'a beaucoup frappé la « carte blanche » qu'il a rédigée pour *Jésus. L'Encyclopédie* : « Si Dieu s'est fait homme pour se communiquer aux hommes, c'est que son altérité est insondable et qu'on n'en aura jamais fini d'interpréter le message qui nous est parvenu par la médiation du fils. La figure de Jésus le Christ fournira ainsi le pivot d'un approfondissement sans terme de l'invention monothéiste » (Joseph Doré, Christine Pedotti (éd.), *Jésus. L'Encyclopédie*, *op. cit.*, p. 429-430).

Encore, le grave avertissement (déjà cité plus haut, je ne l'oublie pas!) de Joseph Ratzinger n'excluant pas que

> nous soyons au seuil d'une nouvelle ère, constituée tout autrement, de l'histoire de l'Église, où le christianisme existera plutôt sous le signe du grain de sénevé, en petits groupes apparaissant sans importance, mais qui vivent intensément pour lutter contre le mal et implantent le bien dans le monde: qui ouvrent la porte à Dieu.

Enfin, ce « témoignage » de mon très estimé collègue de l'Institut catholique de Paris et ami personnel Claude Geffré (je me serais vivement reproché de ne pas lui faire écho en ce livre!):

> En définitive, j'en reviens toujours au mystère de la conscience de Jésus comme au lieu de ma paix et de mon espérance. Lui seul « savait ce qu'il y a dans l'homme» [cf. Jn 2, 25]. Mais lui seul aussi savait que rien n'est impossible à l'amour de Dieu. C'est devenu un lieu commun de constater que notre monde moderne chante très peu la gloire de Dieu. Mais qu'est-ce que la gloire de Dieu sinon le rayonnement qui procède de l'excès de l'amour? À l'école de Jésus, j'ai appris que nous avons toujours le pouvoir de manifester les traces de Dieu dans le monde tel qu'il est: ce sont encore aujourd'hui comme hier les signes et les prodiges de la charité[1].

Une petite fille du siècle dernier, peu instruite mais canonisée par l'Église; un grand intellectuel français d'aujourd'hui; un pape actuellement émérite et alors préfet de la Congrégation pour la doctrine de la foi; un théologien dominicain français récemment décédé: la diversité des situations, des responsabilités et des compétences pourra être source d'une réflexion salutaire pour qui s'interroge sur l'avenir du christianisme et de l'Église – et plus particulièrement sur la contribution que pourrait lui apporter une vraie relance de la charité chrétienne.

3. Conversion à la mission

Avec ce qui précède, nous venons de préciser la manière dont il revient à l'Église de se positionner fondamentalement face au grand défi – à l'énorme défi – que représente aujourd'hui pour

1. Contribution à *Nous croyons en Jésus-Christ. 115 chrétiens répondent à Mgr Poupard*, Desclée, coll. « Jésus et Jésus-Christ », Série Annexe, Paris, 1980, p. 135-138.

elle la conversion qu'appelle la fidélité à la mission par rapport à laquelle elle est toujours mise en demeure de se définir. Elle n'a de véritables chances de survie qu'à se ré-ajuster sur ses deux fondamentaux que sont : 1) la foi en Jésus-Christ, et 2) l'amour chrétien de charité. Reste alors à préciser bien davantage deux points. Chacun fera logiquement l'objet d'un chapitre dans la suite et fin de cet ouvrage.

Une condition incontournable

Il reviendra d'abord à un chapitre 7 de définir l'attitude qui doit et peut être celle de l'Église *face à ses différents interlocuteurs* dans le cadre des multiples partenariats auxquels sa mission reprécisée l'affronte. Et qui sont pour elle autant d'instances *incontournables*, dans la mesure où il lui revient de s'adresser à eux, de cheminer à leurs côtés, et de collaborer avec eux dans la proposition des services qu'elle entend pour sa part offrir *ad extra*, aux « autres », au « monde » !

Toute l'institution ecclésiale concernée

Un huitième et dernier chapitre devra alors entrer dans le détail des modifications ou souhaitables ou nécessaires qui sont susceptibles d'en résulter : celles qu'il faut clairement envisager, pour à la fois les structures et les fonctionnements *institutionnels* de l'Église, en son état présent.

Chapitre 7

L'incontournabilité de la condition

POUR définir une mission, il ne suffit pas de s'en rapporter à l'instance qui la confie. Il faut encore être au clair sur *ce vers quoi* elle appelle à se tourner : à qui et vers quoi est-on envoyé, et pour procéder comment à son égard ?

Dans cet ouvrage où c'est l'Église qui est concernée, il a déjà été clairement établi que et en quel sens le donneur de mission est et ne peut être que Dieu, le Dieu qui s'est révélé en Jésus-Christ. Mais – parlant seulement du « monde », de la « société », des « hommes », des « autres » –, nous sommes jusqu'à maintenant restés dans une certaine imprécision à propos du *champ* dans lequel est appelée à s'exercer cette mission. Le moment est venu de nous expliquer davantage sur ce point, et tel sera précisément l'objet de ce nouveau chapitre.

Le titre de celui-ci fait état de rien de moins qu'une « condition », et donnée pour « incontournable ». Une telle formulation n'est pas anodine. Elle a été choisie pour donner à entendre d'emblée que ce vers quoi l'Église est envoyée n'est pas à considérer comme un champ largement ouvert et toujours en friche, dans lequel l'intervenant hors-venu qu'elle serait pourrait entrer comme en pays déjà conquis, en vue d'y déployer à sa guise une activité commandée par ses seules intentions et par ses propres intérêts. Il lui faut, au contraire, procéder avec circonspection et respect. Des réalités lui préexistent là où elle « inter-vient », et qui ne l'ont pas attendue pour se définir elles-mêmes avec une certaine précision et même pour s'organiser en vraie responsabilité.

De sorte que c'est bien en effet à la stricte *condition* de respecter cela, de se garder de le négliger ou de chercher à le contourner – à la condition autrement dit de se reconnaître et de *s'établir* dans une position résolue et déclarée de *partenariat* à son égard –, que quoi que ce soit d'autre pourra être envisagé par elle. Si l'Église ne se donne pas sa mission mais la reçoit et est toujours appelée à la considérer comme reçue, elle ne se donne pas non plus à elle-même les partenaires auxquels cette mission l'adresse. C'est bien pour cela que nous avons pu dire, rappelons-le, que si dès lors l'Église doit toujours se convertir au *Dieu* qui ne cesse de lui désigner sa mission, elle a du même coup toujours à se convertir corrélativement (voir Bérulle lui-même!) à ce qui constitue dans son identité propre et dans sa grande diversité le *champ même* de cette mission. On pourrait dire que l'Église doit se reconnaître en condition incontournable de partenariat obligé.

S'il en va ainsi, avant même d'en venir à préciser les orientations à adopter, les attitudes à mettre au point et les actions à entreprendre, il convient de commencer par identifier, en toute sa richesse et sa diversité, le large partenariat dont il s'agit. On peut en réalité faire état d'au moins trois types de partenaires différents, qu'il s'agira donc de prendre ici successivement en considération. D'abord la personne: puisque, on l'a dit, la mission ecclésiale se définit et est appelée à se déployer dans l'ordre de la foi et de l'amour, le premier partenaire (I) à reconnaître est celui auquel est destiné l'appel à la foi et à l'amour, à savoir l'individu humain, traité à chaque fois dans sa singularité et son autonomie propres de *personne*: c'est toujours à des êtres libres, désireux et capables de disposer réellement d'eux-mêmes, que l'Église doit de fait s'adresser. Mais, puisque « [aucune] personne n'est une île », toutes et chacune n'existent qu'au sein d'un ensemble *économico-socio-politico-culturel* qui a son ordre d'autonomie, et donc ses modes de fonctionnements particuliers; ainsi s'imposera-t-il, en une deuxième étape (II), d'honorer également cet autre type d'instance et le genre de « partenariat » (tout aussi incontournable) qu'il est susceptible de représenter pour l'Église. Enfin, dans un pays comme le nôtre en tout cas, l'Église ne saurait aujourd'hui se dispenser de se reconnaître encore un troisième type de partenariat (III): celui que représentent désormais pour elle (et à ce qu'il semble de plus en plus) les diverses religions.

Nous allons maintenant nous employer à préciser comment c'est à la condition de se positionner clairement face à tous ces types d'« interlocuteurs » que l'Église peut concevoir et mener sa mission.

I. La personne

Il n'est évidemment pas question de proposer ici ce que, fût-ce en esquisse, on pourrait tenir pour une anthropologie chrétienne! Il s'agit juste de faire apparaître en toute netteté ce qui découle pour l'Église du fait que toute intervention de sa part n'a de sens qu'à s'adresser à des êtres qu'elle reconnaît doués d'une conscience et d'une liberté propres, donc d'une responsabilité imprescriptible. Cela vaut déjà, nous l'avons dûment fait valoir, dans les propositions que fait la foi chrétienne dans sa dimension proprement confessante, puisqu'elle n'attend là rien d'autre qu'une réponse justement formulée en « je » – *credo* veut dire « *je* crois » ! Mais cela ne peut que se vérifier également quel que soit le domaine en lequel l'Église peut s'estimer par ailleurs qualifiée pour intervenir au titre de sa mission, étant entendu que celle-ci n'est pas de proposer des vérités qui ne seraient qu'à croire, mais des vérités qui sont aussi *à vivre* et qui sont de fait finalement appelées à se déployer dans toute l'existence de chaque personne humaine.

Mais là où sont en cause conscience, liberté et responsabilité, là s'ouvre le domaine de l'éthique, le champ de la morale[1] ! Or, sauf à la cantonner dans des généralités finalement inconsistantes et donc vaines, il faut bien s'interroger plus avant sur ce qui peut et doit caractériser ici le positionnement propre de l'Église : quelles peuvent être ici sa compétence et son habilitation à intervenir, et selon quelles modalités est-elle alors susceptible de le faire ? Je tiens du reste à le préciser : comment pourrait-on se dispenser d'une réflexion en ce domaine dans un ouvrage qui, comme celui-ci et pour les raisons que nous avons dites, invite à une conversion de l'Église ? J'annonce que c'est du côté du grand théologien et moraliste Xavier Thévenot que j'ai fait choix de me tourner pour chercher ici éclairage et discernement[2].

1. Un certain flottement existe dans l'utilisation de ces deux termes. Certains auteurs les considèrent comme synonymes, à cette nuance près que le premier terme vient du latin (*mores*) et le second du grec (*éthos*), l'un comme l'autre terme servant alors à désigner la discrimination entre un agir humain qualifié de bon ou de mauvais à partir de règles, de critères, de valeurs et de fins. Pour d'autres, la morale mettrait l'accent sur les règles formelles définissant les devoirs (Kant) alors que l'éthique insisterait sur les qualités et vertus nécessaires aux individus pour se comporter moralement (Aristote). Convenons qu'ici *éthique* renverra plutôt au champ de l'agir concret et des comportements effectifs, tandis que *morale* concernera davantage la reprise réflexive et critique du vécu pratique.

2. Xavier Thévenot, *Repères éthiques pour un monde nouveau*, Salvator, Mulhouse, 1982 ; *Compter sur Dieu*, Cerf, Paris, 1992 ; *Une éthique au risque de l'Évangile*, DDB/Cerf, Paris, 1993 ; « Enseigner la théologie morale fondamentale », *Revue de l'Institut catholique de Paris*, n° 55, juil.-sept. 1995 ; *Avance en eau profonde. Carnet spirituel*, DDB/Cerf, Paris, 1997. Voir aussi Geneviève

1. Une approche théologique de la question morale

L'« idée directrice » de Xavier Thévenot

Véritable « *cantus firmus* » de tout son discours en matière de morale, l'idée directrice de Xavier Thévenot paraît bien pouvoir être reconnue dans ce passage :

> La morale se propose [...] de réfléchir sur les conditions et sur les chemins qui permettent à tout homme, pris dans toute sa réalité, de devenir, avec les autres, pleinement homme. La visée dernière de la morale c'est le bonheur de la personne, c'est le développement le plus harmonieux possible de tout l'homme et de tous les hommes[1].

La problématique est claire : être ou devenir homme, homme ou femme, plus (et mieux) homme ou plus (et mieux) femme ; chercher la meilleure voie de l'humanisation ; ouvrir un avenir à tout homme et à toute femme : de telles expressions ou leurs équivalents reviennent obstinément chez Thévenot, scandant à la lettre tout son discours. Qu'on en juge : on peut, selon lui, définir *la volonté éthique* comme « la volonté de s'humaniser davantage en relation avec les autres » ; si *la norme* est « ce qui fait voir l'action sous l'éclairage du but dernier à atteindre », celui-ci n'est autre que « la naissance en nous de l'image de Dieu » ; *le dessein et la promesse de Dieu* sont d'ailleurs eux-mêmes de « nous humaniser à fond à la suite du Christ ».

Bref : être homme (ou femme) – ou plutôt le devenir toujours mieux : telle est la tâche même de l'être humain ; et telle est donc l'éthique. La réflexion morale ne peut avoir d'autre visée que de chercher inlassablement à mettre à jour les chemins d'une authentique humanisation ; elle est par essence au service de la *vie* des hommes. Trouver ses chemins d'humanisation, se risquer à donner sens à ses actes et à ses relations avec les autres, cela se réalise dans l'effort éthique, qui manifeste qu'une liberté se refuse au non-sens, à l'absurde et à la violence. Et c'est précisément cela qui permet à chaque sujet humain d'advenir toujours plus à sa propre humanité. Toute intervention, y compris de l'Église, en matière de morale doit se situer par rapport à cela si elle veut, tout simplement, ne pas toujours manquer son partenaire.

MÉDEVIELLE et Joseph DORÉ (éd.), *Une parole pour la vie. Hommage à Xavier Thévenot*, Cerf/Salvator, Paris, 1998.

1. Xavier THÉVENOT, *Repères éthiques pour un monde nouveau*, *op. cit.*, p. 13.

Une prise en compte obligée

Si, avec la morale, il s'agit ainsi d'une humanisation de l'homme, la première obligation qui lui incombe est de s'en rapporter à la *situation même* de l'homme, dans la figure précise et les déterminations concrètes qui la caractérisent à l'heure présente, au sein du monde tel qu'il est. Tant au plan individuel qu'à l'échelle de la société dans son ensemble, aucune proposition d'ordre moral ne pourra être considérée comme qualifiée, pertinente et recevable que si elle commence par enregistrer – par prendre en compte – les mœurs et l'éthos[1] qui ont socialement cours et les comportements individuellement adoptés à l'heure présente. La raison d'une telle nécessité est claire : c'est précisément de *cela* qu'il s'agit de faire gestion éthiquement responsable et discours moralement pertinent !

La conséquence s'impose ici pour le discours ecclésial : il lui faudra renoncer d'entrée de jeu à *partir* du seul message de l'Écriture ou du seul enseignement traditionnel du magistère. Il ne s'agira pas, ayant d'emblée placé ces « deux sources » dans une position de vérité en quelque sorte absolue, de se contenter de chercher ensuite à en déduire des lois ou des consignes pour l'agir humain. De fait, la visée du sens de l'existence, capitale pour qu'on puisse s'orienter dans une démarche d'humanisation de la vie, bouscule l'ordre de la simple logique déductive. Il s'agit d'un discernement qui implique la mise en relation des éléments très divers d'une situation donnée et la mise en œuvre d'une approche interdisciplinaire. Il s'agit de jeter des ponts entre des savoirs variés, de concilier des exigences, et d'être à l'écoute de l'imprévu du travail de l'Esprit. C'est pourquoi on acceptera au contraire de partir de la situation présente et de l'évolution qui peut la caractériser par rapport à des époques même toutes récentes ; on consentira, dût-on en être quelque peu dérangé et déplacé, à se laisser interroger.

Deux instances de référence

Il faut cependant s'empresser de l'ajouter : il ne s'agira pour autant pas d'homologuer tout de go comme normatif ce qu'en un premier temps l'on se sera ainsi efforcé de prendre honnêtement et précisément

1. L'éthos doit être compris au sens de Pierre Bourdieu : « le système de valeurs implicite que les gens ont intériorisées depuis l'enfance et à partir duquel ils engendrent des réponses à des problèmes extrêmement différents », dans *Questions de sociologie*, Éditions de Minuit, Paris, 1984, p. 228.

en compte de la réalité et de la situation humaines comme telles en notre époque ! Il ne s'agit de sacrifier ni au relativisme ni à la morale de situation. Les « données anthropologiques concrètes » ainsi enregistrées seront en effet à soumettre à deux instances de traitement et d'évaluation, qui seront elles-mêmes toujours à articuler l'une par rapport à l'autre : l'enseignement de *la Parole de Dieu* assurément, mais aussi la réflexion que l'homme d'aujourd'hui est capable d'assurer par lui-même dans le cadre de ce qu'on appelle non sans raison les sciences *humaines* (ou *sociales*).

Les sciences humaines

Commençons par ces dernières. Elles ne sont pas à tenir d'abord pour un arsenal d'objections toujours renaissantes, mais comme la source d'un éclairage qui pourra lui aussi s'avérer précieux. Leur rôle et leur intérêt précis sont d'imposer la prise en considération des *conditionnements*. Trop souvent négligés aussi bien au plan de l'éthique concrète qu'à celui des théorisations morales alors qu'ils jouent pourtant un rôle capital à ces deux niveaux, les conditionnements de l'existence humaine et donc de l'agir humain sont, on le sait bien, d'ordre social et socio-économique (voir Marx et ses disciples), somatique et psychologique (voir Freud, Reich et les sexologues en général). Dans la mesure où elles ne traitent pas ces données comme des « déterminants en dernière instance », les sciences humaines ne peuvent être tenues pour réductibles ni à des pourvoyeurs de soupçon dont il faudrait dénoncer la prétention, ni à des fournisseurs d'échappatoires à la fois confortables et irresponsables. Comme sciences proprement *humaines*, elles représentent des voies pour dégager – et des indications pour mettre au jour – cela précisément qui est à éthiciser pratiquement et à moraliser théoriquement, c'est-à-dire à *humaniser* – à savoir : la condition, la situation même de l'homme comme condition et situation proprement *humaines*.

La Parole de Dieu

Autre chose est cependant de tirer au clair ce qui est à humaniser dans l'homme compte tenu de ses conditionnements concrets, et autre chose est de pouvoir préciser *comment* cela pourra être effectivement humanisé. Or s'il est bien incontestable que tout groupe humain et tout individu humain sont ici de fait conduits à se donner et à transmettre (plus ou moins bien) « un champ de valeurs dit ou non dit, auquel on peut se référer pour conduire sa vie », le chrétien a appris, lui, que c'est du côté de *la Parole de Dieu* qu'il lui est offert de chercher et de trouver la lumière décisive. Certes, le point de vue des auteurs bibliques ne se veut ni scientifique ni directement pastoral, et donc ce serait s'illusionner que de chercher tout de suite dans l'Écriture aussi bien la solution immédiate aux problèmes théoriques soulevés par les sciences humaines que, déjà, la réponse aux questions posées par l'agir concret à décider et à mener à chaque fois ici et aujourd'hui. Ancien et Nouveau Testaments n'en annoncent pas moins à tout homme, au nom du Dieu de Jésus-Christ, que « le bonheur de l'homme, la vraie vie de l'homme, se réalisent dans le lien essentiel d'amour entre lui et Dieu, son Créateur et son Sauveur[1] ».

Et si Décalogue et oracles prophétiques d'un côté, Sermon sur la montagne et parénèses pauliniennes de l'autre, ne fournissent certes d'eux-mêmes aucun concept théorique exploitable comme tel ni aucune norme immédiate pour l'action *hic et nunc*, ils n'en ont pas moins inspiré toute une tradition de pratiques concrètes, de consignes d'action, de principes de comportement et de valeurs de référence près desquels on pourra se découvrir fondé à chercher, en conséquence, éclairage et discernement, interpellation et inspiration. À condition de la lire « dans l'expérience de nombreuses personnes et dans la Tradition biblique et ecclésiale », la Parole de Dieu apparaîtra de la sorte comme une deuxième – décisive – instance de référence, aussi bien pour l'agir éthique concret que pour la théorisation morale.

Résumons : la méthode ici envisagée pour l'intervention ecclésiale dans le champ de la morale est en somme à comprendre comme un « va-et-vient permanent entre les découvertes les plus sûres des sciences de l'homme, les résultats les plus fermes de l'exégèse biblique et les repères les plus solides de la Tradition ecclésiale[2] ».

2. Une conception de l'« être-homme »

La limite

S'il est un acquis incontesté de la réflexion anthropologique contemporaine, toutes disciplines et spécialités confondues, c'est bien

1. Voir *Repères éthiques pour un monde nouveau, op. cit.*, p. 54.
2. On pourra se reporter à Xavier Thévenot, *Les péchés, que peut-on en dire ?*, Salvator, Mulhouse, 1983, p. 75.

celui-ci : l'homme est un être radicalement et *constitutivement limité*. Limité justement par ces conditionnements sur lesquels les différentes sciences humaines attirent l'attention, chacune à son titre.

Parce qu'elle interprète l'être humain à partir et en fonction de sa constitution psychique (psycho-somatique) dès avant sa naissance et à travers toute sa petite enfance, la psychanalyse est ici, parmi les sciences humaines, spécialement qualifiée pour prendre la parole. Or ce qu'elle révèle est tout à fait clair sur plusieurs points essentiels. À partir du stade fœtal, l'existence humaine commence par un état de plénitude comblée qui est corrélatif d'un total manque de présence à soi et d'appartenance à soi. Comme ce stade ne dure par définition pas, des questions incontournables ne tardent pas à se poser : à quelles conditions et de quelle manière sera-t-il possible de quitter ce régime de l'indifférenciation première, ce monde fusionnel de l'origine ?

Être et devenir homme ou femme : n'y aura-t-il de chemin pour cela que de passer du régime de l'apathie fusionnelle à celui de la seule violence, à celui du seul auto-positionnement agressif… ce qui serait bien évidemment rester logé à l'enseigne de la jungle ?… Telles sont les questions qui se posent à chaque avènement d'homme dans l'humanité, mais que soulèvera aussi, au fond, tout acte d'homme se voulant authentiquement *humain*. Questions qui sont donc tout aussi bien celles de l'humanisation (au niveau de chaque personne) que celles de l'hominisation (à l'échelle de toute l'espèce). « Questions d'homme », disait Georges Morel, qui renvoient à la question même qu'est l'être humain pour lui-même, puisque c'est par elles que l'on entre et que l'on peut se maintenir dans l'être-homme comme tel.

Le temps, la loi, l'autre

Prendre en compte ces données et les interrogations qu'elles font naître, c'est immédiatement poser le problème de *l'instance* qui, faisant sortir de l'indifférenciation fusionnelle de départ, pourra ouvrir l'entrée dans un univers où la relation à ce qui se découvrira progressivement comme non-moi – c'est-à-dire, au bout du compte, tout le réel comme tel ! – pourra être autre que de pure violence, tant au plan de la parole qu'à celui de l'action.

L'instance en question est d'abord celle du *temps*. Il va falloir qu'en toute chose le petit d'homme (et plus largement tout être humain dans l'ensemble de son agir, puisque la question de l'être-homme se repose à propos de chaque acte d'homme) apprenne à renoncer à l'exigence du « tout, tout de suite ». Et la même obligation s'imposera bien entendu à toute intervention éducatrice quelle qu'elle soit, et à plus forte raison si elle prétend donner un « enseignement ».

Plus profondément encore, l'instance est celle de la *Loi* : il faudra en toute hypothèse accepter de se référer à des impératifs – « incontournables » eux aussi – que l'on n'aura pas soi-même définis, mais dont l'acceptation conditionne un rapport correct au réel tel qu'il est *en soi* (et *donc* aussi pour moi). L'être humain apparaît constitutivement régi par une loi de la « différence » et de l'altérité contre laquelle il ne peut rien, et qu'il lui incombe donc à la fois d'accepter et de gérer, s'il veut non seulement s'accorder tant bien que mal à son environnement, mais *se trouver lui-même* dans sa singularité propre.

Accepter la Loi ainsi comprise suppose toutefois que soit remplie une condition impérative : celle du renoncement à soi-même – du moins du renoncement à sa propre toute-puissance et plus précisément encore, à son vœu de toute-puissance. À l'inverse de ma propension spontanée et constante, il s'agira toujours pour moi de découvrir ma limite, mon incomplétude fondamentale, le manque qui m'habite radicalement et d'où résultent à la fois mes besoins et mon désir, sans que rien puisse jamais m'assurer qu'existe, et à plus forte raison que me devienne accessible, ce qui pourrait les combler.

Il faut d'ailleurs faire un pas de plus : dans la mesure où le réel auquel j'ai affaire est aussi et même d'abord d'ordre humain, il me faut reconnaître que la Loi sous laquelle je suis n'est pas seulement celle de mon incomplétude et de mes limites : c'est aussi celle de l'existence même de *l'autre*, dans son propre droit à l'existence. De *l'autre* qu'il m'incombe dès lors à la fois de laisser être tel, et de reconnaître tel[1].

Leçon fondamentale que je retire de cette réflexion conduite en dialogue avec en particulier Xavier Thévenot[2] : dans la mesure où elles attirent incontournablement l'attention sur la double nécessité d'un

1. S'il faut en l'occurrence parler d'amour, on peut rappeler ici que le signe principal en est précisément le renoncement à tout désir de posséder l'autre, selon le mot de Jean Lacroix rapporté par Xavier Thévenot : « Aimer, c'est promettre à l'être aimé de ne jamais utiliser un moyen de puissance sur lui » (voir *Repères éthiques pour un monde nouveau*, *op. cit.*, p. 20).

2. J'ai déjà eu l'occasion de signaler que l'étude de Freud a compté dans mon parcours intellectuel.

renoncement à ma propre toute-puissance et d'une reconnaissance corrélative d'une véritable altérité, dans la mesure où du même coup et en conséquence elles appellent *de cette manière* une régulation (à préciser) des comportements en vue d'une effective humanisation des hommes, les sciences humaines contemporaines marquent bel et bien une convergence qui mérite d'être relevée et prise en compte, avec l'interrogation qui est à la base de *toute* morale digne de ce nom – y compris la chrétienne ! –, c'est-à-dire qui ne se veut attachée à rien d'autre qu'à chercher à mettre au jour, pour les hommes d'ici et d'aujourd'hui, les voies de leur authentique humanisation.

La sexualité

Que l'on ne soit *pas tout* et qu'alors on soit constitutivement logé à l'enseigne du *manque* ; qu'il faille donc à la fois renoncer au vœu de toute-puissance qui nous habite depuis l'enfance et reconnaître *l'autre* pour négocier correctement à son égard notre désir de telle sorte qu'à la fois nous le respections et l'honorions *lui*, et que nous nous en retrouvions *nous-mêmes ipso facto* gratifié : peu de champs de l'existence humaine le font apparaître et expérimenter avec autant de netteté que celui de la sexualité. Et c'est bien pour cette raison qu'il est juste et nécessaire d'accorder à cette dernière une place de premier plan dans la réflexion non seulement sur *l'homme/la femme*, mais sur tout ce qui peut leur permettre de l'être et de le devenir davantage – donc sur l'éthique concrète et sur sa reprise en réflexion morale.

Bien loin de ne représenter qu'un domaine sectoriel et somme toute secondaire dans l'existence humaine, la sexualité – si l'on prend soin de la contre-distinguer de la pure génitalité – apparaît en fait imprégner toute la vie humaine. La recherche biologique a montré que toute cellule humaine est sexuée dès la conception ; la psychanalyse découvre que toute relation humaine, aussi bien aux choses et aux autres qu'à Dieu même, est marquée par la sexualité ; et les autres sciences humaines manifestent assez que les phénomènes sociaux sont en interaction étroite avec la façon dont les hommes et les femmes assument cette dimension essentielle de leur être.

Ce n'est pas à dire qu'il faille se rallier au pansexualisme d'un Wilhelm Reich et, quoi qu'on en ait dit parfois, un Freud n'y a jamais succombé. Dans le moment même où l'on dit que tout dans l'homme est sexué, il faut préciser qu'aucune relation ne se réduit pourtant à la sexualité – pas même la relation sexuelle elle-même. L'être humain existe en effet, et est donc appelé à se réaliser, selon bien d'autres dimensions. Type d'insertion dans les processus de la production économique, position sociale, éducation reçue et niveau de culture : tout cela intervient dans la définition des conditions de l'agir humain en général et de la relation sexuelle en particulier.

S'il en va ainsi de la sexualité, on comprend que, puisqu'elle est « ce qui rappelle la différence, ce qui rappelle que l'on n'est pas tout », elle apparaisse à l'être humain comme un lieu privilégié de la « manifestation de sa condition de créature finie qui n'est pas totalement maîtresse chez elle ». On comprend aussi que « reconnaître que l'on est sexué [ce soit] recevoir de la façon la plus nette un démenti à notre vœu de toute-puissance ». On comprend dès lors également qu'il puisse y avoir dans la sexualité un champ privilégié de l'avènement à l'être-homme, et que puissent finalement s'y jouer conjointement la joie de l'homme accédant à plus d'humanité vraie et la gloire d'un Dieu qui veut l'homme vivant. On comprend enfin que la conversion aujourd'hui requise de l'Église ait à s'appliquer tout particulièrement à cette dimension de l'existence humaine qu'elle a trop souvent prétendu soit sous-estimer soit surévaluer et que, dans les deux cas, elle s'est assez largement exposée à méconnaître.

Le péché

Mais on comprend du même coup, encore, que la sexualité puisse être un bon « lieu » aussi pour accéder à une juste conscience de ce que peut être le péché ! Non certes qu'il faille céder à la tentation, trop courante en certains milieux y compris chrétiens, de majorer par rapport aux autres les fautes qui peuvent être commises en ce domaine. Mais pour la simple raison suivante : si le péché a quelque chose à voir avec la condition de créature et le vœu de toute-puissance, avec la gestion du manque et l'acquiescement à la limite, avec l'acceptation de la Loi (et même de l'interdit) et la reconnaissance de l'autre, on voit bien quel « révélateur » peut constituer, en tout cela, la sexualité telle qu'elle vient d'être présentée. Non seulement en effet c'est bel et bien à tous ces niveaux qu'elle se joue elle-même dans sa réalité propre mais, on l'a dit, elle interfère à la fois dès la plus petite enfance et en toutes les relations humaines, qu'il s'agisse de l'insertion dans le cosmos, des divers rapports sociaux, ou même des rapports avec Dieu.

Faut-il dès lors s'étonner tellement de constater que lorsque, cherchant à nous faire réaliser « d'où vient » le péché, la Bible nous parle du « péché originel », elle le fasse en présentant le péché « d'Adam et Ève » comme une sorte de « péché-type » ? L'homme vient d'être créé par un acte divin qui se présente comme un acte de *séparation* faisant passer d'un tohu-bohu indifférencié à une série de « séparations » marquées : du ciel et de la terre, de l'ombre et de la lumière, de la nuit et du jour, de l'homme et de l'animal, de l'homme et de la femme et, par-dessus tout bien sûr, de Dieu et de l'homme. Du même coup évidemment sera essentielle à la réalisation de l'être humain la reconnaissance par lui des *différences* qui dès lors le constituent – l'acceptation de la différence, de la séparation, de l'altérité.

Or précisément le trop fameux « péché originel » apparaîtra comme le refus radical d'accepter la différence à un niveau tel que ce qui sera en cause ce sera en réalité le refus de la différence la plus fondamentale : celle qui sépare créatures et Créateur. Chercher à mettre fin aux différences plutôt que de reconnaître sa finitude, céder à l'illusion de la toute-puissance au lieu de reconnaître que l'on n'est pas tout et que l'on ne sera jamais son propre créateur, c'est céder au vertige de l'auto-idolâtrie et faire comme si l'on pouvait sortir de sa condition créée pour occuper la place de Dieu même. En conséquence se trouveront perverties toutes les formes de relation à l'autre. Pas seulement à Dieu mais aussi à toutes ces altérités dont la reconnaissance de Dieu impose le respect : l'autre humain, y compris celui qui est autrement sexué, l'autre vivant et déjà le végétal, enfin le cosmos lui-même. Et c'est cela précisément que veut faire percevoir de manière en quelque sorte « archétypale » le récit de la chute d'Adam et Ève.

3. La proposition de « repères moraux »

Ni le verdict castrateur ni la toute-complaisante permissivité

Le résultat le plus clair de l'adoption de la problématique ici exposée est de mettre en valeur des données comme celles-ci : l'importance de la Loi et de l'interdit, le rôle structurant (à certaines conditions !) du surmoi et (même) de la reconnaissance de la culpabilité, la nécessité du renoncement au narcissisme et de la reconnaissance de l'autre, etc. Tant et si bien qu'à maints égards on peut considérer qu'aussi bien au plan individuel qu'au plan général, la tâche de la morale apparaîtra toujours de rechercher et de proposer les principes de comportements qui seront effectivement *structurants* d'humanité sans jamais faire l'impasse sur leur caractère *d'interdit*: mis en place de façon saine, ces derniers constituent en vérité « le passage obligé de l'humanisation ».

Conséquence pour le discours moral, y compris celui de l'Église: s'il doit assurément répudier au premier chef le verdict castrateur, il doit tout aussi bien se garder de tomber dans une permissivité qui ne saurait être qu'aliénante parce que source obligée d'incessantes déconvenues face au « réel ». Le recours à la Parole de Dieu poussera d'ailleurs dans le même sens: il n'est pas douteux en effet que, tout en donnant des gages ainsi qu'on l'a dit à la vision que les contemporains ont de l'homme, la vision biblique les interpelle sur bien des points. Il importe certes d'en finir avec tous les légalismes et toutes les répressions; mais il convient, en même temps, d'être en garde devant une façon d'en appeler au « principe de l'amour » (aime et fais ce que tu voudras) *contre* le « principe de la loi » qui pourrait bien fonctionner de manière fort perverse.

C'est compte tenu d'un ensemble de données et considérations de cet ordre qu'un Xavier Thévenot en est venu à estimer que ce que peut encore faire de mieux « la morale », c'est de s'efforcer de proposer ce qu'il en est venu lui-même à désigner comme des « repères ». Repères souvent qualifiés d'« assez fermes » d'ailleurs, dans la mesure où ils permettent d'appeler à des comportements structurants d'humanité que, pour son compte, il propose avec précision sur tous les points sectoriels dont il traite. *Repères*: le mot revient sans cesse chez lui. Ni grands principes idéalistes, ni valeurs abstraites, ni verdicts péremptoires, ni diktats arbitraires: il s'agit en somme de véritables « balises » sur le trajet d'une humanisation en devenir. Le caractère d'interdit n'est pas absent, mais il n'a d'autre sens que d'indiquer toujours la direction d'une marche, d'une avancée, d'un progrès vers plus d'authentique *humanité*.

Trois niveaux d'intervention

Y compris bien entendu dans une perspective ecclésiale et chrétienne, c'est autour de « repères » ainsi compris que sont appelés à se constituer et le discours moral plus théorique et l'éthique concrète. Mais tenter de les préciser suppose qu'on distingue bien trois dimensions de la moralité, et donc trois niveaux de l'intervention en matière morale.

– Il y a tout d'abord le niveau *universel*, qui est celui des préceptes premiers et des interdits fondamentaux. Invariantes et nécessaires (tu ne tueras pas ; respecte le bien d'autrui ; aime ton prochain comme toi-même ; etc.), ces prescriptions majeures sont cependant très loin d'être suffisantes dans la plupart des cas pour qu'on puisse décider clairement de la conduite à suivre. À la limite, elles peuvent mêmes apparaître « vides ».

– Intervient alors la dimension de *particularité*. Allant au-delà de ce qui resterait un pur idéal utopique de l'humanité, on est ici au niveau des normes concrètes et des dispositions pratiques qui permettent habituellement, dans une société donnée, de respecter l'autre, de construire la paix, de vivre l'amour, de favoriser l'épanouissement de tous... Mais encore faudra-t-il disposer, d'une manière ou de l'autre, des moyens de leur donner concrètement son assentiment.

– Vient pour cela, enfin, le domaine du *singulier* où ce qui est en jeu c'est ce qui s'avère *effectivement possible* dans telle situation concrète donnée :

> S'enfermer dans la dimension universelle, c'est se condamner à un prophétisme imaginaire et inefficace, qui provoque inévitablement un jour la désespérance. Se contenter de la dimension particulière, c'est s'emprisonner dans un légalisme desséchant et aliénant, alors que l'homme est vie et non pas loi. Se réfugier dans le singulier, c'est être myope, c'est ne pas prendre au sérieux la dimension collective de toute conduite, c'est finalement se vouer à la vaine solitude et à la violence parce que c'est nier le semblable[1].

C'est à partir de ces distinctions soigneuses que l'on pourra se « repérer » aujourd'hui.

> Il est vrai et faux à la fois de dire que la morale change et ne change pas. Tout dépend en fait de la dimension de la morale que l'on vise [parmi les trois qui viennent d'être évoquées] en parlant de changement[2].

Autrement dit, s'il faut bien admettre que la morale est en quelque sorte par essence sous le signe de la nouveauté à cause de l'évolution constante des mœurs, il faut soigneusement enregistrer que c'est ici le monde qui est dit « nouveau », et non pas nécessairement les « repères éthiques » qui permettront de l'habiter et de le gérer pour une toujours plus grande humanisation des hommes !

---

1. Xavier Thévenot, *Repères éthiques pour un monde nouveau*, *op. cit.*, p. 17.
2. *Ibid.*

Cela posé, comment le discours moral pourra-t-il concrètement procéder pour énoncer ces repères, en s'efforçant effectivement de les articuler selon les trois niveaux ou dimensions de la moralité ?

– Il lui faudra avant toute chose s'établir dans l'*humilité*, en refusant toute prétention à un discours clos, définitif, autosuffisant, et en sachant même le cas échéant avouer son incertitude ou son indécision.

– Il lui faudra aussi constamment pratiquer le *discernement*, ayant admis que la morale est sans cesse en train de gérer des conflits, et qu'agir éthiquement c'est toujours accepter des compromis, assumer des ambiguïtés et des contradictions[1].

– Il lui faudra enfin *savoir prendre position* aussi clairement que possible pour un visage de l'humain compatible avec celui que peut offrir la Révélation chrétienne, sans se retrancher dans des généralités faciles, parce qu'il n'est de morale que dans le concret, et d'accès au bien qu'à travers des médiations concrètes.

À partir de là, et dans cet esprit, il y aura moyen d'intervenir de manière à la fois qualifiée et utile dans tous les champs de l'existence humaine, dans tous les domaines de l'agir humain, chaque fois du moins qu'on n'aura pas choisi d'esquiver le problème du *bien* agir !

4. Responsabilité pastorale et accompagnement spirituel

Dans une conception de la morale théologique (en étroit rapport avec l'éthique concrète) comme celle qu'on vient d'exposer, on est tout près de ce que, dans l'Église, on appelle un positionnement « *pastoral* »... que pourra de surcroît venir affiner et ajuster encore une prestation d'ordre « *spirituel* ». C'est finalement pour aboutir là que, dans le partenariat qu'elle offre à *chaque personne* qui peut le souhaiter, l'Église est appelée à se préoccuper de morale.

L'ordre de la prise de position pastorale

Pour bien saisir ce qui est ici en jeu, il me semble qu'on ne saurait mieux faire que de se référer à différentes prises de position du pape François en la matière.

1. « Se moraliser, c'est toujours se mouvoir dans le partiel, dans l'à-peu-près, dans le quelque-chose qui n'est ni tout ni rien ». Xavier Thévenot, *Confrontations, Cahiers recherches et débats*, 4, déc. 1983, p. 100.

Lorsque, dans *Amoris laetitia*, il traite la question des divorcés remariés civilement, il est clair que son propos n'est pas de remettre en cause le principe de l'indissolubilité du mariage (« Que l'homme ne sépare pas ce que Dieu a uni ! », Mt 19, 6). Le pape est évidemment bien conscient de la valeur et de la portée de l'engagement conjugal réciproque voulu comme définitif, lorsqu'il a été autant que possible mûri et pesé avant d'être *décidé* : « Qui est-il, lui, le pape, pour prétendre adopter et préconiser une autre position ? », pourrait-on commenter en reprenant l'un de ses propos, tenu comme on le sait au sujet de la question de l'homosexualité. Tout l'effort du pape est ici d'inviter à tenir compte au mieux du fait que toutes les situations de divorce ne sont pas les mêmes. Par exemple, si c'est certes une chose de se trouver devant un couple qui vient de se séparer après seulement deux ans d'une union *voulue* (et ne pouvant donc peut-être pas relever d'une déclaration de nullité) mais devenue insupportable au moins pour l'un de ses contractants… n'est-ce pas une tout autre chose que d'avoir affaire à un couple qui, lui, après l'échec d'un premier mariage, vit depuis vingt ans une union de fidélité, avec des enfants que l'on a bien pris soin d'éduquer… non sans avoir, à l'occasion, rendu encore tel ou tel service paroissial apprécié ? Il ne s'agit pas de dire que, dans le second cas, la deuxième union aurait ôté toute signification et toute portée à la première. La perspective est de rechercher avec les intéressés comment l'Église devrait pouvoir les aider à progresser, en leur âme et conscience et devant Dieu, dans leur capacité d'honorer les divers engagements *effectifs* dans lesquels ils se retrouvent *désormais impliqués de fait…* Et étant entendu que « la vie » les a *bel et bien* introduits dans un réseau de relations *largement autre* que celui dans lequel ils avaient cru pouvoir, des années plus tôt, orienter leur avenir.

Mutatis mutandis, il en va assez semblablement, au fond, lorsque deux hommes ou deux femmes, ayant découvert leur homosexualité, sont à la recherche de ce que l'Église pourrait leur proposer en reconnaissance de leur désir réfléchi et déclaré de vivre néanmoins ensemble, disons, au moins selon l'inspiration évangélique-chrétienne et la lumière dont elle est porteuse. Même si la réponse ne peut pas être de proposer ce qui pourrait être l'équivalent d'un mariage sacramentel, pourquoi l'Église devrait-elle nécessairement refuser aux intéressés toute forme d'un accompagnement de la foi, et d'une prière par un de ses représentants qualifiés ? *En tout cas*, il ne se peut quand même pas que tout soit dit de ce que l'Église est ici susceptible de proposer, quand il aura été répété qu'on est là dans le « contre-nature » voire dans le « péché objectif » : qu'est-ce que cela « *veut dire* » au juste et, surtout, qu'est-ce que cela « donne à vivre » et *rend* possible ? En quoi, à s'en tenir à des propos de ce genre, aura-t-on aidé à percevoir comment peut se répercuter, également là, l'appel à le suivre que le Christ adresse *aussi* à ces frères ou sœurs, qu'il aime *aussi* ? Et, en tout cas également, la réponse de l'Église ne peut être de s'opposer à tout dispositif juridique civil officiel définissant entre autres les conditions matérielles et économiques du « partage » décidé par les intéressés.

Mettons que dans les deux cas évoqués nous ayons de la part de l'Église un type de prises de position que d'aucuns déclareront « d'ouverture », dans l'intention parfois d'ailleurs de les déclarer disqualifiées. Mais on peut et doit relever parallèlement, à l'inverse en quelque sorte (mais avec comme possible aboutissement la même évaluation négative), un type de prise de position tenu, lui, par un bon nombre pour réactionnaire voire obscurantiste. Il suffit ici d'évoquer la question soit de l'avortement soit de l'euthanasie, où l'insistance est mise par l'Église sur la nécessité du *respect* de la vie humaine. Rappeler la nécessité de prendre en tout cas soin de *toute* vie (et de toute forme de vie), n'est-ce pas appeler à une (re)prise de conscience de ce qui *a conditionné* et conditionne *toujours* l'apparition, l'entretien, la sauvegarde et la transmission de toute vie : nul n'en est maître ; elle n'existe que d'être reçue, respectée et protégée ; et chacun en est responsable pour sa part. Ainsi d'ailleurs l'a toujours enseigné une vision du monde aussi peu « judéo-chrétienne » mais aussi immémoriale et aussi impressionnante que le bouddhisme[1]. Et ainsi y invitent aussi à leur manière et à leur propre titre les plus actifs et déterminés mouvements écologiques contemporains.

Ou bien, lorsque se pose la question soit de la PMA (surtout extra-conjugale) soit de la GPA, qui pourrait être surpris que rappel soit fait par l'Église de ce que le « désir d'enfant », si compréhensible puisse-t-il être, ne saurait être validé qu'à la condition de ne pas prendre la forme d'un « droit à l'enfant » où ce serait moi et mon besoin, et non pas lui, qui l'emporterions.

1. Comment rester totalement indifférent au fait que, selon ce qui nous est rapporté, le Bouddha invitait à traiter avec égards non seulement le moindre insecte mais le moindre brin d'herbe ?

Inutile de poursuivre. Le peu qui vient d'être évoqué suffit à faire percevoir ce que peut être une intervention proprement *pastorale* de l'Église en matière de conduite *morale* de la vie personnelle. Ici aussi, le pape François appelle toute l'Église et d'abord ses ministres, à s'engager résolument sur la voie d'une nécessaire conversion… qui, du coup, ne concerne pas que l'Église et sa « hiérarchie ».

L'ordre du conseil et de l'accompagnement spirituels

La morale n'ayant en définitive toujours de sens qu'à permettre d'éclairer des situations individuelles et des décisions personnelles, il faut bien en venir à se placer au plan qui est proprement celui du *singulier* – le troisième « niveau d'intervention » présenté ci-dessus –, si l'on veut avoir quelque chance d'apporter une aide véritable là où sont effectivement posés, et où sont donc à résoudre, les problèmes éthiques, les questions morales.

De fait, traditionnellement, l'Église a toujours offert (à ceux, de ses membres ou non, qui le désirent et en lien ou non avec une démarche pénitentielle sacramentelle) un service de type spirituel, désigné selon les temps et les milieux comme « direction spirituelle » ou « accompagnement spirituel », voire simplement comme « conseil spirituel ». Supposant une qualification et une compétence vérifiées et reconnues, un tel service n'est pas nécessairement lié au ministère de prêtre. À côté de celui qu'à leur propre titre les professionnels du psychisme humain sont eux-mêmes en mesure d'offrir, ce service-là est pour sa part toujours susceptible d'éclairer la dimension proprement *spirituelle* de l'existence personnelle. À savoir, cette dimension où est en cause en chacun « cet obscur objet du désir » en lequel un saint Augustin a pu inviter à reconnaître au bout du compte le Dieu devant lequel nous pouvons finir par découvrir que « nous resterons toujours *inquiet* » (*in-quietus*, sans-repos) aussi longtemps que nous n'aurons pas découvert et reconnu que nous pouvons totalement « nous *re-poser* en Lui ».

Selon cette vue des choses, un Xavier Thévenot insiste sur la nécessité, pour le moraliste et pour le pasteur, d'adopter en toute hypothèse l'attitude fondamentale suivante : avant de chercher à mettre à jour tout de suite ce qui pourrait les moraliser, il faut toujours commencer par se demander quel sens précis revêtent telle *situation* pour celui qui la connaît, telle *conduite* ou tel *comportement* pour celui qui les adopte. Pour dire autrement la même chose : avant de prendre ici la parole dans un dialogue personnel à visée éthique, il s'impose de se demander toujours sur quel terrain biographique et existentiel *concret* tombera l'avis ou le conseil que l'on estimera devoir et pouvoir émettre, le moment venu, au titre précis de l'accompagnement spirituel. Car il n'est pas vrai, au niveau du moins qui n'est pas celui de la généralité de l'universel, que les « repères » se suffiraient à eux-mêmes et suffiraient comme tels à régler toute situation. On peut dire que s'en rendre compte, c'est en somme réaliser qu'il y a une éthique aussi de l'intervention à prétention éthique[1] !

Selon cette vue des choses, la première tâche de l'accompagnateur spirituel sera *l'écoute*. Quiconque l'a un tant soit peu pratiquée (et surtout s'il l'a pratiquée et comme écouté et comme écoutant), pourra attester qu'il n'y a sans doute guère de domaines où, comme cela peut être le cas pour la dimension spirituelle de l'existence, il peut nous être donné de faire, à la lettre, l'expérience *d'exister d'être écouté*!

Plus globalement, on peut dire que seule une attitude de profonde et bienveillante *humanité* pourra ici permettre d'apporter une « aide » ou de proposer un « conseil » dignes de ce nom. Ne serait-il pas d'ailleurs illogique et inacceptable – immoral même ! – qu'une parole se voulant tout entière au service de l'humanité de celui auquel elle s'adresse, ne revête pas elle-même les caractères de la plus authentique humanité ?

Une telle attitude devra bien sûr se manifester surtout à l'égard des mal-portants, des mal reconnus, et des maltraités, des blessés et meurtris de la vie. Elle devra témoigner une vraie bienveillance, une totale *miséricorde*, portées par la conviction que personne ne mérite d'être tenu pour incapable de croître en humanité. L'objectif devra même sans cesse être de chercher à se faire complice de ce qu'il y

1. Il s'impose d'éviter toute « distorsion entre la pratique pastorale et le discours éthique » (Xavier Thévenot, *Confrontations*, *op. cit.*, p. 101). Il faut être en garde contre ce qui ressemblerait à un « double discours », entendu comme une opposition tranchée entre « un discours moral où la rigueur des principes est rappelée fermement, et un discours pastoral qui montre une profonde miséricorde [...]. La pastorale peut-elle prendre acte de la complexité du réel sans que l'éthique qui la fonde n'en prenne acte également ? » (*ibid.*, p. 93). À cet égard, l'Église a « une fonction sapientielle tout à fait primordiale à jouer dans notre société qui est soumise à un pluralisme éthique parfois affolant. Mais cette fonction sapientielle ne peut être exercée de façon pertinente et crédible que si l'Église est humblement consciente des différents degrés de relativité de ses propos éthiques » (*ibid.*, p. 102).

a *toujours* d'humanité vraie en celui ou celle que l'on a devant soi, quitte à préalablement l'aider à en prendre conscience par-delà les épreuves et les échecs, les démissions et les compulsivités qui auront pu marquer sa vie. Pourra sans doute compter ici par-dessus tout la *confiance* maintenue envers et contre tout en celui qui a perdu toute confiance en lui-même.

S'efforcer de se comporter de la sorte envers autrui pourra finalement permettre de comprendre et d'aider à comprendre tout autrement ces deux extrêmes du champ entier de l'éthique et de la morale que sont, d'un côté le péché – et de l'autre la sainteté.

Tout d'abord *le péché*. Qu'on utilise ce terme ou pas, on sait bien qu'à certains moments en tout cas, le sentiment de culpabilité peut beaucoup encombrer notre vie, beaucoup peser sur elle. Ici, il pourra être profondément libérateur de s'entendre dire que ce mal-là aussi peut être traversé et vaincu – car il est toujours possible (bien sûr à certaines conditions) de s'entendre dire : « Va en paix ; tes péchés te sont remis ! » Si dans la prière qu'il nous a apprise, Jésus nous invite à dire au Père : « Pardonne-nous nos offenses comme nous pardonnons aussi » (et voilà bien la « condition »), n'est-ce pas qu'il considère qu'en réalité il ne pourra *jamais* ne pas y avoir, d'une manière ou de l'autre, quelque chose comme du péché dans nos vies ? Et donc qu'il y a mieux à faire soit que de fermer les yeux à ce sujet, soit que de ne faire que s'en accabler ? Loin de raisonner comme si « le normal » serait que nous soyons toujours « sans faute », loin donc – par exemple – de faire procès à l'Église de nous inviter, par exemple, à « nous reconnaître pécheurs » au début de chaque célébration eucharistique, ne pourrions-nous pas accepter de considérer que le Dieu de Jésus n'attend pas de nous que nous soyons « toujours impeccables », mais que nous ne craignions pas d'accepter qu'aucune de nos fautes ne nous soustraira jamais à l'amour qu'Il « nous a manifesté en son Fils, alors que [« justement » !] nous étions pécheurs » (Rm 5, 8) ! La grâce, disait Bernanos, ne serait-ce pas, au fond, d'accepter de se considérer soi-même, tout simplement, « comme l'un des membres souffrants du corps de Jésus-Christ » ? Nous y gagnerions du reste peut-être de découvrir en nous-mêmes, à notre propre étonnement, la possibilité de générosités dont nous ne nous serions jamais crus capables.

Quant à *la sainteté*, il ne faut pas non plus, si je puis dire, en majorer l'importance ou la difficulté ! C'est finalement chacun de nous qui, selon la foi chrétienne, y est appelé, en est digne et peut au moins s'en approcher. C'est chacun de nous qui est invité à croître dans l'amour et à se laisser de plus en plus conduire par lui. Nous y réussirons certes plus ou moins, et certes aussi nous ne sortirons jamais de nos limites humaines – quelquefois « trop humaines » ? Mais il nous est annoncé que la grâce de Dieu pourra toujours faire progresser en nous la disponibilité, la générosité, la responsabilité – disons mieux : l'humanité... Et c'est par là que, selon la foi chrétienne, nous pourrons nous aussi, chacun à notre manière et si humblement que ce soit, progresser en sainteté devant la face du Dieu trois fois saint.

II. Le vaste domaine de l'économico-socio-politico-culturel

Avec le domaine que je me résouds à désigner comme celui de l'économico-socio-politico-culturel, il s'agit à vrai dire de beaucoup plus que d'un partenariat, même reconnu comme obligé et incontournable ! Cette fois, on doit bien plutôt parler en réalité d'un contexte, d'un environnement, et même d'un « monde » : ce monde dans lequel toute réalité d'ordre humain vit et déploie l'ensemble de son devenir, tant au plan de l'existence biologico-matérielle qu'a celui de l'organisation socio-culturelle et politique.

Certes – on va le repréciser dans un instant – l'Église n'est pas réductible à cet environnement et aux conditionnements qu'il comporte de soi. Mais, si « spirituelle » qu'elle se veuille et qu'elle soit, elle n'existe elle-même et elle n'« a lieu » que dans le monde, qu'à la condition d'être *dans* le monde, d'être-au-monde. La seule question qui se pose ici pour elle est donc en réalité celle de savoir comment habiter ce monde qui est de toute manière le sien, comment s'y manifester et s'en faire reconnaître... en lui *offrant*, et même en lui *apportant* autant que possible, quelque chose de spécifique qu'il sera lui-même susceptible d'apprécier et d'accueillir.

1. La mission de l'Église dans le monde

Nous avons déjà eu amplement l'occasion de le préciser, l'Église a été voulue par Dieu dans le cadre d'un dessein de salut qui englobe toutes choses, et dont la révélation s'est accomplie par et en Jésus au cœur même de notre histoire. Pour résumer en une formule ce que cela signifie, il suffira ici de nous reporter au symbole dit de Nicée-Constantinople, dont nous avons souligné toute l'importance : il déclare que, en Jésus, le propre Fils de Dieu n'a pris corps en notre chair et n'a vécu sa Pâque en notre monde que « *pour nous les hommes et pour notre salut*». C'est évidemment sur cette base fondamentale pour la foi chrétienne qu'est à comprendre cette « mission de l'Église dans le monde » dont nous entendons ici traiter.

La mission de l'Église est d'ordre spirituel

Les propos du pape Paul VI ouvrant le 14 septembre 1964 la troisième session du concile Vatican II – dont nous n'avons également pas manqué de souligner l'importance – pourront fournir ici un rappel précieux sur le point capital :

> L'Église n'est pas à elle-même sa propre fin. Elle désire être tout entière du Christ, dans le Christ et pour le Christ ; et tout entière également des hommes, parmi les hommes et pour les hommes.

On n'aurait sans doute guère pu dire mieux que, si le monde des hommes est *le lieu* même de l'Église, en ce lieu-là précisément l'Église n'a d'autre tâche que d'ouvrir la voie vers ce qu'on appelle *le salut* apporté au monde par Jésus le Christ.

Quant au Concile lui-même, on peut rappeler que dans sa constitution *Lumen gentium*, il a choisi de présenter la mission de l'Église en désignant à plusieurs reprises cette dernière comme le « *sacrement universel du salut* ». Et Walter Kasper, explicitant cet enseignement en lien avec plusieurs autres documents conciliaires majeurs, résume magistralement cette mission en ces termes :

> L'Église est sous le signe du salut déjà manifesté mais pas encore accompli. L'unité, la paix et la réconciliation avec Dieu et des hommes entre eux que Jésus a apportées une fois pour toutes par son œuvre de salut, et qui seront universellement manifestées à la fin des temps, sont déjà présentes dans l'Église de manière provisoire et par mode d'anticipation, et elles doivent être communiquées à tous les hommes par l'Église qui en est le signe et l'instrument.
>
> Cela se réalise par *le service de la Parole de Dieu* (constitution sur la Révélation), par *la communication sacramentelle du salut* (constitution sur la liturgie), *par la mission* (décret sur les missions) ainsi que par *le service de la société* (constitution pastorale *Gaudium et spes*).
>
> L'Église, anticipation du salut eschatologique sous la forme du signe et du sacrement, n'est pas une réalité qui est là pour elle-même. Au contraire, elle renvoie au-delà d'elle-même vers le salut des hommes [...]. C'est pourquoi, en tant que sacrement du salut, *elle doit sans cesse transgresser ses frontières* dans le dialogue, dans la communication

et dans la coopération avec tous les hommes de bonne volonté. Cet aspect est exprimé de façon particulièrement impressionnante dans la constitution *Gaudium et spes* (cf. 42, 43, 45)[1].

Un service spécifique, mais dans le monde comme tel

Être sacrement du salut : il est évident qu'une telle mission est d'ordre spirituel ! Mais on n'en est pas moins fondé pour autant à estimer que, à ce titre précis justement, l'Église du Christ a sa place et même sa nécessité *dans le monde*. La raison en est qu'elle est là pour offrir quelque chose qui, étant certes *spécifique en lui-même*, peut aussi apparaître *essentiel pour le monde*.

Ici, je passerai une nouvelle fois de la théologie spécialisée à une expérience autobiographique qui a beaucoup compté pour moi – on comprendra vite pourquoi… Lorsque je suis devenu évêque de Strasbourg, j'ai découvert que, entre autres prestations pastorales, il me reviendrait, le dimanche le plus proche de la Fête nationale du 14 juillet, de célébrer à la cathédrale la traditionnelle « Messe pour la France » – à laquelle, outre bien sûr les chrétiens qui souhaiteraient y participer, étaient dûment invités les officiels et responsables divers de la société civile et politique d'Alsace.

Me demandant bien, la première année surtout, à quoi je pourrais pertinemment consacrer l'homélie de circonstance, je choisis de poser à mon auditoire la question suivante : « Avons-nous toujours une âme ? » Reconnaissant néanmoins tout de suite volontiers qu'une telle formulation pouvait paraître à certains trop particulière, trop datée ou trop « située », je proposai tout de suite de nous demander plutôt : « Avons-nous toujours une conscience ? » – c'est-à-dire : en nous-mêmes, cette instance intime, personnelle, capable d'arbitrer dans les questions fondamentales, et si délicates sur le plan éthique, auxquelles chacun de nous se trouve nécessairement un jour ou l'autre affronté. Il était déjà plus difficile de récuser mon interrogation sous cette nouvelle forme… Mais pour le cas où une perplexité aurait encore subsisté dans mon auditoire, j'en vins finalement à demander : « Avons-nous toujours un cœur ? », c'est-à-dire : ce lieu secret, imprenable et toujours à respecter par quiconque, où se jouent nos attachements profonds, se prennent nos grandes

1. Walter Kasper, *La théologie et l'Église*, Cerf, Paris, 1990, p. 350-351 (c'est moi qui souligne).

décisions, se tiennent (ou non) nos engagements, se maintiennent nos fidélités ? Cette fois, il était à l'évidence difficile de se récuser, et l'acquiescement de l'auditoire parut largement acquis. J'en profitai pour réinterroger sur la lancée : « Ce cœur-là, dans notre société d'aujourd'hui, qui s'en occupe, qui s'en charge, qui peut l'éveiller, l'éclairer, l'orienter, l'éduquer, le soutenir ? »

Ayant bien entendu valorisé tout de suite l'importance, ici, de la famille, de l'école, de la culture et de l'éthos général de la société à laquelle on appartient, mais ayant souligné aussi la complexité de la tâche qui incombe en l'occurrence à toutes ces instances, je concentrai ensuite tout mon propos sur la contribution spécifique que l'Église peut pour sa part apporter en ce domaine. Sans préjudice pour d'autres aspects sur lesquels on pourra revenir ici par ailleurs, je faisais alors déjà remarquer que, d'une manière générale, la foi que professe l'Église propose, en tout cas, une vue globale de l'existence humaine et une compréhension du monde et de l'histoire qui permettent de les prendre en charge et de les orienter selon une certaine vision qui peut ne pas manquer d'intérêt : sens d'un « *bien* » et d'un « mal » dans l'action quelle qu'elle soit ; respect, reconnaissance et service d'*autrui* plutôt qu'hostilité et violence à son égard ; conception générale de *la vie* et de la mort ; capacité accrue d'affronter les redoutables questions qui peuvent toujours surgir face au non-sens, à l'absurde ou au néant ; etc.

Tout ne se joue cependant pas seulement au plan des grandes orientations et des grandes perspectives ! On peut aussi faire état d'un nombre considérable d'aides apportées et de soutiens manifestés au jour le jour par les croyants, au titre précisément aussi de leur foi, à tant et tant de leurs frères et sœurs en humanité... Que d'enfants et de jeunes ont puisé dans le message chrétien sens éthique et motivation pour l'engagement au service des autres. Combien de malades et de mourants, de souffrants et de prisonniers en ont reçu sérénité et soutien, force et paix dans leur épreuve. Quel prêtre n'a pas aidé des couples à se constituer puis à vivre voire à se reconstruire, des êtres accablés de culpabilité à accéder à une plus juste conscience de leur vraie responsabilité ? Et comment nier que ce qu'on appelle l'« enseignement religieux » a pu puissamment contribuer à construire des personnalités riches, et à les éclairer face à la question fondamentale du sens de la vie ?

Une dérive toujours menaçante, face à d'autres instances habilitées

Non seulement donc l'Église est fondée à faire valoir à partir de tout cela ses titres à un service spécifique – spécifique dans la mesure même où il est spirituel ! –, mais elle ne manque pas d'arguments pour mettre en valeur que, pour ceux du moins qui font choix d'y recourir, ce service peut importer par-dessus tout puisqu'il concerne ce qui est censé décider du sens de la vie et de la mort, et finalement même du destin éternel de toutes choses.

Or cela n'en souligne que davantage la nécessité de rappeler avec force que les membres de l'Église, et d'abord ses responsables de tout rang, sont tenus de savoir ici raison garder ! À travers les siècles et jusqu'aujourd'hui, la dérive s'est manifestée chez eux, et la tentation existe toujours, d'exciper du fait qu'ils croient avoir reçu « les paroles de la vie éternelle » pour se prétendre habilités à contrôler, voire à régenter de plus ou moins près, quasiment toutes les formes de connaissance et d'action, d'avoir et de pouvoir ! N'est-il pas bien connu que le religieux et le sacral ont toujours tendance à tout dominer, et cela ne s'est-il par vérifié amplement, à certaines époques du moins, même en régime chrétien ?

Mais l'émancipation du pouvoir sociétal et politique d'un côté et l'autonomisation de l'individu humain de l'autre ne sont pas seules à avoir été et à demeurer fondées à opposer ici résistance et refus. C'est du sein même de la foi dont se réclame l'Église que, dans le domaine en cause, une dérive fondamentale a aussi été à maintes reprises dénoncée – et doit toujours l'être. Cela paraît se vérifier au moins à trois titres, à trois niveaux, en trois domaines.

D'abord, au plan de chaque individu humain, de *chaque personne humaine*. Ce point a tant d'importance qu'il vient d'être honoré en tête du présent chapitre, consacré à ce qui appelle l'Église à se reconnaître « en partenariat ». Nous l'avons marqué avec force : la dimension personnelle propre à tout être humain mérite selon la foi chrétienne un absolu respect. Pour tout ce dont l'Église peut estimer avoir à faire état, et tant dans l'ordre du croire que dans celui du faire, elle ne peut donc procéder que sur le mode de la *proposition*. Proposition faite à des libertés non seulement respectées mais aidées voire provoquées à advenir à elles-mêmes. N'importait-il pas de le rappeler tout particulièrement en ces si malheureux temps d'« abus » ?

Un deuxième type d'instance oblige l'Église, si fondée que soit sa mission propre, à se garder de toute dérive impérialiste : *le champ du spirituel lui-même*! Si ce champ-là est en effet certes celui de sa compétence particulière, elle n'est pas seule à y avoir droit à la parole : *les sagesses et les religions du monde* ont elles aussi, en l'occurrence, voix au chapitre. La chose s'impose tellement aujourd'hui que nous aurons sous peu (cf. III, ci-après) à consacrer un développement entier à cette autre forme encore de partenariat (désormais lui aussi incontournable) que, en tout cas pour nous dans le monde de ce temps, représentent les autres religions.

Enfin, troisième type d'auto-limitation auquel doit consentir l'Église – et c'est sur ce point que nous allons ici et maintenant justement nous concentrer : celui, global, de l'« économico-socio-politico-culturel ». Dans la mesure où les sociétés humaines ne fonctionnent depuis longtemps plus selon un modèle idéologico-religieux où le sacral ou le divin avaient la prédominance, elles se sont très largement autonomisées. Cela s'est produit et s'affiche en un certain nombre de domaines correspondant à des champs de scientificité, ou en tout cas de compétence, respectifs qui sont souverains dans leur ordre. Nous allons maintenant aborder plusieurs de ces domaines qui présentent la particularité de pouvoir être considérés comme de véritables « interfaces » entre « Église » (chrétienne) d'une part et « société » (séculière) de l'autre. On peut dire que l'arrière-fond de la réflexion pourrait être ici constitué par la consigne du Jésus des Évangiles : « Rendez à César ce qui est à César, et à Dieu ce qui est à Dieu ! » (Mc 12, 17).

2. Trois interfaces majeures « Église-société »

La foi chrétienne elle-même et la réflexion théologique à laquelle cette foi m'a conduit ne sont pas seules à m'avoir éclairé sur la mission de l'Église dans ses rapports à ce que j'appelle donc, ici, le champ de l'économico-socio-politico-culturel. Je l'ai dit déjà : a beaucoup joué pour moi en ce domaine ma pratique pastorale d'archevêque de Strasbourg pendant quasiment dix ans (novembre 1997-mai 2007). Or il se trouve que (sans que je sache du reste alors que j'étais sur la fin de mon mandat alsacien), j'ai eu l'occasion de faire le point en la matière à la faveur d'un chantier de réflexion qui devait aboutir à la publication d'un ouvrage en quatre tomes[1]. Au sein du groupe de travail que j'avais constitué au titre de ce chantier, la rédaction de chaque tome fut confiée à ceux de mes collaborateurs qui étaient dans

1. *L'Église aux carrefours…*, 4 tomes, L'Ami-Hebdo, Strasbourg, 2006.

le diocèse en charge des secteurs pastoraux respectivement concernés. Sous le titre global « *L'Église aux carrefours...* », qui déclarait bien notre intention de présenter *l'Église catholique dans sa mission* (et donc dans les différents « partenariats » qui sont respectivement en l'occurrence les siens), nous l'avons ainsi examinée elle-même aux carrefours :

– des pauvretés humaines,
– des réalités politiques et sociales,
– des champs culturels,
– des chemins religieux.

Je présenterai ici ma réflexion d'une manière assez différente, mais en restant fidèle à l'inspiration de l'ensemble de ce chantier à la fois personnel et collégial. Pour des raisons tenant surtout au contexte global dans lequel la réflexion a été menée, je commencerai par le domaine que j'appellerai *socio-politique* ; suivront les domaines *socio-économique*, puis *socio-culturel*. J'ai déjà eu l'occasion de signaler que et pourquoi je réserverai le socio-religieux pour un développement spécifique (III), sur lequel se terminera du reste notre présent chapitre 7.

Vaste, très vaste chantier assurément ! Il va de soi qu'étant donné à la fois l'ampleur et l'importance des questions soulevées à chaque étape, il « agira dans tous les cas, et ici plus encore qu'ailleurs sans doute en ce livre, non pas de formuler un programme ou d'énoncer des consignes, mais de proposer des orientations d'ensemble, dans un certain esprit : celui même qu'éclaire la lumière propre à la foi chrétienne-catholique.

Le socio-politique

Comme j'ai déjà eu l'occasion d'y faire allusion dans cet ouvrage, ce n'est pas en devenant évêque – et en régime concordataire, je vais le préciser à l'instant – que j'ai découvert le champ du socio-politique et son importance, compte tenu de son caractère à la fois fondamental et englobant. C'est néanmoins un fait que, et spécialement dans un contexte totalement inattendu pour moi, mon expérience entre Vosges et Rhin m'a alerté et instruit. Au point que je ne vois pas comment je pourrais ici, en matière de politique donc, en faire abstraction.

La grande question de la laïcité

Une laïcité de bon aloi. Une nouvelle fois, inutile d'entrer dans le détail. Je n'ignorais certes pas les nombreux avatars des rapports entre l'Église catholique et l'État français… et je peux dire que, globalement en tout cas, je me satisfaisais plutôt de ce qu'ils étaient devenus, y compris à travers la période de la fin du siècle dernier, où l'État français était passé en des mains socialistes. Disons pour faire bref qu'à ma place dans l'Église et dans la société, j'avais une opinion plutôt positive concernant le fonctionnement qui était (devenu) celui du régime dit de « séparation de l'Église et de l'État », dans la mise en œuvre concrète qu'il représentait de la Loi de 1905[1].

Non seulement donc je n'avais pas d'hostilité à l'égard de ce qu'on appelait couramment le « régime de la *laïcité* à la française », mais je ne doutais même guère qu'il représentât en somme une sorte de « système gagnant-gagnant », ou d'« idéal concret », dont bien d'autres régimes politiques auraient au fond été bien inspirés de faire leur profit… J'avouerai même qu'à mon arrivée en Alsace, j'étais plutôt porté à m'interroger sur, disons, la « durabilité » du régime concordataire. Tel de mes nouveaux confrères évêques se demanda et me demanda même comment je pourrais m'arranger, moi, avec « leur » concordat !

Lorsqu'après m'avoir élu pour un mandat à la Commission doctrinale de la Conférence épiscopale, on fit le choix de m'envoyer ensuite au Conseil permanent, celui-ci découvrit bientôt qu'il aurait à préparer la célébration du centième anniversaire de la Loi de 1905 ! Le président d'alors, le cardinal Ricard, me demanda de l'assister de plus près dans cette tâche, et cela me conduisit, entre autres, à donner une conférence à tous mes confrères en assemblée plénière sur l'histoire et la théologie des rapports de l'Église et de l'État en notre pays. Je fis le travail de mon mieux[2], et ne manquai donc pas de faire valoir le point de vue assez *positif* qui était globalement le mien, je l'ai dit (et celui me sembla-t-il de la plupart d'entre nous) concernant la situation du moment dans notre pays. Mais cela ne me facilita pas les choses à mon retour dans « mon » diocèse… car je n'y demandais pas l'application de la fameuse Loi ! J'organisai donc sur place sans attendre une « célébration concordataire de la Loi de 1905 » (qui fut d'ailleurs honorablement fréquentée).

1. Je renvoie volontiers ici au récent ouvrage de l'archevêque émérite de Lille, Gérard Defois, *La laïcité, une religion nationale ?*, Salvator, Paris, 2021.
2. On pourra retrouver cette conférence dans *La Documentation catholique*, « Église et société : un survol historico-théologique de leurs rapports pratiques », n° 2306, 18 janv. 2004, p. 81-93.

Découvertes et expérience d'un évêque concordataire. Je saisis ici l'opportunité que m'offre maintenant cette période de retraite à laquelle je suis arrivé, pour tenter de faire le point sur ce qui a pu m'éclairer dans ma double expérience de laïcité et de concordat. Qu'ai-je appris en ce domaine à travers mes années d'épiscopat, qui puisse m'éclairer davantage sur le problème des rapports généraux entre Église et État ?

Au moment de mon passage en Alsace, la fameuse « laïcité française » m'apparaissait en somme ainsi :

– Elle n'était pas hostile à la religion comme telle mais, au fond, elle ne voyait en cette dernière qu'une option librement ouverte à *chaque individu* et relevant donc expressément de la conscience personnelle. Il arrivait qu'on en déduise que l'intérêt bien compris de *chaque individu* (et celui de toute la société) serait que ladite « religion » reste cantonnée à l'intérieur des limites de ce sanctuaire intime…

– Sur cette base, loin de vouloir la suspecter ou l'entraver, on estimait que, si « la religion » mérite d'être respectée, protégée et même le cas échéant défendue, il ne convenait ni de la reconnaître officiellement ni, à plus forte raison, de la soutenir explicitement ou de la valoriser.

– Pour autant, des accommodements sectoriels étaient tenus pour possibles, à des conditions précises, en des domaines bien délimités. Un Émile Poulat s'est plu de longue date à établir un relevé significatif de ce que l'État français en été venu, en matière de religion, à accepter, subventionner voire reconnaître « quand même » !

Cela étant, la découverte, qui m'attendait, des conditions et dispositions concrètes du concordat alsacien-mosellan me plaça face à une réalité socio-politique dont je découvris peu à peu que, pour être certes différente, elle ne présentait pas moins certains aspects fort intéressants qui ne paraissaient pas mériter l'opinion défavorable des « gens de l'intérieur »… dont j'avais moi-même fait partie jusque-là !

D'abord, ledit concordat n'établit pas l'Église catholique en un statut de privilège exclusif : dès ses débuts, il avait été étendu aux autres confessions chrétiennes (la luthérienne et l'évangélique-calviniste) et à la seule autre religion alors présente en Alsace (le judaïsme). Ensuite ce concordat, par définition religieux, est solidaire de tout un « droit local » concernant aussi bien la chasse ou le régime des successions que celui de la sécurité sociale – tout cela recueillant sur place un très large assentiment. Enfin, s'il diffère du système français « de l'intérieur », il rapproche l'Alsace-Moselle du statut qui est celui d'un certain nombre de pays, y compris de pays européens, et y compris très proches, tels l'Allemagne, le Luxembourg, les Pays-Bas, la Belgique, l'Italie, la Suisse même, etc. – et comment notre région française de l'Est aurait-elle pu être insensible à de pareils apparentements, aux racines de surcroît souvent si profondes ?

Immergé dans cette réalité alsacienne, je ne perdis pour autant pas de vue les « choses de la France [de l'intérieur] » (je transpose ici un propos de Louis XIV interrogé au sujet de l'Alsace). J'en vins, comme tout le monde, à enregistrer que le développement considérable de la présence islamique dans l'ensemble de l'Hexagone pourrait bien, un jour ou l'autre, obliger à reposer tout autrement le problème des rapports avec la religion – avec les religions plutôt – dans l'ensemble de notre société. Il devenait en effet si évident que « la religion » débordait déjà, et allait tellement déborder de plus en plus, le fameux sanctuaire de la conscience, que je voyais menacer dans l'ensemble de notre pays la montée de deux types fondamentaux d'interrogation. *Soit*: ne devra-t-on pas un jour ou l'autre *refuser de consentir* certaines dispositions aux religions pourtant implantées de longue date, pour la seule raison qu'il faudrait alors les accorder également à l'islam… ce qui pourrait ne pas aller sans inconvénients ? *Soit*, au moins à une étape ultérieure : ne devrait-on pas en venir même à *retirer* aux premières des conditions de subsistance ou de fonctionnement dont elles disposent (éventuellement même depuis longtemps), pour la raison que les maintenir imposerait de les étendre alors à l'islam… ce qui pourrait, là encore, n'être pas sans entraîner quelques complications ? Il suffit de penser ici, par exemple, à la question des financements « étrangers » ou non, au système scolaire, voire aux questions de vêtement ou de nourriture – ou encore au sapin de Noël de certaines municipalités…

Plus radicalement encore, je voyais monter bientôt de surcroît la menace d'un raidissement politico-idéologique conduisant à porter la suspicion non pas seulement sur telle ou telle religion ou l'une ou l'autre de ses positions mais sur *la religion même comme telle*. Pour la raison qu'on la tiendrait désormais pour une source incessante de revendications toujours susceptibles d'entraîner ses adeptes vers toutes sortes de débordements, de fanatismes, d'intolérances et de violences de tous ordres – tout cela ne relevant au bout du compte que d'un contrôle strict, d'une répression ferme, voire de l'expulsion pure et simple…

L'évolution se poursuivant dans l'ensemble de l'Hexagone, on vit bientôt la pression monter concernant l'articulation entre l'islam, ou plutôt un certain nombre de ses membres, et la société française. Mais c'est un fait qu'on vit aussi alors plusieurs politiques français d'importance, parlementaires et autres, franchir la ligne des Vosges pour venir s'enquérir des pratiques alsaciennes dans le domaine interreligieux. Leur objectif non déguisé était d'examiner ensuite dans quelle mesure on ne pourrait pas, après tout, trouver inspiration du côté de ce que d'aucuns en étaient venus à désigner comme le « modèle alsacien ». Non pas certes au sens d'un « dispositif exemplaire » (ou du moins référentiel) à imiter, mais au sens, au moins, d'un « cas de figure spécifique » pouvant peut-être mériter examen voire fournir quelque indication éventuellement suggestive[1].

Or pendant tout ce temps, nous avions bien conscience sur place, et moi-même en ma propre responsabilité, que les dispositions concordataires et ce qu'elles avaient rendu possible n'étaient pas pour rien dans ce que notre situation locale pouvait comporter de si positif! Un événement nous l'avait tout spécialement manifesté. Le fait est en effet que lorsque, dans la dernière décennie du siècle dernier, se posa à Strasbourg la question de la construction d'une « Grande mosquée », les pouvoirs publics locaux, plutôt que de se mettre en devoir de trancher à eux seuls, décidèrent de prendre l'avis des différentes confessions (la catholique et les deux protestantes) et de la religion (le judaïsme) concordataires. Ce fut même l'une des opérations les plus importantes dont j'eus à connaître très peu de temps après mon arrivée en Alsace, que de m'impliquer très activement dans une réflexion commune avec le Grand rabbin de Strasbourg et les deux présidents protestants d'Alsace-Moselle de l'époque. Après une ample et riche réflexion commune, nous avons pu remettre à la municipalité de Strasbourg un avis, également commun, qui énonçait avec clarté à quelles conditions nous estimions pour notre part recevable la question qui nous avait été officiellement soumise. L'avis fut suivi par les responsables politiques, à la satisfaction de toute la population concernée. Et c'est côte à côte que les politiques de tout bord d'une part, le Grand rabbin, les présidents protestants et l'archevêque catholique d'autre part, participèrent à la pose de la première pierre puis, le moment venu, à l'inauguration solennelle du nouvel édifice. Non seulement les cultes concordataires faisaient ainsi alors une nouvelle fois la preuve de leur capacité à s'entendre et à collaborer au-delà de toutes leurs effectives

1. On me permettra de rappeler qu'après mon ordination épiscopale dans la cathédrale de Strasbourg le 23 novembre 1997, Jean-Pierre Chevènement, ministre de l'Intérieur, ministre des Cultes (qui venait de représenter à la célébration le président de la République au titre concordataire) avait tenu à donner à l'hôtel du préfet de la région Alsace un substantiel discours de circonstance. Il y déclarait que l'islam lui aussi était « invité à la table de la République ».

différences, mais ils se montraient aptes à contribuer efficacement, à leur titre propre et commun, à la concorde politique tous azimuts et à une tolérance générale réciproque, en une situation qui aurait fort bien pu se révéler explosive[1].

Pour une articulation de la séparation et de la reconnaissance. Or il était clair pour tous qu'une évolution aussi favorable de la situation avait été rendue possible précisément par les conditions concordataires locales ! Non pas parce que, contrairement à ce qu'on pense trop souvent, il n'y aurait *pas* en Alsace-Moselle de séparation entre Églises ou cultes d'un côté et État de l'autre, mais tout au contraire parce qu'existe entre ces deux types d'instances une *séparation effective tellement nette* qu'elle rend du même coup possible de ne pas (ou plus) mettre aucune opposition entre *séparation* effective et, pourtant, *reconnaissance* réciproque. Je m'explique. La reconnaissance est ici clairement une reconnaissance de l'autre *comme autre*, donc comme *séparé*… et donc comme pouvant se voir légitimement reconnaître une réelle légitimité *dans son ordre propre*.

Car, à l'inverse de ce que l'on estime souvent, l'intérêt principal du Concordat de 1801 tenait et tient précisément toujours au fait qu'il s'agit avec lui du premier des nombreux concordats contractés avec des États par Rome qui traduisait et promouvait une authentique *séparation* de l'Église (ou des « cultes ») et de l'État. « Convention entre le Gouvernement français et Sa Sainteté Pie VII, échangée le 23 fructidor An IX » : le titre même de « convention » et le fait qu'on la présente comme « échangée » exprimaient bien l'idée d'un accord entre *deux* parties qui se reconnaissent mutuellement comme *partenaires* habilités. Une négociation bilatérale argumentée a été dûment menée : le préambule parle d'ailleurs de « reconnaissance mutuelle ». Il y a bel et bien *séparation* entre politique et religion, entre État et Église – mais le fait religieux (ici, au départ, le fait catholique) est *reconnu* comme tel – et reconnu du reste non pas comme religion « de l'État français »,

1. Je dois bien souligner que la « donne » fut toute différente en 2020 lorsque se posa à Strasbourg la question d'une nouvelle mosquée Ayyub-Sultan. Il ne s'agissait plus d'une « Grande mosquée » se voulant telle pour tous les musulmans, mais d'une « grande mosquée » *turque* (à destination donc d'une seule nationalité), et très clairement soutenue par un pouvoir politique étranger. J'ignore tout de la façon dont la municipalité en charge a procédé en l'occurrence avec les responsables des cultes concordataires.

mais comme religion « de la majorité des Français ». En conséquence, on ne considère pas que, dans l'espace public, toute la responsabilité devrait être exercée par le seul pouvoir politique. Les fidèles d'une religion donnée sont reconnus comme des citoyens. Aucune suspicion n'est portée sur eux au titre de leur religion. À des conditions précises, la religion peut s'exercer dans le domaine public, y avoir et y tenir la place qui lui revient, et que l'opinion lui reconnaît et souhaite lui voir reconnue[1].

Que ce soit bien clair, il n'est certes aucunement question d'appliquer ailleurs les dispositions mêmes du concordat alsacien-mosellan toujours en vigueur ! Mais pourquoi serait-il exclu d'y trouver, à l'occasion, effectivement inspiration ?

Disons au moins qu'on pourrait peut-être faire son profit de ces trois points sur lesquels ma propre expérience m'a personnellement éclairé en matière de « *politique de la laïcité* » et sur lesquels je conclurai ce développement. À une telle politique il paraît en tout cas revenir :

– non pas de vouloir éliminer la religion et à plus forte raison de tenter d'une manière ou de l'autre de s'y substituer, mais de chercher au contraire à lui garantir les conditions de son *libre exercice,* au sein d'une société dont elle doit reconnaître avoir elle-même à respecter le pluralisme de fait ;

– en référence à des critères précis, de créditer les *instances responsables* de chaque religion de leur habilitation propre à possibiliser et à soutenir responsablement l'insertion de leurs membres au sein de la société *globale* ;

– d'honorer la chance qu'au sein d'un ensemble humain donné (commune, région ou pays) peut représenter le souci qu'ont les diverses religions et leurs responsables de pratiquer *le respect mutuel et le dialogue*, dans l'intention *aussi* de réduire les risques non seulement de la conflictualité inter-religieuse elle-même, mais de celle qui peut toujours en résulter dans l'ensemble de la société.

Un champ de liberté

On peut sans doute dire que, en France du moins, la question de la laïcité commande en quelque sorte le contexte global ou le climat

1. Sur le sens et l'esprit du concordat alsacien-mosellan, je dois de précieuses indications à Roland Minnerath, professeur à la faculté de théologie catholique (d'État !) du lieu, devenu depuis archevêque de Dijon.

général en référence auquel est à considérer l'ensemble de l'interface socio-politique à laquelle nous nous intéressons présentement. Cela vaut en particulier à propos de ce que je désigne ici comme le « champ de liberté » dont doit pouvoir disposer l'Église dans notre société.

Ce champ est d'abord celui de la *liberté de culte* : avant tout célébrations et rassemblements divers dans les lieux cultuels mais aussi, occasionnellement du moins, déambulations ou processions à travers des espaces publics. Il n'y a guère à épiloguer à ce sujet : comme il en va d'ailleurs pour d'autres (défilés, parades, etc.), de telles manifestations sont légitimement soumises aux réglementations qui, d'une manière générale, définissent les conditions de l'ordre public.

Mais il y a à faire état d'un autre aspect du champ de liberté ouvert à l'Église : celui dit de la *« liberté » de l'enseignement*. Je n'ai pas l'intention de m'étendre sur cette question qui, depuis la fin du siècle dernier en tout cas, semble faire dans l'ensemble de notre pays l'objet d'un consensus assez largement vérifié. Parce que cependant il y a là un domaine dans lequel les clarifications seront (voire sont) souhaitables avec les responsables de l'islam en particulier, et que là aussi allusion ou référence pourrait être faite au régime concordataire alsacien-mosellan, un petit rappel concernant ce dernier peut n'être pas superflu… Disons au moins que, dans ce dernier cas, un point est de toute manière très clair : l'obligation de faire place à l'« enseignement *religieux* » dans « l'enseignement *scolaire* » (ici « *public* » par définition) ne porte aucune atteinte à la laïcité. Elle le ferait certes si, soit les élèves eux-mêmes (via leurs parents) se voyaient contraints de s'y soumettre, soit les enseignants (ou du moins certains d'entre eux) se voyaient contraints de le donner. Or ce n'est nullement le cas : l'obligation ne concerne ni les premiers ni les seconds, mais les *établissements* scolaires eux-mêmes, auxquels il revient de le programmer, dans la mesure où cela relève de fait d'un large souhait de la population concernée. Il importe d'ajouter qu'un subtil système de dispense est prévu pour qui désirerait en bénéficier.

La participation au débat public

Un second point pour lequel le fonctionnement de ladite laïcité à la française représente un arrière-plan et un climat pour le positionnement de l'Église concerne ce que j'appellerai la participation au (ou, même, l'engagement dans le) débat public.

Autant, comme les autres religions et confessions d'ailleurs, l'Église est fondée à réclamer des pouvoirs publics la reconnaissance et le respect des conditions lui permettant de rendre à ses fidèles les services spirituels spécifiques qu'ils sont en droit d'attendre d'elle, autant elle n'est pour sa part fondée ni à donner à quiconque des consignes directes pour la gestion des affaires publiques, ni (et à plus forte raison) à chercher à exercer des pressions plus ou moins occultes. D'autre part, du fait qu'elle peut aussi accomplir (à son titre) un vrai service dans/de la société, l'Église n'est pour autant aucunement fondée à déduire que cela l'autoriserait à sortir de sa compétence propre ! Non seulement les gens d'Église n'ont à prétendre à aucun privilège qui se voudrait fondé dans un « droit divin » permettant à l'appareil ecclésiastique de se considérer comme une « société parfaite » exemptée comme telle de toute référence et de tout contrôle extérieurs. Ils doivent encore respecter eux-mêmes – et lorsqu'ils sont en position de responsabilité, ils doivent s'employer pour leur part à faire respecter par les autres chrétiens – toutes les compétences (politiques, administratives, juridiques, sociales, économiques, médicales, militaires, etc.) qu'exigent et le fonctionnement et la régulation de la société dans son ensemble. Au-delà encore de tout cela, il s'impose aussi à eux de respecter les opinions et comportements qui diffèrent des leurs, dès lors qu'ils s'inscrivent légitimement dans le cadre de l'espace sociétal et politique qui est celui de tous.

Cela ne veut aucunement dire pour autant que les chrétiens – et, à leur titre propre les responsables ecclésiaux – ne puissent pas être fondés à marquer leur désaccord dans le débat public lorsque sont soulevés des problèmes de grande portée éthique, qu'il s'agisse par exemple de racisme, d'antijudaïsme ou de sexisme. Ou bien qu'il s'agisse de la si importante et si positive cause écologique, ou bien encore de celle, si pressante et si problématique, de la vie humaine, de son commencement, de son entretien et de sa fin. Un point importe ici par-dessus tout semble-t-il. Dans le cas de l'avortement ou de l'euthanasie, par exemple encore, et surtout lorsque si peu de citoyens paraissent s'en aviser, ne faut-il pas bien, quand même, qu'il soit fait remarquer de quelque part qu'*il y aurait grave péril pour l'humain dans l'homme à laisser penser que tout puisse finalement se résumer à une affaire de dépénalisation*. Ne s'impose-t-il pas en effet d'en venir, quand même, à se demander *aussi* à quelles conditions foncer trop inconsidérément dans cette direction pourrait ne pas risquer d'aboutir en fait à une déresponsabilisation plus ou moins généralisée ? L'opinion publique et les instances politiques responsables en matière de loi ne peuvent tout de même pas se donner pour idéal de dispenser de sa décision personnelle, sur le fond des choses, chacune des consciences individuelles qui, au bout du compte, se trouveront bel et bien en situation et responsabilité d'avoir à trancher (et se reposera du même coup par là notre question initiale : « Avons-nous toujours une conscience ? »).

Pour tout le reste, les hommes et les responsables d'Église sont appelés à une collaboration loyale. Il leur revient de prêter volontiers leur propre concours, et de convier leurs semblables à apporter aussi le leur, tant au bien commun qu'à la justice sociale et à la paix publique, selon ce que leur dictera leur conscience personnelle. L'Église ne sort pas de son rôle mais honore sa mission par rapport au monde quand, sans d'ailleurs chercher à en tirer parti à son profit, elle rend les siens plus conscients de leurs responsabilités de citoyens et les engage à en tirer des conclusions opératoires. Elle peut même alors contribuer puissamment ainsi à la bonne marche de la société, tant au plan local ou régional que, compte tenu des dimensions universelles qui sont comme on le sait les siennes, aux plans international et planétaire.

Loin de contester ni la compétence propre ni l'autonomie de la société civile et politique et des instances qui la conduisent ès-qualités, le rapport qui s'établit de cette manière entre l'Église et le champ socio-politique ne peut, au bout du compte, qu'être bénéfique aux deux parties. Plus important : il ne peut que profiter à l'ensemble humain (et donc à chacun de ses membres) par rapport auquel l'une et l'autre se définissent, à la fois ensemble et respectivement.

Le socio-économique

En même temps que dans le champ socio-politique, et d'ailleurs du fait même de ce dernier, c'est aussi dans le champ socio-économique qu'il incombe à l'Église, et toujours au titre de sa mission propre, de se montrer à la fois présente et active. Prenant appui sur ce qui vient d'être exposé avec quelque détail justement à propos du socio-politique, on pourra maintenant traiter plus succinctement de ce second domaine.

Même si on ne peut plus s'en tenir, redisons-le, à la thèse marxiste-althusserienne d'un économique « déterminant en dernière instance », il devrait demeurer clair que les conditions dites « matérielles » sont de la plus grande importance pour la vie de tous les êtres humains, et non seulement pour leur *bien-être* personnel et collectif – ce qui n'est certes déjà pas négligeable ! – mais même pour la part dite « spirituelle » de leur existence, s'il est vrai que comme l'enseigne saint Thomas d'Aquin lui-même « un minimum de bien-être est nécessaire pour pratiquer la vertu » !

Le point décisif est ici le suivant : intéressé et attaché comme toute religion au spirituel dans l'homme, le christianisme est, quant à lui, une religion de l'*incarnation*. Il professe un Dieu venu dans la chair et qui, aimant le monde, appelle à l'habiter, à le transformer, à l'humaniser. Il n'a donc à vrai dire pas moins mais *plus* de raisons que n'importe quelle autre religion ou vision du monde, de se préoccuper des conditions *matérielles*, c'est-à-dire économiques tout aussi bien que corporelles, de la vie des hommes. La foi chrétienne appelle à faire *sur la terre* la volonté du Père qui est dans les cieux ; elle enseigne qu'il n'est pas possible de prétendre aimer Dieu *que l'on ne voit pas*, si l'on néglige son propre frère que l'on voit.

Encore faut-il ajouter que l'insistance est portée au carré et même au cube par l'Évangile qui est ici la référence, puisqu'il ne demande pas seulement qu'on se préoccupe, globalement, « des autres » ou de « l'autre » : « Les païens n'en font-ils pas tout autant ? » Le Jésus des Évangiles invite à porter attention et intérêt : 1) à tout homme, car selon lui tout homme est mon frère, quelles que soient sa race et sa classe, sa nation et sa religion ; et 2) d'abord au petit, au pauvre, à l'exclu : rappelons qu'au terme de toute l'histoire, individus et civilisations seront – selon Jésus – jugés sur ce point ! Les réflexions consacrées en notre chapitre 6 à la charité chrétienne nous ont sur ce point à suffisance éclairés.

À quoi il convient cependant d'ajouter deux considérants capitaux : 1) qu'on l'appelle caritatif ou humanitaire, tout ce champ d'activité en faveur de l'autre ou « pour le prochain » n'est pas accessoire, latéral, facultatif ou secondaire mais essentiel pour la foi et la vie des chrétiens et de leur Église ; et 2) s'il s'agit pour eux de se préoccuper des « autres », ce n'est pas pour avoir, si possible, de meilleures chances de les attirer dans leurs rangs ! *Tout autant qu'à croire en la Parole qui leur a été annoncée et à célébrer les sacrements qui les associent de plus près à la vie de Dieu, les chrétiens sont également invités à mettre en œuvre pour leurs frères l'amour dont ils professent être eux-mêmes bénéficiaires de la part de leur Dieu.* L'amour concret du frère est même présenté par saint Jean comme vérification et critère de l'authenticité de la foi chrétienne en Dieu, et de l'amour pour Lui – nous l'avons dûment rappelé.

N'est-il pas du reste devenu de plus en plus évident que notre société ne pourrait pas se passer du genre de prestations « caritatives » ou « bénévoles » au sens fort, qu'on évoque ainsi ? Malgré la compétence et la performativité de l'ensemble des services sociaux, médicaux, et autres, organisés par les pouvoirs publics et par toutes les institutions officielles qu'on voudra et dont il n'est pas question de minimiser le rôle essentiel, n'est-il pas assez clair qu'on reste pourtant et malgré tout *quantitativement* loin du compte, tant les besoins sont nombreux, diversifiés et sans cesse renaissants ? Et ne peut-on ajouter que les formes de bénévolat, d'accueil désintéressé et d'accompagnement personnalisé auxquelles invite le message évangélique peuvent représenter un apport *qualitativement* essentiel au soulagement de tant de détresses personnelles, de tant de blessures du cœur et de l'âme, chez ceux dont les pauvretés ou les détresses sont le plus souvent bien loin d'être seulement matérielles et économiques ?

Il convient aussi de ne pas négliger une donnée plus générale encore. Autant on ne peut que se féliciter de pouvoir compter sur beaucoup de générosité, de bienveillance, de disponibilité, de sens du service, etc. dans une société comme la nôtre, autant il faut bien se rendre compte que rien de tout cela ne va de soi et restera toujours assuré parmi nous ! Essentielles certes, les « valeurs » qui se révèlent ainsi n'existent pas « comme telles », « en soi », « en l'air » si l'on peut dire ! Elles n'existent qu'inscrites en des actes effectivement posés, en des réalisations concrètes, et finalement à travers et par des personnes qui leur donnent visibilité, effectivité, *incarnation* parmi nous. Or, qui nierait que l'appel évangélique et la tradition ecclésiale ont été et restent à tous ces égards extrêmement mobilisateurs pour la reconnaissance, la valorisation et le service d'autrui ?

Ajoutons qu'on ne voit pas en quoi la plus large opinion pourrait faire autre chose que se réjouir de voir les croyants – aux côtés certes de bien d'autres qui ne le sont pas ! – apporter un concours à la fois si étendu, si manifeste et pareillement motivé. La société tout entière n'a qu'à gagner à reconnaître pour ce qu'elles sont et l'action et la motivation de ceux qui, en son sein, accueillent les plus démunis de ses membres en ne leur demandant ni quelle est leur race, ni quelle est leur religion, ni quelle est leur allégeance idéologique ou leur domiciliation bancaire – mais, tout simplement, quelle est leur souffrance, quelle est leur misère, quelle est leur attente – ou leur faim.

Le socio-culturel

Les êtres humains n'existent pas seulement dans le socio-politique et le socio-économique ; il y a aussi pour eux, entres autres encore, le socio-culturel. Or, pour ne parler que de notre pays, il est clair que le patrimoine culturel, artistique en particulier, que nous ont légué les siècles passés est très largement issu du christianisme ou, en tout cas, assez profondément marqué par lui.

Il en découle comme une évidence que ce patrimoine ne peut devenir pleinement intelligible que pour ceux qui disposent des moyens d'accéder à une connaissance suffisamment informée et éclairée du christianisme. Et comme il se trouve que, pour un grand nombre au moins des créateurs de toutes ces richesses, le christianisme n'était pas seulement objet de connaissance mais d'engagement, on peut au moins faire l'hypothèse que ceux pour lesquels ce même christianisme ne relève pas seulement aujourd'hui d'une information, aussi fondée soit elle, mais d'une conviction toujours vivante, sont susceptibles de mieux percevoir et faire percevoir ce qui, en de telles œuvres, est véritablement en cause et se donne effectivement à rencontrer.

Ici, je peux une nouvelle fois faire référence à mon expérience pastorale d'évêque. Toute une « pastorale de la culture » était déjà engagée par le diocèse catholique d'Alsace avant que j'en devienne l'évêque, mais j'ai pris très à cœur de la poursuivre et de la développer. Les offices du culte liturgique n'étaient eux-mêmes pas étrangers à ladite pastorale : il suffira d'évoquer les centaines de chorales paroissiales et d'orgues d'église de l'Alsace ! Mais, programmes de concerts et de conférences et expositions régulières à la cathédrale et ailleurs, parcours annuel des églises romanes du nord au sud du diocèse à travers tout l'été, concerts festifs au temps de Noël, journée annuelle des artistes, festivals musicaux, etc. : tout cela, proposé et déployé par le diocèse à même un patrimoine architectural, pictural, musical, théâtral, etc., familier à tous, contribuait de manière éminente à la communication et à l'enrichissement de la foi.

Ne comprend-on pas mieux une cathédrale quand y est célébré le culte qui la fait encore exister pour nous, ici et aujourd'hui, selon cela même qui a présidé à sa conception et à sa construction ? Et le choral « *Oh Haupt voll Blut und Wunden* ! » de Jean-Sébastien Bach ne prend-il pas tout son sens lorsqu'il est chanté par un peuple de croyants célébrant, le vendredi saint, celui qu'il reconnaît comme son Seigneur crucifié ? Il ne s'agit là ni de prosélytisme ni de « propagande », mais comment nier que parlera évidemment mieux de la foi qui a présidé à la réalisation de telles œuvres d'art celui qui, suffisamment initié, partagera effectivement lui-même aujourd'hui la foi de leur créateur ?

Certes, les œuvres d'art sont et doivent rester accessibles à quiconque. Mais elles le seront mieux et elles pourront davantage encore enchanter l'existence de ceux qui les rencontreront, si elles leur sont présentées par des guides qui auront eu et auront gardé accès au mystère qui a présidé à leur réalisation. Et qu'y aura-t-il à redire si, d'avoir mieux perçu quelle foi a donné naissance à telle œuvre d'art, celui qui aura dès lors reçu les moyens de la rejoindre en sa source la plus intime se trouve lui-même emporté sur le chemin d'une re-co-naissance vivante du mystère qui l'a engendrée ?

Alors cependant que les réalisations que je viens d'évoquer s'inscrivent d'emblée, sinon toujours directement dans la liturgie ecclésiale elle-même du moins dans la claire communication à propos de l'objet de la foi chrétienne, je peux aussi évoquer une entreprise de plus large ambition encore, toujours au titre du « socio-culturel » et jouant elle aussi tout entière sur l'aspect d'interface qui apparaît structurellement relier l'une à l'autre « Église-foi » et « culture-société ». Je veux évoquer ici l'édition, le moment venu, d'un grand ouvrage sur la cathédrale du lieu, Notre-Dame de Strasbourg... mais qui devait par la suite donner naissance à toute une collection dont le titre même déclarait en fait tout un programme : « La grâce d'une cathédrale ».

Un unique principe (à deux faces) présida au lancement de toute cette aventure, avec le précieux engagement de l'éditeur local auquel je m'étais adressé[1]. Voici ce principe :

> Ce qui (entre autres facteurs certes) est né de la foi et a vécu par elle à travers les siècles jusqu'à nous : 1) ne peut pas être tout à fait intelligible sans elle (qu'on y adhère pleinement ou pas), et 2) peut être resté (ou même redevenir aujourd'hui) un chemin vers elle.

Il ne s'agissait pour autant d'ouvrages ni de théologie ou de liturgie, ni de prière ou de piété mais, avant tout, de « beaux livres » d'histoire et d'art. Aucune profession de foi préalable n'était requise des auteurs : historiens, architectes en chef, artistes, responsables culturels ou politiques, artisans d'art, sculpteurs ou tailleurs de pierre, musiciens, pasteurs ou théologiens – à chacun il n'était demandé que d'être :

1. Il s'agit des Éditions La Nuée bleue de Strasbourg, que dirigeait alors Bernard Reumaux, avec qui la collaboration fut à la fois cordiale et féconde.

1) compétent en sa spécialité, et 2) apte à la collaboration au sein d'une équipe dépassant souvent la trentaine d'auteurs… ce qui fait d'ailleurs qu'au total nous aurons mobilisé *un millier d'intervenants pour une trentaine d'ouvrages*! Il n'en était pas moins clair pour tous que le fondateur-directeur de la collection était non seulement chrétien déclaré mais théologien et même évêque (émérite), et qu'à chaque fois la publication était effectuée sous la direction de l'évêque local, pasteur du diocèse concerné, et affectataire officiel du monument.

Cela étant, il m'a souvent été donné de vivre une expérience ecclésiale fort significative, que ce soit avec les auteurs eux-mêmes ou à partir des échos remontés du vaste lectorat atteint, ou bien encore lors des rencontres organisées à chaque fois pour la première présentation au public, dans la cathédrale elle-même, de l'ouvrage qui lui était consacré (présentation qui en suivait souvent une autre, qui s'était tenue dans l'hôtel du préfet ou en l'hôtel de ville du lieu).

Alors qu'en tout cela, soulignons-le à nouveau, la communication était logée à l'échelle de *la culture* et se déployait à même *la société* comme telles, je puis dire qu'elle ne s'en présentait pas moins comme un écho de fait rendu à *la foi* qui était à sa source! C'est au point que je peux attester ceci : ce vaste chantier qui m'aura bien mobilisé pendant tout mon temps actif de retraite, aura été pour moi le lieu d'une expérience de bénédiction et de grâce. Ce fut le cas avant tout, me semble-t-il, parce que sur cette interface privilégiée entre Église et société, j'ai maintes fois eu l'occasion de constater ceci : il y a tout à fait moyen pour l'Église d'habiter et d'honorer son héritage propre de telle sorte que, en en mettant en valeur l'importance et l'intérêt, et en le proposant largement à partager, elle n'apparaisse plus ni nécessairement cléricale ni irrémédiablement ringarde… L'Église de ce temps peut bel et bien relever un tel défi si elle réussit à se montrer joyeusement et généreusement disposée, et apte, à rendre accessible à quiconque quelque chose au moins de l'immense trésor – pas seulement artistique et culturel ! – qu'elle a reçu. Et qui ne lui a été confié que pour que, s'efforçant d'en vivre elle-même, elle s'ingénie à en proposer l'intelligence à tous, pour autant qu'ils se montreront disposés à s'y ouvrir[1].

1. Je renvoie volontiers ici au livre *Le monde des cathédrales*, Mame, Paris, 2014, et à ma préface à Mathieu LOURS, *La grâce des cathédrales*, à paraître aux Éditions Place des Victoires, Paris, fin 2021.

III. Les autres religions

En abordant cette troisième et dernière partie de notre chapitre 7 j'ai plus encore qu'à d'autres étapes de la rédaction de ce livre le sentiment d'ouvrir tout un chantier, alors que pourtant le chemin se fait déjà long… Je n'ai cependant guère le choix. Estimant qu'il est exclu de prétendre traiter sérieusement de l'Église sans faire état de ce qui la questionne dans son état présent et dans son devenir possible, je ne vois pas comment je pourrais faire l'impasse sur les (autres) religions. Qu'on le veuille ou non, et aussi bien pour les chrétiens que pour ceux qui ne le sont pas, elles représentent en effet aujourd'hui dans notre société un autre partenariat obligé.

1. Une grande question effectivement posée à l'Église

La Commission théologique internationale (CTI) le reconnaissait elle-même d'emblée dès la première phrase du document qu'elle a publié en 1996, à la suite de son travail de deux années sur le sujet[1] : « La question des relations entre les religions acquiert chaque jour une importance plus grande » (n° 1). Il faut l'admettre et être prêt à en tirer des conclusions.

Un phénomène sociétal récent mais désormais marquant

Non seulement l'information circule désormais sans cesse d'un pays à l'autre sur toute l'étendue de la planète, mais les hommes eux-mêmes se déplacent de plus en plus d'un continent à l'autre, et pour des séjours qui peuvent durer. Plus encore, ils ne cessent de communiquer entre eux comme ils n'avaient jamais pu le faire, et avec des moyens dont ils n'avaient encore jamais disposé. Enfin et principalement, dans notre société en tout cas, la diversité nationale, raciale, culturelle – et donc aussi religieuse – a crû dans des proportions considérables (ne

1. CTI, *Le christianisme et les religions*, « Préface » de Joseph DORÉ, « Documents d'Église », Cerf/Bayard/Centurion, Paris, 1997, p. 7-22. J'ai participé à la rédaction de ce document durant mon mandat à la CTI, ce qui m'a valu d'intervenir au colloque du cinquantenaire organisé à Rome le 17 octobre 2019. J'exploite ici partiellement ma conférence donnée dans ce cadre et destinée à paraître dans les actes du colloque au début de 2022 dans la revue strasbourgeoise *Revue des sciences religieuses*.

fait-on pas, par exemple, état de quasiment 4,5 millions de musulmans aujourd'hui en France ?).

La conséquence inéluctable est que ce dont, encore naguère, on était à peine informé, voire qu'on ignorait totalement, a ainsi pu devenir une réalité proche, à laquelle on peut se trouver à tout moment confronté. Cette caractéristique de notre époque, qui se vérifie en tous domaines, vaut évidemment aussi pour le domaine religieux comme tel.

Comment voudrait-on que cela n'interroge pas les chrétiens pour leur part ? Or, non seulement cela les conduit de fait à porter attention aux nouvelles perspectives qu'ils découvrent alors, soit certes pour y résister et s'en détourner, mais soit aussi pour s'y intéresser et s'en instruire... Bien plus : voilà que, au-delà de la pure curiosité ou du simple souhait d'une meilleure information, on peut en venir à s'étonner de ce qui se présente comme un style de vie, une vision du monde, une tout autre perception du destin humain... On peut alors se prendre à douter qu'il suffise de déclarer qu'il n'y aurait là que curiosités à l'intérêt vite épuisé, ou que représentations et idéologies d'emblée disqualifiées pour quiconque a franchi le cap de la modernité. Éventuellement bien décidés à ne pas se « laisser avoir » et à garder la tête sur les épaules, certains se laisseront même tenter, par exemple, par telle ou telle pratique islamique, par la méditation bouddhiste, ou par les rituels de l'hindouisme...

Jusqu'à un certain point en tout cas, on peut de même considérer que la montée du questionnement à propos des autres religions concernera d'autant plus les chrétiens qu'ils seront plus attachés à la leur... Devant ces visions de l'existence humaine liées à ce qui se présente clairement comme des propositions corrélatives de *salut*, la question pourra en venir à se poser : où en suis-je moi-même à ce sujet dans ma propre religion ? *Soit* je devrai bien reconnaître que je ne suis jamais allé jusqu'à ce point dans la compréhension que je peux en avoir acquise ; mais alors ce sera de deux choses l'une : cela apparaîtra tenir ou bien au fait qu'elle ne me propose rien de tel dans son ordre propre, ou bien au fait que je n'ai jamais été attentif moi-même à ce qu'elle comporte bel et bien à cet égard... *Soit* je n'en serai que plus conscient de l'intérêt de la voie vers le salut que représente ma propre religion ; et le problème sera alors de chercher à clarifier autant que possible ce que je dois en conclure quant à la portée salvifique potentielle des autres religions, déjà certes pour leurs propres membres, mais aussi éventuellement pour moi-même et, disons, pour « nous » !

À la recherche d'une réponse

À vrai dire, ce n'est pas d'aujourd'hui que se pose aux croyants chrétiens la question de la validité des autres voies de salut… Sauf que, jusqu'à cette époque très récente dont nous venons de faire état, elle n'était posée que comme celle du « salut des infidèles ». Cette formulation datée exprimait de soi que l'on ne s'interrogeait alors pas en termes de « religions » constituées comme telles, mais seulement en termes d'« individus », d'ailleurs religieux ou non… et potentiellement en nombre quasi illimité, bien entendu. La réflexion théologique la plus traditionnelle répondait que *et* la raison individuelle *et* la conscience morale personnelle ont toujours suffi et suffisent toujours à éclairer *chaque être humain* sur la manière de conduire sa vie selon le vrai, le juste et le bon – et donc à lui assurer le salut par le Dieu unique qu'il n'avait peut-être jamais confessé mais qui, Lui, avait pu pleinement lui accorder sa faveur.

On trouvait un enseignement formel en ce sens dans l'Écriture (1 Tm 2, 4). Et le concile Vatican I lui-même (qui a par ailleurs déclaré – à certaines conditions quand même ! – l'infaillibilité « personnelle » du pontife romain) a *défini* comme vérité « de foi catholique » que, sans la foi (chrétienne), *tout homme* est susceptible de parvenir à une « vraie connaissance » de Dieu[1]. Quant au fameux adage de saint Cyprien, évêque de Carthage au IIIe siècle, « hors de l'Église, point de salut », il ne faudrait pas y voir un rejet de toute autre voie de salut que la voie chrétienne catholique : dans son intention première en tout cas, il ne visait que les « *lapsi* », c'est-à-dire ceux qui, ayant partagé la foi chrétienne et ayant donc reconnu ce que représente l'Église en matière de salut, feraient sciemment le choix de la quitter devant la menace de la persécution[2].

Pendant des siècles, on estima pouvoir se satisfaire de ce genre de réponse à la question posée au sujet du salut des « autres »… quand on la posait. Un grand problème fut en revanche soulevé lorsque, à l'entrée dans l'époque moderne, on découvrit le « Nouveau monde » : de nouveaux mondes, à la fois restés par définition totalement extérieurs au christianisme, et immémorialement dotés de véritables

1. Constitution *De fide catholica*, D. S. 1785.

2. Bien entendu, on ne peut guère nier qu'à travers les siècles, on a quand même été porté à « damner » beaucoup ! Quel compte tenait-on alors de la volonté divine d'un salut ouvert à tous ?

religions. Fut alors soulevée la question de savoir quel pouvait bien avoir été et être leur position vis-à-vis du salut, étant entendu que Dieu ne pouvait tout de même pas les avoir « oubliés »... La théologie de l'époque proposa de considérer que, dans son insondable mais infaillible Providence, Dieu avait en somme concédé aux peuples païens un temps de « rémission », une sorte de régime d'exception (qu'on peinait d'ailleurs à préciser)... jusqu'à ce que puisse leur être parvenue – ce qui était justement alors enfin un train de s'accomplir –, l'annonce de la Bonne Nouvelle de Jésus, qui les concernait eux aussi.

À l'évidence cependant, il y a beau temps que ce genre d'exception est révolu. Non seulement en effet l'Évangile est, d'une manière ou de l'autre, parvenu aux extrémités du monde depuis des lustres, mais ces « autres religions » connaissent chez nous-mêmes une implantation qu'à vues humaines en tout cas on ne peut que tenir pour à la fois probablement définitive et toujours possiblement en croissance.

Il en résulte que, désormais, la question du salut des non-chrétiens ne peut plus se poser seulement en termes d'*individus*, quel qu'en puisse être le nombre à travers les lieux et les temps. Il s'impose de la poser en termes d'*institutions* ayant leurs croyances, leurs prescriptions et leurs rites, leur organisation, leurs structures et leur hiérarchie – bref, en termes de *religions* instituées.

Une nouvelle manière de s'interroger

La première chose à faire est évidemment ici de partir à la découverte. Comment pourrait-on en effet prétendre être en mesure de prendre position de manière fondée en un domaine auquel on serait quasiment resté étranger ? La question se pose d'autant plus que, jusqu'à une époque récente en tout cas, il a de fait été possible d'accéder aux plus hauts grades et même d'exercer les plus grandes responsabilités académiques en théologie (et à plus forte raison en pastorale), alors qu'on n'avait aucune connaissance sérieuse dans aucune autre religion que la sienne propre – c'était quand même plus difficile concernant les autres *confessions* chrétiennes – bien que... !

Encore faut-il ajouter que la connaissance ne suffit pas. Viendra nécessairement le moment où il faudra envisager les moyens d'en venir à une opinion, et aussi théologiquement valide que possible, sur *le fond* des questions soulevées – or cela voudra dire deux choses. D'une part, il s'agira de chercher à comprendre comment le christianisme peut se comprendre et s'évaluer lui-même s'il reconnaît avoir à le faire dans le contexte d'une pluralité effective des religions : il devra en tout cas s'expliquer sur ce qui peut fonder la vérité et l'universalité qu'il revendique. Mais d'autre part il lui faudra bien s'efforcer de clarifier aussi le sens, la fonction et la valeur propres des autres religions comme telles, dans l'ensemble de l'histoire du salut de l'humanité. Inutile de tergiverser, la question désormais posée sera très clairement celle de savoir si, oui ou non, les religions peuvent être pour leurs membres des médiations effectives de salut.

Ce ne sera pas tomber dans le simplisme que de dire qu'alors ce sera, ni plus ni moins, de trois choses l'une !

– *Ou bien* la réponse sera négative… mais il paraîtra alors sans doute quand même souhaitable de trouver les moyens d'éviter la conclusion qu'à travers les siècles, un nombre considérable de nos semblables ont été, sont et seront, ou seraient, bel et bien en péril de se retrouver *exclus* de tout salut !

– *Ou bien* la réponse sera positive, et dans ce cas il faudra pouvoir éclaircir à quels titres propres les autres religions (et chacune d'elles) sont susceptibles de sauver leurs adeptes… mais il faudra en conséquence se montrer en mesure d'éviter la conclusion selon laquelle le christianisme en deviendrait alors purement facultatif, sinon même superflu.

– *Ou bien* l'on s'estimera en mesure d'affirmer que c'est *le christianisme lui-même* qui pourrait quand même sauver le si grand nombre de ceux qui ne lui appartiennent pourtant pas, et il faudra bien sûr dès lors s'expliquer crédiblement sur ce qui peut motiver une telle vue des choses… sans pour autant donner l'impression de « récupérer totalement l'autre », et de vider les autres religions de toute valeur propre.

2. L'éclairage de la théologie des religions

Une nouvelle fois, il nous faut bien entendu nous tourner vers la théologie !

Le questionnement théologique comme tel

Un théologien chrétien ne peut tenir un discours responsable en matière de religions qu'en étant au clair sur son rapport à sa propre religion. Et, soyons clairs, cela veut dire qu'il ne peut pas faire ici abstraction de sa propre foi ! Certes, il lui faut être conscient du fait qu'il n'est jamais assuré d'avoir atteint l'exhaustivité de l'intelligibilité dont la foi dont il se réclame est porteuse, et il doit donc se garder d'oublier que celle-ci ne pourra progresser qu'à la condition de jouer vraiment, face aux confrontations, le jeu d'une réflexion toujours susceptible de progresser. Pour autant, il ne peut pas adopter une position épistémologique qui poserait méthodologiquement d'emblée la nécessité d'exclure tout critère de vérité qui ne serait pas admis par *tous* les partenaires concernés. Quelle serait la validité réelle d'un débat qui exigerait d'entrée de jeu le renoncement à quelque critère que ce soit pour la raison qu'il serait propre à l'un ou l'autre des débattants ?

Levons donc ici toute ambiguïté ou imprécision : la méthode d'un théologien chrétien des religions ne pourra être de faire comme s'il pouvait s'exempter de la *foi* à laquelle appelle de soi la religion chrétienne en sa spécificité, et qui même la constitue. Autrement dit, une théologie chrétienne digne de ce nom devra trouver les moyens de s'exprimer (aussi réflexivement et théologiquement certes qu'il lui sera possible) *également comme foi*, c'est-à-dire au titre de la foi.

Deux lignes de pensée antérieures à Vatican II

C'est dans les temps qui ont préparé et rendu Vatican II possible que, aussi en matière de théologie des religions, des interrogations ont monté, et se sont développées diverses manières d'y faire face. Un peu schématiquement on peut, avec la CTI, retenir surtout deux grandes orientations.

D'un côté, on peut signaler en France une ligne Jean Daniélou-Henri de Lubac. Selon elle, la pertinence des religions ne tiendrait pas à *ce qu'*elles seraient comme telles susceptibles d'apporter à leurs membres dans l'ordre de la révélation de Dieu et/ou du salut des hommes. Leur importance effective – mais considérable à ce titre – tiendrait au fait qu'elles traduisent une attente, une espérance, une disponibilité et une ouverture que *rien d'autre que précisément une religion* n'exprime et ne peut exprimer, dans les cultures du monde. Pour autant, il n'en faudrait pas moins considérer qu'à vrai dire elles *ignorent* tout de ce vers quoi, pourtant, elles orientent et peuvent effectivement porter de cette manière tout indirect ceux qui les professent ! En réalité, conformément à la problématique théologique d'ensemble de Henri de Lubac[1], les religions en resteraient en somme au domaine « de la nature (humaine) » au sens métaphysique et théologique traditionnel de ce terme – c'est-à-dire qu'elles demeureraient strictement limitées à ce que l'homme

1. Voir « Henri de Lubac (1896-1971). La vie et l'œuvre d'un théologien exemplaire », *Bulletin de littérature ecclésiastique*, XCIV/1, janv.-mars 1993, p. 39-46.

peut connaître, accomplir et réaliser *par lui-même* et, en ce sens, par sa propre *nature*.

Au fond, cette première ligne théologique n'était/n'est guère sortie de la problématique classique de la « connaissance naturelle de Dieu », consacrée par Vatican I lui-même. Par sa réflexion personnelle et par la voix de sa conscience morale, chaque homme, cette fois aidé et éclairé par de grandes traditions *religieuses*, est susceptible de s'élever jusqu'à la connaissance de Dieu. Mais il ne le peut de fait que de manière souvent incertaine, toujours fragile, et parfois voire souvent entachée d'erreur. La raison en est que révélation de Dieu et salut des hommes sont tous les deux d'ordre *surnaturel*. Ils relèvent donc, comme tels, exclusivement de la pure initiative, des propres interventions et finalement de la seule grâce, *de Dieu*. Et, tient-on à préciser, *telles qu'Il a Lui-même résolu de les manifester dans le christianisme*! Il faut en déduire qu'en Jésus-Christ et dans son Église s'accomplissent non seulement la première, la principale ou la meilleure, mais *la seule vraie révélation du vrai Dieu*, qui ouvre aux hommes *le seul vrai salut*. Ailleurs, il ne peut y avoir que « préparation », « reflets », « fragments »... qui certes doivent être reconnus et honorés comme tels et avec leur propre mode d'efficacité, mais qui restent totalement incapables de parvenir *par eux-mêmes* à leur propre « accomplissement ».

Une autre approche est celle qui a été représentée par Karl Rahner. Ce grand théologien allemand partait de cette vérité chrétienne et catholique incontestable qu'énonce de façon disons assez péremptoire 1 Tm 2, 4 : « Dieu veut que tous les hommes soient sauvés. » Or, poursuit notre théologien : 1) sous peine de demeurer totalement irréelle, cette « volonté divine » salvifique ne peut/ne pouvait pas rester abstraite, et donc étrangère à l'histoire humaine : elle a bien dû prendre de quelque manière, par conséquent, les moyens de son *effectivité* ; et 2) de son côté, « l'homme » n'est pas non plus une entité abstraite : n'existent en réalité que des hommes concrets, toujours *historico-socialement* situés.

Si on voit les choses de la sorte, poursuit Rahner, qu'est-ce qui interdirait de faire l'hypothèse que certains au moins des aspects ou éléments religieux que comporte de fait tel ou tel groupe humain puissent avoir quelque chose à faire avec cette Révélation que, selon la foi des chrétiens, Dieu a pu faire et peut continuer de faire aux hommes de Lui-même et de sa volonté de salut à leur égard ? En tant qu'expression plus ou moins ajustée d'une effective recherche et d'une possible reconnaissance de Dieu, les religions pourraient « aider leurs adeptes dans l'accueil de la grâce du Christ (*fides implicita*) nécessaire au salut, et ainsi [les] ouvrir à l'amour du prochain que Jésus a identifié avec l'amour de Dieu[1] » (n° 4), dans lequel, comme l'on sait, il a justement désigné lui-même la voie de salut ouverte à tous.

Dans l'esprit de Vatican II

À travers une réflexion que nous n'avons pu ici qu'évoquer, le questionnement théologique s'est mûri et précisé. Mais il faut souligner par-dessus tout qu'on a mieux compris qu'il ne s'agit pas de bâtir de toutes pièces, sur un problème « nouveau », un discours de circonstance qui ne chercherait en somme qu'à faire face à un type d'interrogation jusque-là inédit. La perspective est : 1) de se repréciser avec netteté quelles sont les *données fondamentales* de la foi chrétienne et 2) *à partir d'elles*, de chercher à clarifier si, comment et pourquoi elles sont *comme telles* capables d'éclairer la question du rôle – de la validité – des religions en matière de salut des hommes.

Les données fondamentales de la foi chrétienne

On peut, somme toute, ramener à quatre les propositions fondamentales de la foi chrétienne en l'occurrence.

- Est tout d'abord à prendre en compte l'*initiative du Père*, Dieu et Seigneur de toutes choses, dont il nous est clairement dit qu'Il « veut que tous les hommes soient sauvés » (1 Tm 2, 4).
- Vient de suite l'unique *médiation salvifique de Jésus-Christ*, annoncé comme « le seul nom sous le ciel par lequel nous puissions être sauvés » (Ac 4, 12).
- Mais il faut immédiatement ajouter l'*universalité de la mission de l'Esprit Saint* : c'est concrètement par l'Esprit Saint, « qui souffle où il veut » et qui peut à la fois « s'unir à notre esprit », « remplir l'univers » et « faire toutes choses nouvelles », que peut se répandre et se diffuser la grâce salvifique venue du Père par Jésus-Christ.
- Est enfin à prendre en considération, en lien justement avec l'effusion de l'Esprit Saint, ce qu'on appelle la *sacramentalité de l'Église* pour le salut du monde. Non pas que l'intervention directe de l'Église comme telle et l'appartenance expresse à l'Église visible, sacramentelle, hiérarchique, institutionnelle, serait condition *sine qua non* de salut ;

1. Repris du document de la CTI indiqué ci-dessus dans la note de la p. 276.

mais au sens où, entièrement ouvert par celui de Jésus et porté par la dynamique de l'Esprit Saint, « le ministère de l'Église [...], par charge reçue de Dieu, doit et peut être au service de la venue du Royaume de Dieu » (nº 65) pour le monde entier[1]. De sorte que si (par l'Esprit Saint) Jésus-Christ est le vrai chemin de salut pour le monde entier, il faut comprendre qu'il l'est comme « Christ total » (saint Augustin), c'est-à-dire comme tête *et corps*, comme chef *et membres*. Les fidèles du Christ, qui constituent son Église, sont appelés à s'impliquer « par lui, avec lui et en lui » dans sa mission de médiation, de révélation et de sacrement du salut du monde. C'est ainsi, et non pas autrement, que l'Église est fondée à intervenir dans le salut du monde, et lui apporte son effectif et indispensable concours.

Conséquences pour le statut des religions non chrétiennes

De ces propositions fondamentales de la foi chrétienne découlent des conséquences assez claires pour le statut ou le régime des religions non chrétiennes. À partir de là en effet, on peut déjà comprendre que la volonté du Père de sauver le monde entier ne prend corps et effectivité que par l'envoi de son Fils **Jésus** et par la mission de *l'Église* du Christ. Mais il faut de suite ajouter que cela n'intervient que pour qu'*ils soient eux-mêmes médiations* de cet **Esprit** qui – sans cesser d'être l'Esprit du Fils incarné et de l'Église-Corps du Christ – « poursuit [leur] œuvre *dans le monde* et achève *toute* sanctification ».

À partir de là aussi, l'hypothèse peut être faite de « la présence de l'Esprit Saint, non seulement dans les hommes de bonne volonté pris *individuellement*, mais aussi *dans la société* et l'histoire, dans les peuples, les cultures, *les religions* – et toujours en référence au Christ » (*Redemptoris Missio*).

Ainsi s'exprimait déjà Vatican II :

> L'Église catholique ne rejette rien de ce qui est vrai et saint dans [les] religions [diverses]. Elle considère avec un respect sincère ces manières d'agir et de vivre, ces règles et ces doctrines qui, quoiqu'elles diffèrent en beaucoup de points de ce qu'elle-même tient et propose, apportent pourtant un rayon de la vérité qui illumine tous les hommes.

Et dès lors : d'une part, en vertu « de la présence de l'Esprit du Christ dans les religions, on ne peut exclure la possibilité que celles-ci exercent, en tant que telles, une certaine fonction *salvifique* » (nº 84 : ceci est

1. *Ibid.*

pour la question du *salut des hommes*) ; et d'autre part, on est conduit à considérer que « la dimension *gnoséologique* ne peut être totalement absente là où nous reconnaissons des éléments de grâce et de salut » (n° 90 : cela vaut pour la « question de la révélation de Dieu »).

Révélation de Dieu d'un côté, salut des hommes de l'autre : le compte est bon, si l'on ose dire. On a bien là *la base* d'une théologie chrétienne-catholique des religions digne de ce nom. Bien entendu, un immense chantier s'ouvre à partir de là : il va falloir se lancer dans la *découverte* mutuelle et le *débat* suivi non seulement religion par religion, mais doctrine par doctrine, précepte par précepte, rite par rite[1]. On ne pourra bien entendu, ici et maintenant, que se limiter à quelques orientations pratiques.

3. *Orientations pratiques*

Dans quelle mesure des réflexions théologiques comme celles que nous venons de présenter sont-elles susceptibles d'éclairer et d'orienter cette autre forme de partenariat dont nous avons déjà relevé l'importance et même l'incontournabilité pour l'Église, et qui concerne donc les religions comme telles ? On peut répondre au moins à trois niveaux : celui de la rencontre, celui du dialogue et, autant que possible et à des conditions précises, celui d'une annonce[2].

Rencontre

La *première* orientation d'un partenariat ne peut de toute manière pas être ici d'emblée de l'ordre de l'*annonce* et, à plus forte raison, l'annonce ne devra-t-elle pas être la *seule* attitude face au partenaire. Il convient en effet d'abord, là encore, d'écouter, de découvrir et, pour cela, de *rencontrer*. D'ailleurs, d'avoir appris qu'à certaines conditions

1. Je peux renvoyer ici, en tout cas, à « Les religions et le salut », *Prêtres diocésains*, août-sept. 1996, p. 324-334 ; « La présence du Christ dans les religions non-chrétiennes », *Chemins de dialogue*, n° 9, 1997, p. 13-50 ; « Autour de l'ouvrage de Jacques Dupuis, *Vers une théologie chrétienne du pluralisme religieux* », *Transversalités*, n° 68, oct.-déc. 1998, p. 159-167 ; « Aspects de la réception de *Nostra aetate* dans l'Église de France », *La Documentation catholique*, n° 2227, 4 juin 2000, p. 525-531.

2. Voir « Pour une annonce *dans* le dialogue », dans Jean-Noël BEZANÇON (éd.), *Au carrefour des religions*, Beauchesne, Paris, 1995, p. 145-159.

le salut peut aussi être ouvert aux membres des autres religions à travers leur religion respective, peut porter à admettre que l'annonce en perd tout caractère d'extrême urgence et, en tout cas, à exclure tout interventionnisme et toute précipitation.

Écoute et dialogue

Quoi qu'il en soit et de toute manière, on peut et il faut tout faire pour *se rencontrer*. Et alors, sauf à se taire quand pourtant on se fréquente, on ne pourra pas, ensuite, ne pas en venir au moins « à parler », comme on dit – donc à *se* parler, à parler *ensemble*. Si du moins on entretient, ne fût-ce que minimalement, la relation ainsi établie, on en arrivera à la fois nécessairement et tout naturellement à dire quelque chose *de soi*, à *se* dire soi-même à l'autre… ce qui sera du même coup une manière toute naturelle et assez convaincante de l'inviter à faire de même pour sa propre part.

Dans les propos qui seront tenus, on n'aura certes alors pas à censurer ce que l'on croit, mais on ne l'évoquera pas dans un esprit de propagande. Dans la mesure où une dimension religieuse est présente de chaque côté, c'est assez naturellement qu'elle s'exprimera, à même le partage en des soucis quotidiens ou des grandes interrogations personnelles ou sociétales…

Tout partira de là et, à vrai dire, ne peut partir que de là, en matière de partenariat avec les autres religions !

Et l'annonce, alors ?

Quoi qu'il en soit, que nous nous posions nous-mêmes, ou que notre partenaire nous pose explicitement, la question de *la* foi ou *une* question relative à la foi, il est exclu de prétendre *répondre* ou même de simplement *parler* hors dialogue effectif et reconnaissance mutuelle. Si questions et réponses sont échangées, elles ne pourront être logées qu'« à même » la rencontre, qu'à l'enseigne du dialogue.

Première chose à préciser alors à partir de là : ce que nous avons à annoncer, nous n'avons certes ni à le prendre chez ceux auxquels nous souhaiterions le communiquer, ni à le recevoir d'eux ! Le mystère du Christ révélateur et sauveur, celui du Dieu Père, Fils et Esprit Saint, celui de l'Église une, sainte, catholique et apostolique, ce n'est que par Dieu lui-même et par le canal de la Tradition chrétienne qui nous l'a transmis, que nous le connaissons – et il n'y a pas de raisons (même tactiques) de faire comme s'il pouvait en aller autrement.

Mais quand on a dit cela, qui n'est qu'honnêteté, on doit immédiatement ajouter que ce Mystère indéductible, il faut nous efforcer de le présenter à notre interlocuteur selon la manière dont il s'exprime déjà à lui-même, en sa tradition religieuse propre, son désir de salut et son salut, sa recherche de l'absolu et l'Absolu. Et notons-le bien, il ne s'agira pas là seulement d'un procédé extérieur purement formel, pour la *captatio benevolentiae*: cela devra correspondre à ce qui fait l'objet même du message et lui donne son caractère de Bonne Nouvelle. Si en effet l'annonce est que « Dieu est *avec nous* (pour nous sauver) », elle ne peut passer, et être reçue, que si elle est elle-même, dans son propre événement en tant qu'annonce, une manière de rejoindre le partenaire là où il est et tel qu'il est, une manière de « passer » vers lui.

Certes, il n'en restera pas moins que ce que, comme chrétiens, nous avons à dire – que, donc, Dieu s'est fait homme par amour pour nous et pour notre salut – est proprement inouï, renversant, inconcevable, même pour une perspective religieuse, quelle qu'elle soit. Nous risquons cependant, peut-être, d'être moins désarçonnés par l'audace dont il nous faudra dès lors savoir à bon escient faire preuve, si nous ne perdons pas de vue que c'est selon sa vérité – Trinité de Dieu et Croix du Christ comprises - que notre foi a toute sa crédibilité. Et que donc ce ne serait pas seulement lui être infidèle mais faire pour nous-mêmes un bien mauvais calcul, que de nous arroger la compétence ou le droit de faire à notre guise le départ entre ce qui mériterait l'annonce, et ce qu'on pourrait tranquillement larguer.

Par ailleurs et par-dessus tout, il ne faut pas perdre de vue non plus que, précisément par son Esprit, Dieu peut déjà être à l'œuvre *en* nos interlocuteurs. Et cela du sein même de leur *propre* appartenance religieuse, puisque celle-ci peut effectivement concourir à les mettre sur le chemin de la vérité et du salut. Nous pouvons donc tabler aussi sur le fait que le même et unique Dieu qui nous fait nous adresser à nos partenaires d'autres religions, peut aussi, et déjà, leur parler au cœur.

Chapitre 8

Réformabilité de l'institution ?

À CE chapitre qui sera le dernier et le plus abondant de ce livre revient la tâche de se concentrer sur l'*institution* « Église » comme telle. Non pas qu'on n'aurait développé jusqu'à maintenant qu'une réflexion purement théorique, abstraite, « spirituelle », et que sais-je encore ! Traitant de l'Église, on n'a au contraire jamais cessé ici de la considérer à partir de sa situation concrète dans les diverses évolutions qui l'ont effectivement marquée au cours des dernières décennies, et dans les conditions qui sont devenues les siennes aujourd'hui. Et si l'on a certes fait appel aux éclairages de l'histoire et de la théologie, on ne l'a fait que dans une intention très précise. Il ne s'agissait toujours que de repérer autant que possible : 1) les prises de conscience à opérer ou à développer concernant l'aujourd'hui ecclésial, et 2) les orientations à envisager ou à confirmer en vue de l'avenir de cette réalité très concrète et très complexe à la fois à laquelle on donne le nom d'« Église ». Réalité que déjà le Nouveau Testament désigne assurément (entre autres) comme le Peuple de Dieu, le Corps du Christ et le Temple de l'Esprit, mais qui n'en est pas moins censée s'incarner dans le complexe socio-historique qu'est cette *ekklêsia* qu'historiens, sociologues et théologiens ont, comme le disait le grand ecclésiologue qu'était Maurice Vidal, « cherché à comprendre[1] », chacun d'eux en fonction de sa propre méthodologie.

La relecture qu'en nos quatre premiers chapitres nous avons faite de soixante années de la vie de cette Église (principalement en France redisons-le) nous a conduits à estimer, comme et avec bien d'autres, que pour cette réalité à la fois inscrite dans notre histoire et notre société, et cependant si hétérogène par rapport à elles, une véritable *conversion* s'imposait, si elle voulait faire mieux que se survivre

1. Maurice VIDAL, *Cette Église que je cherche à comprendre. Entretiens avec Christian Salenson et Jacques Tessier*, Éditions de l'Atelier, Paris, 2009.

peineusement. Conversion d'abord au Dieu qui l'a voulue pour une certaine *mission*, mais conversion aussi au monde où cette mission est appelée à se déployer à travers les lieux et les temps. Conversion, donc, à la mission que Dieu donne – mais qui, d'elle-même, ordonne au monde !

Le parcours accompli dans ces premiers chapitres ayant de fait conduit à mettre en valeur la nécessité d'un réel changement dans l'Église, les deux chapitres qui ont suivi – les 5 et 6, du reste étroitement liés – en ont précisé les conditions et les exigences fondamentales :

– un retour au cœur du message de *la foi*, pour tout ensemble la comprendre davantage (conversion) et l'annoncer mieux (mission),

– entraînant l'engagement corrélatif dans un mode de vivre privilégiant en tout *l'amour de charité* afin, à la fois, de le pratiquer davantage (conversion) et d'y inviter mieux (mission).

Il est alors revenu à un nouveau chapitre (le 7) de présenter les *partenaires et interlocuteurs*, et plus largement le contexte d'ensemble, de l'accomplissement de cette mission d'une Église se voulant effectivement en conversion.

Tout cela étant maintenant dûment précisé, nous nous retrouvons devant cette question qu'il faut bien affronter comme telle : cette Église qui a donc été ici en cause d'un bout à l'autre de notre démarche, comment doit-elle se présenter, s'organiser et « fonctionner » dans son *institutionnalité* elle-même si elle veut être en mesure d'honorer les exigences que lui imposent respectivement et simultanément :

– d'un côté, la nature et les requêtes spécifiques, mieux prises en compte, de la foi et de l'amour que lui commande sa mission d'ordre *divin* ;

– et de l'autre, la réalité concrète et les prérogatives propres de ses divers partenaires d'ordre *humain* ?

Trois étapes seront nécessaires pour nous expliquer sur le type de rassemblement très particulier que représente l'Église, et que nous proposerons de désigner d'emblée par le terme de « *communauté* » – dont nous préciserons évidemment le sens (I). Nous poursuivrons en éclairant pourquoi et comment cette communauté-là suppose et comporte l'exercice d'une « *ministérialité* », d'ailleurs diversifiée (II). Restera alors à préciser que la juste articulation de la dimension (globale) de la communauté et de la pluralité (effective) de la ministérialité requiert la mise au point et en œuvre de ce qu'on désigne théologiquement et canoniquement comme la « *synodalité* » (III).

Faut-il le souligner : s'il déclare d'emblée qu'on va s'attacher à l'aspect institutionnel de l'Église, le titre de notre ultime chapitre annonce aussi que, conformément au projet global de l'ouvrage dont il ouvre la dernière étape, c'est sur la *réformabilité* de cet aspect de l'Église qu'il entend s'interroger. Il n'y a là rien que de très logique : à quoi servirait-il de parler de conversion de l'Église comme on prétend le faire ici, si l'on ne se donnait pas la tâche et la peine de vérifier l'existence chez elle d'une réelle « convertibilité/réformabilité » ? Précisons-le bien cependant, le fait de donner au titre de notre dernière étape une forme interrogative – « Réformabilité de l'institution ? » – dit assez qu'on a la vive conscience qu'une réponse positive n'ira pas ici nécessairement de soi !

I. Communauté

Ce qu'on appelle « l'Église » se présentant à l'évidence comme un *rassemblement* humain, on peut reconnaître d'emblée qu'est assez claire la *première* question qui se pose à son sujet quand on s'interroge sur son « identité » (et donc, comme c'est le cas ici, sur les conversions, transformations et réformes qu'elle est susceptible d'avoir à opérer en son propre sein). C'est celle de savoir quel *type* de rassemblement elle entend au juste réaliser dans l'humanité, à quel titre et selon quelles modalités. Tout le monde connaît la fameuse question par laquelle Staline estimait pouvoir régler son compte à l'Église : « Le pape, interrogeait-il tout goguenard, c'est combien de divisions ? » Jouant sur la polysémie du mot « division », on proposera ici, en un premier temps du moins, de répondre : « L'Église est une *communion* » et, plus précisément encore : « L'Église est une *communauté*[1] ».

1. L'Église n'est et ne vit que par Jésus-Christ… qui ne se révèle pleinement que par elle

Compte tenu du parcours que nous avons déjà accompli en ces pages, il n'apparaîtra sans doute guère étonnant qu'on le déclare dès maintenant sans ambages : quoi qu'il en soit d'autres précisions, l'Église est en tout cas la suite du rassemblement – on peut déjà dire : de la communauté – que *Jésus* s'est ingénié à constituer autour de lui (cf. Mc 3, 13s.). Rassemblement de disciples – de « fidèles » – acceptant

1. On pourra ici se reporter à la p. 164.

d'abord de venir « avec lui », et ensuite d'être envoyés par lui pour annoncer, tout autour d'eux, « l'Évangile ». À savoir : la Bonne Nouvelle d'un Dieu vivant et vrai appelant tout être humain à aimer son semblable et, par là, à contribuer pour sa part au développement en ce monde d'une fraternité de plus en plus effective et de plus en plus large, ouvrant à tous un avenir de partage, de bonheur et de paix dont Dieu lui-même serait l'indéfectible réalisateur et le garant définitif.

Cela posé, on peut considérer qu'il n'est guère douteux qu'un grand nombre de ceux qui auront adopté cette vue des choses en déduiront tout logiquement qu'il faut donc tenir Jésus pour le *fondateur* de l'Église. Or la réalité est moins simple et, du même coup, beaucoup plus riche.

Ce qui a commencé avec Jésus était appelé à ne s'accomplir qu'après lui

C'est un fait qu'à la fin de sa vie, Jésus non seulement n'avait rien écrit, mais n'avait ni formulé un credo susceptible de représenter une norme régulatrice de la foi de ceux qui voudraient être ses disciples, ni organisé un regroupement d'adeptes invités à structurer leur convivance selon un règlement et un ordonnancement strictement définis. À plus forte raison n'avait-il pas mis sur pied un rassemblement humain de dimension universelle, lui qui semble-t-il n'avait qu'à peine franchi les étroites limites de la « Palestine » de son époque ! C'est assez clair : lorsqu'au terme d'un procès bâclé il meurt crucifié, entouré seulement de sa mère, d'un unique disciple, de plusieurs femmes en pleurs et de quelques soldats, tout semble bien terminé du « mouvement » qu'après trente ans d'une vie qu'on a pu dire « cachée », il avait pour une brève période déclenché dans le pays des juifs.

Comment alors ne pas s'étonner du fait que peu de temps après sa mort dans de telles conditions, « son affaire a continué » (Willi Marxsen) et, qu'alors qu'« il avait annoncé le Royaume [et qu'il avait disparu sans l'instaurer !], c'est de fait l'Église qui est venue » (Alfred Loisy) ? La réponse à cette interrogation radicale est la suivante. Si, de ce qui s'appelle « l'Église », tout a certes bel et bien commencé avec Jésus, ce qui s'est ainsi inauguré par lui ne devait en réalité s'accomplir *qu'après lui*, et même n'a déjà été *voulu par lui* que pour ne se réaliser qu'après lui.

C'est fréquemment que Jésus avertit les siens qu'ils ne comprendront que « plus tard » – à savoir, comme le précisera le récit évangélique : 1) lorsque le Fils de l'homme aura traversé de graves épreuves qui l'attendent (synoptiques), et 2) lorsque leur aura été envoyé « un autre Paraclet », cet Esprit Saint qui « les conduira vers la vérité tout entière » (Jean).

C'est néanmoins un fait qu'à partir du moment où a commencé sa vie dite « publique », Jésus n'a pas cessé de donner aux siens des signes manifestant qu'avec lui et en lui « le Royaume » est déjà en train de venir (disons : de prendre corps !) pour et parmi eux. Nous l'avons relevé plus haut : le prophète de Nazareth (dont, tout autour de lui, on se gausse de pouvoir déclarer que l'on connaît bien toute sa parentèle, cf. Mc 6, 3) affiche un rapport unique avec le Dieu trois fois saint ; il donne à sa parole l'autorité de celle de Dieu lui-même ; privilège exclusivement divin, il va même une fois ou l'autre jusqu'à remettre le péché[1] ! Comment comprendre, alors, une telle prétention ? Elle était, certes, suffisamment provoquante pour qu'on s'interroge radicalement sur l'identité réelle de celui qui se présentait de la sorte ; mais on n'était pas encore en mesure de lui donner une réponse satisfaisante…

En fait, la réelle portée de tout cela n'a pas été comprise par les disciples de Jésus avant qu'il les eût quittés. C'est seulement après sa mort qu'ils ont pu en découvrir le sens au cœur même de la vie qui était redevenue la leur à son départ. « Il vous est bon que je m'en aille » avait d'ailleurs prévenu le Jésus de Jean. L'avertissement était sans équivoque : ce n'est qu'après la mort de cet étrange prophète qu'ils seraient en mesure de comprendre à la fois 1) qui était vraiment Jésus, et 2) qu'en eux et à travers eux pourrait se continuer ce qui était advenu à travers lui et en lui. Alors seulement mais alors vraiment, ils pourraient reconnaître l'intervention effective et la proximité réelle de Dieu, la manifestation de sa puissance de transformation de leurs existences – et cela, dans le temps même où ils expérimenteraient un dynamisme de vie plus fort que toutes les formes du mal et toutes les forces de la mort. Alors aussi, et du même coup, serait vraiment née l'Église comme telle.

Ce qui est apparu après Jésus sous le nom d'« Église » restait cependant, et était appelé à demeurer, porté par lui

Décryptons ! La découverte et l'accueil ***par les disciples*** de ce dont *Jésus seul* non seulement leur avait fait l'annonce mais dont il avait inauguré l'advenue en ce monde, faisait partie de la *réalisation* de ce

1. On pourra se reporter à *Jésus expliqué à tous*, *op. cit.*, p. 13s.

que leur maître avait ainsi annoncé et initié, à savoir l'inauguration du « Royaume de Dieu » lui-même. Car d'un côté, cette découverte et cet accueil ne pouvaient se réaliser *qu'après* ce qu'il revenait à Jésus lui-même d'en accomplir, à son titre propre et pour sa part unique entre toutes. Mais inversement aussi, c'est seulement par et dans la démarche croyante des disciples que pouvait apparaître ce qu'il était réellement lui-même, et aussi ce qu'il avait vraiment voulu instaurer dans le monde. Non pas que, après la mort de Jésus, ceux qui l'avaient suivi auraient inventé de toutes pièces ce qu'ils ont rapporté de ses dires, de ses actes, et donc de son identité personnelle et du sens de sa venue pour l'humanité ! Tout au contraire, puisqu'ils manifestent le constant souci de faire comprendre que ce qui leur apparaissait s'éclairer dans l'aujourd'hui qu'ils vivaient après le départ de leur maître, correspondait étroitement à ce qu'ils avaient – sans le comprendre alors – « vu de leurs yeux, ouï de leurs oreilles, et même touché de leurs mains » (1a Jn 1, 1) en l'homme de Nazareth. Telle est bien la raison pour laquelle Luc a tenu à faire précéder son récit évangélique concernant Jésus d'un prologue attestant qu'il a bien pris soin de se documenter auprès de témoins qualifiés.

Tout cela nous éclaire sur la manière à première vue surprenante dont le récit évangélique nous rapporte les paroles et les actes de Jésus. Il arrive aux auteurs néotestamentaires de nous le présenter comme tenant certains propos et posant certains gestes dont la recherche exégétique nous apprend que les disciples n'ont de fait pu les vivre qu'après le départ de leur maître. Ainsi par exemple les gestes et paroles du dernier repas de Jésus tel qu'il nous est décrit nous sont-ils en réalité présentés à partir de ce qui était pratiqué dans les premiers temps de la célébration eucharistique des communautés qui se réunissaient après sa mort. Autre exemple, plus significatif peut-être parmi bien d'autres : le miracle de la tempête apaisée. Il nous est présenté comme accompli par un Jésus dont il nous est précisé qu'il vient de sortir d'un surprenant « sommeil » au fond de la barque commune : la barque symbolise très clairement la fragile Église commençante après le départ de Jésus... et le rédacteur a choisi de désigner ce « réveil » en reprenant le terme que le Nouveau Testament applique par ailleurs à la résurrection de Jésus d'entre les morts[1] !

1. On pourra se reporter à mon article sur les « Miracles de la nature » dans *Jésus. L'Encyclopédie, op. cit.*, p. 297-301.

L'intention fondamentale d'un tel mode d'écriture de l'histoire – c'est-à-dire de rapporter ce qui s'est passé ! – est assez transparente. Elle veut faire comprendre que, si l'Église a bien son origine en Jésus, cela n'a commencé à se vérifier qu'à partir du moment où cela a été vu, entendu et touché, découvert et accepté, reconnu et confessé à travers et dans l'engagement de ses disciples déclarés, devenus ses témoins éclairés. N'est-ce pas d'ailleurs ce que, bien plus tard et chacun à sa manière, diront des croyants chrétiens aussi différents pourtant que d'une part Jeanne d'Arc déclarant devant ses juges que « de Jésus et de l'Église, c'est tout un ! », et d'autre part Bossuet prêchant devant la cour du roi que « l'Église, c'est Jésus-Christ répandu et communiqué » ?

Aussi bien, ce qu'annonçait le titre du présent développement apparaît-il maintenant s'expliciter : « L'Église n'existe que de Jésus » ! C'est bien en effet ce qu'il faut comprendre en premier. Mais, puisque l'Église n'existe évidemment pas non plus sans *d'autres* que Jésus, il faut tout de suite faire remarquer : 1) que ces autres que sont par rapport à lui ses disciples, n'existent en vérité que de leur relation à lui ; et 2) que, les unissant entre eux, cette relation même les constitue en Église. N'est-ce pas d'ailleurs ce qui se signifia dans le fait que dès les années 60-70, on estima ne pouvoir désigner les disciples de Jésus que par un terme qui les définit expressément par rapport à lui (cf. Ac 11, 26) : « C'est à Antioche que, pour la première fois, les disciples reçurent le nom de "chrétiens" » c'est-à-dire : le « disciple du *Christ* » ?

2. L'Église n'existe que pour être – et pour faire croître à travers les temps et les lieux – la communauté des disciples de Jésus, le Christ

Ce que nous venons de dire a commencé de nous éclairer sur le « pourquoi »(la *genèse*) de l'Église. Disons-le : elle n'existe fondamentalement que *parce que Jésus l'a voulue*. Mais il convient d'expliciter maintenant son « pour quoi » (sa *finalité*). La réponse comportera trois éléments à soigneusement articuler. L'Église n'a été fondée par Jésus au sens que nous avons dit que pour réaliser dans l'humanité à travers l'histoire :

– une communauté de *« vue »* par la foi en un Jésus reconnu comme Christ ;

– une communauté de *« vie »* par le rite sacramentel propre au christianisme ;

– une communauté de « *voie* » par l'amour de charité pratiqué au cœur du monde.

À sa manière (mais dans un autre ordre), la formulation ici adoptée reprend à dessein une expression johannique présentant Jésus comme « la Voie, la Vérité et la Vie » (Jn 14, 6). Elle permettra d'expliciter que c'est justement en tant qu'il se prolonge dans l'Église – et par conséquent en tant que l'Église n'existe que de lui –, que Jésus joue pour ses disciples le rôle « fondateur » que lui reconnaît la foi. Nous pourrons ainsi mieux percevoir comment est concrètement organisée la communauté appelée « Église » en ses dimensions fondamentales d'*institution* spécifique. Nous ne manquerons pas d'être à chaque étape attentifs aux *dérives* qui, pour chacun des trois aspects à l'instant évoqués, la menacent toujours. Et qui sollicitent donc, chacune à son titre, la *conversion* que requièrent les temps que nous vivons aujourd'hui.

L'Église comme communauté de « vue » par la foi en Jésus-Christ

Un élément propositionnel-doctrinal

Un premier élément constitutif de l'Église, et qui définit pour sa part le type de rassemblement qu'elle a pour but d'opérer dans l'humanité, est d'ordre doctrinal. Si elle est susceptible de réunir en une *communauté* ceux qui se rattachent à elle et pourront en conséquence se réclamer authentiquement d'elle, c'est dans la mesure où elle leur propose une « vision » du monde à laquelle ils décident d'adhérer, une « vue » des choses à laquelle ils choisissent de se rallier.

Seront chrétiens, et donc membres de la communauté appelée Église, ceux qui adoptent les propositions qui sont celles de la foi chrétienne et dont la substance est formulée dans le credo, ce symbole de la foi que notre chapitre 5 a présenté. « L'Église, écrit Maurice Vidal, est une *communauté* dont le lien social n'est ni une ascendance commune ni un projet commun, mais la foi commune en Jésus-Christ, Fils de Dieu, notre Seigneur et Sauveur[1]. »

Cette vue des choses, cette foi qui pour sa part fait exister l'Église en rassemblant en une communauté spécifique ceux qui ont choisi de la professer, est exprimée d'abord dans l'Écriture, et plus spécialement

1. Maurice VIDAL, *À quoi sert l'Église ?*, Bayard, Paris, 2008, p. 59.

dans *le Nouveau Testament*[1]. La première réception/formulation « officielle » de la foi qui s'y est cristallisée a en effet eu, et garde nécessairement, un caractère de référence pour toute la suite. Cela est bien indiqué par la désignation traditionnelle de l'Écriture comme « *norma non normanda*, norme qui ne peut être normée par rien d'autre »... Mais comment ne pas nous demander, aujourd'hui, si l'Église a été et est suffisamment attentive à y fournir un véritable accès ? N'est-on pas toujours là, en vérité, assez loin du compte ?

Après l'Écriture vient ce qu'on appelle *la Tradition*... Mais, nouvelle question immédiate : a-t-on rendu assez attentif au fait que cette dernière n'est pas seulement un nouvel ensemble de documents régulateurs de la foi, puisqu'elle se présente elle-même comme le *processus*, continu à travers les siècles, d'une transmission vivante toujours en acte ? Et où il convient du reste de distinguer une phase fondatrice (celle des Apôtres et de l'âge immédiatement post-apostolique), et une phase d'interprétation... qu'il nous appartient toujours de garder vivante ?

À quoi il faut ajouter ce qu'on appelle *le magistère*... Mais a-t-on donné les moyens de percevoir qu'il n'est pas une autorité qui se caractériserait par son habilitation à déclarer souverainement de nouvelles vérités dogmatiques ou de nouvelles prescriptions morales, comme s'il avait le privilège exclusif de pouvoir décider seul du vrai qui est à croire ? A-t-on réellement aidé à le comprendre comme un service qualifié de l'appréciation de la justesse de la foi auquel il incombe toujours de faire apparaître cette qualification par rapport à l'ensemble de la communauté des croyants, puisque c'est à elle tout entière qu'il revient de témoigner de la foi chrétienne authentique ?

Deux dérives menaçantes

On voit bien, maintenant, pourquoi l'élément doctrinal prend plus d'importance dans la foi chrétienne – spécialement sous sa forme catholique – que dans n'importe quelle autre religion du monde. Raison de plus pour être attentif aux dérives qui paraissent ici menacer.

Une première dérive peut se présenter, dont le passé a fourni maints exemples mais dont l'aujourd'hui ecclésial reste marqué, et qu'on pourrait désigner comme un *intégrisme dogmatiste*. Il suffira ici

1. Mais pas seulement car, par définition, le Nouveau ne se définit que par rapport à un « Ancien » également désigné comme « Premier ».

d'évoquer tant d'anathématismes que son souci fondé de l'ortho*doxie* (i.e. la juste manière d'« honorer » – *doxa !* – la vérité en cause) a conduit le magistère à formuler à travers les siècles. Car comment se satisfaire, sans plus, des résultats assez désastreux auxquels ils ont, quand même, si souvent abouti ? Des résultats que continuent d'ailleurs hélas d'entretenir avec quelque chose comme une furieuse ferveur quelques groupes intégristes confirmés d'aujourd'hui...

Or, comment ne pas reconnaître ouvert un champ flagrant de conversion là où la tendance dominante a pu être, ainsi, de s'accrocher mordicus à privilégier des prises de positions et des formulations tenues pour obligatoirement *figées*, alors qu'elles ne sont (et ne peuvent être) que nécessairement *datées* ? Voir les choses ainsi, c'est oublier que ceux qui avaient *in tempore* à formuler leurs « définitions » dogmatiques, l'ont fait dans la conscience de leurs limites, liées à un contexte par définition appelé à évoluer avec les époques et les problématiques. Comment pourrait-on par ailleurs négliger le fait que le magistère lui-même ne saurait s'estimer dispensé d'avoir (quand même) toujours à s'efforcer de fournir au partenaire visé les moyens d'accéder effectivement à la compréhension d'énoncés dont l'étrangeté peut au départ tout à fait le décontenancer ? Et ne faut-il pas surtout se garder de donner à penser que la foi chrétienne se limiterait à « tenir pour vrais » des énoncés et des propositions dont il n'importerait en aucune manière de chercher la pertinence pour l'existence même de celui qui se voit mis en demeure d'y adhérer ? Autrement dit : comment les propositions de la foi pourraient-elles être porteuses d'une vérité qui n'importerait pas à la vie ?

Il faut d'autant plus être attentif à dénoncer ce genre de dérive possible qu'elle a sa correspondante inversée dans ce qu'on pourrait désigner cette fois comme une *rationalité impérialiste*. Décrocher la question de la vérité à croire de toute possibilité de vérification par l'existence et la vie même de ceux qui s'en posent la question, est en effet aussi le fait de ceux qui érigent la seule raison critique et son autorité propre en unique instance de vérité. Or ne doit-on pas, tout de même, se demander un jour où l'autre *qui* ou *quoi* serait en mesure de décréter que, dans ce qui est susceptible d'éclairer la vie de chaque homme et la communauté de tous les hommes, tout devrait nécessairement pouvoir ne relever ultimement que des soupçons et des verdicts que nous avons déjà eu l'occasion d'évoquer ? Ceux qui professent la foi chrétienne savent, et ils n'en font pas mystère, que ce qu'ils osent proposer pour rassembler les hommes en la communauté à laquelle convie leur foi, ne peut relever que d'un type d'adhésion que la seule évidence rationnelle (ou plutôt : ce qui n'est toujours au plus qu'une *plausibilité*, même rationnelle) est inapte à déclencher.

L'Église comme communauté de « vie » par le rite sacramentel propre au christianisme

Un élément symbolico-religieux

Un deuxième élément constitutif de l'Église relève, lui, du domaine symbolico-religieux. Cela a été souvent relevé : toute société, toute communauté a ses rites, y compris et même d'abord bien entendu la communauté de type familial. Certes, beaucoup d'autres facteurs que les rites sont décisifs pour la constitution d'un regroupement ou d'un rassemblement humain spécifique, de quelque ordre qu'il soit. Mais la spécificité et l'intérêt du rite sont que, par la dimension symbolique qu'il introduit et met en œuvre, il a la capacité d'ouvrir le quotidien, l'ordinaire, l'habituel, sur un « autre chose », sur un « supplément de sens » qui excède, et de quelque manière transcende toujours, l'immédiat, l'habituel, l'évident.

De surcroît, par l'interruption qu'il vient introduire dans le train-train et les contraintes du quotidien, le rite rend attentif à ce qui peut *porter* ce quotidien, lui donner poids, prix et sens. Par la répétitivité à laquelle il se prête et à laquelle même il appelle, il rend aussi disponible à ce que l'on a toujours la tentation de négliger, d'oublier, voire d'effacer. Par la mise en scène qu'il suppose, il rend possible la mise en valeur et même la célébration ; il réclame dès lors de soi une participation qui présuppose une déprise de ce qui occupe et emplit habituellement cette vie quotidienne à laquelle on a naturellement toujours tendance à rester rivé, en dehors de laquelle bien entendu nous n'existons pas… mais qui ne peut pourtant pas ne pas être, d'une manière ou de l'autre, à la recherche de son sens.

Comment s'étonner, alors, que le christianisme ait lui aussi une dimension rituelle marquée ? Ce qu'il invite à professer dans la foi, il y donne accès par du rite, par des rites spécifiques, dont l'intérêt est à la fois de ne prendre sens que par rapport à l'ordinaire de la vie, et de lui permettre pourtant de se référer à un au-delà d'elle-même. À un au-delà qui, du même coup, s'avère apte à contribuer pour sa part à rassembler ceux qui y participent en une véritable communauté. L'Église apparaît par là ne pas se constituer seulement d'une foi à un ou à des mystères, mais aussi d'une *participation* rendue possible par des rites qui donnent accès au Mystère qu'ils actualisent en le symbolisant. Il sera, dans ce contexte, suggestif de rappeler que les rites chrétiens ont été dès leur origine désignés en grec (au pluriel) comme des « *mysteria* », le « *sacramentum* » latin (au singulier) renvoyant, lui, à l'idée d'un engagement sacré.

Déjà chez Paul un/le premier sacrement est le baptême. Le symbole, qu'il met en œuvre, de la plongée dans l'eau signifie/réalise symboliquement la participation une fois pour toutes de celui qui accepte d'en jouer le jeu, au mystère de la Pâque du Christ traversant les abîmes de la mort et faisant triompher définitivement la vie par sa résurrection. Et Paul de bien préciser que chaque baptisé est par cette plongée rituelle incorporé à la communauté des vivants de la vie de Dieu qu'est l'Église (Ga 3, 28). Quant au rite de l'eucharistie, réitérable par définition, il réalise en la symbolisant, à travers le partage du pain et du vin (1 Co 10, 16-17), la communion de tous les participants au Corps du Christ, dont chacun d'eux est déjà devenu membre à son baptême. Il est si important pour les croyants que le théologien Henri de Lubac a pu poser cet axiome : « Si l'Église fait certes l'eucharistie, c'est aussi l'eucharistie qui fait l'Église. »

Deux dérives à dénoncer

La liste des sacrements est connue : le baptême, la confirmation, l'eucharistie, le sacrement du pardon, l'onction des malades, l'ordre, le mariage. Aujourd'hui en tout cas, ils se définissent chacun à son titre par rapport à une situation très déterminée de la vie humaine, contribuant ainsi à faire de l'Église la communauté de ceux qui se reconnaissent bénéficiaires du salut. C'est-à-dire : de cette vie éternelle que Dieu a voulu ouvrir au monde en lui envoyant en Jésus son propre Fils, dont l'Esprit Saint « continue [l']œuvre dans le monde, achevant ainsi toute sanctification », comme le déclare l'une des grandes prières de la messe.

Ne pouvant évidemment nous étendre ici davantage sur les sept sacrements, nous signalerons plutôt sans retard les deux dérives (contrastées) principales qui menacent, ici aussi. La première peut être désignée comme un *formalisme cérémoniel.* Le sacrement se présentant comme un rite qui réalise ce qu'il signifie en l'exprimant symboliquement, on pourra être tenté de le considérer comme se suffisant en quelque sorte à lui-même. À la limite, avoir reçu le baptême suffirait à faire un chrétien, et aller assez régulièrement à la messe justifiera qu'on soit appelé « pratiquant »... comme si la pratique de la foi pouvait quasiment se limiter à la participation plus ou moins fréquente à l'eucharistie (ou au moins, comme il arrivait qu'on le dise, à un « bout de messe », qu'on avait réussi à « prendre » !).

Dans l'évaluation d'une telle dérive, il conviendra cependant d'être nuancé et de faire preuve de sens pastoral. Autant en effet il faudra bien rappeler à bon escient l'interpellation prophétique clamant que Dieu n'a rien à faire de nos sacrifices, si « fumants » soient-ils, si nous n'y mettons pas notre cœur, autant il faudra savoir laisser aussi sa « chance de grâce » tantôt au geste qui consiste à déposer un cierge en signe sincère de dévotion et de confiance, tantôt à la participation occasionnelle mais fervente à une liturgie qui aura été très intentionnellement choisie en un moment décisif de l'existence comme l'expression résolue d'une conviction chrétienne, et tantôt encore à l'engagement dans telle célébration particulièrement festive ou à la participation très consciemment décidée à tel pèlerinage parce qu'on entend manifester par là sa volonté d'une appartenance maintenue à la communauté ecclésiale...

À côté de cette première dérive qui risque donc toujours de survaloriser le rite, et le « cérémoniel » en général, par rapport à la démarche de foi qui peut seule leur donner sens, il faut aussi faire état d'une seconde qui, elle, tend à disproportionner totalement la signification que lui attribue la foi, au point que l'on dérapera dans ce qu'on peut désigner comme une *survalorisation eschatologiste*. On comprendra au mieux sans doute ce qui est visé ici si l'on s'en rapporte au fait que le concile Vatican II a beaucoup tenu à présenter l'Église elle-même comme « sacrement ». Sacrement de quoi, alors ? Réponse : « sacrement du salut », c'est-à-dire de la rencontre effectivement salvatrice « des hommes avec Dieu et des hommes entre eux » (*Lumen gentium* 1, 1). Il faut cependant ici bien entendre le message ! Si, fût-ce de manière symbolique, le sacrement réalise vraiment à sa manière ce qu'il signifie, on ne peut guère refuser de considérer qu'alors, selon la foi des chrétiens du moins, l'Église serait à reconnaître, ni plus ni moins, comme le « lieu » – la communauté – où, en ce monde, Dieu donne à rencontrer déjà (dans la foi) un premier accomplissement signifiant du Royaume définitif où il sera « tout en tous » (1 Co 15, 28) – ce qui sera bien entendu l'accomplissement du salut pour toute l'humanité ! C'est d'ailleurs bien en ce sens que (sur sa fin) le credo peut nous faire déclarer : « [Je crois en l'Église] *une, sainte, catholique* [et apostolique] »... Or, plus encore que la stricte honnêteté, la simple évidence peut-elle inviter ici à autre chose qu'à reconnaître que nous sommes en réalité très loin du compte ? Car enfin, *une*, l'Église ne paraît guère l'être puisque pour tant de choses elle se montre toujours en réalité si divisée ; *sainte*, comment peut-on avoir le front de la déclarer telle, quand à travers les siècles elle a si souvent démérité de sa mission et quand aujourd'hui encore un certain nombre de ses membres ont multiplié les « abus », dont certains ne méritent pas un autre nom que celui de crimes ; et *catholique*, elle ne paraît pouvoir être reconnue telle qu'au prix d'argumentations qui ne peuvent tout de même guère l'emporter que chez des déjà bien convaincus par ailleurs !

Trouvera-t-on que j'exagère ? Peut-être me ferai-je mieux comprendre si j'apporte ici les quelques précisions que voici. Je continue de réciter en toute conviction le symbole de Nicée-Constantinople… mais à la condition, si j'ose dire, d'aller jusqu'au bout de ce qu'il invite à proclamer ! Ce n'est en effet que sur fond de l'espérance en la « résurrection des morts et la vie éternelle », et de ce rassemblement définitif en Dieu qu'elle promet, que je peux professer ce qui est dit de l'Église juste avant : une, sainte, catholique ! Cela précisé, je tiens à faire savoir que je ne fais aucune difficulté à reconnaître que dans l'Église où il m'est toujours donné de vivre – Église d'hier et d'aujourd'hui –, m'ont été donnés des signes authentiques d'unité, de sainteté et de catholicité qui, dans la foi certes, m'ont paru parlants. Malgré leur nombre trop limité sans doute, je peux dire qu'ils me sont apparus d'autant plus significatifs qu'ils étaient plus improbables et plus exceptionnels là où ils m'étaient donnés – à savoir, le plus souvent, dans l'ordre de la charité[1]. Je dois bien admettre cependant un grand décalage entre ce que j'ai pu constater moi aussi concernant l'Église, et la littéralité de la formulation du credo à son sujet ! Cette dernière énonce en réalité quelque chose qui ne vaudra pleinement que lorsque le dessein de Dieu sera totalement accompli, et dont ne peuvent donc être aujourd'hui donnés, si parlants qu'ils soient comme je l'ai reconnu, que des signes limités, insuffisants, et tout de même trop peu nombreux !

C'est du reste bien pourquoi je parle ici de surévaluation « eschatologiste » ! « Un jour » – accomplissement définitif du rassemblement de son Peuple que Dieu voulait réaliser par la mission de son Fils et de leur Esprit commun –, la Jérusalem céleste (Ap 21) paraîtra toute resplendissante de la grâce dont son Seigneur et Sauveur l'aura

1. Je renvoie au propos de Claude Geffré que j'ai cité plus haut p. 232.

lui-même parée, pardonnant ses fautes, soutenant ses efforts, accompagnant indéfectiblement chacun de ses plus humbles fidèles « tout au long de leur chemin sur la terre », comme dit l'une de nos prières eucharistiques. Alors, à notre ravissement et pour notre action de grâce, et tandis que nous serons plus que jamais conscients de toutes nos si regrettables indignités, « Il effacera [pour cela aussi] toute larme de nos yeux ». Il nous aura lui-même pleinement « rendus dignes de paraître en sa présence », comme nous invite déjà à le dire une autre des prières de notre célébration eucharistique... Mais nous n'y sommes pas encore ! Raison de plus pour être toujours en garde contre toute tentation de triomphalisme, et pour ne considérer toujours l'Église que sous le signe de l'humilité, de la conversion, et de l'espérance.

L'Église comme communauté de « voie » par l'amour de charité pratiqué au cœur du monde

Un élément relationnel-organisationnel

Troisième et dernier élément constitutif de l'Église comme communauté : la dimension relationnelle-organisationnelle. Il est extrêmement significatif que les tout premiers rassemblements chrétiens n'ont désigné ce qui allait devenir le christianisme, et qui naissait avec eux, ni comme une nouvelle religion ni comme une nouvelle philosophie (encore qu'à tout prendre on préféra un peu plus tard ce terme à celui de religion !) – mais, tout simplement, comme une « voie », et même comme « *la* voie » (Ac 9, 2). Autrement dit : comme une manière de vivre et de se conduire dans la vie, comme un style de vie – disons : comme une forme spécifique d'éthique et de morale, au sens que nous avons donné plus haut à ces termes : pratique concrète, et réflexion plus théorique. Et donc, ainsi, comme une voie capable de rassembler ceux qui se mobilisent pour effectivement la suivre.

Nous avons amplement présenté cette « voie » dans notre chapitre consacré à la mission d'aimer et d'appeler à aimer. Quelques rappels pourront donc maintenant suffire. Pour la « règle de vie » proposée, on s'en tiendra à rappeler l'insistante invitation de la première épître de Jean : « Bien-aimés, aimons-nous les uns les autres » (1 Jn 4, 7). Et pour la mise en œuvre effective, on renverra seulement à l'évocation, par le livre des Actes de la première communauté chrétienne : « La multitude des croyants n'avait qu'un cœur et qu'une âme » (Ac 4, 32). Pour faire bonne mesure, on ajoutera quand même le témoignage (indirect certes mais d'autant plus fort) de l'empereur Julien dit l'Apostat (361-363). Désirant redonner ses chances à l'antique religion romaine, il prenait pour référence ce à quoi il pensait devoir attribuer le succès croissant des chrétiens de son époque : après la clarté de leur doctrine, il indiquait « leur *générosité*, qui ne se limite pas à leurs coreligionnaires[1] » !

Promu par la foi doctrinale, porté par la dynamique du rite sacramentel et prenant la forme de l'amour de charité pratiqué certes *ad intra* mais aussi *ad extra*, ce que j'appelle ici l'élément relationnel manifeste dans le type de communauté qu'est l'Église s'avère donc avoir été, lui aussi dès les origines, décisif pour la constitution de l'Église en une *communauté*. C'est cependant un fait qu'il apparut aussi assez tôt insuffisant pour susciter puis entretenir la vie des communautés chrétiennes, leur fonctionnement équilibré et harmonieux, ainsi que leur déploiement en fraternelle convivance. Ici, de nouveau, la référence à saint Paul sera des plus instructives. L'apôtre des nations venant à peine de fonder, à Corinthe et ailleurs, plusieurs communautés de croyants chrétiens, il dut se préoccuper sans attendre de leur fonctionnement, de leur organisation – et lâchons le mot : de leur « institutionnalité[2] ». Il dut évidemment pour cela faire lui-même acte d'autorité, mais aussi se préoccuper de mettre en place des collaborateurs capables de guider les groupes de chrétiens naissants tant dans leur fonctionnement interne que dans la mise en œuvre de leur volonté missionnaire. Ainsi l'élément relationnel, fraternel et communautaire prenait-il forme organisationnelle, donc institutionnelle… et requérant d'elle-même l'intervention d'une forme d'autorité caractérisée.

Deux graves dérives

Traitant bientôt de la ministérialité dans l'Église, on reviendra nécessairement alors sur son aspect organisationnel. On ne peut

1. Julien ajoutait un troisième facteur : « leurs évêques » ! Outre que je ne peux pas manquer de souligner la pertinence de l'analyse de l'empereur païen puisqu'en somme elle correspond à ce que nous avons retenu comme les trois éléments constitutifs de l'Église comme « communauté », je précise que nous aurons l'occasion de revenir sur le troisième puisque nous traiterons sans tarder de la ministérialité. Je dois la précieuse référence dont je viens de faire état à Maurice VIDAL, *Pourquoi l'Église ?*, *op. cit.*, p. 148-149.

2. Sur les communautés pauliniennes et leur organisation, voir *Jésus. L'Encyclopédie*, *op. cit.*, p. 235s. et, surtout, *Après Jésus*, *op. cit.*, p. 415s.

cependant pas quitter la question de la «communauté de "voie" par l'amour de charité» sans au moins alerter sur les dérives qui la menacent elle aussi. Et, par conséquent, également sur les nécessités de conversion à quoi tout cela peut inviter parmi nous aujourd'hui.

Première dérive, la *tentation schismatique*. Si le rassemblement spécifique qui constitue l'Église comme telle suppose d'abord cette communauté de «vue(s)» qui s'appelle la foi dans sa composante doctrinale, et aussi cette communauté de «vie» que rend possible la pratique sacramentelle, il réclame par-dessus tout ce que j'ai choisi d'appeler ici une communauté de «voie», c'est-à-dire finalement de ce «chemin de vie» à privilégier effectivement que représente l'amour de *charité*. On ne peut donc éviter de se demander ce que peut devenir une telle communauté lorsqu'entre en jeu et prend le dessus la prétention à détenir l'exclusivité soit de *la rectitude doctrinale* soit de *la validité rituelle*. La réponse est claire: il ne reste alors plus de place que pour l'aspect d'*autorité*! Prendra ainsi le pas sur tout le reste soit la seule instance hiérarchique effectivement de fait en charge, soit la contestation de celle-ci qui conduira le contestataire à estimer ne pas pouvoir faire mieux ses preuves qu'en faisant tout pour se substituer lui-même à l'autorité jusqu'alors en place…

Dans les deux cas – ici par l'exclusion prononcée par l'autorité, et là par la dissidence déclenchée par la contestation – le résultat sera le même: la rupture aboutissant au schisme, déclaré ou non. Dans les deux cas aussi aura dominé la même prétention à disproportionner l'autorité comme telle: ici par sur-affirmation, là par auto-proclamation. Mais, bien entendu, c'en sera alors fait de toute communauté réelle.

Qu'elles soient anciennes et plus ou moins toujours d'actualité ou bien qu'elles soient contemporaines, de telles tendances schismatiques peuvent être d'origine non seulement dogmatique ou liturgique mais, par exemple, aussi d'ordre politique ou «purement» idéologique. En tous les cas, il faut que ce soit très clair: elles ne pourront être surmontées (en ce temps du monde du moins) que par un retour à la «voie» par excellence qu'est, en christianisme, l'amour de charité. Elle seule pourra rétablir l'unité en reconstituant le «lien de la paix» (Ep 4, 3); elle seule pourra rendre effective la réconciliation, avec le pardon qui en est la condition. Encore faudra-t-il ne pas perdre de vue que cette voie ne pourra être effectivement authentique, chrétienne et ecclésiale, sans la recherche résolue et de la communauté de «vue» que seule permet la foi et de la communauté de «vie» qui dépend de la célébration sacramentelle!

Exemple d'application : la résolution du conflit en cours autour de ladite messe de Jean-Paul II (ou de ladite forme extraordinaire du rite romain) ne sera possible qu'à deux conditions au moins : que si, d'un côté – condition stricte et totalement non négociable ! –, les « sécessionnistes » acceptent la *doctrine* de Vatican II portant précisément sur la célébration (*sacramentelle*!) eucharistique : participation active des fidèles et concélébration. Et que si, de l'autre côté – je ne doute pas qu'ils y soient disposés –, les titulaires de l'autorité ecclésiale que sont les évêques inscrivent effectivement l'exercice institutionnel qu'ils en feront non pas dans le registre d'un pouvoir souverain, mais sous le signe de la charité chrétienne exigée d'eux comme de tous dans l'Église, et sans laquelle leur propre autorité ne serait ni ecclésiale, ni chrétienne. Ni donc véritablement pastorale, car toute la pastorale émarge nécessairement au registre de la charité[1].

Au moins aussi grave que celle que nous venons de présenter, véhémentement dénoncée à juste titre aujourd'hui tant dans l'Église elle-même qu'en dehors d'elle, et appelant donc une conversion qu'à son titre propre le pape François ne cesse de relancer, une seconde dérive grave menace encore l'Église comme *communauté de « voie »* où la priorité doit revenir à l'amour de charité. Je l'appelle le *cléricalisme interne* et, du moins dans ses effets, elle n'est pas sans recoupements avec ce que j'ai pu désigner à l'instant comme la tentation schismatique.

Nous avons déjà parlé d'une face externe du cléricalisme. Nous l'avons fait lorsqu'il a été question du rapport de l'Église à son environnement socio-économico-politico-culturel. Passant ici à l'interne, on peut y épingler cette même attitude, qui se caractérise par sa prétention à tout régenter. Une telle posture est en effet bel et bien « débusquable » *aussi* parmi les membres de l'Église, au sein donc de la communauté ecclésiale elle-même. Ici, celui qui exerce une responsabilité de gouvernement (quel qu'en soit le niveau) prétend en exciper pour imposer « sa loi » – c'est-à-dire, d'une manière ou de l'autre, sa propre volonté ! – à quiconque lui est confié, ou s'adresse à lui au titre justement de sa responsabilité. Il pratique du même coup ce qu'on pourrait désigner, plus encore que comme

1. Je peux ici renvoyer aux dispositions sur lesquelles je m'étais engagé comme archevêque de Strasbourg avec la communauté *Ecclesia Dei* locale par une ordonnance épiscopale en date du 3 mars 2000, publiée sans retard dans *L'Église en Alsace*.

un abus de confiance, comme un détournement de confiance. Si le champ d'exercice d'une telle attitude a sans doute été le plus souvent le domaine sexuel, elle est loin de s'y être limitée, et elle y a plutôt de fait souvent conduit.

Il s'impose ici d'exercer la plus attentive vigilance, d'opposer la plus ferme dénonciation, et même de mener le combat le plus déterminé. Les raisons d'adopter pareille attitude sont nombreuses, et les dénonciations déjà effectuées (ou en cours), en premier lieu dans le domaine de la pédophilie, en ont montré l'importance et l'urgence.

On profite d'une position sociale – et de l'autorité, de l'estime voire du prestige dont on se prétend de ce fait investi – pour, en réalité, en dévier totalement le sens, pour les exploiter au bénéfice d'une tout autre cause, voire directement dans son propre intérêt. On risque bien sûr du même coup de valoir le discrédit à tous ceux qui, eux, exercent ès-qualités et selon son esprit le même genre de responsabilité. Et en tout cas, quand ce ne serait que par leur nombre, le fait déjà que de telles déviances soient apparues et se soient maintenues à travers les années chez des ecclésiastiques, des religieux (quelquefois de haut rang) et, dans une certaine mesure au moins, le fait aussi que des supérieurs au courant de telles pratiques soit aient fermé les yeux sur elles, soit les aient couvertes, soit les aient niées, ne peut qu'imposer une réflexion de fond sur le point de savoir si ce ne serait pas l'institution ecclésiale (catholique) elle-même qui aurait – que faut-il dire ? – permis, induit, facilité de telles pratiques, si manifestement contraires à l'esprit évangélique.

Tout compte fait, on ne peut donc que donner toute raison au pape François de dénoncer « à temps et à contretemps » (2 Tm 4, 2) l'intervention, là, de ce que j'appelle un cléricalisme interne. Et dont les effets ont en fait leur racine profonde dans ce genre de persuasion devenue obsessionnelle : un certain type de responsabilité « ecclésiastique » qualifierait automatiquement même en des domaines qui n'ont rien à voir avec la foi, armerait pour juger de haut à partir de considérants qui échapperaient par définition aux collaborateurs non-clercs (si compétents qu'ils puissent être pourtant), et finalement autoriserait à trancher sans avoir à rendre compte à quiconque d'autre que l'autorité supérieure (elle-même cléricale bien entendu). Bref, hissé sur une sorte de piédestal sacré, le « clerc » serait fondé à s'établir dans la conviction du vaniteux pharisien de la parabole : « Je ne suis tout de même pas comme le reste des hommes ! » (Lc 18, 11). J'aurai bien entendu l'occasion de revenir sur une telle attitude lorsque nous parlerons de la ministérialité et de la synodalité. Il ne s'imposait pas moins de dénoncer déjà ce genre de grave dérive lorsque – comme c'est le cas ici – est en cause le type de rassemblement qu'est appelée à réaliser en humanité (au titre de la « voie royale » qu'est en christianisme la charité !) la *communauté* digne d'être reconnue comme « Église » de Jésus-Christ.

II. Ministérialité

Dans une certaine optique théologique on pourrait penser, on a pensé et il y a toujours des gens pour penser que la réflexion sur l'Église ne peut commencer que par la question de la ministérialité. N'est-ce pas en effet par des agents patentés – disons tout de suite : par des ministres qualifiés – qu'a pu commencer de prendre corps et commencer à s'organiser comme tel ce rassemblement spécifique qui peut s'appeler « l'Église » ?

Avec Vatican II, nous avons ici fait le choix de considérer cette Église d'emblée comme « communauté » (voir I), et donc de ne poser la question des ministères qu'en référence à une réalité à la fois plus fondamentale et plus englobante. À savoir : le rassemblement qu'opèrent dans l'humanité la confession de la foi chrétienne, la pratique sacramentelle, et le « labeur » (1 Th 1, 3) de la charité du Christ. Il n'aura cependant pas échappé à mon lecteur que nous n'avons procédé ainsi qu'en faisant état d'« éléments », de « dimensions », d'« aspects » et de « facteurs » de fait essentiels à un rassemblement si spécifique. Or il faut bien en venir à se demander comment tout cela prend quelque effectivité et se donne une réelle opérativité. En clair : après le « pourquoi » et le « pour quoi[1] » de l'Église, il faut bien en venir à s'expliquer sur son « comment ». On le fera ici en référence à cette question précise : « Concrètement, qu'est-ce qui fait (exister) l'Église ? » Ce sera pour nous la bonne manière de nous efforcer de tirer au clair la question importante (mais pas première, osons déjà le dire !) des *ministères*, dont la portée fut souvent disproportionnée dans l'histoire, mais que l'actualité relance en fonction de considérants plus ou moins nouveaux.

1. M. Vidal exploite volontiers cette distinction. Concernant plus précisément les ministères, je renvoie à Luc Forestier, *Les ministères aujourd'hui*, Salvator, Paris, 2017, 205 p. et à Joseph Doré et Maurice Vidal (dir.), *Des ministres pour l'Église*, Centurion/Cerf/Fleurus-Mame, Paris, 2002, 253 p.

1. Qu'est-ce qui fait (exister) l'Église?

Inspiré par l'enseignement et l'esprit de Vatican II[1], le Code de droit canon de 1983 déclare en son canon 204, 1 :

> Les fidèles du Christ sont ceux qui sont incorporés au Christ par le baptême, sont constitués en Peuple de Dieu et qui, pour cette raison rendus participants à leur manière à la fonction sacerdotale, prophétique et royale du Christ, sont appelés à exercer, chacun selon sa condition propre, la mission que Dieu a confiée à l'Église pour qu'elle l'accomplisse dans le monde.

On ne saurait être plus clair pour donner à entendre que l'Église ne « commence » à exister ni comme ministérielle ni, et à plus forte raison, comme cléricale. On tient là à souligner qu'elle ne commence et ne peut commencer que comme *chrétienne*, mais de sorte que chacun de ses membres soit *et est effectivement branché* sur Jésus le Christ, membre de son Corps, rendu capable et digne d'être partie prenante du « un seul corps avec Jésus le Christ et en lui » qui définit et constitue, ni plus ni moins, l'Église du Christ. Reconnaître à chaque chrétien – comme le font ici et Vatican II et le droit canon – l'aptitude à exercer pour sa part les trois fonctions dites « messianiques[2] » est évidemment une manière éminente de mettre en valeur l'importance de la contribution de *tous* les membres effectifs de l'Église à sa vie et à sa mission. Cela est cependant bien loin de suffire à définir le type de participation à la vie de l'Église qui peut et doit pouvoir être le fait de tout chrétien. Les modalités sont de fait ici très diverses, et elles peuvent être de plus ou moins forte intensité, mais plusieurs présentent l'avantage de correspondre à des types de prestations que, et pour bien des raisons, les ministres ne seraient pas toujours en mesure d'assurer eux-mêmes. Par définition elles peuvent pourtant, à différents niveaux, importer considérablement à la vie de l'ensemble du Corps du Christ...

On commencera ici par prendre l'exemple de la messe : n'est-ce pas la participation effective de chrétiens à celle-ci (et non pas du reste leur simple « assistance », précisera-t-on dans l'esprit de Vatican II) qui peut, à la lettre, *faire exister* visiblement/sacramentellement, ici et

1. Voir en particulier *Lumen gentium* 31.
2. « Messianiques » parce qu'elles renvoient à l'onction qui désigne et qualifie pour des fonctions précises dans l'ensemble du Peuple de Dieu (enseignement, sanctification et gouvernement).

maintenant, l'Église du Christ… alors qu'il n'en irait évidemment pas du tout de même si un ou plusieurs prêtres étaient seuls présents ! Mais on peut élargir bien au-delà du sacrement de l'eucharistie, si révélateur soit-il en vertu de sa centralité pour l'Église. Qu'en serait-il en effet de la présence de l'Église, et donc de la possibilité pour elle d'assurer sa mission, sans, citons en vrac : l'accomplissement par des chrétiens autres que les prêtres ou les ministres, des tâches de la catéchèse et plus généralement de la préparation aux sacrements ; sans le témoignage évangélique rendu par des croyants en famille, dans leur quartier, au travail, en politique, en faveur des grandes causes mondiales ; et, *last but not least*, sans la participation effective de « simples » chrétiens (« *christifideles* » quand même !) aussi bien à la couverture financière des nombreux besoins ecclésiaux en matière de financements, qu'à l'organisation de tant de réunions ou manifestations souvent essentielles à la vie de la communauté chrétienne ; et sans, bien entendu, l'engagement et la fidélité de la prière ?

Tant et si bien qu'on peut même considérer que, dans une certaine mesure au moins, ce sont les non-ministres qui, dans l'Église, permettent aux ministres de l'être eux-mêmes ! Car, à la lettre, les seconds n'existeraient pas sans les premiers : les ministres ne sont pas pris ailleurs que chez des chrétiens qui ne l'étaient pas, et ils opèrent pour des chrétiens qui n'auront pas tous, loin de là, à le devenir ! Mieux vaut plutôt dire alors que c'est toute l'Église qui est ministérielle (et donc pas seulement ceux qui, en elle, seront effectivement ministres au sens qu'il nous reviendra bientôt d'expliciter davantage).

Allons plus loin encore, en épinglant une autre donnée de fait. Dans toute l'histoire et jusque dans notre propre époque, combien d'initiatives si fécondes pour l'Église ont été lancées par des laïcs : groupes de toute nature et de toute dimension, mouvements plus ou moins officiellement organisés et reconnus, ordres religieux enfin, dont tant de si prestigieux. Mais parallèlement aussi, et à l'inverse, combien de perturbations voire de scissions n'ont-elles pas été infligées durement et gravement à l'Église par tels ou tels de ses ministres, imbus de leur importance de ministres et de l'indispensabilité de leur ministère ?

Il faut surtout ne pas manquer d'ajouter un élément de toute première importance, et qui résulte lui aussi d'un disproportionnement multiforme et patent, en maints lieux ou domaines, de la ministérialité de l'Église. Il s'agit de la tendance spontanée de certains de ses membres (clercs ou laïcs !) à toujours faire de l'Église « la chose des clercs », ne laissant alors aux « autres » qu'un rôle passif, d'appoint, de suppléance, de pis-aller, de faute-de-mieux, etc. (Comment du reste s'étonner alors – il faut quand même bien s'en poser la question quelquefois – de la démotivation de tant de bénévoles trop souvent si maltraités, du découragement de collaborateurs toujours et en tout sous tutelle et, pour finir, du surprenant amenuisement de tant de nos assemblées célébrantes, et même de la réduction si considérable du nombre de chrétiens déclarés ?)

Fallait-il vraiment en arriver là pour finir par nous réinterroger (aussi radicalement que cela semble devenu maintenant nécessaire) sur notre cléricalisme, si impénitent quand il n'est pas totalement inconscient ? Il faudra bien y revenir : non seulement l'évolution générale des mentalités dans notre société mais les fruits de la réflexion théologique et même l'enseignement assez clair du magistère lui-même sont là pour battre parmi nous le rappel qui semble décidément n'avoir pas été vraiment entendu : quelle place réelle l'Église est-elle, en ses « décideurs », disposée à faire à ceux qui, déjà actifs en son sein ou disposés à le devenir, n'en sont pas ministres ?

Nous en avons en tout cas assez dit pour apporter une réponse claire à la question par laquelle nous avons introduit cette réflexion sur la ministérialité ecclésiale. Comme nous l'avons déjà laissé entendre, lorsque la question est celle de savoir ce qui fait (exister) l'Église, la réponse ne saurait certes exclure que la ministérialité ait ici un grand rôle à jouer. Mais ce rôle ne saurait être tenu ni pour unique ni même pour premier ! Que les non-ministres doivent aussi se voir en mesure de jouer activement dans l'Église un rôle à sa manière indispensable n'est déjà pas douteux quand on comprend notre question motrice – donc : « Qu'est-ce qui fait (exister) l'Église ? » – comme celle de savoir *par qui* est faite l'Église. Mais quelle résistance et même quelle hésitation pourraient encore subsister quand cette question est comprise comme celle de savoir *de qui* est faite l'Église ?

2. Des ministres ordonnés : évêques et prêtres…

Nous pouvons maintenant nous tourner vers les ministères, puisque nous venons de clarifier le contexte dans lequel il leur revient de prendre à la fois sens et formes. Là aussi, nous repartons de Vatican II, qui s'exprime ainsi en son n° 20 de *Lumen gentium*. « Les évêques ont reçu, avec leurs collaborateurs les prêtres et les diacres, le ministère de la communauté. »

« Le ministère de la communauté » : nous y voilà! Il y aura bien des ministères et des ministres dans l'Église de Jésus le Christ, et ils se définiront bien en relation à la « communauté » par rapport à laquelle nous avons donc nous-mêmes à juste titre introduit ici la réflexion à leur sujet. Mais quelle sera exactement leur fonction dans l'ensemble de l'Église[1] ?

Il faut faire état sans attendre d'un premier élément, décisif parce que fondateur dès les origines jésu-christologiques de l'Église, que nous avons dûment évoquées en commençant : l'Église est apparue non pas d'abord comme ministérielle, mais comme *apostolique*!

D'abord, les Apôtres

L'Église a commencé avec et *par* ceux que le Nouveau Testament lui-même nous désigne et nous présente comme « *les Apôtres* » (auxquels, avec certes son statut particulier, il faut d'évidence joindre saint Paul)[2]. Ces Apôtres ont commencé par être eux aussi – eux déjà – des *croyants*, mais des croyants *appelés par Jésus* pour que, d'abord, ils soient et demeurent « avec lui », et pour qu'ensuite ils « le suivent », avant d'être bientôt *envoyés* par lui « dans le monde » pour, à leur tour, y susciter des disciples. Des disciples qui ne pourront toutefois être les leurs que dans la mesure où ils auront été acheminés par eux à la reconnaissance de Jésus comme le Christ de Dieu – la consigne que leur donne la fin de l'Évangile de Matthieu n'est pas : « Allez, et faites-*vous* des disciples ! »

Il fut ainsi très tôt assez clair que ce qui allait être l'Église, et l'Église de Jésus le Christ, était appelée à être une Église « apostolique », c'est-à-dire fondée sur les Apôtres de Jésus. Non pas qu'ils aient rédigé chacun un des douze articles d'un Symbole qui aurait par là mérité le qualificatif de « symbole des Apôtres ». Non pas que, comme le

1. Nous aurons bien entendu à reparler bientôt des diacres comme tels. Il peut cependant être indiqué de ne pas attendre pour souligner qu'aligner dans la même phrase (comme le fait pourtant ici le Concile) les trois degrés du sacrement de l'Ordre, n'est pas sans équivoque dans la mesure où cela porterait à oublier que, à la différence des évêques et des prêtres, les diacres ne sont pas *pasteurs*.

2. On sait que le vocabulaire « apostolique » est un peu fluide dans le Nouveau Testament. Par exemple, Luc ne présente Paul qu'une seule fois comme « apôtre » (Ac 14) tandis que lui-même revendique fortement le titre.

raconte une pieuse ancienne légende née du côté d'Alexandrie, ils se seraient réparti après la Pentecôte « toutes les nations de la terre » pour y « planter » l'Église de Jésus-Christ, du coup fondée à s'estimer « catholique », c'est-à-dire universelle. Mais parce que, là où ils étaient et pour autant qu'ils étaient[1], ils ont commencé de faire exister pour leur part l'Église de Jésus-Christ. Ils l'ont fait « pour la première fois » (Ac 11, 26) en invitant à la confession croyante du Dieu révélé par Jésus (Père, Fils et Saint-Esprit) et à la célébration du rite sacramentel du baptême – ces éléments mêmes que nous avons précisément reconnus comme constitutifs de l'Église. Avec un troisième élément cependant, qui n'était autre que ce « lien de la charité » à laquelle présidait justement le « ministère de la communauté ».

Le livre des Actes nous rapporte que la première Église de Jérusalem était « assidue à *l'enseignement des Apôtres* [ainsi qu']à la communion fraternelle, à la fraction du pain et aux prières ». Dans les années 50, 1 Co 3, 10-15 et Ep 2, 20 présentent l'Église comme bâtie par les Apôtres et sur les Apôtres. Avant la fin du IIe siècle, le subtil théologien et l'immense témoin qu'était saint Irénée déclare très clairement :

> La vraie connaissance [celle qui permet de se démarquer des hérésies – gnostiques à l'époque] est *l'enseignement des Apôtres et l'organisme originel de l'Église*[2].

Tout logiquement, le symbole dit des Apôtres aura tiré la conclusion : aux qualificatifs « une, sainte [et] catholique », il aura ajouté celui d'« apostolique ». Et à l'autre bout du christianisme, tout près de nous, *Lumen gentium* 20 déclarera sans ambages : « Les évêques, en vertu de l'institution divine, ont pris, *par succession, la place des apôtres* en tant que pasteurs de l'Église. »

Ensuite, des *épiskopoï* et des *presbyteroï*

Dès l'étape « christo-apostolique » fondatrice de l'Église, on a cependant bien perçu qu'il y avait en réalité deux aspects dans le rôle joué par les Apôtres par rapport au rassemblement de disciples qui

---

1. Le chiffre « Douze » a sa signification : renvoyant aux douze tribus d'Israël, il impute à Jésus la volonté de manifester par cette référence intentionnelle que sa mission est de signifier l'avènement avec lui du Royaume de Dieu, du nouvel Israël, et donc l'instauration d'une Nouvelle Alliance.
2. IRÉNÉE DE LYON, *Contre les hérésies*, IV, 33, 8.

avait d'abord commencé autour de Jésus. D'un côté, ces Apôtres ont été non seulement les premiers, mais les seuls, à pouvoir témoigner *en direct* qu'il y avait bien un lien de continuité étroit entre Jésus et l'Église, et inversement. Or il était clair que cet aspect essentiel les distinguerait et les caractérisait en propre par rapport à toute la suite, quelle qu'elle puisse être… Mais un autre aspect intervenait aussi du même coup chez eux, et qui lui, au contraire, était appelé à perdurer et donc à se transmettre pendant toute la suite… si du moins devait continuer à travers les âges et se répandre à travers le monde ce qui avait commencé avec Jésus. On peut dire que cet aspect, évidemment marqué lui-même par le cadre *fondateur* unique dans lequel il intervenait, se caractérisait comme étant d'ordre *ministériel*: l'annonce de la foi et la vigilance quant à la justesse de sa réception; l'actualisation régulière de la communion avec Dieu et entre fidèles par la célébration des rites fondamentaux (baptême et eucharistie) qui la réalisent par la manière même dont ils en expriment la « signification »; et, spécialement et toujours, le vrai partage des biens *ad intra* et la large générosité toujours relancée *ad extra*.

Avant la fin du IIe siècle, saint Irénée – encore lui, mais pas tout seul! – témoigne de la transition, à partir d'une étape *fondatrice* et du même coup *référentielle*, à une étape de *réception* cherchant et trouvant sa nécessaire *régulation* dans une attentive référence à sa devancière. Cette transition, qui permet de réaliser avec clarté que

> la marque distinctive du corps du Christ […] [est assurée] *d'abord* par une conservation immuable des Écritures parvenues jusqu'à nous, impliquant un compte intégral de celles-ci, sans addition ni soustraction, et une interprétation en accord avec elles légitime et appropriée, exempte de blasphème. [Et qu'elle est assurée] *enfin* [par] le don suréminent de l'amour, plus précieux que la connaissance, plus glorieux que la prophétie, supérieur à tous les autres charismes[1].

Mais, dans le contexte immédiat de sa réflexion ici, Irénée a précisé en chemin les modalités d'une effectuation concrète et les conditions d'une fidélité effective: « *les successions des évêques* auxquels les Apôtres remirent chaque Église locale »! Quitte à concéder que l'évêque de Lyon pratique peut-être sur ce dernier point une généralisation un peu hâtive, son témoignage paraît en tout cas avoir assez de fiabilité pour, avec quelques autres, valider l'idée d'une « *succession apostolique* » entre les Apôtres, et

1. *Ibid.*

ceux qui sont apparus après eux à la tête des Églises (locales) appelées à se multiplier. Certes, on ne saurait dire tout de go que ces successeurs étaient déjà exactement compris comme le sont aujourd'hui les évêques, ce que pourrait pourtant porter à penser leur nom d'*épiskopoï*. Il est en effet de fait difficile de distinguer ceux qu'on nomme ainsi de ceux que, parallèlement, on appelle les *presbytéroï* qui leur paraissent souvent associés. Ce qui semble certain en revanche, c'est que les deux désignations ont en commun de renvoyer à une fonction de discernement et de conduite s'exerçant comme une forme d'autorité. On peut dire que le titre *épiskopoï* paraît souligner le caractère à la fois de vigilance, de supervision et de discernement, tandis que le nom de *presbytéroï* renverrait plutôt à une sagesse et une « autorité » acquises par une fidélité déjà éprouvée, et reconnue, à travers une respectable expérience. On peut estimer qu'une différenciation assez nette entre épiscopat et presbytérat est intervenue et s'est affirmée dans le courant du IIe siècle.

Ces indications données, on ne pourra s'arrêter ici ni sur les procédures juridico-canoniques ni sur les dispositifs rituels-sacramentels (du mode de désignation à l'« ordination » par l'imposition des mains). On se limitera à souligner que la difficulté d'établir une différentiation nette entre *épiscopoï* et *presbytéroï* comporte aussi un enseignement positif, qui mérite la plus grande attention. Cela signifie en effet qu'en réalité, et non seulement historiquement mais théologiquement, il y a plus de proximité que de différence entre épiscopat et presbytérat ! Dans l'actuelle prière d'ordination, l'évêque désigne d'ailleurs ceux qu'il va ordonner prêtres comme des *cooperatores ordinis nostri*, et prie Dieu de les lui donner comme tels… Et cela veut dire que les uns et les autres ont à se comporter avant tout, et ensemble, comme des *pasteurs* de l'unique Peuple de Dieu (dont ils font eux-mêmes partie, rappelons-le).

Ici, deux précisions sans plus attendre. La première sera pour éclairer un trait qui est *commun aux évêques et aux prêtres*. Après avoir déclaré que « les évêques ont reçu avec leurs collaborateurs […] le ministère de la communauté », *Lumen gentium* 20 poursuit ainsi :

> Ils président, à la place de Dieu, au troupeau dont ils sont *les pasteurs*, en tant que maîtres pour l'enseignement, prêtres (*sacerdotes*) pour le culte sacré, et ministres pour le gouvernement.

« À la place de Dieu » : la formule peut légitimement faire difficulté. Jésus n'a-t-il pas invité ses disciples et successeurs à ne se faire appeler ni « maître » ni « père », de sorte qu'il leur reviendrait toujours de ne se présenter et se comporter que comme des « frères » ? On peut déjà faire remarquer néanmoins que si saint Paul par exemple peut dire du Père des cieux que « toute paternité tire son nom de la sienne » (Ep 3, 15), c'est bien (à condition qu'elle reste à sa place) qu'il peut s'en exercer aussi une sur la terre – Jésus n'invite-t-il du reste pas lui-même à « honorer [comme il le faut] son père et sa mère » ? Par ailleurs, on ne saurait nier les nombreux aspects paternels de la fonction de « pasteur » telle que Jésus la conçoit pour lui-même et pour ceux auxquels il envisage de la confier par la suite : sollicitude constante, conduite attentive, protection, etc. On peut aussi bien entendu s'en rapporter ici à la manière dont Paul s'adresse volontiers à ceux qu'il se réjouit d'avoir « engendrés dans le Christ » (cf. par exemple 1 Co 4, 15).

Et tout cela peut être grandement éclairé par la lumière du côté de la prière que prononce l'évêque lorsqu'il ordonne un ou plusieurs prêtres : il les désigne devant Dieu comme « des fils et des frères »... Mais non sans les considérer également comme « coopérateurs de *notre* ordre » – ce qui les invite du même coup à se comprendre et à se conduire eux-mêmes, envers ceux qui leur sont confiés, comme envers des fils et des frères ! La *fraternité* ne serait donc à vrai dire pas suffisante pour caractériser adéquatement la responsabilité et l'attitude *pastorales.* Mais la *paternité* n'y suffirait pas non plus : cette dernière devrait en fait toujours être exercée de sorte qu'elle se colore de plus en plus d'une vraie fraternité au fur et à mesure que fils ou filles auront progressé « en âge et en sagesse », et que la communication se sera développée et approfondie avec eux. L'expérience humaine la plus générale nous sollicite à l'évidence en ce sens. Je l'ai pour ma part vérifié, et maintes fois, non seulement en « direction spirituelle », mais aussi, par exemple, dans l'accompagnement de « thésistes ». « Patron de thèse » se dit en allemand « *Doktorvater* », mais tout l'art de ce dernier consiste à accepter, et même à faire en sorte, que « lui » – le thésiste que j'accompagne –, il croisse... tandis que « moi », je diminue. Il est essentiel que plus on ira, et plus mon partenaire puisse égaler mon propre savoir – et faire même « des choses plus grandes encore[1] ».

La seconde précision annoncée sera plus brève. Elle sera complémentaire de la première puisqu'elle portera, elle, sur *la distinction* entre

1. On pourra aller voir Joseph DORÉ, « Accompagner des doctorants, former des enseignants », dans Joël MOLINARIO et François MOOG (dir.), *Mélanges offerts à Henri-Jérôme Gagey. La théologie et le travail de la foi*, Salvator, Paris, 2015, p. 327-340.

prêtres et évêques. Jusqu'à Vatican II, cette distinction n'était pas tenue pour être d'ordre sacramentel : l'évêque était estimé ne se différencier des prêtres que par la juridiction, c'est-à-dire par un pouvoir de gouvernement. Le récent concile a tranché clairement pour affirmer que l'épiscopat représente bel et bien un degré *spécifique* du sacrement de l'ordre, et l'on peut dire que théologiquement et pastoralement la modification ainsi apportée a fait consensus… Mais est-ce à dire pour autant que l'on a progressé dans les relations à la fois humaines et pastorales entre évêques et prêtres, et inversement ? Disons pour l'instant qu'au vu de certaines situations en tout cas, on hésiterait à formuler une réponse résolument positive… et annonçons que nous ne manquerons pas d'y revenir lorsque sera venu bientôt pour nous le moment de traiter, en la dernière partie de ce chapitre, de la synodalité dans l'Église.

3. Mais aussi des diacres !

Irénée (comme d'autres) ne se limite pas à des *épiskopoï* et des *presbytéroï* lorsqu'il fait état des fonctions exercées dans l'Église de son époque. Il mentionne aussi des « diacres » et des « charismes ». Nous en tenant ici aux ministères, nous ne parlerons que des premiers. À propos des seconds, on dira seulement que, le contexte ecclésial global ayant aujourd'hui beaucoup changé, on concentrera plutôt l'attention, le moment venu, sur un autre élément interférant aujourd'hui significativement dans la problématique des ministères : la question dite des « ministères laïcs ».

C'est un fait que des diacres apparaissent régulièrement dans la proximité des *épiskopoï* des premiers siècles pour différents « services », qu'ils rendent non pas tant sans doute à ces responsables eux-mêmes qu'à la portion du Peuple chrétien dont ils ont la charge. Il paraît assez clair aussi que ces services comportent une dimension rituelle-sacramentelle, même si elle n'est pas de l'ordre de la présidence, du moins quand il s'agit de l'eucharistie. Elle se joue plutôt dans l'ordre de l'annonce de la Parole et de l'organisation de la charité au sens large, les deux important évidemment beaucoup en une époque où le témoignage chrétien sous toutes ses formes est essentiel pour une Église spécialement préoccupée et de sa croissance et de son maintien dans un monde ou hostile ou indifférent.

Déjà attesté en Ph 1, 1, associé donc aux *épiskopoï* pendant plusieurs siècles, le diaconat en était cependant arrivé à ne plus subsister qu'au titre d'un degré provisoire dans la progression des futurs prêtres vers le sacerdoce ! C'est une nouvelle fois Vatican II qui a marqué pour lui l'étape, décisive, d'une restauration dans l'Église latine. Il s'est toutefois agi là, en réalité, d'une restauration très innovante dans la mesure où l'assemblée conciliaire décida, malgré bien des résistances, de le conférer aussi à des hommes mariés (et qui n'auraient pas à mettre fin à la vie conjugale), ce qui supprimait une pratique antérieure de plusieurs siècles. Pour différentes raisons, toutes les Églises « nationales » ne donnèrent pas suite, et par exemple le continent africain ne s'est pas précipité. L'Église de France a joué au contraire volontiers le jeu de cette nouveauté, jugée opportune par les évêques. On peut noter cependant que la crainte, bientôt largement confirmée, de manquer de prêtres ne fut pas étrangère à une telle attitude… avec le risque de trop limiter les nouveaux ordonnés au champ cultuel, à cause en particulier de la nécessité de porter assistance à des prêtres de plus en plus surchargés.

En réalité, le véritable intérêt du diaconat pour l'Église après Vatican II paraît bien tenir au fait qu'il confie *aussi* des tâches cultuelles, liturgiques, sacramentelles, à des chrétiens pleinement engagés – en particulier professionnellement – dans la profanité, et continuant d'exercer leur profession simultanément à leur intervention qualifiée au cœur même de la célébration du sacrement chrétien majeur qu'est l'eucharistie. Ils prendront certes un jour leur retraite professionnelle ; ils n'en resteront pas moins toujours les retraités *de telle profession*, qui continuera bien entendu de les marquer et qu'ils pourront eux-mêmes continuer de marquer, par les relations qu'ils pourront y entretenir encore pendant un temps notable. Quelque chose de ce qu'a représenté la grande intuition pastorale qui avait donné naissance aux prêtres ouvriers ne se prolonge-t-il pas ainsi, fût-ce bien entendu dans un tout autre contexte et donc sous de tout autres formes ?

Il est pour bien des raisons difficile, et il n'est sans doute pas nécessaire, d'en dire présentement davantage sur le diaconat. Je reproduirai juste ici les trois questions qui m'ont personnellement paru à prendre en compte plus spécialement pour sa promotion dans le diocèse dont j'étais l'évêque :

– Dans quelles *professions* (mondes de la santé, de l'enseignement, de la politique, de la culture, de la police, de l'administration ?) sera-t-il plus signifiant aujourd'hui d'appeler au diaconat, afin que l'Église témoigne mieux de sa mission de salut *en ce monde* tel qu'il est, à la suite et au nom de Jésus-Christ ?

– Comment, pour notre diocèse, convient-il de définir le « nombre proportionnel optimal » qui pourrait être respectivement celui des *prêtres* et des chrétiens rendant des *services* qualifiés, des *diacres* eux-mêmes... et de ceux qu'on pourra tenir désormais pour des « ministres laïcs » ?

– De quelle manière honorer toujours mieux le fait que l'Église a fait choix d'ordonner diacres aussi des hommes *mariés*, chacun étant dès lors indissociable de la femme à laquelle il est uni, et des enfants qui leur ont été donnés ?

4. Et désormais, également des ministres laïcs

Comme il se devait, nous avons traité d'abord des chrétiens non-clercs qui, ne serait-ce que par leur nombre – mais pas seulement, loin de là ! –, tiennent tout de même dans l'Église une place qu'on n'aurait jamais dû pouvoir considérer autrement que comme essentielle. Nous avons poursuivi en faisant état de la ministérialité épiscopale, presbytérale et diaconale dont, à la suite de l'impulsion donnée en ce sens par Jésus, s'est dès le départ doté l'ensemble de la communauté de communautés qu'est l'Église. Il faut maintenant prendre en compte le fait, récent mais décisif, qu'il y a désormais dans cette Église-là la possibilité concrète et la réalité effective de la participation à la ministérialité ecclésiale comme telle de *laïcs qui restent laïcs.*

Pour bien situer la chose, il importera une nouvelle fois de prendre un peu de champ historique. Disons-le en effet : il faut bien reconnaître qu'en matière de ministérialité, il est parfois bien difficile d'y voir clair, même pour des « spécialistes ». Pourtant, l'écrit chrétien du début du IIIe siècle qu'est *La Tradition apostolique* « différencie nettement » (M. Vidal) les ministères *ordonnés* (par le rite de l'imposition des mains) que sont évêques, prêtres et diacres, et d'autres ministères qui, tels les « lecteurs » par exemple, ne sont que « désignés », établis : simplement « institués », précise déjà cet écrit ancien.

> [Mais] par la suite, la place excessive prise par les offices liturgiques dans la vie de l'Église favorisa le développement de ministères subalternes et d'une hiérarchie de ministères, auxquels fut étendu le sacrement de l'Ordre[1].

On avait ainsi les « ordres majeurs » (sous-diacres, diacres, prêtres) et les « ordres mineurs » (portiers, lecteurs, exorcistes, acolytes)[2], tout

1. Maurice VIDAL, *À quoi sert l'Église*, *op. cit.*, p. 169.

2. Je ne résiste pas à la petite envie de signaler que j'ai moi-même été « ordonné à tout cela » !

ce qui n'était pas le presbytérat lui-même n'étant alors qu'une série d'étapes vers lui. Après plusieurs interventions à des fins de clarification et de simplification (Trente et Pie XII), le pape Paul VI en vint en 1972 à supprimer sous-diaconat et ordres mineurs, et à créer des ministères de lecteur et d'acolyte « que peuvent recevoir des laïcs de sexe masculin par un acte liturgique d'institution inspiré de *La Tradition apostolique*[1] ». C'était bel et bien créer d'authentiques ministères ***laïcs*** dans l'Église ! Quant à lui, le nouveau *Code de droit canonique* de 1983, en son canon 228, 2, ouvrait déjà à des laïcs la possibilité d'intervenir comme experts et conseillers dans des conseils prévus par le droit ecclésial. Et Maurice Vidal de souligner là une reconnaissance explicite de « la dignité et [de] la responsabilité des laïcs dans l'Église » qu'affirmait *Lumen gentium* – ce qui conduit notre ecclésiologue à cette conclusion :

> Ce que Vatican II et le Code de 1983 appellent des « charges » ou des « offices » d'Église (qui sont « des charges constituées de façon établie pour une fin spirituelle », canon 145), le théologien peut les appeler des « ministères[2] ».

À tout cela il faut cependant ajouter maintenant une « étape François », puisque le pape argentin vient tout récemment de publier coup sur coup, sous la forme de *motu proprio*, deux documents importants : l'un (*Spiritus Domini,* le 10 janvier 2021) sur « les ministères laïcs » ; et l'autre (*Antiquum ministerium*, le 10 mai 2021) portant uniquement sur « le ministère de catéchiste ». Le second établit un ministère laïc *institué* (et donc non pas ordonné), mais ouvert également à des *femmes* – ce qui n'est rien de moins qu'une grande nouveauté, on y reviendra !

À ce point, en tout cas pour aujourd'hui, on peut résumer ainsi la situation en ce qui concerne cette ministérialité ecclésiale qui est présentement notre propos :

– Il y a des ministères *ordonnés* – insistons : relevant du sacrement de l'Ordre en ses trois degrés maintenant explicitement distingués et reconnus tous les trois comme tels : l'épiscopat, le presbytérat, le diaconat.

– Il y a des ministères *institués*, qui sont officiellement confiés dans un acte liturgique mais qui ne relèvent pas du sacrement de l'Ordre, et qui sont pourtant beaucoup plus que des « services » (si importants

1. Maurice Vidal, *À quoi sert l'Église, op. cit.*
2. On pourra aussi se reporter à *ibid.*, p. 172.

qu'ils pourraient être), dans la mesure où : 1) en un domaine vital pour l'Église, 2) ils appellent et habilitent à l'exercice effectif d'une vraie responsabilité, 3) pour une durée déterminée et par une lettre de mission en bonne et due forme stipulant l'obligation de rendre compte à l'autorité de référence.

– Parmi ces derniers, il y a désormais aussi au moins **un** *ministère laïc*, nommé officiellement tel, à propos duquel est mentionné (sans précision) un « rite de l'institution » (*Antiquum ministerium,* 8), et qui est ouvert aussi aux femmes – sans qu'on se préoccupe de souligner la nouveauté de la chose !

– Il y a des *services* (bénévoles) de tous ordres, qui peuvent être réguliers, importants, longuement durables... même s'ils ne connaissent éventuellement aucune forme de promulgation ou de reconnaissance autres que la sollicitation et l'homologation personnelles par le responsable ecclésial concerné.

– Il y a enfin la *simple participation/contribution,* à la fois essentielle et nécessaire, à la vie de l'Église comme telle, que réclame et rend possible à tous et toutes un sacrement dont on ne saurait nier qu'il est et reste toujours, et pour tous les chrétiens, le premier : *le baptême* (qui conditionne la réception de l'ordre lui-même !), et qui fait de tous ceux qui l'ont reçu non seulement des membres à part entière de leur Église, mais des enfants de Dieu. Je me plais à répéter ici en terminant ce point, que si certes (d'un point de vue catholique en tout cas) l'Église ne pourrait pas n'être *faite* que *par* des laïcs puisque des ministres ordonnés lui sont nécessaires, elle n'en est pas moins, et majoritairement, *faite de* laïcs qui lui sont tout aussi essentiels.

5. *Aujourd'hui, deux grandes questions à suivre*

Traiter de la ministérialité de l'Église aujourd'hui ne peut vraiment se faire en laissant de côté deux questions, devenues à l'évidence importantes, sous le prétexte qu'elles seraient à attribuer à la seule contestation : celle de la place des femmes dans l'Église et celle du célibat des prêtres. Avant de les aborder, un bref rappel historique s'impose toutefois de nouveau, et qui portera sur deux points. Une première remarque est à faire, qui concerne ce qu'on peut constater d'une assez grande « plasticité » de la question des ministères à travers les temps. Il suffira pour le montrer de repartir de quelques-unes des données qui viennent d'être évoquées. Au tout départ, la distinction n'est pas nette entre épiscopat et presbytérat, et pourtant lorsque la question en vient à être tranchée, on s'aperçoit qu'elle l'a été en réussissant à faire droit à l'essentiel des requêtes et des besoins auxquels la relative confusion de la situation avait longtemps paru empêcher de trouver une issue. Le sous-diaconat et les ordres mineurs ont longtemps paru conditionner l'accès au presbytérat, et voilà qu'on a pu estimer pouvoir s'en dispenser, sans préjudice semble-t-il pour ce à quoi il avait paru devoir préparer. On a même pu s'accommoder très longtemps d'une situation où l'on n'était pas au clair sur ce qui constituait la « matière » et la « forme » du sacrement de l'Ordre, ni sur ce qui différenciait exactement l'épiscopat du presbytérat !

Quant à la seconde remarque, elle portera sur le fait que, lorsqu'il a paru à l'autorité magistérielle concernée qu'il lui était devenu possible de trancher, elle l'a effectivement fait, et clairement. Par la constitution apostolique *Sacramentum ordinis*, l'évidemment peu aventureux Pie XII trancha (bien avant Vatican II : en 1947 !) que la matière du sacrement de l'Ordre est l'imposition des mains et sa forme, la « prière [dite consécratoire] de l'évêque » ; Vatican II trancha que l'épiscopat est effectivement un degré spécifique du sacrement de l'Ordre ; et, sollicité en ce sens par un certain nombre d'évêques, Paul IV supprima le sous-diaconat et les ordres mineurs.

De ces deux remarques on peut en tout cas tirer la conclusion que « des choses » peuvent changer dans l'Église, même sur des points ou en des domaines très importants, comme l'est à n'en pas douter la ministérialité ecclésiale… qui est précisément le sujet qui nous concerne ici ! Dans le document à l'instant cité et qui introduisait les changements considérables que nous avons dit, Pie XII n'a pas craint, pour s'en justifier de manière d'ailleurs très romaine, de proposer cette sorte d'axiome : « Ce que l'Église a fait, elle peut aussi le défaire ! » Décidant quant à lui d'ouvrir à des hommes mariés le diaconat permanent, Vatican II a remis en cause une tradition ininterrompue depuis le IVe siècle dans l'Église latine[1] : celle qui demandait aux diacres (ainsi que déjà d'ailleurs aux sous-diacres) de garder le célibat, ou du moins d'observer la continence… Mais qu'en conclure pour les deux questions précises que nous avons retenues ?

1. L'exactitude de cette date est cependant discutée, car il semble bien qu'il y ait eu pendant un certain temps concomitance d'un clergé continent et d'un clergé marié : les rappels à l'ordre n'ont pas manqué, à certaines époques surtout.

La place des femmes dans l'Église

Sur la question de la place des femmes dans l'Église, on n'éclaire pas les choses et donc on ne se facilite pas la réflexion pour une éventuelle avancée, si l'on se focalise d'emblée sur le presbytérat – ou l'épiscopat ! Bien d'autres domaines du champ ecclésial sont en cause, qui méritent ici considération et dont la prise en compte ne peut être qu'éclairante, pour la raison que les femmes y ont déjà joué un vrai rôle, éventuellement même éminent. On peut et doit entrer dans la question en évoquant déjà l'entourage de Jésus lui-même[1] : des femmes faisaient partie du groupe de disciples qui « le suivait », en contraste avec ce qui avait cours autour des rabbins de son époque ; et cela est porté à son paroxysme au moment de sa passion et de sa mort, et plus encore dans la façon dont fut connue et commença d'être annoncée sa résurrection : elle le fut d'abord par des femmes, alors que dans la société de l'époque elles n'étaient pas tenues pour témoins habilités ! Cela s'est poursuivi (dans une certaine mesure au moins) dans la vie et l'organisation des communautés pauliniennes. Par ailleurs, on n'en finirait vraiment pas d'épingler, de siècle en siècle, les grandes figures ecclésiales féminines ; et même l'on ne saurait nier tout ce que l'Église a, tout de même et malgré tout, contribué à améliorer dans la condition féminine d'une manière générale (Celse en faisait déjà grief aux chrétiens dès le début du IIIe siècle, au témoignage d'Origène).

L'état des choses

Force est bien de reconnaître cependant qu'un fait au moins apparaît d'autant plus frappant à partir de là : les femmes n'ont jamais eu accès à la *direction de l'Église* et jusqu'à ce jour, dans l'Église latine en tout cas, aucune femme n'a été ordonnée ni prêtre, ni à plus forte raison évêque[2]. Tout se passe même comme si la chose avait été néanmoins largement

1. Nombreux sont, en France même, les ouvrages (et écrits par des femmes !) dont on peut faire mention ici. Je mentionne au moins, de Anne-Marie PELLETIER, *Des femmes et des hommes*, Cerf, Paris, 2019.

2. Cela est vrai quand bien même, comme le fait remarquer Luc Forestier, on ne saurait oublier que beaucoup de femmes ont eu des responsabilités de direction *dans* l'Église catholique (congrégations religieuses et mouvements d'Église comme l'Action catholique générale des femmes et les Guides de France). Chiara Lubich a même obtenu de Jean-Paul II que le mouvement des Focolari, qu'elle avait fondé et devait diriger jusqu'à son décès, aurait toujours une femme à sa tête.

admise à la manière d'une tradition quasi spontanément respectée, et d'ailleurs largement conforme aux mentalités ambiantes. Résultat : ce n'est qu'avec ce qu'une époque tout à fait récente a introduit de changements dans la condition féminine, et tout simplement dans la vie des femmes, que (y compris dans l'Église) les mentalités ont changé, que des questions ont été soulevées, et que des contestations ont surgi.

Quelles réponses pourraient alors être envisageables, et par quel chemin ? Car il faudrait quand même bien en trouver, qui ne seraient ni le simple refus d'entendre les questions posées, ni l'interdiction de les poser ! Ici, à mes risques et périls, j'exposerai (au double sens du terme) sans détour ce que je crois pouvoir dire pour ma part.

Tout d'abord, j'estime qu'il ne faut pas raisonner en l'occurrence comme si le ministère ordonné ouvrait la seule manière d'exercer une *vraie responsabilité* de conduite et de gestion importante dans l'Église, et représentait donc pour les femmes la seule voie pour leur vraie *reconnaissance* en son sein. Ce que des théologiens respectables et le pape lui-même ont promu sous le nom de « ministères *institués* » conférés à des laïcs mérite de toute manière d'être vraiment développé. On ne voit d'ailleurs pas en quoi cela pourrait dévaloriser ces mêmes ministères lorsqu'ils sont (et seront sans doute malgré tout en moindre nombre) exercés par des hommes !

Plus et mieux encore que cela, un certain nombre de décisions du pape François manifestent clairement sa volonté d'orienter les choses dans cette même direction. Il n'y a pas que sa toute récente intervention de mars 2021 à propos du ministère – justement *institué* – des catéchistes ! Entre plusieurs autres exemples, on peut relever au moins, encore, la décision de nommer Sœur Nathalie Becquart comme secrétaire générale de la grande institution qu'est le Synode des évêques (après avoir introduit des femmes, pas toutes religieuses d'ailleurs, comme « observateurs » et « experts » dans plusieurs des synodes romains tenus ces dernières années). On peut ajouter de nombreuses nominations de femmes dans diverses congrégations de la Curie romaine… dont, et tout naturellement de plus longue date, à la Congrégation des religieux *et religieuses*[1]. À l'évidence, la tendance ne peut que se confirmer. Il faudra encore du temps. Il y aura des « loupés » – il y en a déjà eu quelques-uns !

1. Sœur Alexandra Smerilli, religieuse de 46 ans, économiste, a été nommée le 26 août 2021 secrétaire – en fait, « numéro deux » – du Dicastère pour le développement intégral (qui tient beaucoup à cœur au pape François). C'est la première fois qu'une femme accède à une fonction aussi haute dans la Curie romaine.

Les « promues » devront s'armer de courage, car cela ne sera pas facile, d'abord pour elles : que Dieu les aide ! Mais, sincèrement, il me semble, et pour des motifs plus ecclésiaux encore que sociétaux, qu'on ne peut guère voir la tendance s'inverser. Il faudrait être bien mal informé ou totalement aveugle pour nier qu'il puisse y avoir là des chances d'avenir... Ne sont-elles pas d'ailleurs déjà bien enracinées dans le présent ?

Un changement envisageable ?

Cela ne suffit et ne suffira pourtant pas encore, il faut bien le reconnaître, pour régler la question de l'accès féminin au *ministère ordonné* lui-même ! Et là, franchement, j'hésite – et non pas d'abord pour des motifs théologiques, ecclésiologiques ou/et même pastoraux, mais pour des considérants sociologiques ou plutôt sociétaux, et même, bien plus fondamentalement, anthropologiques. Voici : je suis porté à penser que la question de l'appel de femmes à l'exercice du ministère ordonné n'est pas à poser seulement, et même sans doute pas d'abord, en termes de masculinité/féminité, mais en termes de paternité/maternité.

Bien entendu, j'ai suivi de mon mieux la réflexion liée à la désormais fameuse question du genre et du sexe ; je peux d'ailleurs confier que j'en ai tiré un vrai bénéfice (avant tout pour progresser dans ma manière de considérer l'homosexualité). Je n'y ai en revanche pas trouvé mon compte pour la juste manière, toujours décisive pour moi, de tenir et de reconnaître effectivement pour essentielle une *vraie* distinction, une vraie *différence* plutôt, entre précisément paternité et maternité. Car je continue d'y voir une réalité structurante pour la masculinité et la féminité elles-mêmes, y compris du reste en rapport avec la succession des « générations » au double sens de ce terme. Ma grande perplexité en matière d'ordination éventuelle de femmes vient de là. Je me demande ce qui résulterait du renoncement à une distinction aussi importante pour le « phénomène humain » (tel du moins que je le vis et le vois) que celle précisément qui m'apparaît devoir être reconnue entre paternité et maternité. Cela, d'autant plus que je constate par ailleurs que la tradition de laquelle je suis issu et dans laquelle j'ai été amené à construire et conduire ma vie, tend largement à donner un style paternel à l'exercice de la fonction ministérielle presbytérale/épiscopale[1]. Il m'est souvent arrivé, pour moi-même et

1. Voir ci-dessus p. 316 ce qui a été exposé, concernant presbytérat et épiscopat, sur les thèmes de la paternité et de la fraternité.

pour d'autres, d'en mesurer le fruit. Je me demande donc à la lettre « ce que je ferais » si je négligeais cette expérience qu'il m'a été donné de vivre comme tant d'autres de mes confrères et collègues. Aussi bien d'ailleurs à cause de ce que cela m'a permis de recevoir, que pour ce que cela m'a rendu possible de proposer à d'autres, et peut-être de rendre fructueux pour eux.

Je regrette plus que je ne saurais le dire d'en rester là dans ma « réponse » à cette grande question à laquelle je ne peux pas ne pas reconnaître moi-même une réelle incontournabilité. Je souhaite que **durer** avec et en cette question au sein de la société qui est la nôtre aujourd'hui puisse nous permettre à tous – chrétiens ou pas ! – de progresser *d'abord* au plan *anthropologique* qui, comme je l'ai dit d'emblée, me paraît par-dessus tout en cause, et donc m'importe ici en premier – je répète : la différence effective, signifiante et structurante, entre paternité et maternité.

Je me demande toujours (comme d'autres) si l'on ne pourrait pas commencer par envisager des « diaconesses » (il y en a déjà eu en tout cas dans l'Église des premiers siècles)[1]. Peut-être cela permettrait-il en effet de réellement faire « avancer les choses », y compris d'ailleurs telles que j'ai cru devoir inviter à les réfléchir. Quoi qu'il puisse en être, ma perplexité présente ne m'incite en tout cas que davantage à souhaiter que, à tous ses niveaux, l'autorité ecclésiale poursuive et développe encore l'appel de ***chrétiennes*** et de chrétiens à l'exercice d'une responsabilité ecclésiale effective au titre de ***ministères institués***.

Le célibat des prêtres

Après celle de la place des femmes dans l'Église, la seconde question que j'ai retenue dans ce développement consacré à la ministérialité ecclésiale est celle du célibat des prêtres. Elle a en effet elle aussi sa manière d'être importante, et de mériter à divers titres une prise en considération précisément dans ce cadre. Elle n'est du reste pas sans rapports avec la précédente. Et cela à deux titres au moins : à la fois parce qu'elle a aussi trait à la question de la sexualité, et parce qu'elle a elle-même occasionné de nombreuses interrogations et a suscité pas mal de contestations.

1. Et la tradition protestante pourrait sans doute ici nous éclairer !

L'état des choses

Commençons par souligner une première donnée : le célibat des prêtres fait l'objet d'une véritable *loi* dans l'Église catholique. Celle-ci ne se contente en effet pas d'accueillir le don, que Dieu lui fait, de collaborateurs et de témoins qu'Il appelle lui-même à se mettre totalement au service de son Peuple. À ceux qui deviendront prêtres en son sein, l'Église *demande* de fait expressément de renoncer à fonder famille dans le cadre du mariage. Conséquence immédiate : le véritable problème qui est soulevé lorsqu'on s'interroge sur le célibat sacerdotal n'est pas, ainsi qu'on l'entend souvent dire, celui du « mariage des prêtres » au sens où l'on réclamerait pour eux que la hiérarchie ecclésiastique ouvre aux prêtres (nécessairement célibataires) d'aujourd'hui l'autorisation de se marier. Le célibat étant clairement présenté par l'Église catholique comme une loi, elle ne peut que considérer que ceux qui l'ont accepté en connaissance de cause l'ont bel et bien *choisi*. Et que, donc, prendre l'initiative de prétendre leur ouvrir la possibilité de se considérer désormais comme déliés d'un engagement qu'ils ont eux-mêmes délibérément contracté, ne pourrait que les offenser (ne savent-ils pas bien, déjà, que c'est leur propre liberté qui est en cause ?). Je peux pour ma part témoigner que les responsables des séminaires dont j'ai fait partie ou que j'ai connus étaient très attentifs à conscientiser les candidats à la prêtrise dont ils avaient la charge sur le fait qu'il ne s'agissait pas pour eux de choisir le sacerdoce dans la mesure où ils s'y sentiraient appelés, le célibat n'étant alors accepté par eux que « par-dessus le marché » si l'on peut dire. Il leur revenait en réalité, les avertissait-on, de poser un vrai choix pour le célibat lui-même (même s'ils ne l'auraient pas envisagé hors de leur propos de sacerdoce). Je garde pour ma part en vive mémoire le souvenir d'un séminariste qui paraissait vraiment présenter toutes les qualifications pour devenir prêtre et en avait le vif désir, mais qui ne parvenait décidément pas à s'envisager toute sa vie comme célibataire, même s'il n'avait pour l'heure aucun projet précis de mariage. Tout mon accompagnement en direction spirituelle a consisté à l'aider à réaliser qu'il pouvait « aller en paix », et considérer donc qu'il ne serait pas infidèle à un appel de Dieu au sacerdoce, dès lors qu'il estimerait ne pas pouvoir accepter ce célibat dont l'Église a pris quant à elle la responsabilité de faire une condition d'accès à ce sacrement. L'intéressé a pris sagement et sereinement la décision de renoncer ; j'ai eu quelques années plus tard la joie d'être convié par lui et sa future épouse à célébrer leur mariage.

Parmi bien d'autres données, un pareil « cas » peut spontanément porter à s'interroger : mais comment et pourquoi donc, alors, l'Église a-t-elle été amenée à poser en l'occurrence pareille condition, potentiellement si dissuasive ? La réponse est claire et éclairante à la fois. C'est à un concile tenu à Elvire, l'actuelle Grenade, au début du IVe siècle qu'il faut remonter, mais on s'aperçoit que la loi qu'il imposait (pour l'Occident) n'est pas celle du célibat. Ce qui était là demandé, c'est que celui qui allait présider la célébration eucharistique garde *la continence* avant de le faire, à l'instar en somme de ce qui valait pour les prêtres juifs, qui devaient s'abstenir de relations sexuelles avant de procéder au culte. Cela veut dire que les prêtres catholiques alors concernés pouvaient être mariés. Cependant, la fréquence des célébrations cultuelles chrétiennes s'étant beaucoup accrue, il fut à partir du XIIe siècle décidé de passer d'une continence à laquelle se voyaient trop souvent obligés des gens effectivement mariés, à un célibat qui, en somme, évitait à tout problème de cet ordre de se poser.

À ce changement de « donne » il n'y avait certes pas que des raisons de simplification ou de commodité, si compréhensibles et acceptables qu'elles pouvaient être, même d'un point de vue évangélique. Il y avait, beaucoup plus généralement et fondamentalement encore, des motifs qu'on dira anthropologiques, d'ordre *religieux*. L'histoire des religions révèle en effet d'une manière très large un lien assez étroit entre sexe et religion, depuis les prostitués et les prostituées sacrés jusqu'à la virginité consacrée, et à… l'abstinence sexuelle, en particulier avant de poser un acte sacré, un acte cultuel, officiel (on vient de le rappeler pour le judaïsme). Dans le cas des prêtres chrétiens, une motivation spirituelle chrétienne ne manquait évidemment pas d'être alors mise en avant. Mais, parmi d'autres avant et après, elle ne suffisait pas à permettre de présenter crédiblement, ni surtout à faire accepter et pratiquer comme une loi proprement *divine*, ce qui apparaissait en réalité comme une disposition *ecclésiastique* (du reste en fait diversement motivée et appliquée, il faut bien le dire).

Une nouvelle fois Vatican II a représenté ici une étape marquante. À une majorité importante, il décida non seulement de réinstaurer dans l'Église le diaconat comme le degré du sacrement de l'Ordre qu'il était toujours resté, mais de lui donner un caractère de nouveau *permanent*, et d'en ouvrir l'accès à des hommes *mariés*. Or, d'abord, c'était remettre en cause la disposition qui liait depuis douze siècles ministères ordonnés et célibat (ou au moins abstinence) ; et ensuite, lorsqu'elle fut présentée dans l'aula conciliaire, cette éventualité rencontra une large opposition pour la raison principale que l'adoption d'une telle mesure risquerait de porter gravement atteinte à la loi du célibat évidemment toujours en vigueur pour les prêtres, et sur laquelle il n'était en tout cas alors pas question de revenir. Cela n'empêcha pas le Concile de décider, finalement de manière massive, que des hommes mariés pourraient désormais être bel et bien ordonnés diacres permanents. Le résultat est là : cette fois, un concile œcuménique réunissant les quelque 2500 évêques de toute l'Église catholique du monde entier – et donc non plus cette fois un pape (« seul », et qui n'était autre que Pie XII lui-même – en 1947, redisons-le !) avait en somme déclaré : « Ce que l'Église a fait, elle peut le défaire ! »

Quel type de changement ?

Est-on fondé pour autant à estimer tout de go que cette même Église peut – ou aurait même déjà pu pouvoir ! – étendre, sans plus, au presbytérat ce qu'à notre époque, et il y a maintenant plus d'un demi-siècle, elle a déjà décidé pour le diaconat ? – De divers ordres si je puis dire, au moins trois types d'arguments sont en tout cas avancés en ce sens, et avec de plus en plus d'insistance.

D'abord, il s'agit bien avec le célibat en question d'une disposition « de droit ecclésiastique » et non pas « de droit divin », et donc l'Église est tout à fait habilitée à traiter par elle-même le sujet : qu'elle y aille donc enfin, entend-on dire de divers côtés[1]… Et plusieurs de reprocher au pape François de n'avoir pas tranché positivement sur ce point après le récent synode romain sur l'Amazonie, qui l'avait pourtant clairement demandé.

Ensuite, argument justement invoqué aussi dans ce synode amazonien, il y aurait là très vraisemblablement une bonne manière de

1. À l'époque où Jean-Paul II publia *Sacerdotalis ordinatio* qui réaffirmait l'obligation du célibat, les réactions furent, disons, de divers ordres. J'étais alors doyen de la faculté de théologie de l'Institut catholique de Paris. Je pris l'initiative d'informer le recteur de mon intention de convoquer tous les professeurs – docteurs de la faculté (ayant donc reçu le *nihil obstat* romain !) pour une réflexion commune, à laquelle se joignirent finalement aussi ceux de la faculté de droit canon. Nous avons travaillé par disciplines (exégèse, histoire, droit, théologie, spiritualité). Comme convenu, j'ai remis le texte finalement élaboré au cardinal Lustiger, chancelier de l'Institut catholique de Paris, qui l'a transmis à l'instance romaine compétente. Nous n'avons été informés d'aucune réaction négative. On m'a cependant confirmé par la suite que le message était bien parvenu à destination…

remédier au manque croissant de prêtres pour des populations entières et de plus en plus nombreuses qui, sinon, resteront indéfiniment privées du sacrement ecclésial par excellence qu'est l'eucharistie.

Enfin, il ne faudrait pas négliger ceci : l'évolution des mœurs dans notre société ne peut que rendre de plus en plus difficile une fidélité effective au célibat. Certains ajoutent : sauf quasi-héroïsme ou, en tout cas, sauf à ce que tous, dans l'Église, soient de plus en plus attentifs à rendre effectivement possibles aux prêtres des conditions *humaines et ecclésiales* de vie vraiment équilibrées.

Parallèlement à tout cela, je ne puis toutefois passer sous silence un épisode de « résistance » très marquant qui prétendait, et au plus haut niveau, faire obstacle aux « ouvertures » prônées par le synode sur l'Amazonie et à ce qu'il avait répercuté, argumenté ou déclenché. Il s'agit de la publication sous les deux noms de « Benoît XVI » (qui n'ajoutait plus « Joseph Ratzinger » comme il avait bel et bien tenu à le faire pour son ouvrage sur Jésus du temps même de son pontificat !) et du « cardinal Robert Sarah », ex-président de la Congrégation du culte divin, du livre intitulé *Des profondeurs de nos cœurs* et publié en sa traduction française chez Fayard au début de 2020. L'opposition déclarée par l'ouvrage à la possibilité d'ordonner des prêtres mariés était rien de moins que frontale. Cela n'empêcha pas Andrea Tornelli, directeur éditorial du Dicastère pour la communication et porte-parole du Saint-Siège, de rappeler sur-le-champ que « le célibat sacerdotal n'est pas et n'a jamais été un dogme ; c'est une discipline ecclésiastique de l'Église latine[1] ». On eut du mal, dans les jours qui suivirent, à savoir quelle avait été exactement l'implication de Benoît XVI (qui s'était de toute manière engagé à garder le silence au moment de son retrait) ; son secrétaire particulier tenta de la minimiser ; il fut partiellement et confusément « corrigé » ensuite par un Sarah un peu dépité… Bref, ce fut la pagaille ! *La Croix* de ce jour-là titra « Benoît XVI défend le célibat des prêtres », « La prise de parole de Benoît XVI vient-elle percuter l'autorité du pape François ? », et même « On peut craindre un magistère parallèle »… Et *Les dernières nouvelles d'Alsace* couronnèrent le tout : « Le mariage des prêtres déclenche une guerre des papes » ! Beau résultat, en vérité ! Mais qui démontre bien l'hyper-sensibilité et même l'hyper-susceptibilité de toute une part de l'Église catholique sur la question en cause.

1. *La Croix*, 14 janvier 2020.

Ce confus et certes déplorable épisode pourrait sans doute déjà suffire à expliquer que François ait finalement préféré ne pas homologuer la proposition synodale amazonienne. Il ne signifiait pas pour autant que le pape en charge en serait venu à renoncer à chercher si et comment on pourrait continuer, sur ce point aussi, de développer la réflexion. Bien au contraire pensent certains, auxquels je suis en ce qui me concerne porté à me rallier.

La simple honnêteté m'oblige cependant une nouvelle fois à ne pas m'en tenir là. Il se trouve que j'ai eu communication de l'analyse d'un prêtre des Missions étrangères de Paris qui a été missionnaire en Amazonie pendant trente ans, et qui est de surcroît exégète et théologien qualifié. Voici ce qu'il écrit et que je tiens à répercuter, on comprendra vite pourquoi :

> Pour avoir passé plus de trente années en Amazonie, je sais que la solution des *viri probati*/hommes d'une expérience éprouvée, était illusoire. Au Brésil, il existe cinquante mille communautés sans prêtres. Faut-il en ordonner pour certaines et pas pour d'autres ? La suggestion était de choisir des diacres permanents qui, eux, n'habitent que les grandes villes ! François a flairé le danger. Cette solution ne résolvait rien, au contraire. Elle aurait eu pour effet de renforcer le cléricalisme : le prêtre ne chasserait-il pas la plupart des femmes animatrices des communautés qui jusque-là n'auraient rempli qu'un rôle de suppléance !
>
> Fallait-il instituer un ministère propre aux femmes ? [...]
>
> Il est sage que François n'ait pas voulu toucher au système, conscient qu'il ne servirait à rien de mettre un tissu de secours sur un vieux. *À vin nouveau, outre neuve* ! Le seul modèle que nous connaissions étant le clérical, il faut chercher une autre voie si nous voulons éviter de cléricaliser tous ceux qui accèdent à des ministères ou à des fonctions dans l'Église [...].
>
> François laisse cependant une porte ouverte[1].

François Glory s'exprime évidemment ici en référence à ce qu'est la situation en Amérique latine. De ce côté-ci de l'Atlantique et bien ailleurs, elle est autre et, en particulier, le cléricalisme interne est quand même nettement en train d'y reculer... en tout cas, partout où se développent les ministères institués (rappelons : donc non ordonnés) officiellement confiés à des laïcs – y compris des femmes – qui restent laïcs. L'ouverture de la prêtrise à des hommes mariés n'y comporterait

1. Entretien, *La Croix*, 17 juin 2019.

donc pas les mêmes risques que ceux que François Glory craint pour l'Amazonie. Avec le pape François lui-même, et avec un nombre croissant de théologiens, de pasteurs, de ministres divers, et même de conférences épiscopales semble-t-il, on voit bien se dessiner une évolution dans le sens de l'ordination presbytérale, en tout cas, d'*hommes* mariés.

Tout n'est pourtant pas encore réglé avec cela concernant la question du lien entre presbytérat et célibat. À mes yeux au moins, il s'impose en effet encore d'ajouter que rien de ce qui a été dit jusqu'à maintenant en matière d'ouverture à l'hypothèse de l'instauration d'un presbytérat masculin marié ne remet en quoi que ce soit en cause ce que je continue de penser, moi aussi, sur ce point précis : il y a une vraie convergence entre célibat et prêtrise et même, comme l'affirment très clairement cette fois ensemble Jean-Paul II, Benoît XVI et François, il y a là « un grand don de Dieu à son Église ». D'abord, revenant au « simple » niveau anthropologique, je constate qu'un certain attachement au célibat n'est pas une exclusivité des catholiques ou des curés (qui, de surcroît, ne pourraient être autre chose que des intégristes). Tout le monde sait bien qu'à toutes les époques, dans toutes les civilisations et dans toutes les sociétés, en toutes les professions même et que sais-je encore, il a existé et il existe toujours des hommes et des femmes qui ont estimé et qui estiment encore qu'*il y a des causes qui méritent qu'on leur consacre autant que possible toute sa vie*. Dans ces conditions, que des hommes qui entendent se vouer à l'Église de Jésus le fassent au point de renoncer à toute autre forme de lien humain susceptible non seulement de concurrencer mais de limiter un tel engagement, continuera seulement mais vraiment de signifier qu'après tout l'Église – en tout cas dans la compréhension que nous avons essayé d'en mettre en œuvre ici – peut être elle aussi une grande cause ! Moyennant quoi, à la dimension anthropologique d'un tel engagement s'ajoutera non seulement une dimension spirituelle affirmée, mais bel et bien également une dimension « apostolique », au sens au moins de « pastorale »…

Compte tenu de mon service pendant seize ans dans les séminaires, de mon accompagnement d'assez nombreux prêtres à travers plusieurs décennies et de ma mission d'évêque diocésain pendant quasiment dix ans, je ne serais cependant pas jusqu'au bout responsable de ma position présente si je n'ajoutais pas ici une considération conclusive que je pourrais intituler sans prétention : « Pour pouvoir vivre prêtre dans le célibat » !

Par ce qui précède, je viens en quelque sorte de faire écho à ma manière à un propos du père Henri-Jérôme Gagey, de l'Institut catholique de Paris[1] :

> Un des grands dangers que l'on n'évite jamais vraiment dans la théologie des ministères, c'est de chercher à définir «le prêtre» par l'exercice de tâches spécifiques [la messe et tout ce que représente le «management» d'une communauté]. Ce qui caractérise les prêtres, c'est d'être voués au «ministère», c'est-à-dire au service de l'Église à travers toute leur vie.

Encore faut-il – et voilà précisément ce que je voulais ajouter pour en terminer – que cela *puisse* être possible! À cet égard, je ne crois pas pouvoir me dispenser de suggérer maintenant «deux ou trois choses que j'ai apprises», et dont j'ai découvert avec le temps l'intérêt et même l'indispensabilité. Elles tournent toutes autour de ce qu'on peut appeler les conditions d'un vrai équilibre humain, y compris et peut-être même avant tout, au plan *affectif.* Viendraient d'abord de ce point de vue, me semble-t-il, les liens familiaux, et tout autant qu'ils sont possibles. Je placerais en deuxième lieu ce que j'appellerais volontiers la fraternité sacerdotale, surtout sans doute quand elle s'est scellée au temps de la formation, ou bien à la faveur des tout premiers ministères. J'attribuerais encore une grande importance aux vraies amitiés et affections non cléricales, y compris bien entendu le cas échéant féminines (si spécifiques que soient et si «discernantes» que doivent toujours rester ces dernières, elles peuvent être de grand prix – les exemples suggestifs ne manquent pas, de François et Claire d'Assise ou François de Sales et Jeanne de Chantal, à Hans Urs von Balthasar et Adrienne von Speyr). Mais j'ajouterais, et à une place essentielle, certaines relations construites au sein du service pastoral lui-même, dans la double dimension de paternité et de fraternité qui lui est essentielle en profondeur, et sur laquelle l'occasion me sera donnée de revenir très bientôt.

III. Synodalité

Comme son titre l'annonce, ce livre consacré à l'Église et à ce qui conditionne son avenir est tout entier centré sur la conversion. Une conversion qu'il présente comme devant se caractériser par deux

1. *La Croix*, 4 juin 2010.

mouvements appelés à se coordonner très étroitement : un premier *vers Dieu* mais qui, précisément au nom de Dieu, en commande de soi un deuxième qui, lui, doit aller *vers le monde*. Nous avons bien souligné que les deux doivent être ceux de *toute* l'Église, et bien précisé que si l'Église est à considérer comme une *communauté* – ce fut la première étape (I) de ce chapitre terminal –, elle comporte une *ministérialité* (II) qui à la fois la structure, l'anime et la conduit. Il nous faut maintenant – ce sera notre III – ajouter que et cette communauté et cette ministérialité ne sauraient être ecclésiales autrement qu'en régime de *synodalité*.

Car ni le mouvement vers Dieu ni le mouvement vers le monde ne peuvent s'accomplir de sorte qu'ils puissent constituer effectivement l'Église du Christ, sans un autre mouvement encore. À savoir : celui que doivent accomplir *les uns vers les autres et les uns* ***avec*** *les autres* aussi bien tous les membres de la communauté que tous les agents de la ministérialité. Tel est bien le sens du terme qui vaut son titre à notre toute dernière étape : *synodalité*.

C'est la réflexion sur ce que ce terme « programmatique » signifie et engage qui nous permettra de conduire à son terme cette réflexion sur la conversion-réforme qui conditionne ce « salut » de l'Église dont le titre de notre ouvrage déclare d'emblée la préoccupation. Je commencerai par présenter le « principe » même de synodalité (1) et son intérêt (2). Je passerai à son application : d'abord au « champ » romain (3) : le « sommet » ou le « centre », puis aux « différents niveaux de la vie et de l'organisation ecclésiales » (4). Je bouclerai l'ensemble sur un « Retour au Centre » (5).

1. Le « principe » de synodalité

Si les termes « synode » et « synodal » (du grec « *sun*/avec » et « *odos*/chemin ») sont d'un usage ancien dans l'Église, le substantif « synodalité » représente au contraire un néologisme. « Il y a quelques années encore, on lui préférait son synonyme d'origine latine, la "conciliarité", relève Hyacinthe Destivelle[1] qui avertit d'ailleurs qu'elle est souvent confondue avec la "collégialité épiscopale" », alors que cette dernière n'en est qu'un aspect (qui n'a cependant pas peu contribué à l'extension récente de son emploi croissant dans l'Église).

1. Chargé des questions œcuméniques à la Conférence des évêques de France. Je cite ici son intervention (non encore publiée) lors du colloque organisé à Rome pour le cinquantième anniversaire de la CTI, et que j'ai déjà évoqué ci-dessus, p. 276.

On peut dire que trois étapes de l'évolution générale récente des mentalités ecclésiales nous ont conduits là. Il est tout d'abord évident que le point de départ de ce changement dans la donne actuelle est à reconnaître dans la réflexion puis l'enseignement de Vatican II, en réponse à la fameuse question du cardinal Suenens qui donna bien le ton à l'ensemble du programme conciliaire : « Église, que dis-tu de toi-même ? » Il est évident aussi que François a fait de la synodalité l'une des orientations principales de sa conduite de l'ensemble de l'Église : n'a-t-il pas déclaré qu'elle représente à vrai dire « le chemin que Dieu attend de l'Église du troisième millénaire[1] » ? Il ne pouvait donner meilleur signe de l'importance qu'il ne cesse de lui accorder, que de lui consacrer un Synode romain : il en a convoqué un pour 2022, et il a demandé de longue date qu'on veuille bien s'activer pour sa préparation ! Mais, concernant toujours la synodalité, une confirmation et une relance autorisées d'un autre type encore sont enfin à mettre, elles, au compte de la théologie, maintenant que la Commission théologique internationale lui a consacré en 2018 un document « qui constitue la première synthèse théologique sur ce thème publiée à un aussi haut niveau de l'Église catholique » (de nouveau Hyacinthe Destivelle) : *La synodalité dans la vie et la mission de l'Église*. Bref : un concile œcuménique, le souverain pontife en charge, une instance théologique majeure sans équivalent dans l'Église catholique : que pourrait-on souhaiter de mieux ? Voici la définition proposée par la CTI :

> La synodalité signifie le *modus vivendi et operandi* [disons : le style de vie et le mode d'action] spécifique de l'Église Peuple de Dieu qui manifeste et réalise concrètement son être de *communion* dans le fait de cheminer *ensemble*, de se réunir *en assemblée* et que *tous ses membres* prennent *une part active* à sa mission évangélisatrice[2].

Bien entendu, ainsi comprise, la synodalité ne concerne pas seulement les conciles œcuméniques (malgré tout rares), mais elle ne se limite pas non plus aux simples et multiples « groupes de réflexion » ecclésiaux. Je cite volontiers de nouveau Hyacinthe Destivelle :

> « Là où deux ou trois sont réunis en mon nom, je suis au milieu d'eux » : cette promesse de présence du Christ lorsque deux ou trois

1. Discours du pape François le 17 juin 2021 lors de la commémoration du cinquantième anniversaire de l'institution du Synode des évêques.
2. C'est moi qui souligne, mais sans être convaincu qu'il était nécessaire de le faire tant c'est clair !

> sont rassemblés *en son nom*, peut être considérée comme le fondement scripturaire des assemblées conciliaires [et donc de la synodalité comme telle]. Cette assurance [concerne] toute réunion de chrétiens *au nom du Christ* pour échanger, décider, agir ou témoigner.

Le document de la CTI commence par établir la présence et éclairer le sens de la synodalité ecclésiale dans l'Écriture (Ancien et Nouveau Testaments) et la Tradition, puis à travers toute la suite de l'histoire chrétienne. L'époque patristique est ici particulièrement riche d'enseignements, d'Ignace d'Antioche (mort entre 100 et 117) qui voit dans les membres de l'Église des « *synodoï*, compagnons de route » à Jean Chrysostome (vers 344-407) – *ekklêsia* veut dire « *synodos*/chemin qu'on fait ensemble » –, en passant par Cyprien de Carthage (vers 200-258) qui pose clairement le principe épiscopal (« *nihil sine episcopo*/rien sans l'évêque »), mais l'assortit immédiatement du principe synodal (« *nihil sine consilio vestro et sine consensu plebis*/rien sans votre conseil et sans l'accord du Peuple »). Les principales étapes de la suite historique sont alors marquées (les grands conciles Trente et Vatican I sont examinés sur la question !), avant que soient évoquées entre autres les grandes voix de Johann Adam Möhler (1796-1838) et John Henry Newman (1801-1890), le tout se couronnant par le renvoi obligé à… Vatican II.

Un deuxième chapitre du document de la CTI est consacré à une présentation des *fondements théologiques* de la synodalité. Ils sont, nous dit-on, à la fois d'ordre trinitaire et anthropologique et d'ordre christologique, pneumatologique et ecclésiologique… ce qui en dit bien l'importance, du point de vue de la foi catholique en tout cas, pour la juste compréhension de l'Église. On conclut ce point en précisant que la synodalité est finalement appelée à se manifester ecclésialement à trois niveaux : un style et un esprit, des structures et des personnes, des événements et des réalisations. Le troisième chapitre donne des orientations détaillées d'ordre concret et pratique (dont la suite de notre réflexion ici ne manquera pas de s'inspirer). Le quatrième et dernier attire l'attention sur les conditions *spirituelles* (la conversion encore) et la portée *œcuménique* (la conversion toujours) d'une mise en œuvre effective.

On est heureux que, fruit à sa manière d'un concile Vatican II dont la mise en application a connu les avatars que l'on sait, ce document récent, tout imprégné de l'esprit conciliaire, nous ait été donné. Il convie pour sa part tous les chrétiens de tous les niveaux à s'investir dans la vie de ce qui est *leur* Église en même temps que celle de Jésus. J'ai plaisir à le souligner : il fait par là même une nouvelle fois la preuve de la bénédiction que peut être la théologie pour la vie et la conduite de l'Église !

2. La synodalité comme moyen et objet de conversion et de réforme

On vient d'enregistrer les signes et les modalités de l'importance qu'est en train de (re)prendre la synodalité aux yeux de ceux que soucient le présent et l'avenir de l'Église. On peut de ce point de vue résumer la situation ainsi :

– La cause de la synodalité est de fait *portée dans l'Église d'aujourd'hui* par ces deux instances et autorités majeures en catholicisme que sont d'abord son tout dernier concile *œcuménique* (c'est-à-dire, rappelons-le, ayant réuni tous les évêques catholiques du monde entier) Vatican II, et ensuite son chef *suprême* actuellement en charge, le pape François.

– Cette synodalité n'en a pas moins des racines profondes et importantes *à travers toute l'histoire de l'Église*, s'il faut en croire la recherche et la réflexion théologiques.

– Elle est par définition appelée à concerner à la fois *tous et chacun* des membres de l'Église, à tous ses niveaux.

Nul ne saurait pour autant nier que ladite synodalité, si souhaitable et même si nécessaire que puissent la faire apparaître les références les plus incontestables, est loin de caractériser le présent ecclésial ! Il faut donc bien considérer qu'elle ne pourra *entrer dans les faits* qu'à la condition que progresse (*aussi* par la conversion personnelle de chaque chrétien) cette *conversion plus générale* à laquelle notre livre est tout entier consacré et qui a historiquement reçu le nom de ***réforme*** quand c'est l'ensemble de l'Église qui est concernée.

Or il se trouve que, réfléchissant donc sur la synodalité de l'Église, je suis tombé sur un article de la revue *Études* qui traitait, lui, de « réforme ». Et il se trouve aussi que son « chapeau » de présentation s'exprimait ainsi : « Dans le monde catholique, le mot "réforme" avait quasiment disparu à partir du concile de Trente jusqu'à Vatican II[1]. » La coïncidence qui apparaissait ainsi quant au timing de leur utilisation

1. John W. O'Malley, « Réforme de l'Église. Réflexion d'un historien », *Études*, janv. 2017, p. 71-82.

dans le vocabulaire ecclésial entre « synodalité » et « réforme » (et donc avec « conversion », on va y revenir dans un instant) m'a frappé. Logiquement m'a-t-il semblé, j'ai cherché jusqu'où avait pu aller et pouvait éventuellement se poursuivre la convergence des deux…

Les leçons de l'histoire

L'histoire permet en tout cas de tirer ici deux leçons majeures concernant la conversion/la réforme. D'abord celle-ci : la signification la plus fondamentale du mot « réforme » porte sur la conversion *personnelle*, une seconde signification concernant bien sûr le changement des réalités et pratiques *institutionnelles*. Ensuite celle-là : « Si la réforme de l'Église se veut catholique et chrétienne, elle doit avoir la réforme personnelle comme but ultime. [Sinon,] elle devient un exercice de discipline par amour de la discipline. Elle n'est plus chrétienne[1]. »

Or il faut bien constater que « la réforme de l'Église a été traditionnellement une entreprise strictement juridique et législative[2] ». Ceux qui ont voulu la déclencher et la conduire ont toujours été *les évêques*, soit à l'échelle de leur propre diocèse (à titre personnel ou à travers des « synodes » alors dits diocésains), soit collégialement (dans des « synodes » ou « conciles » plus ou moins larges, « provinciaux » et autres).

C'est à partir du XIe siècle qu'en matière de réforme, les évêques de Rome – *les papes* – successifs ont commencé à intervenir par la convocation et la tenue de conciles dits, eux, œcuméniques ou généraux : onze en tout, de Latran I (1123) à Trente (1545-1563). Rome intervenant dès lors de plus en plus dans les affaires locales et développant les « impositions » financières, la situation générale se tendit peu à peu au point qu'on aboutit à ce qu'on appelle « le Grand Schisme d'Occident » (1378-1417), où l'on vit bientôt trois prétendants se disputer le titre de pape. Le résultat fut que la méfiance se développa à l'égard de ce qu'était devenue l'autorité papale. Un concile – disons : « compliqué » ! – tenu à Constance (1415-1418) n'aboutit qu'à formuler un appel général à la réforme « dans la foi et les mœurs, et *à la tête* et dans les membres ». Chemina et se renforça à partir de là (aussi) l'idée qu'était devenue nécessaire une « réforme » concernant le pape et sa Curie ! Et c'est dans ce contexte que naquit puis se développa le

1. *Ibid.*, p. 72.
2. *Ibid.*

puissant mouvement qui devait finir par quasiment confisquer le nom de « Réforme » : le protestantisme, en toute sa diversité...

De convocation difficile en un tel contexte, le concile de Trente ne se préoccupa pourtant finalement ni d'un possible ajustement de l'exercice de la fonction papale ni même de réformer la Curie romaine. L'essentiel fut d'une part un grand travail *dogmatique* (portant spécialement sur les questions soulevées par les protestants), et de l'autre l'engagement sur la voie d'une réforme de conversion *spirituelle* des ministres ecclésiaux (évêques *et* prêtres) en vue d'une relance *pastorale* généralisée. À vrai dire, les résultats furent même, à la longue, assez largement tangibles en tous ces domaines. Une vraie vitalité ecclésiale se développa ainsi, au cours du grand XVIIe siècle en particulier. En conséquence, soyons clairs : de réforme institutionnelle, il ne fut vraiment plus guère question... pour l'Église catholique en tout cas. Et en somme, si de réforme on put quand même faire état, il fallait considérer qu'elle avait justement été faite par le concile de Trente telle qu'il l'avait entendue, et qu'il fallait donc tout simplement la mettre en application telle qu'il l'avait finalement voulue. Toute autre manière de se comporter serait (risquer de) passer à l'hérésie, voire au schisme.

Du concile Vatican II au pape François

Une relance ne se produisit qu'avec Vatican II qui, sans recycler le terme lui-même, en employa plusieurs équivalents et, surtout, en réamorça le processus, ainsi que nous avons déjà eu l'occasion de le relever. Se concentrant sur l'Église, Vatican II (après d'ailleurs une consultation à l'échelle de l'ensemble de la catholicité) décida d'en promouvoir un large renouvellement : un « *aggiornamento*/mise à jour » supposant à la fois ressourcement, relance et invention... Cela suscita la résistance obstinée de la Curie (appuyée par une fameuse « minorité conciliaire ») mais reçut globalement le soutien de Paul VI, le successeur de Jean XXIII qui avait été l'initiateur du Concile. Votée *in extremis* (le 21 novembre 1965, c'est-à-dire juste avant la clôture générale), la constitution dogmatique sur l'Église *Lumen gentium* se prononça finalement d'une manière claire en faveur de la *collégialité épiscopale* (dans son articulation avec l'instance papale) et de ce qu'elle pouvait inviter à *convertir* au niveau des mentalités de tous dans l'Église. Elle n'aboutit cependant pas à porter la réflexion sur la Curie elle-même. L'interrogation au sujet de cette dernière n'étant de toute manière pas contournable, Paul VI, qui en était bien conscient, tenta d'introduire des changements par la suite avec sa constitution *Regimini Ecclesiae* (15 août 1967), ainsi que Jean-Paul II avec *Pastor bonus* (28 juin 1988). Sans fruits suffisants toutefois, il faut bien le dire, car la situation ne s'améliora guère. La même chose se vérifia sous le pontificat de Benoît XVI, au point qu'il semble bien que ce fut l'un des motifs de sa démission. Et tout porte à penser que, corrélativement, ce fut aussi l'une des raisons importantes pour lesquelles les suffrages des cardinaux du conclave se portèrent le 13 mars 2013 sur Jorge Mario Bergoglio, qui devint le pape François. Il faut dire qu'entre-temps, de graves « révélations » aggravaient encore l'urgence non seulement d'une *réforme* de la Curie, mais aussi – avec la dénonciation des fameux divers « abus » –, celle d'une *conversion* concernant à la fois tous et chacun des membres de l'Église, à ses différents niveaux.

3. Le « champ » romain

Les fruits du bref parcours historique que nous venons d'accomplir sont nombreux. Ils révèlent d'abord la nécessité **et** d'une *réforme vraiment générale* qui ne saurait aller sans une conversion personnelle de tous et chacun des membres de l'Église, **et** d'une *conversion toujours personnelle* elle-même indissociable d'une réforme générale… Ils révèlent ensuite la détermination – sur ces deux fronts – du pontife actuel François, qui déclare par là même la volonté résolue et tenace de transformer autant que possible la *crise* en *kaïros.* Ils révèlent enfin l'ensemble des *lieux et instances* d'ordre ecclésial dans lesquels l'action s'impose… précisément en faveur de la synodalité qui nous préoccupe ici.

À ce dernier égard, il est déjà clair que vient en premier ce que mon présent titre désigne comme le « champ » romain, c'est-à-dire : tout à la fois la fonction papale elle-même, le Synode dit « romain », et « la Curie ». C'est par la suite seulement (voir 4 puis 5) que nous nous préoccuperons du « reste » de l'Église en son institutionalité.

La fonction papale elle-même

Nombreux sont, à travers l'histoire du christianisme, ceux qui ont compris la parole de Jésus à Pierre en Mt 16, 16-20 – « tu es Pierre et sur cette pierre je bâtirai mon Église » – comme donnant à comprendre à propos de l'apôtre Pierre que « l'Église a été fondée sur lui comme sur une pierre ». Ce fut un temps la position de saint Augustin lui-même, qui tient à le rappeler dans ses *Retractationes*[1]... mais qui ne le fait en réalité que pour ajouter ceci :

> Je sais qu'ensuite, j'ai très souvent exposé [les choses] de manière à faire comprendre que l'Église est édifiée sur *Celui que Pierre a confessé* en disant : « Tu es le Christ, le Fils du Dieu vivant. » La pierre (*petra*) était *le Christ* qu'a confessé Simon comme le confesse toute l'Église, et [quant à lui] il a reçu le nom de Pierre (*Petrus*).

On peut dire que cette façon augustinienne de comprendre la fonction papale et donc l'exercice de l'autorité suprême dans l'Église est tout à fait celle du tenant actuel du poste. C'est elle qui habite toutes ses prises de paroles et qui inspire toutes ses décisions.

Elle a d'abord inspiré, rappelons-le, ses tout premiers gestes et le style général de comportement et de vie personnelle qu'il a voulu adopter dès le départ : il donnait à voir là sa volonté d'inscrire jusque dans son quotidien sa résolution de ne pas se comporter en « souverain, solitaire parmi les multitudes », formule qui fut employée à propos de Pie XII.

Or, comme ceux qui l'ont élu, il a estimé dès le départ que cette vue des choses qui considère qu'il ne peut y avoir dans l'Église d'autre seigneurie que celle de Jésus le Christ – et l'on sait de quel genre elle est et comment elle s'est révélée –, était loin de donner le ton à tout ce qui s'exerçait de responsabilité – de « pouvoir » ! – dans l'Église. Cela valait certes d'une manière générale dans tout le corps ecclésial, mais cela se vérifiait également, déjà, dans l'entourage immédiat du pape qu'il était devenu.

Comment lui fallait-il alors procéder pour avoir chance de remédier à la situation ? Il paraissait peu réaliste de négocier avec seulement l'instance dont il s'agissait d'enclencher enfin la réforme. Il était encore moins envisageable, dans l'optique de ce pape-là en tout cas, de se lancer tout seul... C'est là que, « à même » sa propre responsabilité tout à fait unique de pape, François manifesta d'emblée, et d'une manière d'autant plus significative qu'elle était totalement inédite, sa volonté de synodalité : pour pouvoir exercer sa *propre* responsabilité de pape à

1. *Retractationes*, I, XXI, 1 (trad. G. Bardy, coll. « Bibliothèque augustinienne », 12, 401). En *In Jo* 124, 5 (P. L. 35, 1973-1974 ; C.C. 31, 685), Augustin aura cette formule lapidaire : « Le Christ est la pierre (*petra*), Pierre (*Petrus*) est l'Église ». Voir J.-M. Tillard, *L'évêque de Rome*, Cerf, Paris, 1982, p. 140 ss.

l'égard de ceux-là mêmes qui avaient directement part à son exercice – à savoir la Curie elle-même –, il fit choix de s'associer des conseillers indiscutables, tous pris hors Curie (sauf un, ajouté en un second temps) : des cardinaux, en charge pastorale « de terrain », et rôdés à l'exercice effectif d'une vraie synodalité. Cela donna le fameux Conseil des cardinaux, *Consilium cardinalium Summo ponitifici*, ledit C8, devenu C9 à partir du 1er juillet 2014, qui devait se réunir régulièrement jusqu'en 2020[1], rendant peu à peu déjà possibles un certain nombre de changements importants et significatifs, avant même la clôture de sa mission[2].

La pratique de la synodalité par le pape lui-même dans l'exercice de sa fonction propre se vérifiait ainsi de manière à la fois éminente et référentielle, si l'on peut dire. Mais l'objet même à propos duquel elle s'exerçait ainsi en tout premier lieu appelait de soi son application à un autre domaine de ce que nous avons appelé le « champ romain », à savoir celui de la *Curie* pontificale comme telle. Avant d'y venir comme il s'impose, il faut cependant faire état d'un autre domaine encore de la synodalité, disons, « à caractère romain » : le *Synode* des évêques, justement, dit « romain ». Il faut d'autant plus lui faire une place de choix qu'il a été voulu, lui, comme un lieu et un moyen privilégiés de la mise en œuvre de toute une « culture ecclésiale » de la synodalité.

Le Synode des évêques

Le Synode romain des évêques doit son existence à la décision de Paul VI donnant suite dès 1965 à la démarche effectuée près de lui par un certain nombre d'évêques qui, ayant participé au concile Vatican II, se demandaient quel pourrait être son destin : quelle suite réelle la Curie, qui s'était montrée d'un bout à l'autre si réticente et même quelquefois si hostile à son égard, lui donnerait-elle pour sa part ?

L'idée du Synode était qu'à intervalles réguliers, des représentants des évêques du monde entier, désignés par les différentes conférences

1. Fin 2019, il avait déjà tenu vingt-six réunions, en moyenne une tous les deux mois.
2. L'annonce de ce conseil avait été faite dès le 13 avril 2013 par celui qui venait d'être élu tout juste un mois plus tôt, « en premier lieu pour conseiller le pape dans le gouvernement de l'Église universelle et sur d'autres thèmes relatifs, et aussi avec la tâche spécifique de préparer la révision de la constitution apostolique de Jean-Paul II *Pastor bonus* (de 1988) ». Je cite ici le discours de François à la Curie romaine du 22 décembre 2016.

« nationales », puissent se rassembler à Rome pour traiter un sujet mis à l'ordre du jour par le pape, qui publierait ensuite un document destiné à l'ensemble de l'Église. Les membres du Synode exposaient les uns après les autres leur point de vue devant leurs « collègues », avant de voter ensuite sur des propositions formulées par le staff d'animation du synode puis soumises au pape, qui y puiserait à sa guise pour rédiger son « exhortation apostolique » post-synodale.

Même s'il y avait experts et conseillers, ils ne prenaient pas part au vote puisqu'il s'agissait d'une instance d'évêques, comme dans le cas du concile œcuménique. Plus on est allé, plus des débats ont cependant été intercalés en petits groupes (linguistiques, avec les non-évêques), invités à faire leurs suggestions à une commission d'élus de l'assemblée (et nommés par le pape), qui proposerait elle-même à partir de là, au terme des échanges, un texte-projet pour l'exhortation pontificale à venir[1].

Une relance inédite par le pape François

Benoît XVI introduisit des temps de débats au cours même des réunions en grande aula. Mais en vérité, tout cela restait très épiscopal en ce qui concernait l'événement synodal lui-même, et très papal pour l'exhortation qui en représentait l'aboutissement. L'année d'après l'élection de François se tenait un synode sur la famille, qui fut amené à se dédoubler en deux assemblées (2014 et 2015) et, tout aussitôt après, le pape engagea la préparation du suivant, qui devait se consacrer aux jeunes. Or, fort de ces deux expériences, François publiait dès le 18 septembre 2018 une constitution apostolique (*Episcopalis communio*) faisant état de sa volonté de donner plus de poids encore au Synode des évêques et à ses décisions : 1) en renforçant la collégialité épiscopale elle-même ; 2) en développant son articulation avec la responsabilité pontificale comme telle ; et 3) en se mettant « à l'écoute du Peuple de Dieu tout entier ».

1. Élu par la Conférence des évêques de France, j'ai moi-même participé au synode de 2005 sur l'Europe, et j'ai même fait partie de la commission chargée, sous la conduite de Mgr Tettamanzi (qui allait, quelques années plus tard, succéder au cardinal Martini à Milan), de préparer le texte en vue de l'exhortation papale post-synodale. Par la suite, j'ai encore été membre du Conseil post-synodal, qui se réunissait entre les convocations successives du Synode des évêques, et dont étaient membres, entre autres, les cardinaux Schönborn (Vienne), Husar (Lviv) et Vlk (Prague), Lehmann (Mayence), et Mgr Nichols (futur cardinal archevêque de Westminster).

Dans cette intention, ce document décisif pour le nouveau pontificat prévoyait un certain nombre de dispositions à mettre en œuvre sans retard. D'abord, une « consultation du Peuple de Dieu » à travers diocèses, instituts religieux, mais aussi associations de *laïcs* ; ensuite, la possibilité et d'une rencontre pré-synodale de préparation et d'un étalement sur des sessions espacées (comme cela avait justement été le cas sur la famille), afin de permettre « mûrissement et approfondissements » ; ensuite encore, l'éventualité que, d'une manière ou d'une autre, le document final « participe du magistère pontifical ordinaire » ; enfin, la valorisation du secrétariat général du Synode, avec lequel la Curie aurait à collaborer, et qui pourrait même publier des « documents d'application ».

Selon le cardinal Baldisseri, alors secrétaire général dudit synode, il s'agissait pour le pape de rien de moins que de remodeler profondément toutes les structures ecclésiales pour qu'elles deviennent plus « missionnaires », c'est-à-dire plus sensibles aux besoins des personnes, plus ouvertes aux nouveautés qui se présentent, plus simples dans une époque de transformations rapides[1].

Depuis, se sont tenus les synodes sur la jeunesse et sur l'Amazonie. Ils ont conduit François à souhaiter mettre en œuvre bien davantage cette « synodalité dont on entend parler ». Le pape était sorti de l'expérience amazonienne avec la conviction que l'une des richesses et des originalités de la pédagogie synodale est précisément de sortir de la logique parlementaire pour apprendre à écouter en communauté ce que l'Esprit dit à l'Église.

Cela le conduisit à déclarer clairement qu'en l'occurrence, l'objectif n'est pas de parvenir à ce que, comme en un parlement politique, une majorité se dégage parmi des représentants qualifiés issus d'une élection en bonne et due forme. Il est de trouver les moyens d'entendre, puis d'*écouter* effectivement, dans le discernement, ce que l'Esprit dit à travers *l'ensemble des membres* du corps ecclésial !

Un synode sur la synodalité

C'est la raison pour laquelle François en est venu à décider de consacrer un (pour lui ultime ?) synode à *la synodalité elle-même*, et à ce qui peut la rendre plus effective. Le thème en a été énoncé ainsi : *Pour une Église synodale : communion, participation et mission*. D'où, d'ailleurs,

1. Avant le passage du relais au dynamique cardinal Grech.

un étalement dans le calendrier. D'abord prévu pour 2022, ce synode se tiendra en fait en octobre 2023, couronnant alors un processus d'ensemble étalé sur deux bonnes années. La première étape, lancée par le pape les 9-10 octobre 2021, sera pour les diocèses du monde entier ; un questionnaire sera partout adressé par Rome, qui élaborera ensuite une synthèse des réponses pour avril 2022. Une deuxième étape sera « continentale » (Afrique, Amérique latine, Europe...) ; elle devra aboutir à un document qui sera soumis au synode appelé à se tenir à Rome en octobre 2023...

Le nouveau secrétaire général du Synode (qui en était pro-secrétaire depuis 2019 et qui a participé à ce titre au synode sur l'Amazonie), le désormais cardinal Mario Greck, s'est signalé, lorsqu'il était évêque dans son pays en intervenant judicieusement tant à propos des abus sexuels que des « divorcés-remariés » ; il ne fait aucun doute qu'il dispose de toute la confiance de François. De François qui lui aura d'ailleurs entre-temps nommé comme secrétaire *une religieuse* (déjà évoquée ci-dessus), sœur Nathalie Becquart qui, tout logiquement d'ailleurs, aura *droit de vote*. J'invite pour ma part à voir là deux « signes » – et qui ne resteront sans doute pas les seuls – qui augurent bien de ce que pourra être ce synode dont tout l'intérêt aura été de ne pas réfléchir sur *la synodalité* de l'Église autrement qu'en réfléchissant ***synodalement*** lui-même sur *le synode* des évêques de l'Église.

Le « monde » de la Curie romaine

Venons-en maintenant à la Curie romaine – sans oublier qu'il s'agit d'un vaste monde ! On raconte qu'interrogé sur le nombre de gens qui y travaillaient, Jean XXIII aurait répondu (il y a plusieurs versions de sa réponse) : « environ la moitié, sans doute » ! Quoiqu'il en soit, depuis les responsables et jusqu'aux collaborateurs et exécutants des dicastères, congrégations ou conseils (dont le nombre a beaucoup varié à travers les siècles), et si l'on ajoute comme il se doit tout le réseau des nonciatures directement lié à l'organe central qu'est la secrétairerie d'État, le total atteint en tout plus de 4 000 personnes. Comme toutes les administrations, celle du Vatican n'a jamais tendance à sous-estimer son importance par rapport à ceux qui ne lui appartiennent pas, et elle serait plutôt nettement portée à la surdimensionner par rapport à ceux qui, à un titre ou à un autre, relèvent de ses divers et éminents services.

Une expérience personnelle

Cela précisé, je ne veux pas aller plus loin sans apporter deux précisions, toutes positives, à mes yeux nécessaires. D'une part, il m'apparaît évident que la fonction papale ne saurait être exercée, surtout à l'échelle du monde entier, sans le concours d'organismes du genre de ceux qui la composent de fait (aussi réformés qu'on puisse les souhaiter). Et d'autre part, je veux déclarer que, dans la mesure limitée où en mes différents postes et responsabilités, j'ai eu affaire à l'un ou l'autre de ses organismes, j'y ai rencontré aussi des interlocuteurs à la fois informés et disponibles, bienveillants et efficaces. Cela a bien évidemment été tout particulièrement le cas à la faveur de mes nombreuses rencontres, liées d'abord à ma participation au Conseil pontifical de la culture comme consulteur puis membre, mais aussi à mon agrégation à la Commission théologique internationale pour un mandat, au Conseil post-synodal pendant plusieurs années, et au Conseil de préparation du Jubilé de l'an 2000.

Cela dit, et toujours à titre personnel, je dois bien reconnaître quand même que j'ai pu être moi-même en plusieurs circonstances la victime de comportements fort regrettables. Il m'est arrivé par exemple d'être reçu par un membre très subalterne et surtout manifestement incompétent (en la matière concernée en tout cas) d'une Congrégation à laquelle je venais présenter d'importantes « questions de personnes ». Je le faisais en ma qualité d'archevêque de Strasbourg et à ce titre chancelier de la faculté de théologie du lieu qui, en vertu de son statut concordataire, est de surcroît faculté d'État. Voulait-on, en me traitant de la sorte, me faire comprendre que ce dernier point était, sur place, effectivement tenu pour négligeable, voire pour disqualifiant (et ne voulait-on que cela ?). Il m'est arrivé aussi – et ce fut le pire – d'être reçu par le président d'un dicastère qui, ayant fait attendre longuement dans la salle d'accueil l'archevêque de Strasbourg qu'il me savait évidemment être, s'est hâtivement assis en face de moi, m'a intimé en une phrase, sans aucune explication donc, l'ordre exprès de me débarrasser de l'un de mes collaborateurs… et m'a planté là, sans plus (je n'ai évidemment rien fait de ce qui m'a alors été ainsi impéré). Il m'est arrivé encore, devenu cette fois émérite, d'écrire à un autre président de congrégation une lettre que je tenais pour importante sur un sujet lui aussi important, et qui me semblait de surcroît mériter traitement urgent. N'ayant reçu aucune réponse au bout de plusieurs mois, j'ai réécrit pour simplement signaler que je n'avais, moi, jamais traité aucun de mes correspondants de la sorte. Une réponse me parvint alors dans un délai raisonnable – mais, évidemment, elle n'a servi à rien car il était trop tard.

L'expérience personnelle est une chose qui peut être à sa manière fort révélatrice et, à ce titre, mériter mention. Elle compte peu cependant à l'échelle de ce que peut être la situation générale d'une institution aussi importante et aussi impressionnante à tous égards que la Curie romaine. Il faut donc que je dépasse le sentiment qui put être le mien, si peu négligeable qu'il puisse être pourtant, pour moi en tout cas. Je ne vois d'ailleurs pas comment, traitant ici de l'Église, de son devenir à travers la durée, de son état présent, de son avenir inquiétant… et, en fonction de tout cela, de sa nécessaire conversion et réforme, je pourrais ne pas en dire davantage. Alors surtout que j'en suis à traiter de la nécessaire synodalité de l'Église !

Je pourrais, pour cela, m'en rapporter à l'opinion du pape lui-même, et tout particulièrement à ses habituels messages de « vœux à la Curie » à l'occasion de la fête de Noël. Par exemple, en commençant par celui déjà de 2014 qui dénonçait sans attendre les « quinze *maladies* de la Curie », et en poursuivant par celui de 2015 qui, symétriquement, indiquait les vingt-quatre *vertus et remèdes* à mettre en œuvre en conséquence. Je m'en tiendrai plutôt à celui, plus récent mais cette fois proprement programmatique, du 22 décembre 2016 qui énonçait carrément, lui, les « douze *clés* de la réforme de la Curie ». Comme toujours cependant, il sera bénéfique, avant d'y venir, de rappeler quelques éléments d'histoire.

L'engagement résolu du pape François

La première mention de la Curie apparaît dans un document du pape Urbain II (1089) qui la présente comme ayant à s'occuper des revenus économiques du Saint-Siège et des actes pontificaux officiels – autrement dit : déjà, les finances, l'administration et « la communication » au sens large. Deux grandes étapes seulement sont ensuite à signaler, à savoir une réorganisation importante par Sixte Quint (1588) créant quinze dicastères, puis un remaniement profond par Pie X (1908), qui ramena à douze les congrégations entre-temps passées à vingt et qui, surtout, tira les conséquences de la suppression des États pontificaux en 1870. Depuis, sont seulement à signaler Paul VI (1965) pour un toilettage immédiatement consécutif à la fin du concile Vatican II, puis Jean-Paul II pour un infléchissement plus pastoral de l'ensemble de l'appareil curial (constitution *Pastor bonus*, 1988).

Le principal avantage qu'il pourra y avoir à nous en rapporter maintenant au discours papal de Noël 2016, consacré donc aux « douze clés de la réforme de la Curie », est que François y expose lui-même en toute clarté : l'évolution antérieure de la situation qui est à l'origine de sa *décision d'intervention* en la matière, le processus déclenché et les moyens pris pour définir l'esprit de cette démarche de sa part, puis les objectifs exacts et les modalités concrètes de celle-ci – pour en finir par les grands traits de la mise en application à envisager.

Il convient de commencer par rappeler comment François a ici procédé. Pour être en mesure de mettre en œuvre cette réforme de la Curie (qui lui avait été demandée par ses électeurs, redisons-le), il avait commencé par instituer dès 2013 le fameux C8-C9-C6 dont nous avons dit l'importance, d'abord pour lui. Avec cette instance *sui generis*, a été réalisée sans attendre une large et longue consultation, en particulier auprès des dicastères concernés eux-mêmes. En 2019 a été adopté un projet de « constitution » pour la Curie qui fut envoyé, pour avis et suggestions, aux conférences épiscopales, à différentes universités catholiques, et à un certain nombre de canonistes. La dernière réunion du C6 s'étant tenue du 25 au 27 juin 2019 au Vatican, on attendait toujours à l'été 2021 la publication du document papal officiel. Mais le discours du Noël 2016 et les suites effectives qui lui ont déjà été données sont sans équivoque.

Pour ce qu'il en est du *discours* retenu, relevons qu'il y est tout d'abord déclaré que l'objectif principal est à la fois de viser comme une fin *et de mettre en œuvre comme moyen* une double conversion-et-réforme : la première et la plus importante, *personnelle*-spirituelle-évangélique ; et la seconde, *pastorale*-administrative-institutionnelle (clés 1 et 2). Le pape y voit les deux premiers « critères pour la conduite de la réforme ». « L'engagement de tout le personnel de la Curie doit être animé, dit-il, par un sens *pastoral* et une *spiritualité* de service et de communion, parce que c'est l'antidote à tous les poisons de la vaine ambition et de la rivalité illusoire. » En deuxième lieu, dans les clés 3 à 8, auxquelles on peut rattacher les clés 11 et 12, il est fait état des transformations et adaptations *organisationnelles et institutionnelles* qu'il faut être disposé à accepter : suppressions, fusions d'un côté ; regroupements, intégrations, réductions, simplifications, articulations, renouvellements, invention, etc. de l'autre. Et ici, référence est faite à *Christus Dominus*, 9 de Vatican II :

> Que les dicastères de la Curie romaine soient soumis à une nouvelle organisation plus en rapport avec les besoins des temps, des pays et des rites, notamment en ce qui concerne leur nombre, leur nom, leur compétence, leurs méthodes propres de travail et la coordination de leurs travaux.

Enfin sont spécialement mises en valeur les « clés » décisives que représentent la synodalité (clé 9) et la catholicité (clé 10). *Synodalité* d'une part (nous y sommes bien ici !), car « le travail de la Curie [*tout entière*] doit être synodal : réunions habituelles des chefs de dicastère présidées par le pontife, et synodalité vécue aussi à l'intérieur de *chaque* dicastère ». Et *catholicité* de l'autre :

> Entre les collaborateurs, outre les prêtres et les consacré(e)s, la Curie doit refléter la catholicité de l'Église par l'embauche d'un personnel venant du monde entier, de diacres permanents et de fidèles laïcs [...]. Il est opportun de prévoir l'accès d'un plus grand nombre de fidèles laïcs, surtout dans les dicastères où ils peuvent être plus compétents que des clercs ou des consacrés. De plus, la valorisation du rôle des femmes et des laïcs dans la vie de l'Église est de grande importance, ainsi que leur intégration dans les rôles de conduite des dicastères, avec une attention particulière à la multi-culturalité.

Même si à l'été 2021 la publication du document officiel élaboré avec le C6 était donc toujours attendue, de *nombreuses réalisations* ont néanmoins déjà résulté des régulières réunions de ce dernier autour du pape. On devra ici se limiter à ce qui ne pourra être qu'une énumération certes non arbitraire, mais qui sera très loin d'être exhaustive tout en n'en étant pas moins fort suggestive.

Est en cours la très significative fusion décidée entre la Congrégation pour l'évangélisation des peuples et le Conseil pontifical pour la nouvelle évangélisation, fondé par Benoît XVI en 2010 dans la ligne de cette Nouvelle évangélisation qui était si chère à Jean-Paul II.

A été institué un Dicastère pour le développement humain intégral (soixante membres !) qui se préoccupe des sujets présentés comme « les plus stratégiques du pontificat, [tels] les migrants, l'écologie et la [si souhaitable] réforme de l'économie[1] ».

De très nombreuses interventions ont concerné le *domaine économique et financier*. Le discours de Noël 2016 en énumérait toute une série dans sa rubrique « Quelques pas accomplis », en particulier

1. Voir vœux de Noël 2016 sur les fameuses « clés » !

l'érection dès le 24 juin 2013 de la Commission référentielle sur l'Institut pour les œuvres de religion (la fameuse Banque du Vatican), fondée afin qu'on puisse « connaître de manière approfondie [sa] position juridique et [afin de] permettre sa meilleure harmonisation avec la mission universelle du Siège apostolique ». Le tout pour « permettre aux principes de l'Évangile d'imprégner aussi les activités de nature économique et financière, et pour arriver à une transparence complète et reconnue de ses actes ».

Fin 2020, l'Autorité d'information financière du Saint-Siège créée par Benoît XVI en 2010 voyait ses pouvoirs renforcés pour lutter contre le blanchiment. Un décret pontifical du 29 avril 2021 imposait aux responsables de la Curie de remplir « une déclaration d'intérêts dans laquelle ils doivent certifier n'avoir jamais été condamnés et ne posséder aucun fonds provenant d'une activité illégale ». Une sorte de « sommet » était atteint au début de l'été 2021, autour de la gestion scandaleuse d'un immeuble londonien qui valut sa destitution au pourtant jusqu'alors estimé cardinal Becciu, substitut, c'est-à-dire « numéro deux » de la tout éminente secrétairerie d'État…

Tout cela avait entre-temps conduit le Vatican, à la fois, à « réformer sa *Justice* » (titre de *La Croix* du 21 janvier 2021) et à se réinterroger sur ses moyens de *communication* (visite de François aux rédactions de *L'Osservatore romano* et de Radio Vatican qui « stupéfia » tout le monde, nous dit-on).

Mais, « *sufficit* » concernant la Curie ! J'en terminerai en signalant seulement qu'au début de l'été 2021, le pape avait déjà décidé de soumettre plusieurs dicastères à un *audit* (une « visite apostolique » plutôt, effectuée à chaque fois par plusieurs évêques étrangers à la Curie) : après la rote romaine, ce sera le tour de la Congrégation du culte divin et de la discipline des sacrements (quittée peu de temps auparavant par le « contestataire » Sarah arrivé en fin de charge), puis celui de la Congrégation pour le clergé… avant encore celui du tout récent Dicastère pour le service du développement humain intégral.

On pourra peut-être se demander pourquoi j'ai pris la peine de toute cette investigation. Je répondrai que ma seule justification, mais aussi ma consolation, sont de pouvoir clore ce point en soulignant qu'en voilà assez, en tout cas, pour estimer que des moyens ont tout de même été pris pour que « quelque chose » puisse enfin se déclencher en faveur de la si souhaitable et si souhaitée *conversion-réforme* de la Curie. Cette Curie que les membres du conclave de 2013 avaient si expressément demandé à François de s'employer à *trans-former* !

4. Les différents niveaux de la vie et de l'organisation ecclésiales

Pourquoi le tairais-je? En passant maintenant de ce que j'ai regroupé sous le titre « Le "champ" romain », dont je viens de traiter, à ce que je désigne ici même comme « les différents niveaux de la vie et de l'organisation ecclésiales », j'éprouve un sentiment auquel je ne m'attendais à vrai dire guère. Non pas celui de passer à une autre Église ni même à « un autre chose » dans l'Église. Pas davantage celui que je me tournerais maintenant vers un aspect ou un domaine de l'Église où pourraient enfin être trouvées les ressources susceptibles de renouveler par une vraie conversion-réforme l'ensemble ecclésial dans lequel je me reconnais toujours engagé. Mais celui de retrouver « la base » ou « le terrain », c'est-à-dire de revenir là où sont de fait en cause les vrais enjeux: ce par rapport à quoi il s'impose de faire ses preuves et qui, finalement, décide de tout en matière d'Église! Car enfin, le Saint-Père lui-même, le Synode des évêques et l'éminente Curie: c'est bien par rapport à *tout le reste de l'Église* qu'ils prennent leur sens et ont à jouer leur rôle! Ils n'ont même d'autre sens que de les servir, chacun à son titre, non?

Portant en effet maintenant notre intérêt sur les Églises diocésaines et les communautés locales, nous allons à la rencontre et nous nous mettons à l'écoute de ce qui, concrètement et véritablement, « fait (exister) l'Église », ainsi que nous le disions plus haut. C'est bel et bien à la condition que « marchent ensemble » en toute synodalité (sujet de ce III) ces « niveaux » ou ces « formes » de réalisation concrète du mystère de l'Église, que celle-ci pourra arriver à se constituer tout entière elle-même en cette *communauté* qu'elle est appelée à être (voir I), et que s'exercera donc en elle avec tous ses fruits cette *ministérialité* que nous lui avons reconnue essentielle (voir II).

« L'Église de base »

Cela précisé, on pourrait alors spontanément estimer que lorsqu'on en vient à passer du champ romain au… reste de l'Église, on devrait, déroulant en quelque sorte l'échelle accrochée au sommet de l'édifice, s'arrêter (en redescente) d'abord aux échelons « continental » puis « national », avant d'en venir à celui des diocèses, pour terminer par celui des communautés (paroissiales et autres) qui constituent les diocèses. Or, du point de vue de la foi catholique qui commande nécessairement celui de la réflexion théologique, il est important au contraire de privilégier dans cette liste *les diocèses*, parce que l'Église du

Christ n'est pas seulement une organisation hiérarchique descendante (même si elle comporte aussi quelque chose de cela). Nous avons déjà eu l'occasion de dire qu'elle ne « commence » pas à Rome, mais partout où « deux ou trois » se rassemblent « *au nom du Christ Jésus* » (cette condition expresse supposant de quelque manière l'authentification qui relève du ministère ordonné). Comme le dit bien Maurice Vidal, la constitution dogmatique *Lumen gentium*, 26 de Vatican II « met bien en relief que *la réalisation première et fondamentale de l'Église est l'Église particulière ou locale*[1] » :

> Cette Église du Christ est vraiment présente dans toutes les légitimes assemblées locales des fidèles qui, étroitement unies à leurs pasteurs, sont appelées, elles aussi, *Églises* dans le Nouveau Testament. Elles sont, chacune en son lieu, le Peuple Nouveau, appelé par Dieu, dans l'Esprit Saint et dans une pleine assurance (cf. 1 Th 1, 5). En elles, les fidèles sont rassemblés par la proclamation de l'Évangile du Christ et se célèbre le mystère de la Cène du Seigneur, « pour que par la chair et le sang du Seigneur soit resserrée toute la fraternité du Corps ». Dans toute communauté de l'autel, rassemblée sous le ministère sacré de l'évêque (cf. Ignace d'Antioche, *Lettre aux Smyrniotes* 8, 1), « est manifesté le symbole de la charité et de l'unité du Corps mystique [...]. Dans ces communautés, même si souvent elles sont petites et pauvres ou vivent dans la dispersion, est présent le Christ, par la vertu duquel l'Église une, sainte, catholique et apostolique s'assemble ».

Et M. Vidal de continuer sur la lancée : « L'Église de base dont parle avec tant de ferveur ce texte conciliaire est à la fois ce que nous appelons aujourd'hui *le diocèse* et *la paroisse*. » On peut d'ailleurs relever dans le même sens que tel est le titre que l'auteur a donné ici à tout son développement : « L'Église de base : l'Église particulière, de type diocésain, démultipliée en paroisses ».

Des diocèses aux paroisses

On aura ici profit une nouvelle fois à se remémorer d'où l'on vient. L'Église ne se réalise toujours qu'*en un lieu*, mais qui ne peut s'égaler d'emblée à la totalité du monde... qui est pourtant le champ réel d'exercice de la mission ecclésiale ! C'est évidemment de là qu'ont résulté, depuis les origines chrétiennes, à la fois la nécessité formelle et l'apparition effective de communautés « locales », ou « particulières »,

1. Maurice Vidal, *À quoi sert l'Église ?*, *op. cit.*, p. 105.

ou « de base », sous la conduite d'une ministérialité naissante dont nous avons dûment mentionné la constitution rapide mais progressive, à partir de l'élan *apostolique* originel.

Mais se posa bientôt le problème de la définition des *conditions* dans lesquelles une communauté vivante et viable serait de fait réalistement envisageable ! Il fallait pour cela que la portion de la population visée, puis les fidèles déclarés qui y apparaîtraient avec le temps, puissent *être en mesure* d'y participer ! D'abord en venant recevoir l'annonce de la foi, puis en fréquentant les rites chrétiens (après le baptême avec sa préparation, la célébration régulière de « l'eucharistie qui fait l'Église »), et enfin en participant à la vie de la communauté et à sa mission dans tout leur environnement.

Concrètement, cela souleva indissociablement, et de plus en plus, deux problèmes :

– celui du *territoire* : quelle ampleur fallait-il lui reconnaître, si l'on voulait réussir à susciter puis à faire vivre de tels rassemblements ?

– et celui de l'*animation* : quelle forme devait-elle prendre pour que, naissant et se multipliant, ces rassemblements soient à la fois, chacun pour sa part, justement *conduits* et, dans leur multiplication, tenus dans une véritable *unité* ?

C'est pour répondre à ce genre de questionnement, bien entendu inévitable, que se mit peu à peu en place une nouvelle donne :

– d'un côté, ce qui avait commencé comme ce qu'on appellerait « paroisse » s'est vu devenir ce qui prendra bientôt le nom de « diocèse » comme articulation de paroisses ;

– et de l'autre, ceux qui avaient commencé à se signaler en exerçant une fonction générale d'animation tout en restant un certain temps confusément distingués sous le nom d'*épiskopoï* et de *presbyteroï*, en sont venus à se différencier nettement les uns par rapport aux autres ; et l'ont fait en s'articulant de sorte que les seconds – les prêtres – animeraient *les paroisses*, tandis que les premiers – les évêques – auraient la charge d'organiser et de conduire, en ce qui s'appellera *un diocèse, tout un ensemble de paroisses*, destinées à fonctionner pour leur part comme telles.

Dès le IIIe siècle, là où l'eucharistie présidée par l'*épiskopos* ne suffisait plus pour répondre aux besoins des fidèles, d'autres étaient célébrées par les *presbyteroï*. On peut dire que l'organisation de la vie ecclésiale en diocèses constitués de paroisses s'est assez régulièrement développée à partir du IVe siècle. Il ne saurait évidemment être question ici de suivre l'évolution de tout cela aux différentes époques. On ne s'interdira cependant pas de souligner la symétrie (par inversion) avec la situation de tant de diocèses d'aujourd'hui où, pour ce qui en est du moins des paroisses, la problématique n'est plus celle de la multiplication, mais celle du regroupement. Est-il exclu que cette référence puisse nous éclairer quelque peu ?

À tous les niveaux, de nouveau, la nécessaire synodalité

Maintenant que nous en sommes à traiter du local, du particulier, de la base, il faudra bien poser la question de savoir comment la synodalité qui nous occupe présentement peut jouer aussi entre cette base et ce que nous avons appelé le niveau romain – et inversement. Avant toutefois d'y venir et même de terminer par là, il faut bien se demander comment cette même synodalité *peut déjà être vécue entre les différents éléments en cause à ce niveau « de base »* où nous en sommes maintenant arrivés !

La fonction épiscopale, mais au titre plénier du sacrement de l'Ordre

On peut commencer cette fois par *la fonction épiscopale comme telle*. Jusqu'à Vatican II, on l'a dit, la différence entre évêques et prêtres était tenue pour n'être que de l'ordre du pouvoir de juridiction. Il est clair qu'il pouvait en résulter une distance importante entre chaque évêque – qui dès lors détenait « l'autorité » et exerçait un « pouvoir » –, et tous ceux qui avaient à s'en accommoder, à savoir les prêtres eux-mêmes et l'ensemble du peuple chrétien du diocèse. Vatican II a tranché que l'épiscopat est vraiment un degré de l'unique et désormais unifié *sacrement de l'Ordre*; les évêques sont invités à considérer « leurs » prêtres comme des « *cooperatores ordinis nostri* / coopérateurs de *notre* Ordre » ; et, rappelons-le, la prière même de l'ordination par laquelle (avec l'imposition de ses mains et celles du presbyterium rassemblé autour de lui) chaque évêque ordonne les prêtres, l'invite à les recevoir de Dieu et à les traiter lui-même comme « des fils et des frères »... Mais, au vrai, tout cela a-t-il vraiment conduit les évêques à « marcher avec » leurs prêtres (ainsi que *mutatis mutandis* avec leurs diacres) ?

On peut d'abord rappeler ici qu'historiquement déjà, ce ne sont pas les évêques seuls, mais avec eux les *presbyteroï* qui ont pris le relais des Apôtres[1] ! Et l'on doit rajouter qu'au plan doctrinal cette fois,

1. Avant que, très rapidement d'ailleurs nous l'avons relevé en renvoyant déjà à saint Ignace d'Antioche, se dégage nettement parmi eux la figure de l'*épiskopos*.

Vatican II, en *Lumen gentium* 20, ne laisse subsister aucun doute puisqu'il s'exprime ainsi – et nous sommes partis de là : « Les évêques ont reçu *avec leurs collaborateurs, les prêtres et les diacres, le ministère de la communauté* » ! C'est donc *avec* tous et chacun des prêtres de son diocèse que chaque évêque doit s'efforcer de *faire le chemin*, autant que possible bien sûr[1].

Plus que tous les autres chrétiens, les prêtres ne sont-ils pas d'ailleurs (*avec* leur évêque justement) avant tout des « hommes de l'Église », y consacrant leur vie et la donnant littéralement pour elle, selon la mission qu'ils ont accepté de se laisser confier ? Un évêque ne devrait jamais l'oublier et devrait même définir tout son comportement vis-à-vis de ses prêtres à partir de là. Les célébrations d'ordination et la messe chrismale lui offrent l'occasion régulière et précieuse de le rappeler à tous, et de s'en souvenir lui-même.

Autour de l'évêque, des collaborateurs privilégiés et divers conseils spécialisés[2]

Parmi tous les prêtres (et diacres) du diocèse dont il a la charge, l'évêque est normalement amené à développer une relation plus étroite encore avec ceux qu'il aura décidé de choisir comme des *collaborateurs plus immédiats et permanents.* Il y a bien sûr là les titulaires respectifs des charges administratives et canoniques qui reviennent au chancelier, au vicaire judiciaire, à l'official, etc. ; mais il y a surtout les vicaires généraux et épiscopaux (et éventuellement, déjà, le ou les évêques auxiliaires).

Si la fonction de vicaire *général* remonte certainement au Moyen-Âge, celle des vicaires *épiscopaux* est, elle, une innovation de Vatican II en son décret *Christus Dominus*, 27, qui s'exprime en ces termes : « Le vicaire épiscopal préposé à une région pastorale possède dans les limites de ce territoire "le pouvoir ordinaire vicarial que le droit canonique attribue au vicaire général". » Il n'est pas possible d'entrer ici dans le détail des situations, qui diffèrent du reste beaucoup entre les diocèses, en fonction en particulier de leurs dimensions (étendue du territoire, et

1. La précision n'est pas superflue, on me permettra de le souligner, car cela peut devenir fort difficile (et il faut alors se donner des critères précis d'importance et d'urgence) quand ils sont plusieurs centaines (situation de plus en plus rare – hélas, – en tout cas dans la plupart des diocèses de notre pays).

2. Voir Joseph DORÉ (dir.), *Documents Épiscopat* n° 1/2019, *Sur la responsabilité de l'évêque.*

nombre et type de population), de leur histoire, de leur mentalité, ou de leurs habitudes. Mais plusieurs choses devraient en tout cas être ici évidentes pour tout évêque. Par exemple : d'abord et fondamentalement, que confier une partie de sa charge à un collaborateur, ce ne peut pas être s'en débarrasser sur un autre, mais associer cet autre à « ma propre » responsabilité de telle sorte que cela puisse devenir vraiment la sienne ; ensuite que, une fois le mandat confié, il n'y aura plus – sauf nécessité grave – à interférer par la suite dans la manière dont il sera accompli… tout en restant pourtant disponible pour « en reparler » comme on dit, à chaque fois que cela pourra être souhaité. Or, je peux dire que je connais quelques vicaires généraux (ou épiscopaux d'ailleurs, ou « chargés de mission » dans un domaine ou un autre) qui ont pu avoir l'impression fondée d'avoir été choisis pour leur appartenance appréciée au diocèse et pour la bonne connaissance qu'ils en avaient, mais pas nécessairement pour être vraiment et durablement associés à telle mission… qui, dans le comportement ou dans l'esprit de celui qui l'a pourtant confiée, est en réalité toujours demeurée la sienne !

Autour de l'évêque et avec lui, pour l'exercice en synodalité de sa charge au service du diocèse qui lui a été confié, il n'y a pas que les collaborateurs individuels. Il y a aussi des *Conseils*. De nouveau sans entrer dans le détail, on se contentera de faire état de l'éventail des possibilités offertes, puis de quelques conditions souhaitables et de quelques fruits espérables.

Ici, on peut commencer par une simple énumération de ce genre d'institutions ayant eu (et éventuellement gardant toujours) leur pertinence pour ce que *Christus Dominus*, 27 désigne comme la « coopération avec l'évêque dans le gouvernement du diocèse » : chapitre cathédral, groupe des consulteurs, réunion des doyens (ou « vicaires forains »), conseil des affaires économiques, avec une mention particulière pour le *conseil épiscopal* (constitué du ou des évêques auxiliaires s'il y en a, du ou des vicaires généraux, des vicaires épiscopaux responsables chacun d'un territoire ou d'un service important, etc.). Tous ces conseils n'ont pas la même portée et ne requièrent pas le même type d'engagement ou de présence de l'évêque, mais on peut dire qu'avec le conseil épiscopal qui vient d'être mentionné, deux autres conseils sont de la plus grande importance. D'une part, le *Conseil presbytéral* (ou « du presbyterium »), dont *Presbyterorum ordinis*, 7 parle ainsi :

> Que les évêques [donc], à cause du don de l'Esprit Saint que les prêtres ont reçu à leur ordination, voient en eux des auxiliaires et

des conseillers indispensables dans leur ministère et leur charge de docteurs, sanctificateurs et pasteurs du Peuple de Dieu [...]. Qu'ils sachent les écouter volontiers, les consulter même, et parler avec eux de ce qui concerne les exigences du travail pastoral et le bien du diocèse. Pour que cela devienne effectif, on établira, de la manière la plus adaptée aux conditions et aux besoins actuels, un Conseil ou sénat de prêtres représentant le presbyterium.

Et d'autre part, le *Conseil diocésain de pastorale*, à propos duquel le Code de droit canonique s'exprime ainsi en ses canons 511-512:

> Dans chaque diocèse, dans la mesure où les circonstances pastorales le suggèrent, sera constitué le Conseil pastoral auquel il revient sous l'autorité de l'évêque d'étudier ce qui dans le diocèse touche l'activité pastorale, de l'évaluer et de proposer des conclusions pratiques. [...] Les fidèles députés au Conseil pastoral seront choisis de telle manière que par eux la portion tout entière du Peuple de Dieu qui constitue le diocèse soit réellement représentée, compte tenu des diverses régions du diocèse, des conditions sociales et professionnelles, et de la participation qu'individuellement ou collectivement ils ont à l'apostolat.

On ne terminera pas ce point sans faire état d'une autre instance encore, et particulièrement significative d'une mise en œuvre de la synodalité qui nous préoccupe ici: le *synode diocésain*. Voici ce qu'en a dit en 2004 *Apostolorum successores*, 166:

> Selon une norme d'activité pastorale transmise à travers les siècles, puis codifiée par le concile de Trente, reprise par le concile Vatican II et prévue par le Code de droit canonique, le synode diocésain occupe, dans le gouvernement pastoral de l'évêque, une place de première importance au sommet des structures de participation du diocèse. Il se présente comme un acte du gouvernement épiscopal et comme un événement de communion qui exprime le caractère de la communion hiérarchique propre à la nature de l'Église. [...] Le synode diocésain est une réunion ou une assemblée consultative, convoquée et présidée par l'évêque, à laquelle sont appelés, selon les prescriptions canoniques, des prêtres et d'autres fidèles de l'Église particulière, pour l'aider dans sa charge de guide de la communauté diocésaine. Dans le synode et par lui, l'évêque exerce de manière solennelle la charge et le ministère de pasteur de son troupeau.

De nombreux diocèses de France ont déjà tenu un synode ainsi compris et conduit et, selon l'avis général semble-t-il, ils n'ont eu qu'à s'en féliciter[1]. En Alsace, dans le temps de mon épiscopat (1997-2007), nous avons considéré que, temporairement du moins, pourraient *mutatis mutandis* avantageusement en tenir lieu les nombreuses et très représentatives rencontres de préparation du « Réaménagement pastoral » de tout le diocèse en « communautés de paroisses ». Durant mon temps d'enseignement de la théologie à l'Institut catholique de Paris, j'avais été consulté puis embauché par le cardinal Lustiger, l'archevêque d'alors, comme « théologien accompagnateur » pour ce qu'il avait préféré concevoir et organiser non comme un plein synode diocésain, mais comme une « session synodale » soigneusement centrée sur plusieurs objectifs fondamentaux, et susceptible de se voir réitérer par la suite à propos d'autres domaines de l'organisation et de la vie de l'archidiocèse parisien[2].

Concluons ce point important, qui concerne donc plus particulièrement les moyens de la mise en œuvre d'une vraie synodalité ecclésiale au niveau, cette fois, de « *l'Église de base* ». On s'excuserait presque d'être en situation d'avoir à faire état de tant de structures, instances et institutions à ce sujet ! Commençons alors par admettre que toutes ne s'imposent pas simultanément pour tous les diocèses… Mais empressons-nous d'ajouter que l'on devrait se sentir porté avant tout à se réjouir de ce que tant de possibilités de concertation et de débats soient de fait ouvertes par et dans l'Église, précisément en ce moment où, avec toutes les raisons que l'on sait, on récuse le cléricalisme et revendique la participation active. Et où, donc, on ne peut que se féliciter de disposer ainsi de moyens aptes à favoriser une vraie synodalité ecclésiale au niveau, cette fois, de la base. D'autant que cela devrait permettre de surcroît, ne l'oublions pas, de mettre effectivement en route (et/ou de poursuivre) la réforme-conversion dont on n'a cessé de dire ici qu'elle est pour l'avenir de l'Église la condition nécessaire.

---

1. On peut citer ici parmi bien d'autres le synode tenu par le diocèse de Créteil en 2017-2021 (cf. LAC n° 308, janv.-fév. 2021, p. 48s.). Je peux aussi renvoyer à *Documents Épiscopat*, 2016/5 : « Synodes et conciles en France ».
2. Je garde un beau souvenir de cette participation à la vie de l'Église diocésaine de Paris avec son archevêque d'alors. Voir « Pour mieux vivre notre synode diocésain de Paris en janvier 1994 », dans *Esprit et Vie*, n° 42, 20 octobre 1994, p. 568-574. J'ai fait état de mes rapports et de ma collaboration avec celui qui fut archevêque de Paris de 1981 à 2005 dans « Le cardinal Lustiger que j'ai connu », *Revue théologique des Bernardins*, mai-août 2013, p. 105-135.

Quoi qu'il en soit, je ne passerai pas à la suite sans livrer ici un double témoignage : 1) J'ai toujours été convaincu[1] qu'on ne peut qu'avoir toutes les peines du monde à faire accepter l'adoption de quelque vue ou comportement que ce soit à des collaborateurs qui n'auraient pas été pertinemment associés à la décision qui prétendrait les mettre en œuvre – et je peux attester ici que rien ne m'a jamais conduit à renoncer à cette conviction. 2) J'ai toujours constaté que le fait de jouer honnêtement le dialogue, le débat, la discussion, loin de me déposséder de ma propre responsabilité et de ma décision d'évêque, m'aidait au contraire à mieux en définir le moment précis et la teneur exacte, en même temps que le mode pertinent de la communication à son sujet.

Les paroisses et communautés de paroisses

Il ne peut pas être question ici de consacrer un long développement à cette nouvelle question… qui ne peut pourtant qu'être tenue pour essentielle quand on traite, comme c'est notre cas ici, de la mise en œuvre concrète de la synodalité ecclésiale au niveau de ce qu'on a pu appeler « l'Église de base ». À regret, on se limitera donc à quelques brèves mais capitales remarques. Disons ceci : au niveau « de base » où nous en sommes maintenant, sont en tout cas à coordonner :

– les tâches effectivement possibles et le mode d'intervention approprié et réaliste pour les *prêtres* disponibles, mais aussi pour les diacres ;

– l'association des désormais officiellement admis et promus *ministères de laïcs* restant laïcs (et cela en tenant compte bien sûr de la fréquence et de la modalité des assemblées dominicales en l'absence/l'attente de prêtre, mais également en veillant à la préparation aux sacrements dont principalement le baptême et le mariage, et à la célébration des obsèques) ;

– le recrutement, *la formation et l'accompagnement* (par l'évêque ou par le vicaire épiscopal concerné) de tous et chacun des « intervenants » dans la pastorale diocésaine ;

– et, bien entendu, la place à faire mieux encore aux *femmes* en tout cela, compte tenu de celle que beaucoup d'entre elles tiennent déjà en fait dans le dispositif pastoral de nos diocèses[2].

---

1. J'ai effectivement mis en œuvre cette conviction dès le temps de mon décanat à la faculté de théologie de l'Institut catholique de Paris.

2. Un groupe de travail de la Conférence des évêques de France a étudié le dossier des nouvelles répartitions géographiques (« Paroisses et territoires »). Le

Les communautés religieuses et les communautés spirituelles

Voici de nouveau un sujet qui, y compris dans notre perspective, mériterait lui aussi à n'en pas douter un long développement ! Nous ne pourrons néanmoins que nous limiter à quelques réflexions, suffisamment suggestives cependant on peut l'espérer.

Autant, on l'a dit, on peut et doit considérer une communauté diocésaine comme « Église » – même si nous avons parlé d'elle comme « Église de base » –, autant cela ne peut valoir ni pour un ordre religieux, si prestigieux soit-il, ni pour un mouvement apostolique international, ni pour un service caritatif mondial.

Cela n'empêche aucunement qu'on doive reconnaître de telles institutions ecclésiales comme *vitales* pour l'Église, et donc leur faire toute leur place dans l'animation pastorale. Tout au long des siècles et encore de nos jours sous nos yeux mêmes, n'avons-nous pas d'incontestables preuves de leur importance pour la vie de l'Église tout entière ? De telles communautés n'ont-elles pas été à la source de constants réveils voire de grandes réformes ecclésiales ? *Mutatis mutandis* d'ailleurs, ne sont-ils pas nombreux les associations de fidèles, les instituts de vie consacrée et les communautés spirituelles dites ou non charismatiques, qui ont aussi apporté pour leur part un concours important à la vie ecclésiale de secteurs paroissiaux, de quartiers urbains, de régions rurales, voire de « doyennés » (ou de « zones pastorales ») entiers ?

L'important est ici qu'en conformité avec ce que dit la foi chrétienne et ce que stipule le droit ecclésial, l'articulation soit claire, et soit tenue, avec les responsables *ministériels* de l'Église locale concernée, puisque c'est au niveau de celle-ci que *se réalise* et prend effectivement *corps* le mystère de l'Église du Christ. Mais cela n'exclut ni l'interpellation ni même parfois une saine compétitivité. Cela exclut encore moins que de telles communautés puissent accueillir en leur sein pour la prière et le culte, pour la méditation et la réflexion, visiteurs, hôtes et retraitants, qui pourront ensuite repartir vers « leur » monde et leur communauté ecclésiale mieux éclairés pour leur propre foi et mieux armés pour le témoignage *ad extra*. Et surtout, cela ne devra jamais faire oublier que l'« état de vie » où l'on se consacre à la pratique des « conseils évangéliques » de

---

diocèse d'Alsace avait pour sa part développé une réflexion systématique au tournant du siècle avant de lancer son opération « Réaménagement pastoral ».

pauvreté, de chasteté (dans le célibat) et d'obéissance « appartient inséparablement à la vie et à la sainteté de l'Église » comme tient à y insister *Lumen gentium*, 44.

5. « *Retour au Centre* »

Ce titre est repris de celui d'un ouvrage de Hans Urs von Balthasar. Je l'adopte ici pour m'expliquer quelque peu sur ce que je me propose exactement de faire maintenant, alors que nous arrivons au terme de ce livre. Traitant ici de la synodalité ecclésiale, nous avons bien enregistré que la problématique de la synodalité en question est de *tout* considérer sans jamais oublier aucun des éléments qui sont en cause à son titre : tous et chacun ne peuvent fonctionner qu'*ensemble*, que les uns *avec* tous les autres, et même que les uns par les autres. Il nous reste, si l'on peut dire, à « boucler la boucle »... mais ce sera précisément pour mieux y activer la communication et la « circulation ».

Base et sommet, ou circonférence et cercle ?

Pour traiter de cette synodalité, nous avons jusqu'à maintenant adopté l'image usuelle de « la base » (l'ensemble de l'Église « répandue par tout l'univers ») et du « sommet » (le « champ » romain). Or nous nous sommes aperçus que la base est finalement *partout* dans l'Église ! Pour exprimer les choses en en restant à un mode de représentation imagé, on peut dire que ledit « sommet » serait donc plutôt à considérer comme un *centre*, la base apparaissant alors comme une périphérie ou, plutôt, comme un cercle, une circonférence.

Cela enregistré, nous pouvons remarquer que, jusqu'à maintenant aussi, nous avons regardé les choses de l'Église : 1) d'abord au niveau du sommet romain, afin d'éclairer comment il doit et peut s'en rapporter à la base ecclésiale, puis 2) au niveau de cette base elle-même, pour préciser comment elle peut *en elle-même* vivre la synodalité... Il reste maintenant à inverser l'approche et à examiner quel rapport, toujours de type synodal bien entendu, cette même base est susceptible de cultiver à l'égard du sommet. Ou plutôt : comment chaque part qualifiée (c'est-à-dire chaque évêque, avec son Église diocésaine) de la circonférence qui est partout... doit se comporter vis-à-vis du centre qui est à Rome.

Les conférences épiscopales et les conciles ou synodes régionaux voire (sub-)continentaux

On a maintenant suffisamment fait apparaître que l'Église locale-particulière-*diocésaine* est véritablement « Église ». Cela veut certes dire, et nous l'avons dit, qu'elle possède en elle-même tous les éléments qui lui permettent d'être comme telle apte à rassembler tous ceux qui ont choisi de s'y rattacher, en une communauté « une, sainte, catholique et apostolique » pleinement bénéficiaire de la vie de communion salvifique avec Dieu ouverte au nom du Père par Jésus le Christ et diffusée par l'Esprit Saint. Mais cela n'empêche pas qu'elle n'est tout cela qu'*au sein* de l'Église *universelle* dont le centre est ailleurs qu'en elle-même, puisqu'il est à Rome ! *Lumen gentium*, 23 le déclare : si « *l'Église une et unique existe dans les Églises particulières et à partir d'elles* », il n'en reste pas moins que ces dernières « sont formées à l'image de l'Église universelle ». Se pose donc la question de savoir *comment* peuvent effectivement s'articuler, en une unité réelle, réalités locales et dimension universelle du même et unique Mystère qu'est l'Église selon la foi catholique.

Ici, la réponse est à chercher du côté des instances ecclésiales qui, soit occasionnelles, soit ponctuelles mais régulièrement convoquées, soit permanentes – et dans chaque cas non sans l'accord de Rome mais dans la volonté déclarée de communion avec elle – réunissent un certain nombre d'évêques en leur qualité et leur mission propres de responsables et représentants de leur Église diocésaine. Pour toutes ces instances, le principe de rassemblement est toujours le même. L'Église, avons-nous dit, se réalise (et ne se réalise jamais que) *dans un lieu*.

Cela étant, il importe par-dessus tout de bien s'entendre sur ce qui peut effectivement représenter un *lieu* ! L'univers humain de la planète tout entière est à l'évidence un tel lieu ; on comprend donc que ce qui s'appelle l'Église ait à chercher à se réaliser à cette échelle-là aussi. D'où la dimension universelle-catholique du rassemblement des disciples de Jésus le Christ. Il est cependant tout à fait évident que bien d'autres facteurs que le fait d'appartenir à l'espèce humaine interviennent pour à la fois solliciter et rendre concrètement possible le rassemblement des hommes ! Ces autres facteurs sont, globalement, d'ordre historique ou plutôt historico-culturel… mais ils s'insèrent d'eux-mêmes dans *la géographie* ! Car dans la mesure où ils existent (on peut déjà dire : « où ils ont lieu » !), ils s'inscrivent nécessairement *en un lieu* qui est alors nécessairement particulier… sans être pour autant retirés à l'universel, mais plutôt comme une manière réelle et seule effective de lui appartenir. Exister en soi-même ne peut en réalité se produire qu'à la stricte condition d'exister dans l'ensemble de ce qui existe en fait ! Il y a ainsi, au sein même de l'ensemble de l'humanité, des (sous-)ensembles humains bien caractérisés à l'échelle des (sous-)continents, des peuples et des nations, des provinces et des régions.

Comment se pourrait-il alors que le type de rassemblement spécifique qu'a pour mission de réaliser l'Église ne dépende pas *aussi* de ces mêmes facteurs ? Il n'y a donc pas à s'étonner que *dans l'Église aussi* ont été amenés à se constituer (quitte à évoluer à l'occasion) des types de « rencontres » à tous ces niveaux… qui seront ce qu'on appelle, entre autres, précisément des assemblées (sub-)continentales, nationales, régionales, etc. En tout cela cependant, il sera essentiel de ne pas oublier que de tels rassemblements ne pourront pas réunir tous les membres effectivement concernés chacun à sa propre échelle, mais seulement leurs *représentants qualifiés.* Ceux-ci, dans l'Église, ne seront pas des « députés-parlementaires », mais des évêques dûment nommés et missionnés… toujours conscients de leur lien constitutif à leur Église diocésaine.

Nous concentrant sur ces derniers, nous pouvons préciser maintenant que la mission qui les caractérise ne pourra alors logiquement être que double : 1) faire pertinemment écho à ce qui concerne la part de la circonférence (ou de la base) dont ils ont la charge et que donc ils sont fondés à représenter ; mais 2) de sorte que ne soit ni oublié ni négligé, mais soit reconnu et traité comme tel, le centre (ou le sommet) hors duquel il n'y aurait en l'occurrence ni circonférence ni base !

C'est finalement par ce double mouvement, entretenu en va-et-vient régulier de la circonférence vers le centre et inversement[1], que la *synodalité* ecclésiale (III) pourra fondamentalement et finalement se déployer, via la *ministérialité* épiscopo-présbytérale (voir II), de telle sorte que l'Église puisse se constituer toujours davantage et mieux en *communauté* (voir I) au nom du Père, du Fils (manifesté en Jésus) et du Saint Esprit (répandu dans le cœur de tous les croyants).

Quelques modalités et conditions

Plusieurs précisions s'imposent cependant concernant *ici* les modalités de réalisation et les conditions d'efficacité ! Pour les présenter,

1. Et c'est bien précisément la raison pour laquelle nous terminons sur lui !

on pourra prendre comme référence ce qui vaut dans le cas français. Significativement, on parle chez nous de la « Conférence » des évêques de France, ce qui affiche d'emblée un propos de *dialogue* et même de *débat* : on est justement appelé à « conférer » ! On peut considérer que l'un et l'autre sont à conduire, en tout cas, sur trois registres.

Il y a d'abord le registre *des évêques entre eux*. Tous les évêques du pays sont membres de droit de la Conférence, accompagnés du staff de la présidence. Le premier challenge pour eux est, sur ce registre, qu'ils en jouent *tous* vraiment le jeu ! Or l'expérience prouve que ce n'est jamais définitivement gagné ni pour la discussion, ni pour la décision, ni pour la mise en application quand il y a eu décision. Il faut donc veiller à privilégier tout ce qui peut favoriser et entretenir une atmosphère de convergence, de réelle connivence et même de complicité... Mais la chose n'est pas simple, car il faut aussi veiller d'autre part au risque de succomber à la tentation de ce que d'aucuns ont appelé « l'épiscopalite post-conciliaire » ou, plus élégamment sans doute, « l'esprit club ». Vatican II aurait très largement été un concile qui se serait au fond préoccupé surtout de la mise en valeur des évêques[1], avec sans doute le souci de mieux marquer leur rôle, en particulier, par rapport à la centralité romaine... mais avec aussi le résultat que les autres ministres de l'Église pourraient risquer de s'en trouver dévalués. Il y aurait ainsi chez les évêques une réelle tendance à l'entre-soi voire au huis clos. D'aucuns chérissent le titre de « Monseigneur » voire d'« Excellence » ; on revoit des faire-part d'ordination épiscopale annonçant un « sacre » ; les mitres se disproportionneraient, etc. J'estime personnellement que, s'il peut y avoir là une tendance certes à surveiller – ce que je n'ai aucune envie de nier[2], je dois quand même

1. On a pu noter que la plus grande partie du chapitre 3 de *Lumen gentium* est consacrée aux évêques, et qu'il faut attendre le n° 28 pour qu'on nous parle des prêtres, et le n° 29 pour qu'on en arrive aux diacres.

2. Pour ce qui est des titres, « Excellence » me paraît à exclure et, en ce qui concerne « Monseigneur », je suis conscient de ce que ce terme veut exprimer de respect et de considération de la part de ceux qui y recourent encore, et donc je suis porté à ne pas l'exclure absolument pour qui y tient. Mais j'avoue que je me satisferais de « Monsieur l'évêque » (ne dit-on pas « Monsieur le cardinal » ?) et de « évêque un tel » (comme on dit « préfet Y »)... ou bien de « père évêque » ou, tout simplement, de « père ». Quant à ce qui concerne, disons, les « accessoires du culte », j'avouerai d'abord que je répugne à les désigner comme des « ornements liturgiques » (« vêtements liturgiques » me paraît tout à fait suffire). J'ai toujours été un peu en malaise avec la calotte... jusqu'au jour où, sortant

dire que je vois heureusement, moi, beaucoup d'évêques conscients du besoin où ils sont d'être aidés dans l'accomplissement d'un ministère et d'un service dont ils sont de toute manière les premiers à avoir bien conscience qu'il ne peut toujours que les dépasser. Et qui savent en tirer les conclusions! Fasse Dieu qu'ils le fassent tous!

Un deuxième aspect à considérer dans notre contexte concernant le fonctionnement de la Conférence épiscopale française est celui de *la participation de ministres ecclésiaux non-évêques*. Il est exclu, et tout le monde l'admet, de ne fonctionner toujours qu'à huis clos. Pour chaque sujet à débattre, il convient au contraire à l'évidence de solliciter conseillers, spécialistes et praticiens... et même, tout simplement, acteurs « de terrain » (du reste pas seulement prêtres et hommes). Surtout sur des sujets spécialisés, il pourra même y avoir, autour des évêques et avec eux, des représentants assez nombreux des différentes catégories de fidèles, en particulier lorsqu'on n'est pas par ailleurs en mesure d'organiser, telle l'Église d'Allemagne, un véritable synode national. Cela peut être assez souvent le cas par exemple dans le cadre des diverses commissions spécialisées de la Conférence des évêques.

Nous en rapportant à cette Conférence que nous avons prise pour référence dans cette part de notre réflexion sur la synodalité ecclésiale, nous avons fait état successivement de la collaboration des évêques entre eux, puis de la participation d'acteurs et représentants qualifiés des forces vives de l'Église du pays. Il s'impose de compléter en évoquant, en troisième lieu, la synodalité qui est à vivre aussi, à partir de tout cela, entre la part de la circonférence totale que représente pour sa part l'Église de France, et... *le « Centre » romain*. Ainsi le mouvement de la circonférence/de la base vers le sommet/vers le centre répondra-t-il à celui par lequel nous avions commencé et qui va, lui, du sommet/du centre vers la circonférence/la base. Autant prévenir mon lecteur : ce point est si capital qu'il ne pourra que retenir encore toute notre attention. Venons-y sans plus attendre! Notre référence sera plutôt, cette fois, la Conférence des évêques d'Allemagne.

---

d'une célébration liturgique, j'ai entendu ce bref dialogue entre deux de ses participants : « Mais qui c'était l'évêque, parmi tous ces gens autour de l'autel? — Mais c'était celui qui portait un petit béret violet, voyons! » ; j'en ai déduit tout bonnement que l'intérêt de la chose pouvait être au moins de désigner l'évêque pour qui ne le connaissait pas. Enfin, je déclare que je n'ai rien contre la mitre ni, à plus forte raison, contre le bâton du berger qu'est la crosse, quand elles restent l'une et l'autre modestes (ou qu'elles sont « historiques »).

Instances épiscopales et centralité romaine

Il faut bien reconnaître que, si les Églises locales ou particulières – redisons-le : diocésaines, nationales, (sub-)continentales – ont eu avant le Concile (et peuvent toujours avoir après lui) avec le sommet romain des relations qui pouvaient et peuvent toujours les insatisfaire, elles y ont aussi leur part de responsabilité. Surtout depuis Vatican II, et en tout cas depuis l'entrée en charge de l'actuel pontife François, des possibilités leur ont été ouvertes et des moyens sont disponibles, pour qu'elles puissent s'exprimer et se faire entendre. Encore faut-il qu'on sache s'en saisir et qu'on les utilise. Il ne sert à rien de rouspéter tout seul dans son coin, mais il faut bien réaliser aussi que si quelqu'un, même évêque, monte tout seul au créneau, il a toutes les chances de voir son affaire classée sans suite. N'en va-t-il pas d'ailleurs plus ou moins ainsi avec toutes les administrations du monde ?

Mon confrère, collègue et ami, l'ecclésiologue reconnu et déjà cité ici qu'était Maurice Vidal, se référait volontiers ici à un épisode – qu'il estimait, comme moi, très révélateur – des rapports de la Conférence des évêques d'Allemagne avec la Curie romaine. Il s'agit de l'affaire des centres de consultation pour femmes enceintes se demandant si elles garderaient ou non l'enfant qu'elles portaient. Après des années de fonctionnement effectif et de discussions quelque peu chaotiques, Rome en demanda un beau jour la fermeture, et à grand regret le cardinal Lehmann, président de la Conférence épiscopale du pays, obtempéra... Mais, poursuit Maurice Vidal, réfléchissons : « Si la chose était aussi évidente [alors que] Rome, d'ailleurs, avait accepté pendant des années [les raisons avancées par l'épiscopat allemand], comment se fait-il qu'à Rome même, on ait mis autant de temps à le voir ? Bizarre ! » En réalité, face à l'injonction romaine, le président des évêques allemands avait finalement préféré l'unité de l'épiscopat de son pays à la vérité de cette action pastorale. Cela n'empêcha cependant pas un des évêques allemands, celui de Limbourg, de refuser de se rallier, et Rome le « priva de sa responsabilité d'évêque dans son propre diocèse sur ce champ particulier de responsabilité ».

Mais Maurice Vidal poursuit, et je tiens à le citer parce qu'à la fois je pense ici tout à fait comme lui et il me semble que je ne saurais dire ni mieux ni plus clairement que lui :

> En réalité, *des* évêques allemands, minoritaires, n'étaient pas d'accord avec ces centres. Ils sont intervenus avec influence à Rome pour que cela cesse. Je donne cet exemple parce que je pense que, si

les évêques avaient été unanimes, Rome n'aurait pas pu faire ce qu'on a fait avec un évêque isolé. On ne pouvait priver tous les évêques allemands de leur responsabilité en ce domaine ! Ce n'était pas possible. On ne va pas recommencer ce que le pape Pie VII a fait pour les évêques de France, à la demande de Napoléon [...]. La relation du Saint-Siège avec les évêques et les conférences épiscopales n'est pas ce qu'elle pourrait et devrait être. *L'Église romaine peut améliorer cette relation avec les évêques et les épiscopats sans prendre le risque de graves divisions* [c'est moi qui souligne]. À condition de jouer vraiment le jeu de part et d'autre. À condition, par exemple, que l'évêque qui va à Rome ne se contente pas d'écouter la belle leçon théologique et canonique qu'il reçoit et d'en remercier le cardinal, mais qu'il puisse aussi s'exprimer ainsi : « À mon tour, j'ai à vous dire telle et telle choses que vous ne savez pas, ou qui ne me semblent pas bonnes dans ce que vous faites »[1].

1. On me permettra d'ajouter ici plusieurs éléments personnels, pour la raison qu'ils sont susceptibles d'éclairer pourquoi je me suis permis cette longue citation, et avec l'appréciation que j'ai tenu à en donner. Je connaissais Maurice Vidal, sulpicien comme moi, depuis mon année de formation sulpicienne à la Solitude (1961-1962, qui fut celle de mon ordination presbytérale). Nous avons longuement et étroitement collaboré à l'Institut catholique de Paris, en particulier durant le temps de mon décanat à la Faculté de théologie (1988-1994) pendant lequel je lui avais demandé de bien vouloir accepter la direction du cycle de formation des laïcs, ce dont il me sut gré ; il m'a été proche de diverses manières durant tout mon épiscopat à Strasbourg (1997-2007). Tout de suite après, je l'ai rejoint au séminaire Saint-Sulpice où nous avons cohabité en grande proximité, et très souvent discuté, principalement de l'Église, faut-il le préciser... pendant plus de douze ans (2007-2020). Il m'avait promis d'écrire un ouvrage d'ecclésiologie concomitant à celui dont j'avais commencé moi-même l'écriture sur la christologie dans la collection « Le christianisme et la foi chrétienne », chez Desclée. Il m'avait promis aussi de relire cet ouvrage, dont je l'avais entretenu à plusieurs reprises. Mais aucun de ces deux projets ne devait finalement aboutir... Lorsque je lui ai rendu en son EHPAD une énième visite (dont je ne savais pas qu'elle serait la dernière, car il allait mourir deux jours plus tard, le 21 juin 2011), je l'ai trouvé d'abord inconscient ; je suis resté longuement silencieux près de lui, puis lui ai pris la main ; il a alors ouvert les yeux, finissant par me reconnaître. À ce moment-là, m'ayant longuement regardé, il a prononcé, avec effort mais très distinctement, deux mots sur lesquels il a refermé les yeux... pour repartir vers quelles pensées ? « Ecclésiologie, Joseph ! » Comment, au moment où je termine ce livre, ne lui rendrais-je pas, maintenant et ici, un hommage fraternel et reconnaissant ?

Synodalité ? « Le chemin que Dieu attend de l'Église ! »

Terminer ce livre en traitant des évêques et des conférences qui les réunissent, c'est terminer avec leurs Églises diocésaines qui, à leur titre propre et avec tous et chacun de leurs membres, *sont* respectivement et ensemble l'Église de Jésus, le Christ de Dieu et de leur Esprit commun. Autrement dit : on se retrouve alors en vérité posté au cœur du vrai chantier de cette réforme-conversion et de cette conversion-réforme de l'Église qui nous a tout au long préoccupés dans cet ouvrage.

Mais terminer ainsi, c'est bien évidemment aussi être amenés à reconnaître la nécessité impérative de la mise en œuvre générale de la synodalité. Or, une différence capitale est intervenue précisément sur ce point grâce à François et avec lui, en une époque encore toute récente. Là où (pour en revenir à l'Allemagne) trois évêques aussi théologiquement et pastoralement crédibles que le cardinal Lehmann, le cardinal Kasper et l'archevêque Saier de Freiburg – je les ai bien connus et fréquentés tous les trois – avaient dû renoncer à un dispositif soigneusement mis au point par eux dans le domaine de la pastorale des divorcés-remariés civilement, c'est maintenant le pontife romain lui-même qui s'est engagé sur la même voie avec son *Amoris laetitia*. Là où (pour passer à toutes les Églises particulières), c'était la Congrégation romaine de la liturgie et des sacrements qui tranchait à propos des traductions liturgiques en langue vernaculaire, c'est le même actuel pontife romain qui a tour à tour souligné l'intérêt de la prise de position effective sur tel ou tel sujet, de tel ou tel épiscopat national (argentin ici et maltais là, par exemple), ou qui a expressément invité tel ou tel autre encore (sud-américain ou allemand, par exemple) à ne pas hésiter à se prononcer pour sa part sur l'un ou l'autre point en débat.

Mais la condition *impérative* d'une vraie crédibilité des épiscopats particuliers aux yeux des instances romaines est évidemment qu'ils soient arrivés à s'entendre entre eux ! Ne serait-ce d'ailleurs pas être amené à devoir désespérer de tout, que d'accepter de prendre son parti de ne pouvoir y parvenir sur tel point pourtant essentiel ? Il n'y a pas d'autre solution que de *rechercher obstinément le consensus*, que de vouloir obstinément le rendre possible. Après tout, n'a-t-on pas vu récemment, dans un tout autre ordre, catholiques et luthériens arriver à un accord sur le sujet pendant quatre siècles si capital et si diviseur de la Justification[1],

1. *La doctrine de la Justification*, Bayard/Mame/Cerf/Labor, coll. « Documents d'Église », Paris, 1999, « Préface » avec Marc Lienhard, p. 7-13.

en fonction de la recherche systématique de ce qui pourrait être un « consensus accepté comme différencié », ou une « différence reconnaissable comme non-séparatrice » ?

Plus proche de nous encore, un très bel exemple vient de nous être donné par le cardinal Reinhard Marx, archevêque de Munich, membre du fameux C8, ex-président tout juste sorti de fonction de la Conférence des évêques d'Allemagne. Il avait, devant les résistances de certains de ses confrères de ladite conférence, estimé préférable de donner sa démission. Même si je le connais de longue date, je n'ai reçu de lui aucune confidence, mais je n'en crois pas moins pouvoir présumer que c'est la crainte d'être d'une manière ou de l'autre une source de difficulté pour la Conférence épiscopale de son pays, qui l'a conduit à souhaiter passer à l'éméritat… J'admire autant l'attitude de François lui demandant de rester malgré tout en poste, que la sienne propre d'accepter d'y rester en effet. Je vois là la mise en œuvre de la décision effective de tout faire pour, au nom de la nécessaire synodalité, rechercher obstinément le consensus envers et contre tout. J'y vois même comme un écho exemplaire de ce qu'on a pu appeler « le concile de Jérusalem » (Ac 15), où la discussion fut très vive entre les premiers piliers de la communauté chrétienne, mais où, l'Esprit Saint aidant, il fut cependant envers et contre tout possible aux « débattants » de traverser la gravissime crise qui aurait pu ruiner l'Église de Jésus dès les lendemains même de sa naissance… Mais après tout, on peut *mutatis mutandis* considérer qu'avec Vatican II, c'est le même témoignage – et dans le même esprit – qui nous a été donné. Pourquoi donc l'avons-nous si médiocrement reçu et mis en œuvre ? « Synodalité, synodalité, mes frères ! »

*

La tâche est là. Elle a au fond toujours été celle de l'Église… François nous invite et nous porte à nous y attacher d'arrache-pied. Elle est possible. Plutôt : elle *doit* nous apparaître possible, puisqu'elle nous est demandée par qui de droit : Jésus lui-même est à sa source, l'Esprit nous en offre les moyens, le Père nous y appelle !

Et le salut de l'Église est aussi là : dans la *conversion* à la ***synodalité*** et aux *conversions* et *réformes* qu'elle appelle. Là est donc, ainsi que le dit et le montre sans cesse François, « le chemin que Dieu attend de l'Église du troisième millénaire ». Quant à l'adoption et à la pratique effective de ce chemin, elles ne doivent pas seulement faire l'objet de notre espérance et, là où nous sommes, de notre engagement. Elles sont, et elles doivent être bien davantage encore, celui de notre prière.

Pour prendre congé

Le moment est maintenant venu de faire une fin ! Je la ferai ici en trois étapes, d'une inégale longueur, mais d'égale importance à mes yeux.

Regrets

Je commencerai par énoncer plusieurs regrets.

Œcuménisme – Le tout premier regret concerne l'œcuménisme. Traitant ici de l'Église, je me suis en fait, à quelques allusions près, pratiquement limité à l'Église catholique. Ce n'est pas que je considérerais qu'elle seule incarne le mystère du grand rassemblement en vue du salut que Dieu a voulu réaliser pour toute l'humanité par son Christ, avec lui et en lui. Et ma spécialité théologique et ma mission pastorale d'évêque en Alsace m'ont donné maintes occasions – dont j'ai souvent eu à faire état par ailleurs – de manifester mon engagement œcuménique. D'un côté, comme enseignant et chercheur puis doyen, j'ai eu de belles collaborations, à Paris (et Montpellier) et plus tard à Strasbourg, avec les facultés de théologie protestantes locales (et, aussi à Paris, avec la faculté de théologie orthodoxe Saint-Serge). Et de l'autre, comme pasteur et archevêque à Strasbourg, j'ai eu des liens étroits avec les responsables des diverses communautés protestantes, tout particulièrement avec la communauté luthérienne (je tiens à mentionner ici mon très estimé collègue et ami, le professeur Marc Lienhard).

Ce n'est donc ni par méconnaissance ni par inintérêt que je n'ai pas développé ici la dimension œcuménique de mon discours. C'est que, mon propos ne pouvant qu'être marqué par un accent critique, je n'ai voulu le faire porter que sur la communauté dans laquelle je suis pleinement et totalement engagé, et vis-à-vis de laquelle donc je suis entièrement et directement responsable.

Pour autant, je ne doute pas que nombre de frères protestants (mais aussi à l'occasion orthodoxes) sauront reconnaître combien nombre de mes prises de position soit convergent avec les leurs, soit s'en inspirent. Et, accessoirement, peut-être pourront-ils, pour leur propre confession, tirer quelque chose de l'examen de conscience que j'ai intentionnellement voulu limiter ici à celle qui est la mienne, et dont j'ai résolument fait choix de rester membre… pour le meilleur et, parfois, malgré le pire.

Coronavirus – Un deuxième regret est lié chez moi à une donnée factuelle dans laquelle je n'ai à l'évidence aucune responsabilité : la pandémie due au malheureux coronavirus qui est venu nous assaillir. C'est un fait que, si notre confinement sévère et la durable réduction de nos contacts qu'il a entraînée pour moi comme pour tous, ont eu beaucoup d'inconvénients, ils m'ont cependant permis de longues ruminations et maturations qui, sinon, ne m'auraient sans doute pas été possibles, au même degré en tout cas.

Mais je dois bien avouer en revanche que cette situation inconfortable et inhabituelle m'a tout de même grandement limité. Avant tout évidemment parce que, lorsque je fais référence à l'actualité de la vie ecclésiale, je le fais dans un environnement où l'ensemble de cette vie était gravement perturbé et où nous étions donc dans l'incapacité de savoir ce qu'elle pourrait être devenue à sa reprise… en vue de laquelle j'écrivais pourtant !

Éméritat – Là encore, je n'y peux rien : il va y avoir quinze ans que j'ai quitté l'exercice de la responsabilité épiscopale en Alsace, dans les conditions que j'ai eu l'occasion de préciser. Depuis mon passage à l'éméritat, j'ai naturellement continué de m'intéresser à l'Église et de la servir, à ma place. *Mais je n'y conduis plus rien*, quand bien même je m'estime toujours responsable à son égard et en son sein comme je l'ai dit et comme, je l'espère, j'ai pu un tant soit peu le montrer. Dans cette situation nouvelle pour moi, je me suis donné pour ligne de conduite de ne jamais prendre le risque de me substituer en quoi que ce soit à ceux qui exercent de fait présentement et pleinement la responsabilité pastorale, à savoir les évêques en charge des diocèses dans notre pays.

C'est la raison pour laquelle, en ce livre en tout cas, je n'ai pas débattu en direct avec les *mouvements, publications et autres instances* qui, de tendances diverses bien entendu, discutent sur l'Église, l'interpellent, la somment de prendre position, etc. Ce n'est pas à dire pour autant que je les aurais négligés dans ma réflexion, loin de là. Je peux et veux dire, par exemple, que je me suis intéressé de près à la Conférence des baptisé(e)s de France ; que je me suis laissé interpeler par l'association lyonnaise La Parole libérée ; que j'ai lu assez régulièrement *Golias*, *Témoignage chrétien* et *Parvis* ; que (tant que j'ai conservé ma bibliothèque avant de l'envoyer tout récemment au Vietnam) j'ai été abonné à *Catholica* et à *La Nef*. J'estime évidemment que l'épiscopat en charge ne peut se dispenser de prendre les moyens d'être non seulement en contact mais, à la manière dont c'est concrètement possible, en débat avec la réflexion qui s'exprime à travers tout cela. Mais j'estime aussi qu'il ne m'appartient pas (ou plus) de le faire moi-même, quel que soit le regret que je puisse parfois en éprouver.

Pour les mêmes raisons, je me suis autolimité en deux autres domaines au moins : celui des *communautés religieuses* ou *spirituelles* (que je n'ai cependant pas omis d'évoquer !) car mes rapports effectifs avec elles se sont grandement amenuisés depuis qu'a pris fin mon épiscopat à Strasbourg ; et celui des dispositions concrètes à prendre et des réaménagements effectifs à envisager pour tout ce qui concerne *l'organisation administrative* concrète de l'Église de France, ou bien les *diverses structures de formation* (les séminaires par exemple) qui relèvent d'elle : tant celles qui préparent aux différents ministères que celles qui initient et forment à la théologie.

Découvertes

Je poursuivrai en faisant état de ce que j'estime pouvoir tenir pour quelques « découvertes ».

Une expérience éclairante – Par son sujet tant il me tenait à cœur, par le long temps durant lequel il a mobilisé ma réflexion, et par le contexte – coronavirus oblige ! – dans lequel j'ai vécu jour après jour pendant des mois et des mois, j'ai bel et bien été amené à vivre une expérience qui m'a beaucoup apporté. Alors que je ne m'y attendais guère, c'est à elle, tantôt fort décapante et tantôt assez exaltante, que je dois les quelques découvertes que je crois indiqué de rapporter brièvement maintenant. Ce n'est pas que m'auraient tout d'un coup été révélées des réalités ou des vérités auxquelles je n'aurais jusque-là eu aucun accès. C'est seulement que j'ai peu à peu découvert que « des choses » que j'avais cru importantes me sont apparues ne l'être en réalité que peu ou pas du tout, tandis que d'autres que j'avais estimé normales ou évidentes m'ont été révélées soit comme illusoires et vaines soit, au contraire, comme essentielles voire fondatrices.

À propos d'abord de *l'Église,* qui était donc mon principal sujet de réflexion, j'ai mieux réalisé que, si son message non seulement est tout à fait unique mais a tout pour séduire, il peut tout aussi bien donner l'impression d'être bien trop beau et bon pour être vrai… et d'autant plus qu'un certain nombre de ceux qui s'en prétendent les spécialistes et les témoins ont quand même réussi à faire beaucoup pour le discréditer ! Ensuite, quant au « *monde* » (la société, la culture, au pluriel et au singulier) dans lequel et face auquel est nécessairement positionnée l'Église, il m'est apparu à la fois encore plus attachant et plus menacé que je le croyais… mais j'ai bien dû aussi en reconnaître tant les résistances et les fermetures que les duretés quelquefois si insoutenables, et les prétentions trop souvent creuses et vaines… C'est précisément sur ce double arrière-fond que se sont produites ce que je crois pouvoir tenir pour mes découvertes.

La vie comme grâce – J'ai tout d'abord mieux perçu que, Église ou pas et monde beau ou trop dur, de toute manière *la vie* est là, et que j'y participe alors que je n'y suis pourtant pour rien puisqu'à strictement parler, je n'ai « fait » que la recevoir ! Le plus clair est alors pour moi que je ne me la suis pas donnée, qu'elle me vient toujours d'ailleurs, qu'elle ne m'était et ne sera jamais due – et que donc j'ai à apprendre à la considérer, à la gérer, et finalement à la vivre toujours, *comme une grâce*. Grâce par définition reçue, grâce donc nécessairement à « rendre » ; et pour une *vie* qui, véritablement, ne m'appartient pas et qui serait donc finalement toujours à *donner*, le seul problème réel étant alors, à vrai dire, de savoir à qui et pour quoi et, subsidiairement, comment.

La fraternité comme règle – Réponse possible à la question précédente : peut-être y a-t-il un Dieu – je le crois pour ma part ! Et peut-être puis-je considérer que c'est à Lui, en tous les sens du terme, que je « dois » ma vie – je le pense ! En tout cas, et quoi qu'il en soit de tout le reste (les milliards de galaxies comprises), il y a *les autres humains*. Ils me sont essentiels parce que c'est aussi d'eux que je me reçois, *avec* eux que je vis, et que je ne *suis* pas sans eux. De nouveau Dieu ou pas et Église ou non, la question m'est donc incontournablement posée de savoir non pas seulement comment traiter avec eux, mais bel et bien comment *les* traiter… Liberté ? Mais la mettre en avant sans s'interroger sur celle de l'autre, c'est toujours n'être pas sorti de soi. Égalité, alors ? Mais qui la décrète, en se fondant sur quoi qui pourrait la crédibiliser, et où la voit-on réalisée ? Reste la fraternité ! Comme un fait, comme un « donné » de « nature », comme un impératif évident, comme *la* règle en humanité... Et là, je ne peux manquer d'être frappé par le fait que, selon la foi chrétienne en tout cas, ce n'est pas autrement que sous le visage du frère – et du frère rejeté par ses frères – que se serait révélé, pour le dire avec saint Thomas d'Aquin, « ce que les hommes nomment Dieu ».

L'ESPÉRANCE COMME VIATIQUE – En tout cela, il est cependant clair que rien ne s'impose, rien n'est évident... et que donc il faut *décider* par soi-même. Mais qui nous assure qu'on le puisse ? Et s'il se trouve qu'on estime le pouvoir, ou qu'on est disposé à peut-être le pouvoir, tiendra-t-on le coup dans la durée sur ce qu'on aura décidé ? Et puis, ne faut-il pas considérer que, de toute manière, tout s'écroulera un jour (l'inéluctable dégradation de nos conditions de vie et la terrible menace qui pèse de plus en plus sur la planète ne nous imposent-elles pas cette question ?). J'avoue que j'ai connu un temps de « trou noir », où m'a comme submergé la pertinence de ce diagnostic de Bernanos : « La pente, c'est toujours de désespérer. » J'ai donc décidé un beau matin de m'enfoncer *dans l'espérance* comme on se serre une bouée de sauvetage tout autour du corps pour affronter le péril de la mer. Et m'est remontée au cœur – je fais ici grâce du parcours – la lumineuse parole de Dietrich Bonhoeffer, le condamné du sinistre Hitler : « "Christ, notre espérance" : cette parole de Paul est la force de notre vie. »

Remerciements

Mes derniers mots seront pour remercier. D'abord Mesdames Chantal Flamant, dont l'assistance fut ici pour moi décisive, et Marie-Cécile Dassonneville – auxquelles je tiens à ajouter mes deux sœurs –, pour leur précieux concours dans la saisie du texte et sa préparation en vue de l'édition. Ensuite Elsa Rosenberger pour ses conseils, et Marc Leboucher de Salvator pour la conduite à bon port. Enfin, les chanoines strasbourgeois François Geissler et Bernard Xibaut, les professeurs de l'Institut catholique de Paris Geneviève Médevielle et Luc Forestier, et Jean-François Rod, ancien directeur général et président des librairies La Procure et diacre de l'Église de Paris, pour leur relecture à la fois bienveillante et attentive – et donc des plus précieuse ! Il est très clair pour moi que cet ouvrage n'aurait pu voir le jour sans eux tous, chacun à son titre.

Table

Chapitre 2. La gravité de la situation

Chapitre 3. La netteté de l'interpellation

Chapitre 4. La nécessité d'une conversion

TRANSITION. CONVERSION À LA MISSION !

Chapitre 5. La priorité de la mission
A. La foi chrétienne

Chapitre 6. La priorité de la mission
B. La charité chrétienne

Chapitre 7. L'incontournabilité de la condition

CHAPITRE 8. RÉFORMABILITÉ DE L'INSTITUTION ?

Achevé d'imprimer en novembre 2021
sur les presses de
La Manufacture - Imprimeur – 52200 Langres
Tél. : (33) 325 845 892

N° imprimeur : 211215 - Dépôt légal : novembre 2021
Imprimé en France

CET OUVRAGE A ÉTÉ COMPOSÉ
PAR ATLANT'COMMUNICATION
AU BERNARD (VENDÉE).